KB160806

장애인법연구

공익법총서 2

장애인법연구

법무법인(유한) 태평양
재단법인 동천 공동편집

景仁文化社

발간사

　장애인의 완전한 사회참여와 평등권 실현을 통하여 인간으로서의 존엄과 가치를 구현함을 목적으로 하는 "장애인차별금지 및 권리구제 등에 관한 법률"이 시행된 이래, 장애인의 시외이동권 보장 등 다양한 분야에서의 장애인권 신장을 위한 공익소송이 활발하게 진행되고 있습니다. 특히 로펌의 프로보노 활동이 활성화되면서, 다양한 배경의 변호사들이 장애인권 분야에서 활약하며 장애인 관련 법제도 개선에 기여하고 있습니다.

　그 동안의 장애인법 분야에 대한 연구성과를 뒤돌아 보고 앞으로의 발전방향을 모색하기 위해, 법무법인(유한) 태평양과 재단법인 동천은 이번에 공익법총서 제2권『장애인법연구』를 기쁜 마음으로 발간하게 되었습니다.

　법무법인(유한) 태평양과 재단법인 동천은, 작년 6월에 출판한『공익법인연구』를 시작으로, 장애, 이주외국인, 북한, 사회적 경제 등 다양한 분야의 공익 활동과 그에 관련된 법률과 제도를 법이론적으로 심도있게 조명, 검토하는 '공익법총서' 시리즈를 정기적으로 발간하기로 기획한 바 있습니다. 안정적이고 체계적인 공익활동의 밑거름이 되고자 기획된 공익법총서 제1권『공익법인연구』가 최근 대한민국학술원 2016년 우수학술도서로 선정되는 등 소정의 성과를 거두고 있다고 생각합니다. 공익법총서 제2권『장애인법연구』가 이러한 성과를 이어 갈 수 있기를 바랍니다.

　법무법인(유한) 태평양과 재단법인 동천은, 현 한국사회에서 심도 깊은 논의가 필요한 장애인법 관련 주제를 망라하여 검토해보기 위해, 다양한 분야에서의 전문가들의 연구 성과를 『장애인법연구』에 담고자 노력하였습니다. 그 결과 '장애인법 연구회' 소속 전문가들과 법무법인(유한) 태평양 소속 변호사들의 연구 성과물과 법무법인(유한) 태평양과 재단법인 동천이 개최한 장애인법 논문 공모전의 수상작 등을 이 책에 수록할 수 있게 되었습니다.

　이 책에 실린 연구 내용이 장애인 관련 법제도에 대한 사회적 논의를 촉진하고, 보다 장애인권 보호에 친화적인 법제도를 도입하기 위한 디딤돌로 쓰일 수 있길 기대합니다. 법무법인(유한) 태평양과 재단법인 동천은 앞으로도 장애인권 증진을 위해 꾸준히 노력하겠습니다.

　마지막으로, 소중한 논문을 집필해 주신 필자들과 편집에 애써 주신 편집위원들께 깊은 감사를 드립니다.

2016. 6.

재단법인 동천 이사장　차 한 성

차 례

장애인 권리옹호체계의 도입과 과제*

임성택**·김예원***

I. 서론

당연한 이야기지만 장애인도 존엄한 인간이자 가치 있는 존재다. 장애인도 장애가 없는 사람과 마찬가지로 헌법이 보장하는 기본적 인권을 누리며 법 앞에 평등하다. 장애인권리협약은 "장애인이 삶의 모든 영역에서 다른 사람과 동등하게 법적 능력(legal capacity)을 누려야 한다"고 선언하고 있다.[1]

그러나 장애인의 법적 능력이 제한되는 것이 엄연한 법현실이다.[2] 장애인은 누구나 누리는 권리를 온전히 누리지 못하며,[3] 심각

---

* 이 글은 임성택, "장애인 인권과 권리옹호체계", 대구재활연구 36호, 2014를 수정·보완한 것이다.
** 법무법인 지평 변호사.
*** 서울시 장애인인권센터 변호사.

1) 동등한 법적 능력을 누린다는 것의 구체적 의미는 뒤에서 살펴본다(II. 2.).
2) 민법에 따르면 지적장애 기타 정신적 장애인의 경우 행위능력, 의사능력이 제한될 수 있고, 상법에 따르면 의사능력이 없는 사람은 사망을 보험사고로 하는 생명보험에 가입할 수 없다. 출입국관리법에서는 정신장애인의 출입국을 제한하고 있고, 장애인의 노동은 일정한 경우 최저임금법의 적용에서 제외된다. 정신장애인은 각종 권리와 자격의 박탈대상이며, 정신장애인의 강제입원이 법률상 허용된다.

한 인권유린의 대상이 되기도 한다.[4] 장애인이 인권을 침해받지 않고, 권리를 동등하게 누리기 위해서는 여러 대책이 요구되나, 무엇보다 장애인의 권리를 옹호하는 시스템이 갖춰질 필요가 있다.

장애인 스스로 권익단체를 조직하고 권리를 지켜 나가는 자발적 활동이 가장 중요하다. 하지만 장애인이 스스로 권리를 주장하고, 옹호하는 데에는 어려움이 따른다. 장애인 인권침해 사건에 신속히 대응하고 인권침해를 예방하는 활동을 하며, 장애인이 지역사회에서 권리의 주체로 살아나갈 수 있도록 옹호하는 시스템이 필요하다.

이 글에서는 "장애인의 권익을 옹호하기 위한 조직과 프로그램을 법률로 인정하고 법적 권한을 수여하며 예산을 지원하는 것"을 장애인 권리옹호체계라고 정의한다. 이러한 장애인 권리옹호체계의 선례는 미국의 'Protection and Advocacy(P&A) 시스템'이다. 이를 참고하여 우리나라에도 장애인 권리옹호체계를 법으로 도입하자는 주장이 나온 것은 이미 오래 전이다. 한편 아동의 경우 2000년, 노인의 경우 2004년에 보호전문기관이라는 이름으로 유사한 시스템이 법률로 도

---

3) 몇 가지를 예를 살펴본다. 장애인은 이동권에서 중대한 제한을 받고 있다. 시외버스, 광역버스, 고속버스, 마을버스 등에서는 장애인의 이동이 가능한 저상버스 등이 전혀 없다. 우리나라는 일정 연도 이후에 건축하거나 일정 면적 이상의 공중이용시설에만 장애인의 접근성 보장을 요구하므로, 장애인은 공중이용시설에 대한 접근권을 크게 제한받고 있다. 장애가 중하고 가난한 이들은 아직도 시설에 수용되어, 주거의 자유를 제한받고 있다. 장애인은 보호작업장에서 보호를 위한 노동이라는 이유로 노동권을 보장받지 못한다. 시·청각장애인은 아직도 영화를 관람할 권리를 온전히 누리지 못한다.

4) 도가니 사건이라고 알려져 있는 청각장애학생들에 대한 끔찍한 인권유린 사건(광주 인화학교 사건)을 우리는 잊을 수 없다. 그 이후에도 장애인 시설에서의 인권침해는 근절되지 않고 원주 사랑의 집 사건, 인강재단 사건, 전주 자립원 사건 등으로 최근까지 이어지고 있다. 염전노예 사건과 같은 장애인 노동착취, 지적장애여성에 대한 성폭력 사건 등도 끊이지 않고 일어난다.

입되었다.

　법적 기구로서 장애인 권리옹호체계는 지방자치단체 차원에서 먼저 시작되었다. 장애인 인권조례를 통해 2011년 대전시를 시작으로 성남시, 부천시, 서울시, 경기도, 전라남도 등에 장애인 인권센터가 설치되었다. 법적 근거는 없었지만 보건복지부도 2010년부터 '장애인 인권침해 예방센터'를 민간 위탁방식으로 운영하였다.

　2014년 5월 20일 제정된 「발달장애인 권리보장 및 지원에 관한 법률」(이하 '발달장애인법')에는 발달장애인을 위한 권리옹호체계가 도입되었다. 중앙 및 시도단위에 설치되는 '발달장애인지원센터'가 발달장애인에 대한 권리침해 모니터링과 권리구제 지원업무를 함께 처리한다. 2015년 6월 22일에는 「장애인복지법」에 '장애인권익옹호기관'을 중앙과 지방에 설치하는 내용이 포함되었다.

　그 밖에도 '장애인 권리옹호체계 도입'을 위한 입법 시도는 다양한 형태로 전개되어 왔다. 장애인단체로 구성된 '장애인 권리옹호 제도화를 위한 공동대책위원회'와 안철수 의원은 장애인 권리옹호체계를 위한 단행법을 준비하여 2014년 12월 31일 안철수 의원 등 11인의 이름으로 「장애인 인권침해 방지 및 권리옹호에 관한 법률안」(이하 '장애인권리옹호법안')을 발의하기도 했다. 장애인단체들이 추진하고 있는 장애인권리보장법안이나 장애인기본법안, 대한변호사협회 장애인소위원회에서 마련한 「장애인 학대범죄의 처벌 등에 관한 특례법안」에도 권리옹호체계에 관한 내용이 포함되어 있다.

　늦었지만 장애인 권리옹호체계가 법률로 만들어진 것은 환영할 일이다. 그러나 장애인복지법의 관련 내용은 그 동안 장애계에서 주장해온 권리옹호체계와는 매우 다르고, 아동과 노인의 영역에서 이루어진 성취를 제대로 반영하고 있지 않아 유감스럽다. 발달장애인법에 의한 권리옹호체계는 서비스 제공기관이 권리옹호 업무를 함께 하도록 하고 있어서 문제이다.

 이하에서는 법률로 도입된 장애인권익옹호기관의 내용과 문제점을 살펴보고, 바람직한 장애인 권리옹호체계를 고민해 보기로 한다. 장애인 권리옹호의 전제로서 장애인의 법적 능력, 권리옹호체계 도입원칙을 생각해볼 필요도 있다. 바람직한 권리옹호체계를 위해 참고할 사례로 미국의 P&A 시스템과 우리나라 조례에 의한 지방 단위의 장애인 인권센터, 아동과 노인의 사례 등도 살펴보기로 한다.

Ⅱ. 논의의 전제

1. 보호담론과 권리담론

 미국의 P&A는 보호(protection)와 옹호(advocacy)라는 뜻이다. 보호와 옹호는 장애학의 관점에서 보면 서로 상충되는 용어다. 장애인을 보호의 대상으로 보는 이른바 '보호담론'과 장애인을 권리의 주체로 보는 '권리담론'이 대립하고 있기 때문이다.[5] 자선과 시혜의 대상이던 장애인이 지역사회의 구성원으로서, 시민으로서 비장애인과 동등한 지위를 가지고 있다는 것이 바로 '권리담론'이다. 장애인을 더 이상 복지정책이나 서비스의 대상으로 간주하기보다는 자기결정권과 참여권을 가진 동등한 권리의 주체로 보자는 것이다. 장애인도 비장애인과 동등하게 사회생활에 참여하며, 이를 위해 장애인의 자발적 참여나 기회의 평등을 저해하는 각종 장애물을 제거하는 것이 강조되었다. 이러한 변화는 장애계 또는 학자들의 주장으로 시작했으나 정부의 정책이나 법률에도 점차 반영되었다. 미국과 영국 등에서 시작된 논의는 점차 세계적으로 확산되었고,[6] 유엔 장애인권리협약으

---

5) 최윤영, 장애인은 '시민', 복지 패러다임의 변화, 법무사 2011년 5월호, 2011, 4-5면; 김동호, 장애패러다임의 전환과 자립생활(Independent Living), 장애인 고용 제42호, 2001.

로 이어졌다.

같은 관점에서 '장애의 개념'도 달라지고 있다. 장애를 신체적 혹은 정신적 '손상', 즉 의료적 개념으로만 보지 않고 각종 '사회적 장벽'에서 정의한다. 의료적 개념에서는 치료와 재활이 우선이지만, 사회적 개념에서는 인권과 차별금지가 중요하다. 장애인 정책도 분리에서 통합으로, 보호주의에서 근로의 증진으로, 그리고 복지에서 시민권으로 전환되고 있다.

우리나라의 법률도 전에는 장애인을 보호의 대상으로,[7] 치료와 재활의 대상으로 취급하면서 권리를 제한하고 있었지만, 많은 법률에서 권리담론을 받아들이고 있다.[8] 예를 들어 장애인복지법은 장애인의 자립생활과 참여 증진을 통한 사회통합을 목적으로 하고, 기본이념도 장애인의 완전한 사회 참여와 평등을 통해 사회통합을 이루는 것임을 천명하고 있다. 복지서비스를 실시할 때 일방적 조치 또는 시혜로 행하던 것에서 당사자의 서비스 신청제도[9] 및 계약제도[10]를 받아들였다. 장애인이 노동을 통해 사회참여를 할 수 있도록 장애인 고용정책이 만들어졌다.[11] 장애인 권리옹호체계도 장애인을 권

---

6) 윤석진, 독일의 장애인평등법, 최신 외국법제정보 2008-10, 2008, 76-78면; 조원일, 일본의 사회복지에 있어 장애인 자립 패러다임의 변천, 일본연구논총 제26호, 2007, 425-456면.

7) 헌법에는 모든 국민이 인간으로 존엄하고 평등한 권리를 가진다고 천명하고 있으나, 장애인을 직접 명시한 유일한 조항은 제34조 5항인데 장애인에 대한 국가의 보호에 관해서만 언급하고 있다. 이러한 태도는 수정되어야 한다는 견해가 많다.

8) 김성희, 장애인복지법 개정안의 주요내용과 의의, 보건복지포럼 제127호, 2007, 34-35, 39면.

9) 사회복지사업법 제33조의2, 3, 장애인복지법 제60조의2 제1항 등.

10) 장애인복지법 제60조의2 제5항에 따르면 장애인거주시설 이용 시 시설과 이용자는 이용계약을 체결하도록 하였다.

11) 장애인고용촉진 및 직업재활법에 따르면 장애인 고용촉진을 위해 국가 및 민간사업자에게 고용의무를 부과하고 있고, 장애인을 많이 고용한 사업장

리의 주체로 세워야 한다는 문제의식에서 비롯된 것이다.

2. 장애인과 '법 앞에 평등'

장애인권리협약 제12조[12)]는 장애인이 "법 앞에서 인간으로 인정받을 권리"가 있음을 다시 확인하면서, 장애인이 삶의 모든 영역에서 다른 사람과 "동등하게 법적 능력(legal capacity)을 누려야 한다."고 규정하고 있다. 장애인권리협약을 제정할 때 이 조항은 치열한 논란거리였다. 일부 국가는 금치산자 또는 정신장애인의 경우 법적 능력이 제한될 수 있다는 이유로 반대 입장을 취했으나, '동등한 법적 능력'을 '행사한다'(exercise)는 대신 '누린다'(enjoy)로 타협하는 선에서 이 조문이 만들어졌다.[13)]

에 혜택을 부여하고, 중증장애인 고용을 촉진하며, 장애인 중 정상적인 작업 조건에서 일하기 어려운 장애인을 위하여 특정한 근로 환경을 제공하고 그 근로 환경에서 일할 수 있도록 하는 보호고용도 도입하였다.

12) 제12조 법 앞에서의 평등
1. 당사국은 장애인이 어디에서나 법 앞에 인간으로서 인정받을 권리가 있음을 재확인한다.
2. 당사국은 장애인들이 삶의 모든 영역에서 다른 사람들과 동등하게 법적 능력을 누려야 함을 인정한다.
3. 당사국은 장애인들이 그들의 법적능력을 행사하는데 필요한 지원에 대한 접근을 제공받을 수 있도록 적절한 입법 및 기타 조치를 취한다.
4. 당사국은 법적능력 행사와 관련이 있는 모든 입법 또는 기타 조치들이 국제인권법에 따라서 오용을 막기 위한 적절하고 효과적인 안전장치(safeguard)를 제공하도록 보장한다. 그러한 안전장치는 법적능력 행사와 관련이 있는 조치들이 개인의 권리, 의지, 선호를 존중하고, 이해의 충돌과 부당한 영향으로부터 자유롭고, 개인이 처한 환경에 비례하여 균형을 맞추고, 가능한 최단기간에 적용을 하며, 자격이 있고 독립적이며 공정한 당국 또는 법률기구에 의한 정기 심사의 대상이 되도록 보장해야 한다. 보호장치는 그러한 조치들이 개인의 권리와 이익에 영향을 미치는 정도에 비례해야 한다.

그런데 장애인권리협약에서 눈여겨보아야 할 것은 다음 대목이다. 법적능력 행사와 관련된 입법 등이 ① 장애인 개인의 권리, 의지, 선호를 존중하여야 하고, ② 이해의 충돌과 부당한 외압으로부터 자유롭도록 해야 하며, ③ 개인이 처한 환경에 비례하여 균형을 맞추어야 하고, ④ 가능한 최단기간 동안 적용되어야 하며, ⑤ 자격이 있고 독립적이며 공정한 당국 또는 법적 기구에 의해 정기적으로 심사를 받도록 해야 한다. 나아가 당사국은 장애인들이 법적 능력을 행사하는데 필요한 지원에 접근할 수 있도록 조치를 취하여야 한다.

장애인이 법 앞에 평등한 존재가 되고 법적 능력을 동등하게 누리기 위해 필요한 지원 중의 하나가 바로 장애인 권리옹호체계이다.

3. 권리담론이 반영된 사례

가. 시설보호에서 지역사회 자립생활로

패러다임의 변화는 중증장애인에 대한 '시설 보호 정책'이 '지역사회 자립생활 지원 정책'으로 전환되는 것에서 잘 드러난다. 미국의 장애인정책 변화과정을 살펴보면, 60년대 이전의 수용시설시대(보호 감호, 의료모델)에서 탈시설시대(발달행동, 재활모델)를 거쳐 80년대 중반 이후 지역사회 시민권시대(개별지원, 자립생활모델)로 발전해

---

13) 여성차별철폐협약은 법적 능력(legal capacity)을 행사한다(exercise that capacity)고 규정하고 있다. 관련하여 법적 능력의 의미가 권리능력을 말하는지, 행위능력을 말하는지 논란이었다. 당시 아랍 등 일부 국가에서는 '법적 능력'에 '법적 능력의 행사'가 아닌 '권리로서의 법적 능력'을 의미한다는 각주를 붙이자고 제안했으나, 협약의 목적과 정신에 위배된다는 거센 비난을 받아 주석을 달지 않는 것으로 결정되었다. 이로 인해 동등하게 누려야 할 법적 능력의 의미가 무엇인지, 어떻게 이를 실현할 것인지는 당사국에 맡겨졌고 해석의 여지를 남기게 되었다.

왔다고 한다.[14]

자립생활이란 장애인이 자신의 삶을 스스로 선택하고 결정하며, 그 결정이 비록 위험을 동반할지라도 자신이 책임을 지며, 자신의 인생에 대한 창조적 삶을 영위하는 과정이라고 할 수 있다.[15] 우리나라에서도 시설보호에서 자립생활로의 전환이 강조되고 있다.

나. 행위능력제도의 변화

정신적 장애인의 행위능력을 제한하는 금치산, 한정치산제도의 변화도 주목하여야 한다. 전에는 의사능력이 없거나 부족한 사람의 행위능력을 일률적으로 부정하고, 다른 사람이 그의 의사를 대신하여 결정하는 제도(substituted decision-making system)를 취했다. 그런데 이러한 제도가 장애인의 자기결정권을 비롯한 기본적 인권에 친화적이지 않고, 장애인의 복리에도 부합하지 않는다는 고려하에 장애인의 행위능력을 최대한 인정하고 타인이 장애인의 의사를 조력하는 제도(supported decision-making system)로 변화하고 있다.

우리나라의 성년후견제도도 그러한 변화의 일환으로 도입되었다. 다만 우리나라의 성년후견제도는 여전히 제3자가 의사를 대신 결정하는 제도이고 장애인의 자기결정을 조력하는 제도로는 불충분하다는 비판이 있다.[16] 최근 유엔 장애인권리위원회는 한국 정부에게 성

---

14) 김동호, 주 5, 68-93면. 이러한 시대구분은 아래 책에서 재구성한 것이라 한다. Bradley, V. J., Evolution of a New Service Paradigm, 1994; Bradley V. J., Ashbaugh, J. W., Bleney, B. C. (ed). Creating individual supports for people with developmental disabilities: A mandate for change at many levels, Paul H. Brookes, 1994.

15) 김재익, PAS제도의 문제점과 앞으로의 전망, 자립생활 자료집, 보건복지부 국립재활원, 2007, 45-47면; 신용호, 장애인 인권운동과 그 성과, 위 자료집, 6면.

년후견제도가 후견인으로 하여금 피후견인의 재산 및 개인적 문제에 대하여 의사결정을 하도록 허용하는 것에 우려를 표하며, 장애인의 법적능력의 행사를 조력하는 의사결정 지원제도로 전환할 것을 권고하였다.[17]

4. 권리옹호의 개념[18]

권리옹호 또는 권익옹호라는 용어가 모두 사용되고 있는데, 여기서 권익은 권리와 이익을 합한 개념이다(이하 구분하지 않고 '권리옹호'라고 한다). 영국의 옹호헌장[19]에서는 옹호(Advocacy)를 "사람들이 원하는 것을 말하고, 권리를 확보하며, 자신의 이익을 대변하고 필요한 서비스를 얻도록 돕는 행동"이라고 정의한다. 미국사회복지사협회(National Association of Social Workers, NASW)가 간행한 사회복지대백과사전[20]에서는 "사회적 정의를 확보, 유지하기 위한 목적에서 하나 이상의 개인이나 집단 또는 지역사회를 대신해서 일련의 조치를 주장, 방어, 개입, 지지, 추천하는 행위"라고 정의하기도 한다.

---

16) 제철웅, 유엔 장애인권리협약의 관점에서 본 한국 성년후견제도의 현재와 미래, 가족법연구 제28권 2호, 2014. 7면; 권오용, 성년후견제도와 장애인 인권, 2013년도 정책과 대안 포럼 제1회 토론회 자료집, 2013, 7-22면.

17) 장애인권리위원회의 대한민국 최초 보고서에 대한 최종견해 21, 22항; 유엔 장애인권리위원회는 2014년 9월 17일과 18일에 걸쳐 장애인권리협약 제35조 및 제36조에 따라 대한민국의 제 1차 장애인권리협약 이행에 관한 국가보고서를 심의하였으며 그 결과 지난 9월 30일 주요 우려사항과 권고를 담은 최종견해를 채택하였다.

18) 김용득 외, 지적장애인 권익옹호(advocacy)의 원리와 실천, 2012년도 한국장애인복지학회 추계학술대회 자료집, 2012. 11.

19) 옹호행동(Action for Advocacy)이라는 단체가 2002년에 만든 옹호헌장(the Advocacy Charter)은 영국 전역의 옹호조직들이 채택하고 있는 옹호의 원칙이다. http://www.aqvx59.dsl.pipex.com/Advocacy%20Charter2004.pdf

20) NASW, 사회복지대백과사전(1999), 도서출판나눔의집, 2004.

권리옹호 유형으로는 자기옹호(self advocacy), 전문가옹호(professional advocacy), 시민옹호(citizen advocacy), 가족옹호(advocacy by families), 동료옹호(peer advocacy), 집단옹호(collective advocacy) 등이 제시되고 있다.[21]

장애인 권리옹호의 이념적 기반으로는 ① 장애인의 존엄성과 다양성 존중, ② 장애인이 목소를 낼 수 있는 역량 강화, ③ 자기결정권의 존중, ④ 장애인에 대한 차별과 억압에의 도전을 통한 사회통합 등이 언급되고 있다.[22]

Ⅲ. 미국의 P&A 시스템

1. 역사와 개요

장애인의 권리옹호를 위한 미국의 P&A 시스템[23]은 1975년 어느 언론의 장애인시설 보도로 시작되었다. 뉴욕주가 운영하던 발달장애인 대형시설인 윌로브룩(Willowbrook)에서 일어난 장애인 인권침해와 방임 등을 언론이 보도하였고, 이를 계기로 최초의 P&A 시스템이 만들어졌다. PADD(Protection and Advocacy for Individuals with Developmental Disabilities, 발달장애인을 위한 P&A)가 바로 그것이다. PADD의 근거법률은 '발달장애 원조 및 권리장전법'(Developmental Disabilities Assistance and Bill of Rights Act)이다.

인권침해로부터 장애인을 보호한다는 관점에서 시작된 P&A는

---

21) 김용득 외, 주 18, 13-28면.
22) 김용득 외, 주 18, 6-12면.
23) 염형국, 미국의 P&A(Protection and Advocacy) 제도 검토, 우리사회 장애인 권리옹호체계 현황과 대안 찾기 : 장애인 권리옹호체계 확립을 위한 정책토론회(2010. 8. 25.); 조한진, 미국 장애인 권리옹호체계, 중증장애인 '보호와 옹호(P&A)' 시스템 방안 연구 : 장애인 권리옹호체계 확립을 위한 정책토론회(2014. 2. 4.).

점차 권리옹호로 무게중심을 옮기게 된다. 두 번째 프로그램인 CAP(Client Assistance Program, 클라이언트 원조 프로그램)는 재활법 (Rehabilitation Act)이 1984년 개정되면서 도입되었다. CAP에 의하여 제 공되는 서비스는 재활기관으로부터 서비스를 받거나 얻으려고 하는 사람들이 행정적, 법적, 기타 적절한 구제를 받을 수 있도록 도움을 주는 것이다. PAIR(Protection and Advocacy for Individual Rights, 개인의 권리를 위한 P&A) 프로그램은 1993년에 수립되었는데 이를 통해 P&A 기관들은 모든 종류의 장애인의 권리 옹호를 위해 일할 수 있도록 권한을 부여받았다. 이러한 프로그램들을 포함하여 미국에는 모두 8 개의 P&A 프로그램이 있다.[24]

2. 역할

초기 P&A의 주된 목표는 시설에서 생활하는 장애인의 인권침해 를 구제하는 것이었다. P&A 기관들은 크고 작은 장애인 시설의 열악 한 조건을 개선하기 위한 감시와 조사를 담당했다. 점차 P&A 프로그 램은 어디에 거주하든 모든 종류의 장애인들의 권리를 널리 옹호하 는 것으로 확대되었다. 그 결과 P&A 기관들은 장애인에 대한 학대 및 유기와 같은 인권침해를 예방하기 위해 활동할 뿐 아니라, 차별 방지, 통합교육 및 특수교육, 선거권, 금융상 권리, 의료, 접근하기 쉬운 주거, 교통기관, 생산적인 일자리 기회 등에 대한 전면적인 접 근을 보장하기 위하여 활동한다. 이처럼 P&A는 장애인의 권리를 일

---

[24] PADD, CAP, PAIR, PAIMI(Protection and Advocacy for Individuals with Mental Illness), PAAT(Protection & Advocacy for Assistive Technology), PABSS(Protection & Advocacy for Beneficiaries of Social Security), PATBI(Protection & Advocacy for Individuals with Traumatic Brain Injury), PAVA(Protection & Advocacy for Voting Accessibility).

반적으로 옹호하는 기관이다.

예컨대 주 단위의 P&A 기관을 연방 차원에서 네트워킹하는 기관인 NDRN(National Disability Rights Network)[25]에 따르면 P&A 및 CAP는 모든 유형의 장애인의 시민적 권리 및 인권을 향상시키고 옹호하기 위한 활동을 임무로 한다. 구체적으로는 학대와 방임사건을 조사하는 것, 사건을 예방하기 위한 구조적 변화를 추구하는 것, 기본적 권리를 옹호하는 것, 건강, 교육, 고용, 주거, 교통 등의 영역과 사법시스템 안에서 접근성을 보장하는 것 등의 역할을 한다.

실제로 P&A 기관들은 장애인의 자립생활과 지역사회 통합을 위한 탈시설화 운동의 최전선에 서 있었다. 미국장애인법(ADA)의 이행을 위한 캠페인, 소송 기타 법률원조활동도 그 비중이 크다. ADA 이행을 위한 주요 공익소송들이 이들에 의하여 제기되었다. 또한 장애인의 특수교육과 통합교육에 관련된 법률원조, 소송 등의 분야에서도 커다란 역할을 하고 있다.

3. P&A의 활동원칙

NDRN에 따르면 P&A 및 CAP 기관들은 다음과 같은 원칙을 가지고 활동한다.

첫째, 평등과 공평, 공정(Equality, equity, and fairness). 장애인은 법 앞에 완전하고도 평등한 시민이다. 장애인은 사회의 모든 사람에게 부여된 기회에 동등하게 접근할 권리를 가진다. 장애인은 학대, 방임, 착취, 차별과 고립으로부터 자유로울 권리를 부여받으며, 존엄한 존재로 대우받는다.

둘째, 의미 있는 선택과 권한 수여(Meaningful choice & empowerment).

---

25) http://www.ndrn.org/

장애의 유형과 정도, 나이를 불문하고 모든 사람은 일상생활과 주요한 삶에 관한 선택권을 가진다.

셋째, 지원과 참여(Supports and participation). P&A 및 CAP의 서비스와 지원은 개인의 필요와 선호를 존중하여야 하고, 모든 삶의 영역에서 통합을 위한 기회를 보장하여야 한다. 장애인이 삶의 과정에서 배우고 성장하고 발전하도록 연령에 맞는 서비스가 제공되어야 한다. 어린이에게는 그러한 성장이 가족 안에서 이루어져야 하고, 성인에게는 시설보다는 통합된 지역사회에서 이루어져야 한다.

넷째, 독립(Independence). P&A 및 CAP의 서비스는 동등한 접근, 순수한 지원과 자기결정을 기초로 하여 개인적이고 전문적이며 구조적인 옹호를 통하여 이루어져야 한다.

다섯째, 문화적 역량(Cultural competency). P&A 및 CAP 직원이 수행하는 모든 활동에 장애인이 포함되어야 한다. 이사회와 서비스들에서 다양한 문화적, 인종적 측면과 장애의 다양성이 반영되어야 한다.

여섯째, 자원 강화(Resource generation). P&A 및 CAP는 장애를 가진 아동과 성인, 그 가족의 삶에 적극적인 영향을 미치는 공공정책 분야에서 지도적 역할을 할 것이다. P&A 및 CAP는 장애인을 위한 높은 수준의 법률 및 옹호서비스를 제공하기 위하여 그들의 자원을 강화하여야 한다.

4. P&A 기관의 구성과 운영

P&A 기관은 법률에 따라 주지사가 지정한다. P&A 기관으로 지정된 대부분의 단체는 P&A 프로그램을 수행할 목적으로 특별히 만들어진 민간 비영리단체이다. 그러나 몇몇 P&A 기관들은 주정부의 일부이고, 소수는 준공공기관이며, 소수의 P&A 기관들은 민간 법률서비스 프로그램(공익 로펌 등) 안에 존재한다. P&A는 각 프로그램의

근거 법령에 따라 인구에 기초한 보조금을 지원받아 운영한다. 일부는 다른 연방 프로그램이나 주정부의 프로그램을 통해 추가 지원을 받기도 하며, 또 일부는 개별적인 모금 활동을 하기도 한다.

미국의 P&A는 연방정부의 프로그램으로 예산 지원을 받기 때문에 연방기관들의 감독을 받지만, 지역사회 장애계의 욕구에 민감하게 반응하도록 시스템이 짜여 있다. P&A 기관은 주지사가 지정하지만, P&A 기관의 이사회는 P&A의 원조를 구하는 사람들의 욕구를 광범위하게 대표하고 그 욕구에 대한 지식이 있는 사람들로 구성되어야 한다. 예를 들어 정신장애인을 위한 P&A 프로그램(PAIMI, Protection and Advocacy for Individuals with Mental Illness)은 자문회의의 60%가 정신보건 서비스를 받았거나 받고 있는 사람들이나 그 가족이어야 한다. 미국의 P&A는 권리옹호의 특성상 변호사들의 역할이 매우 크다. P&A는 장애인의 권리를 위해 일하는 전문성을 가진 수많은 변호사를 양성하였다.

5. P&A 기관의 권한과 역할

P&A 기관들은 장애인에 대한 학대, 유기(방임), 또는 권리 침해 사건을 조사하기 위하여 특별한 권한을 부여받는다. P&A는 학대나 방임 사건이 발생하였다는 상당한 이유가 있다고 믿는다면 조사를 시작할 수 있다. 이러한 권한을 효과적으로 수행하기 위해 장애인들의 기록 및 그들이 거주하고 있는 시설에 대한 광범위한 접근권을 가진다.

P&A 기관들은 학대와 방임을 조사한 뒤 다양한 조치를 취할 수 있다. 대개는 여러 수단들을 함께 시도한다. P&A 기관들은 개별적으로 또는 집단소송으로 장애인들의 권리를 옹호하기 위한 소송을 제기할 수도 있다. 또 그들의 조사결과를 기술하고 개선조치를 권고하는 공적 보고서를 발행할 수도 있으며, 감시와 개선을 위한 공동의

프로토콜을 해당 시설과 함께 개발할 수도 있고, 시설들에게 기술지원 및 장애인들을 위한 자기 옹호 훈련을 제공할 수도 있다.

P&A는 장애인들을 위하여 원고가 되어 소송을 제기할 수 있다. 이는 집단소송(Class Action)이 제도화되어 있고, 행정적 해결보다는 사법적 해결을 우선시하는 미국적 시스템에서 비롯된 것이다. P&A의 원고적격은 시설에 거주하는 많은 장애인들이 법적 절차를 시작할 경우 보복을 두려워하기 때문에 중요한 기능을 한다. 후견인이 협조하지 않아서 장애인들이 소송을 제기할 수 없을 때에도 중요한 역할을 할 수 있다.

특히 P&A 기관들은 장애인의 기본적 권리를 옹호하는 역할을 하고, 특히 건강, 교육, 고용, 교통, 주거, 사법절차 등의 분야에서 장애인이 권리를 보장받을 수 있도록 하는 것이 중요한 역할이다. 이를 위해 다양한 권리옹호 서비스를 제공할 뿐만 아니라 기술지원의 제공, 자기옹호 훈련의 실시, 대중의 인식 제고 등과 같은 폭넓은 역할을 한다.

6. 사례

가. 캘리포니아주 P&A

캘리포니아주 P&A 시스템은 'Disability Rights California'라는 이름으로 활동한다.[26] 1978년 5월에 'Protection & Advocacy, Inc.'라는 이름으로 시작하였다. 1978년에 세크라멘토에 첫 사무실을 열었고, 1980년 로스엔젤레스, 1985년 베이에어리어, 2002년 샌디에고, 2008년 프레스노에 지역사무소를 열었다. 21곳에 지역센터를 가지고 있고, 5곳의 병원에 사무소를 두고 있다. 현재 상근 변호사 및 직원들의 수는 220여

---

26) 캘리포니아주 P&A의 웹사이트 http://www.disabilityrightsca.org/

명에 이른다.

캘리포니아주 P&A의 2013년 예산을 보면, 연방정부로부터 45%의 예산을 보조받으며, 그 밖에 주정부(31%), 캘리포니아주 변호사회 (10%)로부터 지원 받는다. 2013년 수입은 21,601,742 달러, 2014년은 21,197,695달러에 이른다.

캘리포니아주 P&A는 구체적으로는 ① 소송 제기, ② 학대와 유기 사건 조사, ③ 자기옹호를 위한 활동, ④ 지역사회와의 파트너쉽을 통한 협력, ⑤ 법·규정·공공정책의 변화를 위한 활동, ⑥ 장애인의 권리에 관한 정보제공과 교육 등을 담당한다. 프로그램으로는 장애인 지원 프로그램(Client Assistance Program), 정신장애인 낙인 및 차별방지 프로젝트(Mental Health Stigma & Discrimination Reduction Project), 자기옹호 프로그램(Peer/Self Advocacy Program) 등을 운영한다. 특별조직으로 권리옹호단위(Office of Clients' Rights Advocacy), 소송 및 공공정보 단위(Legislation and Public Information Unit) 등을 두고 있다.

통계를 보면 설립 다음 해인 1979년에 2천명이 서비스를 받았고, 첫 10년간 38,000명이 지원을 받았다. 2008년까지 세 번째 10년 동안에는 거의 50만명이 지원을 받았다고 한다. 2014년에는 23,000건의 요구를 해결했는데, 장애유형별로 보면 발달장애 11,000여건, 정신장애 8,000여건, 신체장애 기타 장애 1,800여건이다.

나. 일리노이주 P&A

일리노이주 P&A는 1985년에 설립되었으며 기관의 이름은 Equip for Equality이다.[27) 국가로부터 승인된 민간, 비영리기구라고 스스로를

---

27) 장애인권리옹호법 제정 추진연대 등, 미국 장애인권리옹호(P&A) 전문가 지나 대표 초청 워크샵 자료집, 2014. 11.; 일리노이주 P&A 웹사이트. http://www.equipforequality.org/

규정하고 있다.

주된 사명으로 ① 자기옹호를 증진시키고, 장애인에 대한 법률옹호서비스를 제공하는 것(개인적 사건을 다루고 광범위한 사회변화를 이루기 위한 소송도 담당), ② 장애인에게 서비스 되는 공공 또는 민간의 시설 또는 프로그램에 대한 독립적인 모니터링, ③ 장애인에게 선택권을 부여하고, 지역사회의 모든 영역에서 통합과 독립을 보장하기 위한 공공정책 또는 입법활동을 통한 옹호, ④ 장애인이 스스로 또는 다른 사람을 옹호할 수 있도록 장애권리 훈련을 통하여 장애인과 그 가족의 권리를 증진하는 것, ⑤ 그 밖에 연방정부에서 일리노이주 P&A에게 의무화한 것 등이다.

일리노이주 P&A는 자기옹호 지원 및 법률서비스를 위해서 시민권팀, 특수교육팀, 학대조사전문팀을 두고 있다. 나아가 장애인권리교육연수원을 두어 장애인과 그 가족을 위한 교육훈련, 세미나 등을 진행한다.

Ⅳ. 한국의 참고사례

1. 조례에 의한 장애인인권센터

가. 개요

서울, 경기도, 전라남도, 성남시, 울산북구를 비롯한 여러 지방자치단체가 조례를 통해 장애인인권센터를 만들었다(대전시 2010년 1월, 전라남도 2012년 1월, 성남시 2012년 7월, 울산북구 2013년 10월, 경기도 2013년 11월, 서울시 2014년 2월). 부산, 대전, 충청남도 등에서도 조례에 장애인인권센터의 근거를 마련하였고, 수원시, 의왕시, 부천시 등에서는 조례는 없지만 장애인인권센터를 설치하였다.

대부분의 조례는 센터의 운영을 전문기관에 위탁할 수 있도록 하였다. 이러한 장애인인권센터들은 모두 장애인 권리구제를 위한 장애인권리옹호기구라고 볼 수 있다.

나. 장애인인권센터의 역할과 권한

서울시의 경우 「서울특별시 장애인 인권증진에 관한 조례」에 서울특별시장이 장애인인권센터를 둘 근거를 두고 구체적인 내용은 시행규칙[28]을 통해 정하고 있다. 서울시 장애인인권센터는 ① 장애인 인권침해에 대한 상담 및 사례관리, ② 장애인 인권증진을 위한 교육 및 프로그램 개발, ③ 장애인 인권차별 관련 조사 및 구제에 관련된 사항 등 장애인 인권보호와 증진을 위하여 필요한 사항을 담당한다. 경기도 조례도 유사하나, 장애인 차별금지 및 인권보장에 관한 실태조사, 장애인 차별금지 및 인권보장에 관한 기본계획·시행계획 등 시·군의 이행사항 모니터링 실시가 추가되어 있다.

더 늦게 제정된 부산시 및 충청남도의 조례는 보다 구체적이다. 장애인인권센터 설치·운영의 근거가 되는 '장애인 차별금지 및 인권보장 조례'에 따르면, 센터의 업무는 ① 장애인 차별행위와 인권침해에 대한 사례접수, 상담 및 관련자료 수집 활동, ② 장애인 차별행위 및 인권침해에 대한 국가, 지방자치단체 및 국가인권위원회 등에 관계 법령에 따른 조치 의뢰 지원, ③ 국가, 지방자치단체 및 국가인권위원회 등의 요청에 따라 장애인 차별행위 및 인권침해 관련 조사 및 현장지도·감독에 참여, ④ 장애인 권리옹호 및 차별구제를 위한 법률구조활동 지원, ⑤ 장애인 차별금지, 인식개선 및 인권침해예방을 위한 교육 및 홍보, ⑥ 장애인 차별금지, 권리옹호, 인식개선 및

---

28) 「서울특별시 장애인 인권증진에 관한 조례 시행규칙」.

인권보장을 위한 프로그램 및 서비스 등 개발 연구, ⑦ 차별 및 인권 침해 상황에서의 분리 등 임시보호를 위한 필요한 서비스 연계 지원, ⑧ 그 밖에 장애인 차별금지, 권리옹호 및 인권보장과 관련된 업무이다.

다. 서울장애인인권센터의 활동 사례

서울장애인인권센터 사업보고서를 기초로 센터가 실제 처리하는 업무를 보면, ① '지역사회'에서 발생하는 장애인 인권침해나 차별사건 전문 상담전화를 운영하여 사건을 접수받고 그 중 장애인 인권침해, 차별의심사건 조사, 법률지원, 피해자 사후지원(원스톱 서비스 지향), ② 서울특별시 관할 '장애인 복지시설'에서 장애인에 대한 인권침해 사건 발생 시 피해자대리 및 법률자문 등 법률지원 및 심층조사 수행, ③ 장애인 인식개선을 위한 일반 인권교육, 장애인 인권침해예방을 위한 법률교육, 장애인 인권침해 발생 시 사후대처방법 교육 등 전문교육 수행, ④ 기타 장애인 인권보장을 위한 제도개선 연구, 인식개선 캠페인, 지침 또는 매뉴얼 개발 등이다.

2015년 처리현황을 업무유형별로 보면, 법률자문 및 정보제공 287건, 소송대리 14건, 국가인권위원회 진정지원 3건, 해당 기관 조사 및 문제제기 16건, 조사 중 해결 103건, 합의중재 3건, 복지서비스 등 정보제공 83건, 지역사회 연계 14 건 등이다. 사건유형으로 보면 인권침해가 24%, 장애차별이 29%이고, 그 밖에 복지정보 및 일반 법률자문 등 다양한 유형의 상담이 이루어지고 있음을 알 수 있다.

라. 조례에 의한 장애인인권센터의 한계

법률에 근거를 두지 않은 조례상 기구는 일정한 한계를 가질 수

밖에 없다. 조례는 법률이 위임한 것 또는 자치사무에 한하여 제정될 수 있기 때문이다. 이러한 한계로 센터의 권한에는 제한이 따른다. 예컨대 조사권, 접근권, 피해자 등에 대한 긴급조치권 등을 조례가 부여하기 어렵다. 강제조사가 아닌 임의조사는 가능하지 않은가라는 생각할 수 있지만, 「행정권한의 위임 및 위탁에 관한 규정」에 따르면 행정기관은 민간에 조사권한을 위탁할 수 없다. 이에 서울시 조례는 센터의 독자적인 조사권을 인정하지 못하고, 서울특별시 장애인부서와 공동으로 일정한 사안에 한정하여 공동으로 조사할 수 있도록 하였다.[29] 그 밖에도 장애인의 보조인이 될 권한, 후견절차에 참여할 권한 등도 법적 근거가 없이는 곤란하다. 관련 기관의 협조도 법률에 기초할 때 보다 원활하게 받을 수 있다.

뿐만 아니라 조례로 P&A를 설치할 경우 예산이 부족한 지방의 광역 및 기초자치단체에서는 P&A를 구성하지 못하는 경우가 많을 것이다. 이런 이유에서도 P&A는 법률에 근거를 두고 설치하는 것이 필요하다. 법률에 P&A의 근거를 마련하더라도 조례로 이미 설치한 장애인인권센터를 지방 P&A로 갈음하도록 하고, 지방비 지원 및 지방자치단체의 역할 등을 조례에 의하여 구체화하는 것이 바람직할 것이다.

2. 아동보호전문기관

가. 개요

아동보호전문기관은 2000년에 학대받거나 인권침해를 당하는 아

---

29) 가장 중요한 조사권과 관련하여 서울시의 시행규칙은 "센터는 장애인 인권침해에 대한 상담신청이 접수되거나, 산하 및 관련 기관에서 장애인 인권차별사례가 발생한 경우 서울특별시 장애인복지정책 관련부서와 공동으로 해당 사항에 대한 조사를 할 수 있다"고 규정하고 있다.

동을 보호하기 위한 기관으로 아동복지법에 근거를 두고 설립되었다. 중앙아동보호전문기관은 "아동학대예방사업을 활성화하고 지역간 연계체계를 구축"하기 위하여 중앙에 설치된 기관이고, 지역아동보호전문기관은 "학대받은 아동의 발견, 보호, 치료에 대한 신속처리 및 아동학대예방을 담당"하는 기관으로 시·도 및 시·군·구에 설치되었다. 시·도 및 시·군·구에 '1개소 이상' 두어야 하지만, 시·도지사는 관할 구역의 아동 수 및 지리적 요건을 고려하여 조례로 정하는 바에 따라 둘 이상의 시·군·구를 통합하여 하나의 지역아동보호전문기관을 설치·운영할 수 있다. 현재 중앙아동보호전문기관과 51개의 지역아동보호전문기관이 구성되어 있다.

2014년 1월에는 「아동학대범죄의 처벌 등에 관한 특례법」(이하 '아동학대범죄법')이 만들어져서 아동학대 조사 및 사법절차가 더욱 구체적으로 마련되었고, 아동보호기관의 역할도 강화되었다. 아동복지법은 그 동안 수차례 개정되면서 피해아동의 사후관리, 자립생활 지원 등에서 뚜렷한 발전을 만들어냈다.

나. 구성과 조직

보건복지부장관, 시·도지사 및 시장·군수·구청장은 아동학대예방사업을 목적으로 하는 비영리법인을 지정하여 중앙아동보호전문기관, 지역아동보호전문기관의 운영을 위탁할 수 있다. 아동복지법 시행령과 시행규칙은 민간위탁을 위한 지정절차 및 지정취소에 관하여 자세한 규정을 두고 있다.

보호기관의 설치기준과 운영기준도 시행령과 시행규칙에 자세히 마련되어 있다. 예컨대 기관의 장, 임상심리치료 전문인력 1명 및 상담원 6명, 학대신고 등 업무 수행을 위한 사무원 1명 이상을 두도록 하였으며, 시설 설치기준(사무실, 상담실, 심리검사·치료실, 그 밖의 시설)도 마련되어 있다. 상담원의 자격도 사회복지사 또는 심리학 전공자 등으로 제한하고 있다.

다. 역할과 업무

중앙아동보호전문기관은 지역아동보호전문기관에 대한 지원, 효율적인 아동학대예방사업을 위한 연계체제 구축, 아동학대예방사업을 위한 프로그램 개발 및 평가, 상담원 직무교육, 아동학대예방 관련 교육 및 홍보, 연구 및 자료발간 등의 역할을 한다. 지역아동보호전문기관은 ① 아동학대 신고접수, 현장조사 및 응급보호, ② 피해아동, 피해아동의 가족 및 아동학대행위자를 위한 상담·치료 및 교육, ③ 피해아동 가정의 사후관리, ④ 아동학대사례전문위원회 설치·운영 및 자체사례회의 운영 등의 역할을 한다.

라. 권한

아동학대사건의 처리과정과 아동보호전문기관의 역할에 대해서는 아동학대범죄법이 별도의 법으로 마련되면서 훨씬 정치해졌다.

우선 아동학대신고를 접수한 아동보호전문기관 직원이나 사법경찰관리는 지체없이 아동학대의 현장에 출동하여야 한다. 아동보호전문기관은 수사기관에 동행요청을 할 수 있으며, 수사기관은 정당한 사유가 없으면 동행하여야 한다. 아동보호전문기관은 학대사건 현장에 출입할 수 있고, 관계인에 대하여 조사를 하거나 질문을 할 수 있다. 다만 피해아동의 보호를 위한 범위에서만 할 수 있는 제한이 있다. 여기에서 피해아동의 보호를 위한 범위가 무엇인지 모호하여 논란이 될 수 있다. 현장조사를 거부하거나 기피하는 경우 조사 자체가 무력화될 수 있으므로, 조사거부행위에 대한 처벌규정도 나

중에 추가되었다.

아동보호전문기관은 응급조치를 할 권한이 부여되어 있다. 아동학대범죄법은 범죄행위 제지, 학대행위자 격리, 피해아동을 보호시설로 인도, 긴급치료가 필요한 경우 의료기관으로 인도 등을 열거하고 있다. 이러한 응급조치는 72시간을 넘을 수 없다. 한편 검사가 임시조치를 청구한 경우 법원의 결정시까지 연장된다.

임시조치에 관한 조항도 도입되었다. 법원은 검사의 청구에 따라 다음과 같은 임시조치를 할 수 있다. ① 피해아동 또는 가정구성원의 주거로부터 퇴거 등 격리, ② 피해아동 또는 가정구성원의 주거, 학교 또는 보호시설 등에서 100미터 이내의 접근 금지, ③ 피해아동 또는 가정구성원에 대한 전기통신을 이용한 접근 금지, ④ 친권 또는 후견인 권한 행사의 제한 또는 정지, ⑤ 아동보호전문기관 등에의 상담 및 교육 위탁, ⑥ 의료기관이나 그 밖의 요양시설에의 위탁, ⑦ 경찰관서의 유치장 또는 구치소에의 유치. 사법경철관은 긴급한 경우 위 ①내지 ③의 조치를 긴급임시조치로 할 수 있다.

아동학대사건을 심리하는 법원은 보호처분을 할 수 있고, 그 절차도 상세히 마련되었다. 아동학대의 신고를 접수한 아동보호전문기관이나 수사기관은 학대받은 아동의 보호와 학대의 방지를 위하여 1) 보호자 또는 연고자에 대하여 그 가정에서 보호양육 할 수 있도록 필요한 조치를 하는 것, 2) 아동의 보호를 희망하는 자에게 가정위탁하는 것, 3) 보호를 필요로 하는 아동에 적합한 아동복지시설에 입소시키는 것과 같은 조치를 의뢰할 수 있다.

아동보호전문기관의 상담원은 학대아동사건의 수사과정 또는 법원 심리 과정에서 법원의 허가를 얻어 보조인이 될 수 있다. 최근에는 아동학대가 의심되는 경우 경찰관이 아동보호전문기관에 통보하도록 의무화하여 아동학대 조기발견을 위한 체계를 구축하고, 아동보호전문기관이 아동학대 피해아동을 관련 보호시설 및 의료기관에 보호 또는 치료를 의뢰하는 경우 정당한 사유 없이 거부하지 못하도록 하는 법률개정이 있었다.

마. 사후관리 및 자립지원

아동학대사건 대응 못지않게 사후관리가 중요하다. 이를 위해 아동보호전문기관의 장은 아동학대가 종료된 이후에도 가정방문, 전화상담 등을 통하여 아동학대의 재발 여부를 확인하도록 하고, 아동학대의 재발 방지 등을 위하여 필요하다고 인정하는 경우 피해아동 및 보호자를 포함한 피해아동의 가족에게 필요한 지원을 제공할 수 있도록 하였다. 예를 들어 아동보호전문기관은 피해아동 및 그 가족에게 상담, 교육 및 의료적·심리적 치료 등의 필요한 지원을 제공하여야 한다.

나아가 아동복지법에서는 보호대상아동의 위탁보호 종료 또는 아동복지시설 퇴소 이후의 자립을 지원하기 위한 규정을 두었다. 즉 국가 및 지방자치단체는 구체적으로 ① 자립에 필요한 주거·생활·교육·취업 등의 지원, ② 자립에 필요한 자산의 형성 및 관리 지원, ③ 사후관리체계 구축 및 운영 등을 하여야 한다. 나아가 국가와 지방자치단체는 자립지원 전담기관을 설치·운영하거나, 그 운영의 전부 또는 일부를 법인, 단체 등에 위탁할 수 있다.

또한 국가와 지방자치단체는 아동이 건전한 사회인으로 성장·발전할 수 있도록 자산형성지원사업 및 금융자산관리업무를 실시할 수 있다. 이는 자립의 중요한 기초가 될 수 있다. 구체적으로는 ① 자산형성지원사업 대상 아동의 관리, ② 자산형성지원사업의 후원자 발굴 및 관리, ③ 자산형성지원사업을 위한 금융상품의 개발 및 관리 등을 할 수 있다.

3. 노인보호전문기관

노인보호전문기관은 처음에는 아동보호전문기관과 같이 노인학대에 관한 역할을 담당하기 위하여 설치되었다. 아동보호전문기관과 여러모로 유사하므로 자세한 설명은 생략한다. 주목할 것은 2015년 12월 29일 노인복지법 개정으로 중앙노인보호전문기관의 경우 학대방지기관에서 널리 노인의 인권옹호를 담당하는 기관으로 변화하였다는 점이다.

4. 학생인권옹호관

가. 개괄

경기도와 서울시는 조례를 통하여 학생인권옹호관 제도를 마련하였다. 학생인권조례를 만들면서 학생들의 인권을 옹호하기 위한 시스템으로 인권옹호관을 둔 것이다. 인권옹호관은 교육감 소속으로 지방계약직공무원이다(서울시 학생인권옹호관 조례 제2조).

학생인권옹호관의 직무수행을 위하여 사무기구를 둔다. 사무기구에는 공무원 및 전문조사원 등 학생인권옹호관의 직무를 보좌하기 위한 인원이 배치된다. 사무기구에 배치된 공무원 및 전문조사원은 학생인권옹호관의 지휘에 따라 사무를 처리하여야 한다. 한편 지역교육청마다 설치된 학생인권상담실은 상담결과를 정기적으로 학생인권옹호관에게 보고하여야 하고, 조속한 조치가 필요한 경우 등 시급한 경우에는 즉시 보고하여야 한다.

나. 인권옹호관의 선임과 신분보장

서울시의 경우 인권에 대한 올바른 관점과 차별에 대한 높은 감수성을 가지고 있으며, 학생인권에 관한 학식이나 경험이 풍부한 사람 중에서 위원회의 동의를 얻어 교육감이 임명한다. 학생인권옹호관은 학생의 인권에 대한 헌법 및 관련 법령 그리고「유엔 아동권리에 관한 협약」등 국제인권규범의 정신에 따라 그 직무를 독립적으로 성실하게 수행하여야 한다.

서울시의 경우 신분보장에 관한 규정이 있다. 즉 학생인권옹호관의 신분은 보장되며, 교육감은 학생인권옹호관이 아래의 사유에 해당하는 경우에만 위원회의 동의를 얻어 해촉할 수 있다. 다만 예외적으로 직무를 수행하는 것이 적절하지 않음이 명백한 경우에만 위원회는 청문 등 적법한 절차를 거쳐 그 사실을 조사한 결과를 바탕으로 동의안을 처리하여야 한다.

다. 인권옹호관의 역할

인권옹호관은 ① 학생인권침해에 관한 상담, ② 학생인권침해 구제신청에 대한 조사 및 직권조사, ③ 학생인권 침해에 대한 적절한 시정 및 조치 권고, ④ 학생인권 향상을 위한 제도 개선 권고 등의 업무를 담당한다.

학생이 인권을 침해당하였거나 침해당할 위험이 있는 경우에는 학생을 비롯하여 누구든지 학생인권옹호관에게 그에 관한 구제신청을 할 수 있다. 이러한 구제신청을 받은 학생인권옹호관은 사건을 조사한 후에 본청, 지역교육청, 학교 및 교직원에 대한 시정권고 등 적절한 조치를 취하여야 한다. 인권옹호관은 ① 학생인권침해 행위의 중지, ② 인권회복 등 필요한 구제조치, ③ 인권침해에 책임이 있는 사람에 대한 주의, 인권교육, 징계 등 적절한 조치, ④ 동일하거나 유사한 인권침해의 재발을 방지하기 위하여 필요한 조치를 교육감에게 권고할 수 있다.

학생인권옹호관으로부터 시정권고를 받은 본청, 지역교육청, 학교 및 교직원은 정당한 사유가 없는 한 그 권고사항을 이행하여야 하고, 조치결과를 즉시 학생인권옹호관과 교육감에게 보고하여야 한다. 학생인권옹호관은 해당 직무를 수행하기 위하여 본청, 지역교육청, 학교에 자료요구를 할 권한, 교직원 및 관계공무원에 대한 질의 권한을 가지며, 필요한 경우 현장방문조사를 할 수 있다.

V. 장애인 권리옹호체계 법률 개관

1. 발달장애인법

가. 개요

발달장애인법에서는 발달장애인지원센터의 설치 근거를 두고 있다. 이 센터는 발달장애인에 대한 서비스기관임과 동시에 권리옹호 기관이다. 발달장애인에 대한 서비스를 위하여 개인별 지원계획을 수립하고, 복지지원 정보를 제공하며, 발달장애인 및 그 가족을 복지 서비스 제공기관과 연계하는 업무 등을 담당할 뿐만 아니라, 발달장애인에 대한 학대 또는 유기 등 범죄에 대하여 현장조사를 하거나 보호조치 등 권리구제를 담당한다.

나. 구성과 운영

센터의 구성에 관해서 보면, 보건복지부장관과 시·도지사, 시장·

군수·구청장은 보건복지부령으로 정하는 바에 따라 「공공기관의 운영에 관한 법률」 제4조에 따른 공공기관을 지정하여 발달장애인지원센터의 운영을 위탁할 수 있다. 다른 사례들과는 달리 '공공기관'을 지정하여 위탁하도록 하고 있다. 민간은 위탁을 받을 수 없다. 이 경우 발달장애인지원센터는 「장애아동 복지지원법」 제8조에 따른 중앙장애아동지원센터 또는 같은 법 제9조에 따른 지역장애아동지원센터와 통합하여 운영할 수 있다. 발달장애인지원센터에는 운영위원회를 설치하는데 5명 이상 15명 이하로 구성하고 그와 관련하여 필요한 사항은 보건복지부장관이 정한다.

발달장애인지원센터에는 대통령령으로 정하는 자격을 가진 특수교사, 사회복지사, 변호사 등 필요한 인력을 적절히 배치하여 발달장애인이 복지 및 법률 서비스를 받을 수 있도록 노력하여야 한다. 나아가 발달장애인지원센터는 발달장애인 동료에 대한 상담 및 교육 등의 역할을 수행할 수 있는 발달장애인을 채용할 수 있다.

발달장애인지원센터의 설치기준, 운영기준, 직원 배치기준은 보건복지부령으로 정하고 있다. 설치기준을 보면 사무실, 상담실, 교육실을 갖추어야 하고, 긴급전화를 설치하여야 한다. 직원 배치기준도 구체적으로 마련하여 중앙의 경우 센터장 외에 권리구제 담당자 4명 이상, 정책개발 업무자 3명 이상, 운영지원 및 정보관리 담당자 각 2명 이상이어야 하고, 지역의 경우 센터장 외에 권리구제 담당자권리구제 4명 이상, 운영지원 담당자 2명 이상 등으로 구성된다.

다. 센터의 업무 및 권리구제 권한

센터는 서비스 제공과 권리구제를 함께 담당한다. 권리옹호기구로서의 업무는 중앙의 경우 발달장애인 권리침해의 모니터링 및 권리구제의 지원, 지역은 법률 제16조 및 제17조에 따른 현장조사 및 보호조치 등 발달장애인의 권리구제 지원이다.

권리구제와 관련한 권한을 보면 우선 유기 등 발달장애인 관련 범죄가 발생한 경우에만 개입할 수 있도록 하고 있다. 유기 등 범죄가 발생하면 현장에 출동하여 관계인에 대한 조사를 하거나 질문을 할 수 있는데, 발달장애인의 보호를 위한 범위에서만 조사 또는 질문을 할 수 있다. 조사권을 일정 범위로 제한한 것이다.

다만 발달장애인지원센터의 장이나 수사기관의 장은 서로 발달장애인에 대한 유기 등의 현장에 동행하여 줄 것을 요청할 수 있고 요청받은 발달장애인지원센터의 장이나 수사기관의 장은 정당한 사유가 없으면 그 소속 직원이나 사법경찰관리가 동행하도록 조치하여야 한다.

보호조치의 권한도 있다. 발달장애인지원센터의 장은 발달장애인에 대한 유기 등이 발생하였다고 믿을 만한 상당한 이유가 있고, 발달장애인을 그 가해자로 추정되는 사람으로부터 격리하거나 치료할 필요가 있는 경우 발달장애인을 임시쉼터(이하 '위기발달장애인쉼터') 또는 의료기관에 인도하는 등 발달장애인이 안전한 곳에서 보호받을 수 있도록 조치하여야 한다. 발달장애인지원센터의 장은 이에 따라 발달장애인을 격리하여 보호하는 경우 그 사실을 관할 시·도지사 또는 시장·군수·구청장에게 즉시 통보하여야 하고, 그 격리기간은 7일을 넘을 수 없다. 다만, 대통령령으로 정하는 사유가 있는 경우에는 시·도지사 또는 시장·군수·구청장의 사전 승인을 받아 7일 이내에서 이를 연장할 수 있다.

발달장애인지원센터의 장은 위에 따른 격리기간이 끝나기 전에 대통령령으로 정하는 바에 따라 피해 발달장애인의 복리를 위하여 「장애인복지법」 제60조의2, 「성폭력방지 및 피해자보호 등에 관한 법률」 제15조 또는 「가정폭력방지 및 피해자보호 등에 관한 법률」 제7조의3에 따른 시설 입소를 통한 보호조치를 시·도지사 또는 시장·군

수·구청장에게 의뢰할 수 있다. 위기발달장애인쉼터는 보건복지부령으로 정하는 바에 따라 「장애인복지법」 제58조제1항제1호의 장애인 거주시설 중에서 지정하여 운영하여야 한다. 그 밖에 센터는 관련기관에의 협조 요청을 할 수 있고, 이 경우 협조 요청을 받은 기관의 장은 특별한 사유가 없으면 이에 따라야 한다.

2. 장애인복지법

가. 개요

2015년 6월 22일 장애인복지법 개정으로 장애인학대의 예방과 방지에 관한 국가와 지방자치단체의 의무규정이 마련되었다. 국가 및 지방자치단체는 장애인학대에 관한 신고체계의 구축·운영, 장애인학대로 인하여 피해를 입은 장애인의 보호 및 치료와 피해장애인의 가정에 대한 지원 등을 하여야 한다.

그 일환으로 국가는 지역 간의 연계체계를 구축하고 장애인학대를 예방하기 위하여 중앙장애인권익옹호기관을 설치·운영하고, 학대받은 장애인을 신속히 발견·보호·치료하고 장애인학대를 예방하기 위하여 지역장애인권익옹호기관을 특별시·광역시·특별자치시·도·특별자치도에 둔다.

보건복지부장관, 특별시장·광역시장·특별자치시장·도지사·특별자치도지사는 「공공기관의 운영에 관한 법률」 제4조에 따른 공공기관 또는 장애인 학대의 예방 및 방지를 목적으로 하는 비영리법인을 지정하여 장애인권익옹호기관의 운영을 위탁할 수 있다. 이 경우 보건복지부장관, 특별시장·광역시장·특별자치시장·특별자치도지사는 그 운영에 드는 비용을 지원할 수 있다.

장애인권익옹호기관의 설치기준·운영, 상담원의 자격·배치기준,

운영 수탁기관 등의 지정, 위탁 및 비용지원 등에 필요한 사항은 대통령령으로 정한다.

나. 장애인권익옹호기관의 업무

중앙장애인권익옹호기관과 지역장애인권익옹호기관의 업무는 다음과 같다.

중앙장애인권익옹호기관	지역장애인권익옹호기관
1. 지역장애인권익옹호기관에 대한 지원 2. 장애인학대 예방 관련 연구 및 실태조사 3. 장애인학대 예방 관련 프로그램의 개발·보급 4. 장애인학대 예방 관련 교육 및 홍보 5. 장애인학대 예방 관련 전문인력의 양성 및 능력개발 6. 관계 기관·법인·단체·시설 간 협력체계의 구축 및 교류 7. 장애인학대 신고접수와 그 밖에 보건복지부령으로 정하는 장애인학대 예방과 관련된 업무	1. 장애인학대의 신고접수, 현장조사 및 응급보호 2. 피해장애인과 그 가족, 장애인학대 행위자에 대한 상담 및 사후관리 3. 장애인학대 예방 관련 교육 및 홍보 4. 장애인학대사례판정위원회 설치·운영 5. 그 밖에 보건복지부령으로 정하는 장애인학대 예방과 관련된 업무

학대 관련 업무로 그 범위가 제한되어 있는 것이 특징이다. 여기서 '장애인 학대'란 장애인에 대하여 신체적·정신적·정서적·언어적·성적 폭력이나 가혹행위, 경제적 착취, 유기 또는 방임을 하는 것을 말한다. 발달장애인법과는 달리 반드시 범죄로 제한되지 않는다.[30]

---

30) 장애인복지법은 다음과 같은 행위를 금지행위로 열거하고 있는데, 이중 1, 2, 7, 8호를 범죄로 처벌하고 있다. 따라서 3호부터 6호까지는 형법 등에서 범죄가 되지 않는 한 범죄가 아닌 경우도 있을 수 있다.
   1. 장애인에게 성적 수치심을 주는 성희롱·성폭력 등의 행위

다. 장애인권익옹호기관의 권한

장애인복지법은 권익옹호기관의 권한에 관하여 기의 규정을 두고 있지 않다. 예컨대 학대현장에 출동하여 조사할 권한을 규정하고 있으나(현장조사권), 그 구체적 내용과 방법, 절차에 대해서는 침묵하고 있다. 장애인복지법에서는 "장애인학대행위자 등 장애인학대와 관련되어 있는 자는 장애인학대현장에 출동한 자에 대하여 현장조사를 거부하거나 업무를 방해하여서는 아니 된다"는 규정을 두고 있을 뿐이다.

학대사건이 발생한 경우의 처리절차를 보면, 우선 학대신고를 받으면 장애인권익옹호기관의 직원은 지체 없이 장애인학대현장에 출동하여야 한다(현장출동), 다음으로 학대받은 장애인을 학대행위자로부터 분리하거나 치료가 필요하다고 인정할 때에는 장애인권익옹호기관 또는 의료기관에 인도하여야 한다(피해자 분리).

위 규정에 따르면 권익옹호기관은 학대신고를 접수한 경우가 아니라 스스로 학대사건을 인지한 경우에 그 사건에 개입할 수 있는지 불분명하다. 특히 학대사건에 이르지 않는 인권침해사건이 발생한 경우에 현장에 출동하거나 조사를 할 권한은 없다.

응급조치 후 학대사건의 심리에 보조인이 될 수 있다는 규정이

---

2. 장애인의 신체에 폭행을 가하거나 상해를 입히는 행위
3. 자신의 보호·감독을 받는 장애인을 유기하거나 의식주를 포함한 기본적 보호 및 치료를 소홀히 하는 방임행위
4. 장애인에게 구걸을 하게 하거나 장애인을 이용하여 구걸하는 행위
5. 장애인을 체포 또는 감금하는 행위
6. 장애인의 정신건강 및 발달에 해를 끼치는 정서적 학대행위
7. 장애인을 위하여 증여 또는 급여된 금품을 그 목적 외의 용도에 사용하는 행위
8. 공중의 오락 또는 흥행을 목적으로 장애인의 건강 또는 안전에 유해한 곡예를 시키는 행위

있을 뿐 후견업무에 관여하거나 기타 권한도 전혀 부여되어 있지 않다. 사후관리에 관해서 보면, 장애인권익옹호기관은 장애인학대가 종료된 후에도 가정방문, 시설방문, 전화상담 등을 통하여 장애인학대의 재발 여부를 확인하여야 한다. 장애인권익옹호기관은 장애인학대가 종료된 후에도 피해장애인의 안전 확보, 장애인학대의 재발 방지, 건전한 가정기능의 유지 등을 위하여 피해장애인, 피해장애인의 보호자[31]가족에게 상담, 교육 및 의료적·심리적 치료 등의 지원을 하여야 한다. 장애인권익옹호기관이 지원을 할 때에는 피해장애인의 이익을 최우선으로 고려하여야 하고, 피해장애인의 보호자·가족은 장애인권익옹호기관의 지원에 참여하여야 한다.

　이러한 지원을 위해 장애인권익옹호기관의 장은 관계 기관·법인·단체·시설에 협조를 요청할 수 있다. 다른 법률과는 달리 협조요청에 따라 협조에 응할 의무는 인정되지 않는다.

VI. 바람직한 장애인 권리옹호체계

1. 권리옹호체계의 필요성

　장애인은 권리를 침해받기 쉽고, 법적으로 불이익을 당하는 일이 많다. 반면 스스로 권리를 주장하는 데에는 어려움이 따른다. 의사소통에 장애가 있거나, 판단능력이 부족하여 다른 사람의 도움 없이는 권리구제절차에 참여하기 힘든 경우도 있고, 장애로 인하여 법원 등 구제기관이나 사법절차에 접근하기 어려운 경우도 있다. 따라서 장애인의 권리를 보장하고, 헌법상 요구되는 기본권을 옹호하기 위

31) 친권자, 「민법」에 따른 후견인, 장애인을 보호·양육·교육하거나 그러한 의무가 있는 사람 또는 업무·고용 등의 관계로 사실상 장애인을 보호·감독하는 사람을 말한다.

해서는 장애인의 권리옹호를 추동하거나 조력하는 시스템 마련이 필수적이다.

우리나라에서는 국가인권위원회가 장애인의 인권보호와 옹호를 위한 기관이다. 국가인권위원회는 장애인 차별에 관한 시정기구의 역할도 담당하고 있다. 국가인권위원회는 조사권, 접근권(특히 시설에 대한 방문조사권), 시정권고 또는 조정권한을 비롯해서 홍보, 교육, 관행에 대한 의견표명 등 미국 P&A가 가지고 있는 권한의 상당 부분을 가지고 있다. 따라서 국가인권위원회가 아닌 다른 P&A 기구가 필요하다면 그 이유는 무엇인지, 그 역할은 국가인권위원회와 어떻게 다른지, 국가인권위원회와의 관계는 어떻게 설정하여야 하는지에 관한 논의가 필요하다.

우선 인권위원회는 인권 보호와 향상을 위한 업무를 수행하는 '국가기관'이며, 인권침해와 차별행위에 대한 조사와 구제조치를 담당하는 '준사법기구'이다. 반면 P&A는 법률상 기구이지만 '반관반민 기구'이며, 권리옹호활동을 하는 '옹호조직'이지 엄밀하게 보면 권리 구제기관은 아니다(권리구제는 법원 등 사법기관이나 국가인권위와 같은 준사법기관이 담당한다). 실제로 미국의 P&A는 상담, 교육, 조력, 소송 제기 등을 통해 장애인의 권리를 옹호하는 활동을 하고, 권리구제는 법원이나 고용평등위원회가 담당한다. 이처럼 P&A는 국가 인권위원회와 성격이 다르고 역할도 달리한다. P&A가 만들어지면 국가인권위원회의 역할이 축소되는 것이 아니라, 오히려 국가인권위원회가 훨씬 바빠질 수 있다.

역할이 일부 중첩된다고 하더라도 장애인과 가까운 곳에 있는 P&A는 필요하다. 국가인권위원회는 서울 중심으로 조직되어 있고, 지방 일부에 사무소를 두고 있을 뿐이다. 국가인권위원회는 모든 인권문제를 업무범위로 하고 있어서 장애인 인권옹호 업무를 처리하는 인력과 예산도 제한되어 있다. 실제로 장애인 관련 진정사건의 처리속도가 늦고, 빈발하는 장애인 인권침해 사건에 국가인권위원회가 기동성 있게 관여하는 것은 어려운 상황이다. 반면 장애인 권리보호의 실효성을 높이기 위해서는 장애인의 접근이 용이할 수 있도록 지방화, 소규모화할 필요성이 있다. 지역사회 가까운 곳에서 장애인의 권리옹호를 밀착해서 처리할 수 있는 시스템이 요구된다.

결론적으로 국가인권위원회는 권리구제기관이므로, 그 전 단계에서 장애인의 권리옹호를 조력하고 구제절차로 나아가도록 하는 역할이 필요하다. 우리나라에도 법률구조공단과 같은 법률구조시스템, 형사절차에서의 국선변호인제도 등이 있지만 장애인의 특성에 대한 전문성을 가지고 있지 못해서 장애인의 권리옹호에는 커다란 한계가 있다. 또한 장애인 권리옹호업무는 그 특성상 장애인에 관한 이해와 전문성이 요구되고, 무엇보다 장애인의 참여가 확보되어야 한다. 따라서 국가인권위원회와는 별도로 장애인 권리옹호 시스템을 만들 필요가 있다.

2. 장애인권리옹호체계의 원칙

장애인 권리옹호체계를 도입할 때 견지하여야 할 원칙으로 다음과 같은 것이 필요하다.[32)]

첫째, 정부, 지방자치단체 및 서비스 제공자(특히 시설)로부터 독립되어야 한다. 독립된 공공기구로 구성되거나 공적 권한을 위임받은 전문적 민간단체에 의하여 옹호가 이루어져야 한다. 독립성, 공정성은 권리옹호기구의 핵심이다. 권리옹호기구는 장애인에 대한 복지, 권리옹호 등을 수행하는 어떠한 개인이나 단체로부터도 중립

---

32) 홍선미 외, 정신장애인 인권개선을 위한 각국의 사례연구와 선진모델 구축, 국가인권위원회 2009년도 인권상황실태조사 연구용역보고서, 2009, 615면.

성과 독립성을 견지하여야 한다. 국가나 지방자치단체는 권리옹호기구의 업무수행에 관하여 감독권한을 넘어서는 지시나 간섭을 해서는 아니 된다. 발달장애인법상 발달장애인지원센터는 권리옹호기관을 겸하고 있는데 권리옹호를 넘는 서비스 제공업무를 담당할 경우 자기감시가 필요하게 되므로 바람직하지 않다. 독립성, 신분보장이 강조되고 있는 학생인권옹호관의 사례를 참고할 필요가 있다.

나아가, 국가가 직접 설치하는 경우에도 독립성을 훼손하지 않도록 권리옹호기구의 장과 직원의 신분은 보장되어야 하며, 예외적인 경우가 아니면 본인의 의사에 반하여 면직되지 아니 하도록 하는 장치가 필요하다.

둘째, 보호담론에서 벗어나 옹호라는 관점을 철저히 견지하여야 한다. 장애인복지법 개정안의 최초안에서는 아동의 예와 같이 장애인보호전문기관이라는 용어를 사용했다가 장애계의 비판을 받고 장애인권익옹호기관으로 수정하였다.

셋째, 장애인권리옹호기관은 학대와 방임 등 사건처리뿐 아니라 널리 장애인의 인권 및 시민권 보장, 차별방지 등의 역할을 담당하여야 한다. 미국의 P&A는 이러한 역할을 담당하고 있고, 최근 노인보호전문기관도 널리 노인의 인권과 관련된 역할로 중앙기관의 역할을 넓혔다. 장애인복지법처럼 학대사건의 처리로 업무범위를 좁히는 것은 진정한 권리옹호기구라고 할 수 없다. 이러한 관점에서 장애인권리옹호법안에서는 역할을 널리 인권침해 및 예방업무로 하고, 다양한 권리옹호사업을 할 수 있어야 한다.

넷째, 권리옹호기관은 충분한 전문성 뿐 아니라 올바른 관점을 가진 사람들로 구성되어야 하며, 장애인의 자기결정권과 입장을 존중하고 이익을 옹호하여야 할 의무가 부여되어야 한다. 무엇보다 장애인 당사자의 참여가 보장되어야 한다.

다섯째, 장애인이 권리옹호제도를 인지할 수 있도록 서비스제공기관은 장애인(거주인)에게 입소시 또는 수시로 권리옹호체계를 공지하고, 서면으로 이의제기 절차를 알려줄 의무를 부여해야 한다. 장애인 권리침해에 대한 신고시스템을 구축하고, 신고를 방해할 경우 처벌규정, 신고인의 보호절차 등을 통해 신고체계가 실제 작동할 수 있도록 해야 한다.

여섯째, 권리구제신청이 없을 경우라도 권리침해 징후가 있을 경우 직권에 의한 조사가 가능해야 하며 이 경우 시설에서 협조하도록 해야 한다. 이는 인권위의 방문조사와는 달리 사전공지 없이 조사가 가능해야 한다.

일곱째, 피해자를 피해 상황 또는 가해자로부터 분리하고, 보복 등 2차 피해를 당하지 않도록 신속한 보호조치가 이루어져야 한다. 쉼터 등 피해자 보호제도를 겸비할 필요성이 있다.

여덟째, 권리옹호기관이 가해자를 상대로 직접 소송을 제기할 수 있어야 한다. 마지막으로 무료로 서비스가 제공되어야 하며 국가와 지방자치단체가 예산을 전액 또는 대부분을 지원해야 한다.

3. 권리옹호체계의 법률화 방안

권리옹호체계를 어떤 법률에 마련하는가의 문제가 있다. 어떤 법률에 두는지에 따라서 소관부처가 정해지는 문제도 있다(소관부처로는 국가인권위원회, 법무부, 보건복지부를 생각해볼 수 있다).

아동복지법과 노인복지법의 예에 비추어볼 때 장애인복지법에서 규정하는 방안이 있을 수 있다. 현재 장애인복지법의 장애인권익옹호기관이 이러한 입장을 반영하여 만들어졌다. 그런데 장애인복지법은 장애인에 대한 복지서비스를 중심으로 하는 법이므로 장애인의 전반적 권리옹호를 위한 권리옹호체계를 담기에는 적절하지 않다. 즉 장애인 권리옹호는 장애인복지를 넘어서는 인권의 문제인데,

장애인복지법에 둘 경우 체계상 조화롭지 않으며 한계를 가질 수밖에 없다.

다음으로 장애인차별금지법에 규정하는 방안이 있을 수 있다. 그런데 장애인권리옹호는 차별의 문제를 포함하지만 차별의 영역을 넘는 것이다. 장애인의 권리옹호는 평등권 또는 사회적 기본권을 넘는 자유권, 정치적 기본권 등의 문제를 망라하기 때문이다. 따라서 전반적 권리옹호시스템을 장애인차별금지법에 두는 것은 적절하지 않다는 지적이 있을 수 있다.

그렇다면 장애인권리옹호에 관한 전반적인 내용을 담는 새로운 법률(예컨대 장애인권리보장법)을 만들거나, 장애인권리옹호체계에 관한 특별법을 만드는 방법이 바람직하다. 이와 함께 사회복지사업법이나 사회보장기본법에 장애인, 아동, 노인 등 사회적 소수자를 위한 권리옹호기관에 관한 근거규정을 만들고, 소규모 지역에서는 사회적 약자 전체를 위한 옹호기구를 만들고, 긴급전화 등의 수단은 통합된 시스템을 적용하는 것이 좋을 것이다.

4. 장애인권리옹호체계의 구성

가. 개괄

장애인권리옹호체계는 중앙과 지방으로 나누어 구성하여야 한다. 중앙조직은 중앙아동보호전문기관처럼 지방 P&A에 대한 지원, 연계체계 구축, 프로그램 및 정책개발, 교육 등의 역할을 수행한다. 지방조직은 아동보호전문기관처럼 시군구 단위로 조직하면 좋겠지만, 처음에는 시도 단위로 출발하는 것도 가능할 것이다. 다만 서울, 경기도와 같은 큰 지자체에서는 지역을 분할하여 여러 개의 P&A를 두는 것이 바람직하다.

국가나 지방자치단체는 장애의 종류와 내용, 연령과 성별에 따라 특수한 권리옹호가 각별하게 필요한 경우 특수 P&A를 설치할 수 있다. 예컨대 정신적 장애나 발달장애, 장애여성과 같은 특별한 영역에 관해서 특별하게 활동하는 P&A를 우선은 중앙 차원에서 만드는 것을 생각해볼 수 있다. 현재 발달장애인에 관한 특별법에서는 발달장애인지원센터를 중앙과 지역에 모두 두고 있다. 그러나 현 단계에서는 지역 차원에서는 별도의 권리옹호기구보다는 통합적으로 운영하는 것이 바람직하다는 것이 필자의 의견이다.

나. 권리옹호체계의 구성방법

(1) 반관반민기구 – 민간위탁 방안

우리의 경우 행정기관과 민간조직의 구분이 명확해서 영미법계의 반관반민기구가 생소하기도 한다. 즉 우리나라의 권리보호를 위한 조직들은 국가기관 또는 준국가기관이거나, 민간단체로 명확히 나누어지고, 중간적 성격을 갖는 경우를 찾기 어렵다. 그런데 국가기관은 보수적이고 관료적인 경향을 보이기 쉽고, 민간기관의 헌신성과 역동성, 서비스마인드, 전문성과 활동경험이 권리옹호활동에 큰 역할을 할 수 있다. 실제 미국의 P&A 기관 다수는 '민간조직'의 역동성과 자발성, 서비스 마인드와 '행정기관'의 권한과 책임이라는 장점이 결합된 조직이다. 한국의 장애인권리옹호체계도 민간이 법적권한을 가지고 공적 역할을 담당하는 반관반민의 형식을 채용할 수 있다. 아동보호전문기관이나 노인보호전문기관에서도 민간위탁이라는 형식을 통해 민간의 비영리단체가 권리옹호기관으로 활동하는 선례를 보여주고 있다.

발달장애인법은 공공기관에 위탁하는 방안을 마련하였고, 장애인복지법도 공공기관을 비영리법인과 함께 위탁의 대상으로 하였다.

공공기관에 위탁하는 방안은 스스로 공공기구화하는 방안의 장점도 살리지 못하고, 민간의 역동성도 활용하지 못한다는 점에서 한계가 있다고 본다. 특히 장애인 관련 공공기관 중에서 권리옹호업무에 전문성과 경험을 갖춘 기관이 거의 없다는 점에서 적절한 방법은 아니라고 판단된다.

비영리법인 또는 민간단체에 위탁하여 운영할 경우 위탁의 절차와 방법, 자격요건을 법령에 명시하여 자의적이거나 불합리한 위탁을 피해야 한다. 중앙은 관할 중앙행정기관이, 지방은 시도지사가 지정하되, 투명하고 공정한 지정이 가능하도록 선정위원회를 구성하고 외부의 전문가를 참여시키는 것이 필요하다. 사회복지시설은 위탁의 대상에서 제외되어야 한다. 노인복지법은 노인복지시설을 노인보호전문기관으로 지정할 수 있도록 하였으나, 시설은 오히려 P&A의 중요한 활동대상이 될 수 있으므로, 장애인복지시설에 운영위탁을 하는 것은 독립성을 해칠 수 있다.

(2) 공공기구 방안

미국의 경우 행정기관도 공권력을 행사하기보다는 소송을 통해 문제를 해결할 정도로 사적 영역 또는 민간의 중요성이 크다. 따라서 민간기관에 공적 역할을 위탁하는 P&A가 자연스럽고 사회시스템에 부합하기도 한다. 그러나 우리의 경우 행정기관과 민간의 구분이 분명하고, 행정기관이 처분이 아닌 소송을 통해서 문제를 해결하는 것은 낯설다. 특히 가해자들이 민간기관에 맞서거나 민간기관의 조사 등을 방해하는 경우가 발생할 우려가 있다. 민간기관이 법적 근거에 따라 각종 권한을 부여받는다고 하더라도 권한행사에 커다란 어려움을 겪을 수 있다.

따라서 장애인권리옹호체계를 국가 또는 지방자치단체 안에 두거나 아예 공공기관으로 만드는 방안을 모색할 수 있다. 관련하여 앞서 본 학생인권옹호관 제도를 참고할 수 있다. 다만 이 방안에 의하더라도 전문성과 의지, 특히 장애인 감수성을 갖춘 민간의 전문가 등으로 충원하는 것이 필요하다. 즉 인권에 대한 올바른 관점과 차별에 대한 높은 감수성을 가지고 있으며, 장애인인권에 관한 학식이나 경험이 풍부한 사람 중에서 기구를 구성하여야 한다.

공공기구로 구성된 P&A는 구성권자, 사회복지시설 등으로부터 독립해서 오로지 헌법 및 관련 법령 그리고 장애인권리협약의 정신에 따라 그 직무를 독립적으로 성실하게 수행하는 것이 보장되어야 한다. 따라서 이해관계가 충돌되는 사회복지시설 등의 종사자가 임명될 수 없도록 하여야 한다. 학생인권옹호관의 예처럼 신분보장이 필요하다. 즉 임기 동안 신분은 보장되며, 예외적으로만 해촉할 수 있어야 한다. 해촉 과정에서도 민주적 통제가 필요하다(외부위원회의 동의 및 청문절차). P&A가 장애인의 입장에서 서서 제 역할을 하지 못할 경우에도 해촉이 가능하여야 한다.

(3) 소결

공공기구 방안이 좋은지, 민간위탁 방안이 좋은지는 사회적 논의와 다양한 경험을 필요로 한다. 중앙정부 및 지방자치단체의 역량과 사정 등에 따라 공공형과 민간위탁형을 선택할 수 있도록 하되, 장애계의 의견을 수렴하여 각 방안의 단점을 극복할 수 있도록 모범적인 전형을 만들어나가는 것도 방법이 될 것이다.

다. 중앙과 지방의 구성방법 및 주무부처

기구 구성은 중앙의 경우 주무부처가, 지방의 경우 지방자치단체가 담당하는 이원화 방안과 중앙 P&A를 구성하면 중앙 P&A가 지방 P&A를 구성하는 방안이 있을 수 있다. 앞의 방법이 보다 민주적 통제가 가능하다는 점에서 바람직하다고 생각된다. 다만 구성과정에 주무부처의 장과 지자체의 장의 구성을 민주적으로 통제하는 선정위원회를 둘 필요가 있다.

중앙 P&A 구성 또는 민간위탁의 주체를 어떤 부처로 할 것인지도 문제이다. 발달장애인법과 장애인복지법은 보건복지부장관이 하도록 하였으나, 국가인권위원회가 하는 것이 바람직하다고 본다. 국가인권위원회는 인권에 관한 전문성을 갖춘 독립적 기구로서 장애인차별 업무 등의 주무기관이다. 장애인권리옹호기구는 복지기관이라기보다는 인권옹호기관이므로 국가인권위원회가 담당하는 것이 옳다고 판단된다. 이렇게 할 경우 국가인권위원회와 장애인권리옹호기구가 중첩된 역할을 할 것이라는 우려를 해소하고 바람직한 역할분담 및 유기적 협력체계도 마련할 수 있을 것이다.

5. P&A 기관의 운영

P&A 기관은 민주적 운영이 가능하도록 이사회 및 자문위원회를 구성하게 하는 바람직하다. 그리고 장애당사자의 욕구를 반영하기 위해서 이사회나 자문위원회의 구성에 P&A의 원조를 구하는 사람들의 욕구를 반영할 수 있는 사람들이 반드시 참여해야 한다. 장애 당사자의 참여가 필수적이다. 또한 P&A 활동이 권리옹호를 위한 활동인만큼 변호사들이 이사 및 직원으로 참여하는 것이 반드시 필요하다. 미국의 경우 P&A 이사 및 상근직원의 상당수를 변호사들이 맡고 있다. 발달장애인법은 센터에 변호사 등 필요인력을 적절히 배치하는 내용을 법률규정으로 반영하고 있다.

P&A에 대한 감독, 재정 및 업무에 대한 감사는 지정권한을 가진 국가 및 지방자치단체가 맡지만, 아울러 지역사회 및 장애계의 욕구와 의견을 충실히 반영할 수 있도록 하는 것이 중요하다. P&A에 대

한 평가를 장애계, 시민단체 등에 위탁하여 하는 방법도 가능하다.
P&A는 인구 및 장애인구를 고려한 비율대로 보조금을 지원받아
운영한다. 다만 정부 및 지자체의 지원 이외에 비영리단체의 재정이
나 개별적인 모금 활동을 병행하는 것도 가능하다고 생각한다.

6. P&A 기관의 권한과 역할

가. 개괄

중앙 P&A는 다음과 같은 역할을 담당하여야 한다.

⑴ 지역P&A에 대한 지원
⑵ 장애인 인권침해 예방 및 권리옹호와 관련된 교육, 연구, 홍보,
실태조사 및 자료 발간
⑶ 장애인 인권침해 예방 및 권리옹호를 위한 연계체계 구축
⑷ 장애인 인권침해 예방 및 권리옹호를 위한 프로그램 및 서비
스 개발·평가
⑸ 장애인 인권침해에 관한 신고체계의 구축·운영
⑹ 상담원 직무교육 및 장애인 인권침해 예방 교육
⑺ P&A 전산시스템 구축 및 운영
⑻ 장애인 권리옹호를 위한 소송 및 그 밖의 법률구조활동
⑼ 장애인 인권침해정보시스템의 운영
⑽ 그 밖에 대통령령으로 정하는 장애인 인권침해 예방 및 권리
옹호와 관련된 전국적 범위의 업무

지역P&A는 다음과 같은 역할을 담당하여 한다.

(1) 장애인 인권침해 신고접수, 상담 및 현장조사

(2) 피해장애인과 그 가족 및 장애인 인권침해행위자를 위한 상담·치료 및 교육

(3) 장애인 인권침해 예방 교육 및 홍보

(4) 장애인복지시설 등에 대한 인권 모니터링 및 조사

(5) 피해장애인 가정 및 피해장애인 관련 시설의 사후관리

(6) 장애인 권리옹호를 위한 소송 및 그 밖의 법률구조활동

(7) 국가인권위원회 등 관계기관에 인권침해 및 차별행위에 대한 조사 및 수사 의뢰

(8) 인권침해를 당한 피해자의 보호 등을 위하여 국가나 지방자치단체에 필요한 조치 의뢰

(9) 그 밖에 대통령령으로 정하는 장애인 인권 침해 예방 및 권리옹호와 관련된 업무

장애인복지법에서는 P&A가 장애인 학대사건에만 개입하는 것으로만 규정하였다. 아동복지법의 사례를 따라서 그렇게 규정한 것으로 보인다(여기서 학대라 함은 신체적·정신적·성적 폭력이나 가혹행위를 하는 것 뿐 아니라 아동의 보호자가 아동을 유기하거나 방임하는 것을 포함한다). 그러나 학대사건만 담당하는 것은 진정한 권리옹호기구라고 할 수 없다. 조례로 구성되어 활동하고 있는 장애인인권센터의 상담, 진정 등의 실제 사례를 보더라도 그렇다. 이는 현실의 요구를 외면하는 것이다.

P&A는 장애인의 권리침해에 관하여 전반적인 옹호를 하는 기관이 되어야 한다. 장애인에 대한 인권 침해 및 차별행위를 가장 가까운 곳에서, 전문성과 감수성을 가지고 옹호하여야 한다. P&A의 역할 범위는 P&A에 대한 예산과 인력 등에 따라 담보되는 것이므로, 광범위한 역할을 담당하도록 하기 위해서는 그에 상응한 예산과 인력지

원이 따라야 할 것이다.

나. 조사권 및 접근권

P&A 기관들은 장애인에 대한 학대, 유기(방임), 또는 권리 침해 사건을 조사하기 위하여 일정한 권한을 부여받아야 한다. P&A는 학대나 방임 사건이 발생하였다는 상당한 이유가 있다고 믿는다면 조사를 시작할 수 있다. 조사와 관련해서 강제조사권을 부여하는 방안, 임의조사권만 부여하되 조사를 거부하거나 기피하는 자를 제재하는 방안, 임의조사권을 부여하고 조사거부 등의 상황이 발생하면 국가인권위원회 또는 수사기관에 의뢰하여 조사하게 하는 방안 등이 있을 수 있다. 강제조사권을 부여하는 방안으로는 P&A 직원에게 특별사법경찰관리의 지위를 부여하는 방안도 생각해볼 수 있다.

복지와 권리옹호기관의 성격을 주되게 가지는 P&A에 강제조사권을 부여하는 것은 어려울 것으로 판단된다(국가인권위원회도 강제조사권은 가지고 있지 않다). 따라서 임의조사권을 부여하면서 필요한 경우 수사기관, 인권위에 동행 조사 기타 조치를 요구할 수 있도록 하는 것이 바람직하다.

조사권의 구체적 내용은 인권침해 사건 등이 발생한 경우 현장에 출동하여 출입한 뒤 피해자 등을 면담하여 조사하는 것이 포함되어야 한다. 이 때 주거에 출입하는 것은 사실상 강제조사의 내용을 가지고 있다. 출입을 위한 영장이 필요한지, 영장 없이 출입할 수 있는지 논란이 될 수 있다. 현재 아동복지법 등은 영장 없이 출입할 수 있는 것으로 해석된다. 다만 임의조사권을 전제로 한 규정이므로 거주자의 출입거부에도 불구하고 물리력을 사용하여 출입할 수 있는지는 논란이 될 수 있다. 아동복지법은 조사방해를 한 경우 처벌하는 규정으로 조사의 실효성을 담보하고 있다. 대체로 타당한 입법방식이라고 생각된다. 다만 위해방지나 피해자구조를 위한 강제출입은 최소한의 범위에서 허용되어야 한다고 생각한다.

P&A 기관들의 권한을 효과적으로 수행하기 위해 장애인들의 기록 및 그들이 거주하고 있는 시설에 대한 광범위한 접근권을 가지는 것이 필요하다. 학대와 방임을 조사하려는 P&A 기관들의 시도는 때때로 저항에 직면할 가능성이 높다. 이 때 법원의 명령을 통해 접근권의 보장과 집행이 가능하도록 하는 방안을 생각해볼 수 있다.

다. 조사 이후 조치권

P&A 기관들은 학대와 방임을 조사한 뒤 다양한 조치를 취할 수 있어야 한다. 피해당사자를 격리, 보호하거나 지역사회에 자립할 수 있도록 돕는 것, 가해자를 고발하거나 피해자로부터 분리하는 것 등 여러 수단들을 함께 시도할 수 있어야 한다.

우선 피해자를 격리하거나 피해자의 인신을 옮기는 경우 당사자의 동의가 요구되지만, 당사자가 동의할 의사능력이 없는 경우도 있을 수 있다. 종래 아동복지법에서는 아동보호전문기관은 이러한 응급조치권한을 가지고 일정한 시간을 초과하는 격리조치를 취할 때 지방자치단체장에게 보호조치를 구하도록 하였다. 그런데 아동학대범죄법의 예처럼, 응급조치, 임시조치, 보호조치의 순으로 법원의 개입 아래 처리하는 것이 바람직하다고 본다. 또한 이러한 권리보호조치를 수행하기 위하여 임시보호기관(쉼터)을 마련할 필요가 있다.

권리를 침해당한 장애인의 보호와 권리침해 방지를 위하여 가장 적절한 방안이 무엇인지 판단하고, 이를 실행할 수 있어야 한다. 그 과정에서 당사자가 자립생활을 희망한다면 자립을 지원할 수 있어야 한다. 나아가 해당 장애인에게 필요한 각종 서비스를 연계하고 제공하여 권리침해로부터 벗어나서 바람직한 사회복지서비스가 이루질 수 있도록 사례관리를 하여야 한다. 아동복지법에서도 피해아동 및 가족을 위한 상담지원 뿐 아니라, 자립지원이 가능하도록 하고 있다. 아동의 자립지원을 위하여 자립지원전담기관을 설치 운영하고, 행정기관의 공무원으로 자립지원추진협의회를 구성하며, 자립지원을 위한 자산형성지원사업도 하도록 하고 있다. 장애인의 경우에 P&A가 직접 자립지원을 하는 것이 바람직할지, 별도의 자립지원기구를 두는 것이 바람직할지 논의가 필요하다. 장애인의 자립생활지원을 위한 전문기구를 두고 P&A가 자립이 필요한 장애인을 보호하게 된 때에는 전문기구로 이관하는 것이 바람직하다고 생각한다.

나아가 그들의 조사결과를 기술하고 개선조치를 권고하는 공적 보고서를 발행할 수도 있으며, 감시와 개선을 위한 공동의 프로토콜을 해당 시설과 함께 개발할 수도 있고, 시설들에게 기술지원 및 장애인들을 위한 자기옹호 훈련을 제공할 수도 있어야 한다.

라. 긴급전화

피해신고를 위한 긴급전화도 필요하다. 다만 아동복지법, 노인복지법, 가정폭력방지 및 피해자보호 등에 관한 법률, 학교폭력 예방 및 대책에 관한 법률 등에 흩어져 있는 긴급전화를 하나로 모아 112, 119처럼 국민들에게 통일된 인권침해 긴급전화를 각인시키고, 전문 콜센터를 중앙에 설치하여 각각의 보호기관, P&A와 연결해주는 것이 바람직할 것이다.

마. 소송대리 등 법률옹호

P&A 기관들은 장애인들의 헌법상·법률상 권리의 보호를 위해 장애인을 대신하여 법적, 행정적, 기타 적절한 구제방법을 수행하도록

위임받는 것이 필요하다. P&A는 장애인들을 위하여 원고가 되어 소송을 제기할 수 있어야 한다. 미국의 P&A는 이러한 소송을 통해 많은 문제를 해결하고 제도개선까지 이루어왔다. 이는 집단소송이 제도화되어 있고, 행정적 해결보다는 사법적 해결을 우선시하는 미국적 시스템에서 비롯된 것이라 볼 수 있다.

그런데 P&A의 원고적격은 시설에 거주하는 많은 장애인들이 법적 절차를 시작할 경우 보복을 두려워하는 점, 장애인들은 스스로 원고가 되어 소송을 수행하는 것이 쉽지 않은 점 때문에 한국에서도 중요한 기능을 한다. 후견인이 협조하지 않아서 장애인들이 소송을 제기할 수 없을 때에도 직접적인 역할을 할 수 있다. 우리나라는 현재 법률상 이해관계를 가지거나 권리가 없는 경우에는 원고적격이 인정될 수 없다. 따라서 특정 단체가 단체 구성원의 이익을 위하거나, 이익을 대변하는 소송을 제기할 수 없다. 다만 최근 우리나라에도 소비자보호를 위한 단체소송이 도입되었다. 이런 선례를 언급하지 않더라도 정신장애인을 비롯하여 장애인들은 자신의 권리구제를 위해 스스로 소송을 제기하기 어려운 경우가 많으므로 P&A 기관이 소송을 제기할 수 있도록 하는 것을 적극적으로 검토할 필요가 있다.

단체소송을 장애인 권리옹호를 위하여 도입할 것을 검토하여야 하며, 행정소송법상 존재하는 민중소송(국가 또는 공공단체의 기관이 법률에 위반되는 행위를 한 때에 직접 자기의 법률상 이익과 관계없이 그 시정을 구하기 위하여 제기하는 객관적 소송)에 관한 권한도 P&A에 부여하는 것이 바람직하다. 아울러 장애인의 권리침해 사건에서 P&A의 상담원 또는 변호사는 보조인이 될 수 있는 근거가 필요하다. 민사사건, 형사사건 등을 포함하고, 당사자가 된 경우이거나 피해자로 조사 또는 증언하는 경우에도 보조인으로 참석할 수 있도록 할 필요가 있다. 보조인은 진술조력을 할 수도 있고 나아가 장애인의 보조하는 다양한 역할을 할 수 있다.

바. 항상적 모니터링

사회복지시설, 정신병원을 포함한 인권침해 가능성이 있는 곳에 대한 항상적 모니터링 및 접근이 필요하다. 국가인권위원회의 시설조사권과는 달리 사전 예고 없이 시설조사가 가능하여야 한다.

이러한 항상적 감시는 시설에서의 이의제기 절차 보장과 연결되어 있다. 사회복지시설 이용자들이 언제든지 문제제기를 할 수 있도록 이의제기 절차를 마련해야 한다. 이의제기절차는 시설을 상대로 하는 것과 지방자치단체나 정부를 상대로 하는 것이 포함되어야 한다. 이러한 이의제기절차를 P&A가 조력할 수 있도록 장치가 마련되어야 한다.

사. 사회복지서비스 신청권 제도의 담당

사회복지사업법에 규정되어 있는 사회복지서비스 신청권을 보다 실질화시켜 복지서비스를 필요로 하는 장애인들이 자신의 개별적인 상황과 욕구에 따른 개별화된 복지서비스를 제공받을 수 있도록 P&A가 기능하여야 한다. P&A는 사회복지서비스 신청제도를 널리 홍보하고, 복지서비스는 시혜가 아닌 권리라는 인식을 확산시키는 역할을 담당하여야 한다.

또한 장애인이 스스로 복지서비스 신청을 하기 어려운 경우가 많으므로 P&A가 서비스 신청을 대리하거나 직권신청제도를 활용할 수 있어야 한다. 나아가 복지요구를 조사하는 단계, 복지서비스 제공을 판단하는 단계, 복지서비스 실시를 모니터링하는 단계에서도 P&A의 역할이 필요하다.

아. 각종 권리옹호서비스

고용, 의료, 교통, 주거, 기타 서비스들이 제공될 뿐만 아니라 각종 상담과 교육, 정보제공이 활발하게 이루어진다는 것이 미국 P&A의 큰 장점이다. P&A 기관들은 정보제공 및 의뢰, 서비스 공급자, 주의회의원, 기타 정책입안자 등에게 기술지원의 제공, 자기 옹호 훈련의 실시, 대중의 인식의 제고 등과 같은 장애인의 권리를 증진하기 위한 다른 폭넓은 노력에 관여하여야 한다.

Ⅶ. 결론

장애인이 권리의 주체가 되고, 인권을 충분히 누리기 위해서는 권리옹호시스템이 필요하다. 장애인 인권침해 사건에 신속하게 개입하여 피해 장애인을 구조하고 장애인의 인권침해 상황을 개선할 뿐만 아니라, 지역사회에서 장애인이 권리의 주체로 살아갈 수 있도록 지원하는 시스템이 필요한 것이다. 장애인 권리옹호체계는 조사권, 시설감시권과 인권침해를 당한 장애인의 구조와 자립지원 이외에도 집단소송을 비롯한 법적 지원, 권리옹호를 위한 각종 서비스 지원, 교육, 상담 등의 역할을 담당하여야 한다.

장애인복지법에 장애인권익옹호기관이 도입되었으나, 단순히 학대사건의 피해구제를 위한 기관이라는 점에서 결정적 한계를 가진다. P&A는 학대사건이 아니라 널리 인권침해사건에 개입할 수 있어야 한다. 또한 장애인의 권리옹호를 위한 활동과 서비스를 담당하여야 한다. 장애인복지법은 그 밖에도 법적 옹호를 위한 수단이 부족한 점, 조사권 기타 권한에 한계를 가지는 점, 권익옹호와 관련된 각종 원칙이 반영되지 않은 점, 사후구제도 매우 제한적이어서 자립지원 등의 수단이 필요한 점 등 많은 문제가 있다. 서둘러 장애인의 권리옹호가 가능하도록 진정한 P&A를 입법화하는 법률이 제정되기를 바란다.

논의의 활성화를 위하여 장애인복지법상의 권익옹호기관, 장애인단체들이 만든 장애인권리옹호법안, 아동복지법의 관련 내용을 비교하는 표와 함께 장애인권리옹호법률안을 별지로 첨부한다.

참고문헌

〈단행본〉

미국사회복지사협회(NASW), 사회복지대백과사전(1999), 도서출판 나눔의집, 2004.

장애인권리옹호법 제정 추진연대 등, 미국 장애인권리옹호(P&A) 전문가 지나 대표 초청 워크샵 자료집, 2014.

〈논문〉

권오용, 성년후견제도와 장애인 인권, 2013년도 정책과 대안 포럼 제1회 토론회 자료집, 2013.

김동호, 장애패러다임의 전환과 자립생활(Independent Living), 장애인고용 제42호, 2001.

김성희, 장애인복지법 개정안의 주요내용과 의의, 보건복지포럼 제127호, 2007.

김용득 외, 지적장애인 권익옹호(advocacy)의 원리와 실천, 2012년도 한국장애인복지학회 추계학술대회 자료집, 2012.

김재익, PAS제도의 문제점과 앞으로의 전망, 자립생활 자료집, 보건복지부 국립재활원, 2007.

박숙경, 정신보건시설에 대한 '항상적 감시 및 정신장애인 권리옹호제도 도입 필요성과 방안, 국가인권위원회 내부간담회 자료, 2008.

신용호, 장애인 인권운동과 그 성과, 대구재활연구 36호, 2014.

염형국, 미국의P&A(Protection and Advocacy) 제도 검토, 우리사회 장애인 권리옹호체계 현황과 대안 찾기 : 장애인 권리옹호체계 확립을 위한 정책토론회 자료집, 2010.

윤석진, 독일의 장애인평등법, 최신 외국법제정보 2008-10, 2008.

임성택, 장애인 인권과 권리옹호체계, 대구재활연구 36호, 2014.

조한진, 미국 장애인 권리옹호체계, 중증장애인 '보호와 옹호(P&A)' 시스템
　　　방안 연구 : 장애인 권리옹호체계 확립을 위한 정책토론회 자료집,
　　　2014.

제철웅, 유엔 장애인권리협약의 관점에서 본 한국 성년후견제도의 현재와
　　　미래, 가족법연구 제28권 2호, 2014.

조원일, 일본의 사회복지에 있어 장애인 자립 패러다임의 변천, 일본연구논
　　　총 제26호, 2007.

최윤영, 장애인은 '시민', 복지 패러다임의 변화, 법무사 2011년 5월호, 2011.

홍선미 외, 정신장애인 인권개선을 위한 각국의 사례연구와 선진모델 구축,
　　　국가인권위원회 2009년도 인권상황실태조사 연구용역보고서, 2009.

〈기타 자료〉

Disability Rights California, http://www.disabilityrightsca.org/.

Equip for Equality, http://www.equipforequality.org/.

National Disability Rights Network, http://www.ndrn.org/.

The Advocacy Charter, Action for Advocacy, http://www.aqvx59.dsl.pipex.com/Advocacy
　　　%20Charter2004.pdf.

[별지] 장애인복지법과 장애인권리옹호법안, 아동복지법의 옹호체계 비교

1. 종합적 비교

성격	장애인복지법	장애인권리옹호법안	아동복지법, 아동학대특례법
	장애인복지의 관점에서 학대행위를 예방하는 규정을 두거	장애인 인권침해 예방과 권리옹호를 위한 체계적 제정법	아동복지법과 '아동학대범죄의 처벌 등에 관한 특례법'으로 하여금 중심으로 한 구제절차, 기관, 형사절차의 제도가 정비됨
권익옹호기관의 본질	학대 관련 기관	인권침해 및 장애인 권리옹호기관	학대 관련 기관
권리옹호기관의 설치	중앙, 지방(시도)	중앙, 지방(시군구), 특수연령, 유형 등)	중앙, 지방(시군구)
권리옹호기관 설치주체	중앙 - 보건복지부 지방 - 시도	중앙 - 국가인권위 지방 - 시도, 시군구	중앙 - 복지부 지방 - 시도, 시군구
설치방법	민간위탁(공공기관 또는 비영리법인)	직접설치 민간위탁(비영리법인 또는 비영리민간단체)	민간위탁(비영리법인)
권리옹호기관의 역할	학대예방 및 관련 조치	널리 인권침해 예방 및 관련 조치, 장애인권리옹호사업	아동학대 예방 및 조치
소송권한	없음	민증소송 및 단체소송	없음
권리옹호기관의 의무	없음	장애인권리보장, 자기결정권 존중 등 의무	없음
권리옹호기관의 독립성	없음	있음	없음

구분		있음	없음
권리옹호기관의 독립성	없음		
금지행위	매우 좋음	인권침해, 차별행위를 포함하고 구체적임	인권침해나 차별행위로 한정
조사권	제한됨	- 인권침해모니터링 가능 - 조사권에 관한 구체적 규정 - 인권위, 수사기관 등과의 합동조사 및 연계의 근거 마련	- 조사권에 관한 구체적 규정 - 수사기관 등과의 합동조사 및 연계 근거 마련
응급조치 및 구제조치	제한됨(응급조치)	- 응급조치, 구제조치의 자세한 절차 규정 - 법원을 통한 구제 및 적별절차 마련	- 응급조치, 임시조치, 보호조치 등 자세한 절차 규정 - 법원을 통한 구제 및 적별절차 마련
심의	없음	있음	없음
사후관리	제한됨	사후관리를 위한 체계 및 제도 정비	사후관리를 위한 체계 및 제도 정비
통합서비스 및 자립지원	없음	있음	있음

2. 개별적 비교

가. 권리옹호기관의 설치와 역할

	장애인복지법	장애인권리옹호법	아동
권리옹호기관의 설치	중앙: 지방 - 시도단위 특수 - 없음	중앙: 지방 - 시도 및 시군구 단위 특수 - 장애의 종류와 연령 등에 따른 특수권리 옹호기관 설치 가능	중앙: 지방 - 시도 및 시군구 단위
설치 주체	중앙 - 국가(보건복지부) 지방 - 시도	중앙 - 국가(국가인권위원회) 지방 - 시도 및 시군구	중앙 - 국가(보건복지부) 지방 - 시도
설치 방법	민간위탁	직접설치 또는 민간위탁	민간위탁
민간위탁의 방법	- 공공기관 또는 비영리법인 - 위탁의 요건, 절차, 기간 등은 법률에 없음	- 공공기관은 대상 아니고, 비영리법인 또는 비영리민간단체 - 위탁의 요건, 절차, 기간 등을 법정하여 위탁의 공정성, 예측가능성, 합리성 담보	- 비영리법인 - 위탁의 요건, 방법 등은 시행령 - 성과평가 설치 규정
권리옹호기관 설치목적	- 장애인학대 예방 - 권리옹호사업 없음	장애인 인권침해 예방 및 권리옹호사업 활성화	아동학대 예방
중앙기관의 역할	학대예방 관련 업무	- 인권침해 예방 및 권리옹호 - 장애인권리옹호를 위한 소송 기타 구조활동	학대예방
지방기관의 역할	- 학대신고, 상담, 조사, 응급보호, 사후관리, 예방 및 교육	- 인권침해 신고, 상담, 조사, 예방 및 교육 - 장애인복지시설 인권 모니터링 - 권리옹호를 위한 소송 기타 법률구조활동	- 학대신고, 상담, 조사, 응급보호, 사후관리, 예방 및 교육

구분		내용	
소송권한	없음	- 국가인권위원회 등 관계기관에 조사 및 수사, 조치 의뢰 - 민중소송(공권력의 침해에 대한 행정소송) - 단체소송(인권침해중지, 구제 등)	없음
권리옹호사업	없음	장애인의 법적 권리 증진 기타 권리를 옹호하기 위한 사업	없음
국가기관 등과의 관계	특별한 구성 없음	- 권리옹호기관이 국가기관 등에 권리옹호를 위한 이견을 표명할 수 있음 - 국가 등의 협력의무 조항 있음	없음
권리옹호센터의 홍보·안내 조항	없음	권리옹호시스템 안내 및 홍보 조항 있음	없음
권리옹호기관의 의무조항	없음	- 장애인 권리보장, 자기결정권 존중의무 - 헌법, 인권규약, 장애인권리협약에 따라 독립적으로 성실하게 직무를 수행할 의무	없음(성과평가)
권리옹호기관의 독립조항	있음	- 공정하고 독립적인 업무수행 - 국가 등의 부당한 간섭 금지 - 기타 개인이나 단체로부터의 독립	없음
권리옹호기관의 구성	있음	- 상근변호사, 상담원 등 배치, 장애인의 포함조항 - 장애인 인권에 관한 관점과 높은 감수성이 있는 사람으로 구성하여야	- 시행령에서 규정 - 상근변호사 등 구성 없음
권리옹호기관 운영	학대사례판정위원회	- 자문위원회 구성 - 자체 사례회의 및 사례 전문위원회	자체 사례회의 및 사례 전문위원회

나. 장애인 인권침해의 예방

	장애인복지법	장애인권리옹호법	아동	
	금지행위	인권침해행위(차별행위 포함)	아동학대	아동
금지행위의 범위	학대행위	인권침해행위(차별행위 포함)	아동학대	아동
금지행위의 내용	성희롱, 성폭력만 규정	성적 학대에 성폭력, 성희롱 뿐 아니라 장애인에게 음란한 행위를 시키거나 매개하는 행위도 포함		성적 학대에 아동에게 음란한 행위를 시키거나 매개하는 행위도 포함
	유기, 방임(의식주와 치료만)	유기, 방임(의식주, 치료뿐 아니라 양육과 교육 포함)		유기, 방임(의식주, 치료뿐 아니라 양육과 교육 포함)
	정신건강 및 발달을 해치는 정서적 학대만 규정	정서적 학대 외에 정신적, 언어적 학대 포함	정서적 학대	
	구걸행위만 규정	구걸과 함께 장애인을 부당하게 이용하는 영리 행위를 추가	구걸행위	
	체포감금행위 규정	신체의 자유를 제한하는 행위도 포괄하여 규정		
	장애인에게 증여, 급부된 금품의 용도 외 사용행위	금전뿐 아니라 노동력, 금전 착취 및 착취행위를 규정		
		기타 인권침해행위를 규정		
국가의 의무	학대 예방 관련 - 정책 수립, 시행 - 연구, 교육, 홍보, 현황조사 - 신고체계 - 피해장애인의 보호 및 지원 - 기타 학대(예방)과 방지	인권침해 방지 및 장애인의 권리옹호 관련 - 앞의 의무 이외에 아래의 의무규정 - 장애인권리협약상 장애인의 권리 및 복지증진의무 - 인권 및 권리옹호 교육(장애인의 권리협약에서 정하고 있는 상세한 기준과 내용을 명시) - 홍보영상의 제작, 배포, 송출 - 장애인 인권침해 정보시스템	장애인복지법상 의무 이외에 - 홍보영상의 제작, 배포, 송출 - 아동학대예방의 날 - 학대신고의무자에 대한 교육 - 학대정보시스템	

	장애인복지법	장애인권리옹호법	아동
국민의 의무	장애인의 인격존중, 복지향상에 협력	- 장애인의 신뢰와 의지, 자율성 및 인권 존중의 무 - 장애로 인한 차이 존중, 장애인 인권과 권리 존 중의무	아동의 권익과 안전 존중, 아동을 건강하게 양육
신고의무	- 특정인 학대신고의무만 있음 - 신고의 대상을 수사기관과 장애인권리옹호기관 으로	- 일반적 인권침해 신고 및 진정조항의무는 아 님) - 특정인에 대한 학대신고의무 - 신고의 대상은 수사기관, 권리옹호센터 외에 국가인권위원회도 추가 - 신고자 신분보호 및 불이익 금지 조항 - 신고 비공개 조항	- 신고의무 - 신고자 비공개

다. 인권침해 조사 및 구체절차

	장애인복지법	장애인권리옹호법	아동
인권침해 모니터링	없음	장애인거주시설 등에 대한 인권침해모니터링	
접근권 및 조사권	- 신고접수한 후 출동하여 현장을 조사할 수 있음 - 현장조사의 방법과 내용은 규정 없음 - 조사거부 및 방해금지	- 신고뿐 아니라 하더라도 믿을만한 상당한 근거가 있는 경우 현장조사 가능 - 현장 출입하여 조사 및 질문을 할 수 있음 - 조사시 증표 제시하여야 함 - 조사거부 및 방해금지 - 수사기관, 인권위의 출동, 동행조사 요구가능	- 현장출동 - 수사기관 및 보호기관간 동행요청 - 질문, 조사권 - 증표 제시 - 거부 및 방해 금지

응급조치	- 학대행위자로부터 분리 - 의료기관 등에 인도 - 나머지 규정은 없음	- 행위자로부터 분리 - 장애인쉼터 등 보호시설로 인도 - 치료 필요한 경우 의료기관으로 인도 - 응급조치시 사법경찰관에 조치요구 가능 - 응급조치 권한의 한계(72시간, 연장하려면 행정승인 - 응급조치로 인도하는 것을 거부할 수 없도록 하는 규정	1. 아동학대범죄 행위의 제지 2. 아동학대행위자를 피해아동으로부터 격리 3. 피해아동을 아동학대 관련 보호시설로 인도 4. 긴급치료가 필요한 피해아동을 의료기관으로 인도 * 응급조치의 시간, 연장 등 규정
구제조치	없음	법원을 통한 구제적 구제조치 마련 - 퇴거 등 격리 - 접근제한 - 친권행사 제한 - 후견인 권한 제한 - 사회봉사, 수강명령 - 행위자에 대한 각종 처분 - 피해장애인에게 대한 각종 처분	법원을 통한 구제적 구제조치 - 임시조치 - 학대행위자에 대한 임시조치 - 임시조치의 변경 - 보호조치 - 피해아동보호명령 - 친권상실 - 후견인 선임 - 보호인 선임
조사 및 심리	없음	- 조사절차와 원칙 - 보조인 - 신뢰관계자 동석 - 전문가 동석	- 조사 및 심리절차 - 보조인 - 특히 법원을 통한 구제적 하대사 건 처리절차 마련
인권침해 통보	없음	수사기관의 인권침해시설 인지시 권리옹호센터에 대한 통보	수사기관의 아동학대 통보의무

	장애인복지법	장애인권리옹호법	아동
상담	없음	-시도 및 시군구에 설치 -장애인쉼터의 업무 -쉼터의 역할과 권리옹호센터와의 관계 등	아동긴급보호소 지정 및 운영

라. 사후관리 등

	장애인복지법	장애인권리옹호법	아동
사후관리	-종료 이후 방문, 상담으로 재발 여부 확인 -피해장애인, 가족 등 상담, 교육, 치료 등 지원	앞의 의무 이외에 -지원 내용 중 재활, 자립 등이 포함 -진단상실 등 청구 -후견인 선임청구 -행위자에 대한 상담 등 교육 권고 -행위자의 취업제한	-지원 내용 중 자립 등이 포함 -진단상실 등 청구 -후견인 선임청구 -행위자에 대한 상담 등 교육 권고 -행위자의 취업제한
피해장애인 통합서비스 및 자립지원	없음	-피해장애인에 대한 보건, 복지, 교육, 치료 등의 종합적 통합서비스 제공 -자립지원(자립지원조치, 자립지원계획, 자립지원전담기관, 자산형성지원사업)	-보호대상 아동을 위한 가정위탁 인센티브 설치 -취약계층 아동에 대한 통합서비스 -보호대상 아동의 자립지원(자립지원조치, 자립지원계획, 자립지원전담기관, 자산형성지원사업)

[별지 2]
장애인 인권침해 방지 및 권리옹호에 관한 법률안
(안철수의원 대표발의)

제안이유

최근 이른바 도가니 사건(광주 인화학원 사건)을 비롯해 원주 사랑의 집 사건, 신안군 염전노예 사건 등 시대착오적인 장애인 인권침해 사건이 끊임없이 이어지고 있음. 이러한 사건은 인권국가라고 자부해온 대한민국에 인권의 사각지대가 있으며, 모든 인권을 동등하게 누려야 할 장애인에 대한 인권보호가 허술하다는 것을 극명하게 보여주는 사례임.

이는 장애인 스스로 인권보호나 권리구제를 하기 어렵다는 현실과 맞물려 있으며 이의 개선을 위하여 장애인 권리옹호 및 인권침해 피해구제를 위한 시스템 마련이 절실하게 요청되고 있음.

이에 장애인 인권침해 방지와 권리옹호를 위한 내용과 절차, 장애인권리옹호센터 등의 근거를 마련하여 장애인을 인권침해로부터 보호하고 장애인의 권리옹호에 기여하려는 것임.

주요내용

가. 이 법은 장애인의 권리옹호 및 인권침해 피해구제를 위한 절차와 내용 등을 규정하여 장애인이 인간으로서 존엄과 가치를 가지고 기본적 권리와 자유를 누릴 수 있도록 함을 목적으로 함(안 제1조).

나. 보건복지부장관은 장애인 인권에 대한 실태조사를 3년마다 실시하고 그 결과를 공표하도록 함(안 제6조).

다. 누구든지 장애인 인권침해를 알게 된 경우나 그 의심이 있는 경우에는 장애인권리옹호센터 또는 수사기관에 신고할 수 있으며, 장애인복지 상담원·장애인복지시설의 장과 종사자·장애인복지 전문인력·사회복지 전담공무원·구급대의 대원·의료기사 등이 직무를 수행하면서 장애인 인권침해를 알게 된 경우나 그 의심이 있는 경우에는 의무적으로 신고하도록 함(안 제11조).

라. 국가는 장애인 인권침해 예방 및 권리옹호사업을 활성화하고 지역 간 연계체계를 구축하기 위하여 중앙장애인권리옹호센터를 두도록 하고, 지방자치단체는 인권을 침해받은 장애인의 발견, 보호, 치료에 대한 신속처리 및 장애인 인권침해 예방과 권리옹호를 담당하는 지역장애인권리옹호센터를 시·도 및 시·군·구에 1개소 이상 두도록 함(안 제14조).

마. 장애인권리옹호센터의 설치·운영·위탁·업무 등에 관한 사항을 규정함 (안 제16조부터 제20조까지).

바. 장애인권리옹호센터는 장애인거주시설을 정기적으로 또는 수시로 방문하여 장애인 인권침해 여부를 모니터링 할 수 있도록 함(안 제26조).

사. 장애인권리옹호센터의 직원이나 사법경찰관리는 장애인 인권침해에 대한 조사 및 응급조치를 할 수 있도록 함(안 제27조 및 제28조).

아. 시·도지사 및 시장·군수·구청장은 피해장애인을 일시적으로 보호하고 정상적으로 가정 또는 사회로 복귀할 수 있도록 장애인쉼터를 시·도 및 시·군·구에 1개소 이상 설치·운영하도록 함(안 제32조).

자. 국가와 지방자치단체는 장애인 인권침해 피해자에 대하여 통합서비스 지원 및 자립지원 조치를 하도록 함(안 제39조 및 제40조).

법률 제 호

장애인 인권침해 방지 및 권리옹호에 관한 법률안

제1장 총칙

제1조(목적) 이 법은 장애인의 권리옹호 및 인권침해 피해구제를 위한 절차와 내용 등을 규정하여 장애인이 인간으로서 존엄과 가치를 가지고 기본적 권리와 자유를 누릴 수 있도록 함을 목적으로 한다.

제2조(기본 이념) ① 장애인은 모든 인권과 자유를 완전하고 동등하게 향유한다.

② 장애인의 천부적 존엄성 및 권리는 존중되고 옹호되어야 한다.

제3조(정의) 이 법에서 사용하는 용어의 뜻은 다음과 같다.

1. "장애"란「장애인차별금지 및 권리구제 등에 관한 법률」제2조제1항에 따른 장애를 말한다.

2. "장애인"이란「장애인차별금지 및 권리구제 등에 관한 법률」제2조제2항에 따른 장애인을 말한다.

3. "인권"이란「대한민국헌법」및 법률에서 보장하거나 대한민국이 가입·비준한 국제인권조약 및 국제관습법에서 인정하는 인간으로서의 존엄과 가치 및 자유와 권리를 말한다.

4. "장애인 인권침해"란 장애인 학대를 포함하여 장애인의 인권을 침해하는 일체의 행위를 말하며, 평등권 침해의 차별행위로서「장애인차별금지 및 권리구제 등에 관한 법률」제4조의 차별행위를 포함한다.

5. "장애인 학대"란 장애인 인권침해 중 장애인에 대한 신체적·정신적·성적·정서적·언어적 폭력이나 가혹행위를 하는 것과 장애인을 유기하거나 방임, 착취하는 것을 말한다.

6. "피해장애인"이란 장애인 학대를 포함한 장애인 인권침해로 인하여

피해를 입은 장애인을 말한다.

7. "장애인 인권침해행위자"란 장애인 인권침해를 행한 사람을 말한다.

8. "보호의무자"란 친권자, 후견인, 기타 장애인을 보호·양육할 법률상 의무가 있는 자를 말한다.

9. "장애인복지시설"이란 「장애인복지법」 제58조에 따른 시설을 말한다.

10. "장애인거주시설"이란 장애인복지시설 중 장애인이 거주하면서 생활하는 시설과 「정신보건법」 제3조제3호에 따른 정신의료기관, 같은 조 제4호에 따른 정신질환자사회복귀시설, 같은 조 제5호에 따른 정신요양시설을 말한다.

제4조(국가와 지방자치단체의 책무) ① 국가와 지방자치단체는 장애인에 대한 인권침해를 방지하기 위하여 필요한 시책을 마련하고 이행하여야 한다.

② 국가와 지방자치단체는 장애인의 권리를 옹호하고 발전시키기 위하여 필요한 교육 및 정보 제공을 포함하여 적절한 지원을 하여야 한다.

제5조(국민의 책무) ① 보호의무자는 장애인의 선호와 의지, 자율성 및 인권을 최대한 존중하고, 이해관계가 충돌되는 경우 장애인의 이익을 침해하여서는 아니 된다.

② 모든 국민은 장애로 인한 차이를 존중하고, 인간의 다양성 및 인류의 한 부분으로서 장애인을 인정하며, 장애인의 인격과 권리 및 인권을 존중하여야 하고, 장애인을 차별하여서는 아니 된다.

제6조(실태조사) ① 보건복지부장관은 장애인 인권에 대한 실태조사를 3년마다 실시하고 그 결과를 공표하여야 한다.

② 보건복지부장관은 제1항에 따른 실태조사를 위하여 관계 기관·법인·단체·시설의 장에게 필요한 자료의 제출 또는 의견의 진술을 요청할 수 있다. 이 경우 요청을 받은 자는 정당한 사유가 없는 한 이에 협조하여야 한다.

③ 제1항에 따른 실태조사의 내용·방법 등에 필요한 사항은 보건복지부령으로 정한다.

제2장 장애인 인권침해의 예방과 권리옹호

제7조(금지행위) 누구든지 다음 각 호의 어느 하나에 해당하는 행위를 하여서는 아니 된다.

1. 장애인의 신체의 자유를 제한하거나 손상을 주거나 신체의 건강 및 발달을 해치는 신체적 학대행위

2. 장애인의 정신건강 및 인격, 명예에 해를 끼치는 정신적·정서적·언어적 학대행위

3. 장애인에게 음란한 행위를 시키거나 이를 매개하는 행위 또는 장애인을 성적으로 희롱·폭행하는 등의 성적 학대행위

4. 자신의 보호·감독을 받는 장애인을 유기하거나 의식주를 포함한 기본적 보호·양육·치료 및 교육을 소홀히 하는 방임행위

5. 장애인에게 임금을 지급하지 않고 노동력을 착취하거나 장애인의 재산·금전 등을 착취·횡령하는 행위 또는 이를 위하여 장애인을 제3자에게 인도하는 행위

6. 장애인에게 구걸을 시키거나 장애인을 부당하게 이용하여 영리를 추구하는 행위

7. 그 밖에 장애인의 인권을 침해하는 일체의 행위

제8조(장애인 인권침해 방지 및 권리옹호 의무) 국가와 지방자치단체는 장애인 인권침해 방지 및 권리옹호를 위하여 다음 각 호의 조치를 하여야 한다.

1. 장애인 인권침해 방지 및 권리옹호를 위한 각종 정책의 수립 및 시행

2. 장애인 인권침해 방지 및 권리옹호를 위한 연구·교육·홍보·정보제공

3. 장애인 인권침해에 관한 신고체계의 구축·운영

4. 피해장애인의 보호와 치료 및 피해장애인의 가정에 대한 지원

5. 그 밖에 대통령령으로 정하는 장애인 인권침해 방지 및 권리옹호를 위한 조치

제9조(인권 및 권리옹호교육) ① 국가나 지방자치단체는 다음 각 호의 목

적을 달성하기 위하여 필요한 교육과 그 밖의 인식제고 조치를 하여야 한다.

1. 가족 단위를 포함하여 사회 전반에서 장애인의 권리를 증진하고존엄성을 존중할 것
2. 모든 영역에서 장애인이 동등한 인권과 자유를 누릴 것
3. 장애인의 능력과 이들의 기여에 대한 인식을 증진할 것

② 제1항에 따른 조치에는 다음 각 호의 사항이 포함되어야 한다.

1. 다음 각 목의 목적을 위하여 기획된 효과적인 인식 개선 및 제고 활동을 추진하고 지속할 것
   가. 장애인의 권리에 대한 수용성 함양
   나. 장애인에 대한 긍정적인 인식과 사회적 인식의 증대 촉진
   다. 장애인의 기술, 장점, 능력과 직장 및 고용시장에의 기여에 대한 인식 증진
2. 유아기의 아동을 포함하여 교육제도의 모든 단계에서 장애인의 권리를 존중하는 태도를 양성할 것
3. 이 법의 목적에 합치하는 방식으로 장애인을 묘사하도록 모든 언론기관에 대해 권장할 것
4. 장애인과 장애인의 권리에 관한 인식 훈련 프로그램을 장려할 것

③ 국가인권위원회는 「국가인권위원회법」 제26조에 따라 인권교육과 홍보를 하는 경우 장애인 인권에 관한 사항을 포함시켜야 한다.

제10조(홍보영상의 제작·배포·송출) ① 보건복지부장관은 장애인 인권침해의 방지, 위반행위자의 계도를 위한 교육, 장애인의 권리옹호 등에 관한 홍보영상을 제작하여 「방송법」 제2조제23호의 방송편성책임자에게 배포하여야 한다.

② 보건복지부장관은 「방송법」 제2조제3호가목의 지상파방송사업자에게 같은 법 제73조제4항에 따라 대통령령으로 정하는 비상업적 공익 광고 편성비율의 범위에서 제1항의 홍보영상을 채널별로 송출하도록 요청할 수 있다.

③ 제2항에 따른 지상파방송사업자는 제1항의 홍보영상 외에 독자적인 홍보영상을 제작하여 송출할 수 있다. 이 경우 보건복지부장관에게 필요한 협조 및 지원을 요청할 수 있다.

제11조(장애인 인권침해 신고의무와 절차) ① 누구든지 장애인 인권침해를 알게 된 경우나 그 의심이 있는 경우에는 제14조에 따른 장애인권리옹호센터(이하 "장애인권리옹호센터"라 한다) 또는 수사기관에 신고할 수 있다.

② 다음 각 호의 어느 하나에 해당하는 사람이 직무를 수행하면서 제7조제1호부터 제6호까지의 어느 하나에 해당하는 장애인 인권침해를 알게 된 경우나 그 의심이 있는 경우에는 장애인권리옹호센터 또는 수사기관에 신고하여야 한다.

1. 「장애인복지법」 제33조에 따른 장애인복지상담원
2. 「장애인복지법」 제34조 제1항에 따른 장애인복지실시기관에서 장애인복지를 담당하는 공무원
3. 「장애인복지법」 제58조에 따른 장애인복지시설의 장과 그 종사자
4. 「장애인복지법」 제71조에 따른 장애인복지 전문인력
5. 「사회복지사업법」 제14조에 따른 사회복지 전담공무원
6. 「사회복지사업법」 제34조에 따른 사회복지시설의 장과 그 종사자
7. 「소방기본법」 제34조에 따른 구급대의 대원
8. 「응급의료에 관한 법률」 제36조에 따른 응급구조사
9. 「의료기사 등에 관한 법률」 제1조의2제1호에 따른 의료기사
10. 「의료법」 제2조제1항에 따른 의료인과 같은 법 제3조제1항에 따른 의료기관의 장으로서 장애인 관련 시설에서 장애아동에 대한 상담·치료·훈련 또는 요양 업무를 수행하는 사람
11. 「정신보건법」 제3조제3호에 따른 정신의료기관, 같은 조 제4호에 따른 정신질환자사회복귀시설, 같은 조 제5호에 따른 정신요양시설 및 같은 법 제13조의2에 따른 정신보건센터의 장과 그 종사자

③ 제1항 및 제2항에 따른 신고인의 신분은 보호되어야 하며 신고로 인

하여 어떠한 불이익도 받지 아니한다.

④ 누구든지 제1항 및 제2항에 따른 신고인의 인적 사항 또는 신고인임을 미루어 알 수 있는 사실을 다른 사람에게 알려주거나 공개 또는 보도하여서는 아니 된다.

⑤ 장애인복지시설의 운영자는 보건복지부령으로 정하는 절차와 방법에 따라 해당 시설의 종사자에게 장애인 인권침해 신고의무와 관련한 교육을 실시하여야 한다.

제12조(긴급전화) ① 국가와 지방자치단체는 장애인에 대한 인권침해 신고를 상시로 받을 수 있도록 긴급전화를 설치·운영하여야 한다. ② 제1항에 따른 긴급전화의 설치·운영 등에 필요한 사항은 대통령령으로 정한다.

제13조(장애인 인권침해정보시스템) ① 보건복지부장관은 장애인 인권침해 관련 정보를 공유하고 장애인 인권침해를 예방하기 위하여 대통령령으로 정하는 바에 따라 장애인 인권침해정보시스템을 구축·운영하여야 한다.

② 보건복지부장관은 피해장애인, 그 가족 및 장애인 인권침해행위자에 관한 정보와 장애인 인권침해 예방사업에 관한 정보를 제1항에 따른 장애인 인권침해정보시스템에 입력·관리하여야 한다. 이 경우 보건복지부장관은 관계 중앙행정기관의 장, 특별시장·광역시장·특별자치시장·도지사·특별자치도지사(이하 "시·도지사"라 한다), 시장·군수·구청장(자치구의 구청장을 말한다. 이하 같다), 장애인권리옹호센터의 장 등에게 필요한 자료의 제출을 요청할 수 있다.

③ 보건복지부장관은 제14조제1항에 따른 중앙장애인권리옹호센터에 제1항에 따른 장애인 인권침해정보시스템 운영을 위탁할 수 있다.

제3장 장애인권리옹호기관의 설치와 운영

제14조(장애인권리옹호센터의 설치) ① 국가는 장애인 인권침해 예방 및 권리옹호사업을 활성화하고 지역 간 연계체계를 구축하기 위하여 중앙

장애인권리옹호센터를 둔다.

② 지방자치단체는 인권을 침해받은 장애인의 발견, 보호, 치료에 대한 신속처리 및 장애인 인권침해 예방과 권리옹호를 담당하는 지역장애인권리옹호센터를 　특별시·광역시·특별자치시·도·특별자치도(이하 "시·도"라 한다) 및 시·군·구(자치구를 말한다. 이하 같다)에 1개소 이상 두어야 한다. 다만, 시·도지사는 관할 구역의 장애인 수 및 지리적 요건을 고려하여 조례로 정하는 바에 따라 둘 이상의 시·군·구를 통합하여 하나의 지역장애인권리옹호센터를 설치·운영할 수 있다.

③ 제2항 단서에 따라 지역장애인권리옹호센터를 통합하여 설치·운영하는 경우 시·도지사는 지역장애인권리옹호센터의 설치·운영에 필요한 비용을 관할 구역의 장애인의 수 등을 고려하여 시장·군수·구청장에게 공동으로 부담하게 할 수 있다.

④ 국가나 지방자치단체는 장애의 종류와 내용, 연령과 성별에 따라 특수한 권리옹호가 각별하게 필요한 경우 특수장애인권리옹호센터를 설치할 수 있다.

⑤ 국가인권위원회, 시·도지사 및 시장·군수·구청장(이하 "관할 행정청"이라 한다)은 장애인 인권침해 예방 및 권리옹호사업을 목적으로 하는 비영리법인 또는 비영리민간단체(이하 "비영리법인등"이라 한다)를 지정하여 제1항에 따른 중앙장애인권리옹호센터 및 제2항에 따른 지역장애인권리옹호센터의 운영을 위탁할 수 있다.

제15조(장애인권리옹호센터의 독립) ① 장애인권리옹호센터는 국가나 지방자치단체에 직접 설치되거나 제14조제5항에 따라 운영이 위탁된 경우에도 장애인 인권의 보장과 옹호를 위하여 공정하고 독립적으로 업무를 수행하여야 한다.

② 국가나 지방자치단체는 장애인권리옹호센터의 업무수행에 관하여 감독권한을 넘어서는 지시나 간섭을 할 수 없다.

③ 장애인권리옹호센터는 장애인에 대한 복지, 권리옹호 등을 수행하는 어떠한 개인이나 단체로부터도 중립성과 독립성을 견지하여야 한다.

제16조(국가나 지방자치단체의 장애인권리옹호센터 직접 설치·운영) ① 국가나 지방자치단체가 장애인권리옹호센터를 직접 설치·운영하는 경우 장애인권리옹호센터의 장과 직원은 계약직공무원으로 한다.

② 장애인권리옹호센터의 장과 직원의 신분은 보장되며, 다음 각 호의 어느 하나에 해당하는 경우가 아니면 본인의 의사에 반하여 면직되지 아니한다.

1. 장애인의 인권 및 다른 사람의 인권을 침해하여 더 이상 직무를 수행하는 것이 적절하지 않음이 명백한 경우

2. 직무수행을 게을리 하여 해당 직무수행에 적합하지 아니하다고 판단되는 경우

3. 금고 이상의 형을 선고받은 경우

③ 그 밖에 국가와 지방자치단체의 장애인권리옹호센터 직접 설치·운영 등에 필요한 사항은 대통령령으로 정한다.

제17조(장애인권리옹호센터의 운영 위탁) ① 비영리법인등이 제14조제5항에 따라 장애인권리옹호센터의 운영을 위탁받으려면 중앙장애인권리옹호센터는 국가인권위원회 위원장에게, 지방장애인권리옹호센터는 시·도지사 및 시장·군수·구청장에게 신청하여야 한다.

② 장애인권리옹호센터의 운영 위탁을 받으려는 비영리법인등은 다음 각 호의 요건을 모두 갖추어야 한다.

1. 장애인 인권에 대한 올바른 관점과 높은 감수성을 가질 것

2. 3년 이상 장애인과 관련한 권리옹호, 차별금지 및 인권 활동을 수행한 실적이 있을 것

3. 「사회복지사업법」에 따른 사회복지시설 및 사회복지법인이 아닐 것

4. 제18조제1항 및 제2항에 따른 인력기준을 갖출 것

5. 그 밖에 대통령령으로 정하는 시설기준 및 인력기준을 갖출 것

③ 국가나 지방자치단체는 공정하고 객관적인 심사를 거쳐 장애인권리옹호센터의 목적에 가장 적합하고 성실히 활동할 수 있는 비영리법인등을 운영위탁기관으로 지정하여야 한다.

④ 장애인권리옹호센터의 운영위탁 기간은 3년으로 하고, 심사를 통하여 운영위탁기관으로 재지정 받을 수 있다. 이 경우 국가와 지방자치단체는 운영위탁 기간이 만료되기 전에 객관적인 평가를 통하여 운영위탁기관 재지정 여부를 결정하여야 한다.

⑤ 국가와 지방자치단체는 제3항에 따라 지정한 운영위탁기관이 다음 각 호의 어느 하나에 해당하면 운영위탁기관 지정을 취소할 수 있다.

1. 거짓이나 그 밖의 부정한 방법으로 보조금의 교부를 받은 경우
2. 보조금의 교부조건을 위반한 경우
3. 제19조 또는 제20조에 따른 업무수행 실적이 현저하게 저조한 경우

⑥ 국가와 지방자치단체는 제3항에 따른 운영위탁기관의 지정, 제4항후단에 따른 평가, 제5항에 따른 지정 취소 등을 심사하기 위하여 장애인단체 관계자 등 외부전문가가 참여하는 5인 이상의 위원회를 구성하여야 한다.

⑦ 제6항에 따른 위원회의 구성 및 운영 등에 필요한 사항은 대통령령으로 정한다.

제18조(장애인권리옹호센터의 운영) ① 중앙장애인권리옹호센터에는 센터의 장, 상근변호사 3명, 상담원 및 연구원 10명 이상을 두어야 한다.

② 지역장애인권리옹호센터에는 센터의 장, 상근변호사 1명, 상담원 3명 이상을 두어야 한다.

③ 장애인권리옹호센터의 장과 직원은 장애인 인권에 대한 올바른 관점과 장애인 차별에 대한 높은 감수성을 가지고 있으며, 장애인 인권에 관한 학식이나 경험이 풍부한 사람 중에서 임명하여야 한다.

④ 장애인권리옹호센터의 장과 직원 중 5분의 1 이상은 장애인으로 하여야 한다.

⑤ 장애인권리옹호센터는 해당 업무에 대한 자문을 위하여 장애인 당사자와 장애인 단체, 시민단체, 학계, 법조계의 관련 전문가로 구성된 자문위원회를 둘 수 있다.

⑥ 장애인권리옹호센터는 장애인 인권침해 사례를 분석하고 피해장애

인 구제와 권리옹호를 위하여 자체 사례회의를 조직하며, 외부의 전
문가를 포함하는 장애인 인권침해 사례 전문위원회를 설치·운영할
수 있다.

⑦ 장애인권리옹호센터는 국가나 지방자치단체의 예산 및 보조금으로
운영한다.

⑧ 그 밖에 장애인권리옹호센터의 설치·운영 기준, 장애인권리옹호센터
의 장과 직원의 자격과 배치기준 등에 필요한 사항은 대통령령으로
정한다.

제19조(중앙장애인권리옹호센터의 업무) 중앙장애인권리옹호센터는 다음
각 호의 업무를 수행한다.

1. 지역장애인권리옹호센터에 대한 지원
2. 장애인 인권침해 예방 및 권리옹호와 관련된 교육, 연구, 홍보, 실태
조사 및 자료 발간
3. 장애인 인권침해 예방 및 권리옹호를 위한 연계체계 구축
4. 장애인 인권침해 예방 및 권리옹호를 위한 프로그램 및 서비스 개
발·평가
5. 장애인 인권침해에 관한 신고체계의 구축·운영
6. 상담원 직무교육 및 장애인 인권침해 예방 교육
7. 장애인권리옹호센터 전산시스템 구축 및 운영
8. 장애인 권리옹호를 위한 소송 및 그 밖의 법률구조활동
9. 제13조제3항에 따라 위탁받은 장애인 인권침해정보시스템의 운영
10. 그 밖에 대통령령으로 정하는 장애인 인권침해 예방 및 권리옹호와
관련된 전국적 범위의 업무

제20조(지역장애인권리옹호센터의 업무) 지역장애인권리옹호센터는 다음
각 호의 업무를 수행한다.

1. 장애인 인권침해 신고접수, 상담 및 현장조사
2. 피해장애인과 그 가족 및 장애인 인권침해행위자를 위한 상담·치료
및 교육

3. 장애인 인권침해 예방 교육 및 홍보

4. 장애인복지시설 등에 대한 인권 모니터링 및 조사

5. 피해장애인 가정 및 피해장애인 관련 시설의 사후관리

6. 장애인 권리옹호를 위한 소송 및 그 밖의 법률구조활동

7. 국가인권위원회 등 관계기관에 인권침해 및 차별행위에 대한 조사 및 수사 의뢰

8. 인권침해를 당한 피해자의 보호 등을 위하여 국가나 지방자치단체에 필요한 조치 의뢰

9. 그 밖에 대통령령으로 정하는 장애인 인권 침해 예방 및 권리옹호와 관련된 업무

제21조(민중소송 등) ① 장애인권리옹호센터는 장애인에 대한 인권침해 및 차별행위가 있다고 믿을 만한 상당한 근거가 있는 경우 국가인권위원회에 「국가인권위원회법」 또는 「장애인차별금지 및 권리구제 등에 관한 법률」에 따른 조사를 요구할 수 있다.

② 장애인권리옹호센터는 국가 또는 공공단체의 기관이 장애인의 인권을 침해한 경우 그 시정을 구하기 위하여 다음 각 호의 어느 하나에 해당하는 요건을 갖춘 경우에는 「행정소송법」 제3조제3호에 따른 민중소송을 제기할 수 있다.

1. 국가인권위원회에 직권조사를 요구하였으나 국가인권위원회가 상당한 기간 동안 직권조사를 하지 않는 경우

2. 국가인권위원회의 직권조사 결과 인권침해에 대하여 구제조치의 권고가 내려졌으나 해당 국가기관 또는 공공단체가 그 권고를 수용하지 않는 경우

3. 인권침해의 정도가 심각하고 공익에 미치는 영향이 중대하다고 판단되는 경우

③ 중앙장애인권리옹호센터는 다수의 장애인이 중대한 인권침해를 받고 있고 그 피해가 계속되는 경우 법원에 인권침해의 금지·중지·개선을 구하는 소송(이하 "단체소송"이라고 한다)을 제기할 수 있다.

④ 단체소송의 요건과 관할 및 절차 등은 대법원규칙으로 정한다.

제22조(권리옹호사업) ① 장애인권리옹호센터는 장애인의 사회통합과 자립, 법적 능력의 증진과 그밖에 장애인의 권리를 옹호하기 위한 활동을 한다.

② 장애인권리옹호센터는 장애인의 인권 보호와 권리옹호를 위하여 국가기관 및 지방자치단체, 그 밖의 공·사 단체(이하 "관계기관등"이라 한다)에 정책과 관행의 개선 또는 시정을 권고하거나 의견을 표명할 수 있다. 이 경우 권고를 받은 관계기관등의 장은 그 권고사항을 존중하고 이행하기 위하여 노력하여야 한다.

제23조(국가나 지방자치단체 등의 협력) ① 장애인권리옹호센터의 장은 그 업무 수행을 위하여 필요한 경우 관계기관등에 협조를 요청할 수 있다. 이 경우 요청을 받은 관계기관등은 정당한 사유가 없는 한 이에 협조하여야 한다.

② 제1항에 따른 협조 요청은 장애인 당사자와 그 보호자 또는 장애인 인권침해행위자에 대한 신분조회 등을 포함한다.

제24조(장애인권리옹호센터에 관한 안내와 홍보) 「장애인복지법」과 그 밖의 법률에 따라 장애인에게 복지서비스를 제공하는 공무원 및 관련 시설의 장은 장애인권리옹호센터가 장애인 인권옹호 업무를 하고 있으며, 인권침해가 발생한 경우 긴급전화 등을 통하여 장애인이 권리구제를 요구할 수 있다는 사실을 보건복지부령으로 정하는 바에 따라 장애인 및 그 가족에게 안내하여야 한다.

제25조(장애인권리옹호센터의 의무) ① 장애인권리옹호센터는 장애인의 권리를 최대한 보장하여야 하며, 장애인의 자기결정권을 존중하고 장애인에게 이익이 되는 방향으로 업무를 처리하여야 한다.

② 장애인권리옹호센터의 장과 그 직원은 장애인 인권에 관하여 「대한민국헌법」 및 관련 법률에서 보장하거나 대한민국이 가입·비준한 국제인권조약 및 장애인권리협약을 비롯한 국제인권규범의 정신에 따라 그 직무를 독립적으로 성실하게 수행하여야 한다.

제4장 인권침해 조사 및 구제절차

제26조(장애인 인권침해 모니터링) ① 장애인권리옹호센터는 장애인거주
시설을 정기적으로 또는 수시로 방문하여 장애인 인권침해 여부를 모
니터링 할 수 있다.

② 제1항에 따른 모니터링을 하는 직원은 그 권한을 표시하는 증표를
지니고 이를 관계인에게 내보여야 하며, 장애인거주시설의 장 또는
그 종사자는 모니터링을 하는 직원에게 방문과 모니터링에 필요한
편의를 제공하여야 한다.

③ 제1항에 따라 모니터링을 하는 직원은 장애인거주시설의 종사자 및
그 곳에 거주하고 있는 장애인과 면담할 수 있고, 구술 또는 서면으
로 사실이나 의견을 진술하게 할 수 있다.

④ 장애인거주시설에 대한 모니터링의 절차·방법 등에 필요한 사항은
대통령령으로 정한다.

제27조(장애인 인권침해에 대한 접근 및 조사) ① 장애인 인권침해가 일어
나고 있다는 신고를 받거나, 장애인 인권침해가 있다고 믿을 만한 상당
한 근거가 있는 경우 장애인권리옹호센터의 직원이나 사법경찰관리는
현장에 출입하여 피해장애인 또는 장애인 인권침해행위자 등 관계인에
대하여 조사를 하거나 질문을 할 수 있다.

② 제1항에 따라 출입이나 조사를 하는 장애인권리옹호센터의 직원이나
사법경찰관리는 그 권한을 표시하는 증표를 지니고 이를 관계인에게
내보여야 한다.

③ 누구든지 제1항에 따라 현장에 출동한 장애인권리옹호센터의 직원이
나 사법경찰관리가 업무를 수행할 때에 폭행·협박이나 현장조사를
거부하는 등 그 업무 수행을 방해하는 행위를 하여서는 아니 된다.

④ 장애인권리옹호센터의 장은 제1항에 따른 조사를 위하여 필요한 경
우 수사기관 또는 관할 행정청의 장에게 현장에 동행하여 줄 것을
요청할 수 있다. 이 경우 요청을 받은 수사기관 또는 관할 행정청의

장은 사법경찰관리나 그 소속 직원이 장애인 인권침해 현장에 동행
하도록 조치하여야 한다.

제28조(응급조치) ① 제26조 및 제27조에 따른 모니터링 및 조사 결과 장애
인 인권침해를 발견한 장애인권리옹호센터의 직원이나 사법경찰관리
는 피해장애인 보호를 위하여 필요한 경우 즉시 다음 각 호의 조치(이
하 "응급조치"라 한다)를 하여야 한다. 이 경우 제2호의 조치를 할 때에
는 피해장애인의 의사를 존중하여야 하며, 피해장애인이 그 의사를 표
시하기 어려운 경우에는 우선 해당 조치를 할 수 있다.

1. 피해장애인을 장애인 인권침해행위자로부터 분리
2. 피해장애인을 제32조에 따른 장애인쉼터나 그 밖의 보호시설로 인도
3. 긴급치료가 필요한 피해장애인을 의료기관으로 인도

② 장애인권리옹호센터의 직원은 사법경찰관리에게 응급조치에 협조하
고 장애인 인권침해를 제지하며 장애인 인권침해행위자를 피해장애
인으로부터 격리하는 등의 조치를 하도록 요청할 수 있다. 이 경우
요청을 받은 사법경찰관리는 이에 협조하여야 한다.

③ 제1항제2호 및 제3호의 응급조치는 72시간을 넘을 수 없다. 다만, 대
통령령으로 정하는 사유가 있는 경우에는 시·도지사 또는 시장·군
수·구청장의 사전승인을 받아 48시간 이내에서 그 시간을 연장할 수
있다.

④ 누구든지 장애인권리옹호센터의 직원이나 사법경찰관리가 제1항에
따른 업무를 수행할 때에 폭행·협박이나 응급조치를 저지하는 등 그
업무 수행을 방해하는 행위를 하여서는 아니 된다.

⑤ 장애인권리옹호센터의 직원이 제1항제2호 및 제3호에 따라 피해장애
인을 인도하는 경우 장애인 관련 보호시설이나 의료기관의 장은 정
당한 사유 없이 이를 거부하여서는 아니 된다.

제29조(구제조치) ① 법원은 검사, 피해장애인과 그 법정대리인 또는 장애
인권리옹호센터의 장의 청구에 따라 결정으로 피해장애인의 보호를 위
하여 다음 각 호의 구제조치를 할 수 있다.

1. 장애인 인권침해행위자를 피해장애인의 주거지 또는 점유하는 방이
   나 집으로부터의 퇴거 등 격리
2. 장애인 인권침해행위자가 피해장애인 또는 그 가정구성원에게 접근
   하는 행위의 제한
3. 장애인 인권침해행위자가 피해장애인 또는 그 가정구성원에게 「전
   기통신기본법」 제2조제1호의 전기통신을 이용하여 접근하는 행위의
   제한
4. 친권자인 장애인 인권침해행위자의 피해장애인에 대한 친권 행사의
   제한 또는 정지
5. 후견인인 장애인 인권침해행위자의 피해장애인에 대한 후견인 권한
   의 제한 또는 정지
6. 친권자 또는 후견인의 의사표시를 갈음하는 결정
7. 장애인 인권침해행위자에 대한 「보호관찰 등에 관한 법률」에 따른
   사회봉사·수강명령
8. 장애인 인권침해행위자에 대한 「보호관찰 등에 관한 법률」에 따른
   보호관찰
9. 장애인 인권침해행위자를 법무부장관 소속으로 설치한 감호위탁시
   설 또는 법무부장관이 정하는 보호시설에의 감호위탁
10. 장애인 인권침해행위자에 대한 의료기관에의 치료위탁
11. 장애인 인권침해행위자에 대한 장애인권리옹호센터 또는 상담소
    등에의 상담위탁
12. 장애인 인권침해행위자에 대한 손해배상명령
13. 피해장애인을 장애인복지시설로의 보호위탁
14. 피해장애인을 의료기관으로의 치료위탁
15. 피해장애인을 연고자 등에게 가정위탁
② 제1항 각 호의 처분은 병과할 수 있다.
③ 제1항제13호의 보호위탁은 피해장애인이 자립이 어렵거나 자립을 위
   한 준비기간 동안에 한하여 한시적으로만 할 수 있다.

④ 판사가 제1항 각 호의 구제조치를 하는 경우 피해장애인, 그 법정대리인 또는 장애인권리옹호센터의 장은 관할 법원에 대하여 필요한 의견을 진술할 수 있다.

⑤ 법원은 제1항에 따른 구제조치 결정을 하기 전에 피해장애인의 긴급한 보호를 위하여 필요하다고 인정하는 경우에는 제1항 각 호의 어느 하나에 해당하는 조치 중 필요한 임시조치를 할 수 있다.

제30조(조사 및 심리) ① 장애인권리옹호센터, 수사기관, 법원 등이 장애인을 조사하거나 심리할 때에는 장애의 유형, 연령, 상태에 맞는 정당한 편의를 제공하여야 하며, 장애인의 심리적·신체적 상태를 이해하고 배려하여야 한다.

② 장애인권리옹호센터, 수사기관, 법원 등이 장애인을 조사·심리하는 경우 장애인 인권침해행위자 및 장애인 인권침해 현장과 분리하여 안전한 장소에서 보호와 치료를 병행하면서 조사할 수 있다.

③ 피해장애인은 조사·심리를 받을 경우 보조인을 선임할 수 있다. 이 경우 피해장애인의 법정대리인, 배우자, 직계 친족, 형제 자매, 장애인권리옹호센터의 장과 직원은 피해장애인의 보조인이 될 수 있다.

④ 장애인권리옹호센터, 수사기관, 법원 등이 장애인을 조사·심리하는 경우 피해장애인과 신뢰관계에 있는 사람의 동석을 허가할 수 있다.

⑤ 장애인권리옹호센터, 수사기관, 법원 등이 장애인을 조사·심리하는 경우 장애의 유형에 맞는 의사소통 및 조사방법을 사용하여야 하며, 필요한 경우 전문가를 동석하도록 하여야 한다.

제31조(장애인 인권침해 등의 통보) ① 사법경찰관리는 장애인 사망·상해·폭력 사건 등에 관한 직무를 행하면서 장애인 인권침해가 있었다고 의심할 만한 사유가 있는 때에는 관할 지역 장애인권리옹호센터의 장에게 그 사실을 통보하여야 한다.

② 제1항에 따른 통보를 받은 장애인권리옹호센터의 장은 피해장애인 보호조치 등 필요한 조치를 하여야 한다.

제32조(장애인쉼터 등의 설치) ① 시·도지사 및 시장·군수·구청장은 피해

장애인을 일시적으로 보호하고 정상적으로 가정 또는 사회로 복귀할 수 있도록 장애인쉼터를 시·도 및 시·군·구에 1개소 이상 설치·운영하여야 한다. 다만, 시·도지사는 관할 구역의 장애인 수 및 지리적 요건을 고려하여 조례로 정하는 바에 따라 둘 이상의 시·군·구를 통합하여 하나의 장애인쉼터를 설치·운영할 수 있다.

② 장애인쉼터는 다음 각 호의 업무를 수행한다.

1. 피해장애인의 긴급보호
2. 피해장애인의 신체적·심리적·정신적 회복과 재활
3. 피해장애인의 가정 또는 사회복귀를 위한 상담
4. 피해장애인의 자립을 위한 프로그램 지원
5. 그 밖에 피해장애인의 보호와 자립을 지원하는 업무

③ 장애인쉼터의 보호기간은 피해장애인의 긴급보호를 위한 일시적 기간으로 제한하여야 하며, 장애인쉼터는 피해장애인의 지역사회 통합 및 자립을 위하여 노력하여야 한다.

④ 장애인쉼터의 장이 필요하다고 인정하는 경우 피해장애인의 배우자나 그 밖의 가족을 함께 생활하도록 할 수 있다.

⑤ 장애인쉼터는 피해장애인의 보호와 사회복귀를 위하여 장애인권리옹호센터와 유기적으로 협력하여야 한다.

⑥ 시·도지사 및 시장·군수·구청장은 비영리법인등을 지정하여 제1항에 따른 장애인쉼터의 운영을 위탁할 수 있다.

⑦ 제1항에 따른 장애인쉼터의 설치·운영 기준, 제6항에 따른 위탁 등에 필요한 사항은 보건복지부령으로 정한다.

제5장 장애인의 자립 등 지원

제1절 사후관리

제33조(사후 관리 등) ① 장애인권리옹호센터의 장은 장애인 인권침해가

종료된 이후에도 가정방문, 전화상담 등을 통하여 인권침해의 재발 여부를 확인하여야 한다.

② 장애인권리옹호센터의 장은 인권침해가 종료된 이후에도 피해장애인의 재활, 자립 및 장애인 인권침해 재발 방지 등을 위하여 필요하다고 인정하는 경우 피해장애인 및 그 가족에게 필요한 지원을 제공할 수 있다.

제34조(피해장애인 및 그 가족 등에 대한 지원) ① 장애인권리옹호센터의 장은 장애인의 안전 확보와 재인권침해 방지, 건전한 가정기능의 유지 등을 위하여 피해장애인 및 보호자를 포함한 피해장애인의 가족에게 상담, 교육 및 의료적·심리적 치료 등의 필요한 지원을 제공하여야 한다.

② 장애인권리옹호센터의 장은 제1항에 따른 지원을 위하여 관계 기관에 협조를 요청할 수 있다.

③ 보호의무자를 포함한 피해장애인의 가족은 장애인권리옹호센터가 제1항에 따라 제공하는 지원에 성실하게 참여하여야 한다.

④ 장애인권리옹호센터의 장은 제1항에 따른 지원 여부의 결정 및 지원의 제공 등 모든 과정에서 피해장애인의 이익을 최우선으로 고려하여야 한다.

⑤ 제1항에 따른 지원의 내용·방법 등에 필요한 사항은 대통령령으로 정한다.

제35조(친권상실 선고의 청구 등) ① 시·도지사, 시장·군수·구청장 또는 장애인권리옹호센터의 장은 장애인 인권침해행위자가 피해장애인의 친권자나 후견인인 경우에는 친권, 법률행위의 대리권과 재산관리권 상실의 선고 또는 후견인의 변경심판을 법원에 청구할 수 있다.

② 시·도지사, 시장·군수·구청장 또는 장애인권리옹호센터의 장은 제1항에 따라 청구를 하는 경우 해당 피해장애인의 의견을 존중하여야 한다.

제36조(장애인의 후견인 선임 청구 등) ① 시·도지사, 시장·군수·구청장 또는 장애인권리옹호센터의 장은 친권자 또는 후견인이 없는 장애인을

발견한 경우 그 복지를 위하여 필요하다고 인정할 때에는 법원에 후견인의 선임을 청구할 수 있다.

② 시·도지사, 시장·군수·구청장, 장애인권리옹호센터의 장 또는 검사는 후견인이 해당 장애인의 인권을 침해하는 등 현저한 비행을 저지른 경우에는 후견인 변경을 법원에 청구할 수 있다.

③ 제1항에 따른 후견인의 선임 및 제2항에 따른 후견인의 변경 청구를 할 때에는 해당 장애인의 의견을 존중하여야 한다.

④ 장애인복지시설에 입소 중인 장애아동에 대하여는 「보호시설에 있는 미성년자의 후견직무에 관한 법률」을 적용한다.

제37조(장애인 인권침해행위자에 대한 상담·교육 등의 권고) 장애인권리옹호센터의 장은 장애인 인권침해행위자에 대하여 상담·교육 및 심리적 치료 등 필요한 지원을 받을 것을 권고할 수 있다.

제38조(장애인 관련기관의 취업제한 등) ① 장애인 인권침해로 형 또는 치료감호를 선고받아 확정된 사람(이하 "장애인인권침해관련범죄전력자"라 한다)은 그 확정된 때부터 형 또는 치료감호의 전부 또는 일부의 집행이 종료(종료된 것으로 보는 경우를 포함한다)되거나 집행을 받지 아니하기로 확정된 후 10년까지의 기간 동안 대통령령으로 정하는 장애인 관련기관을 운영하거나 해당 기관에 취업 또는 사실상 노무를 제공할 수 없다.

② 장애인인권침해관련범죄전력자의 취업제한의 실효성을 확보하기 위하여 필요한 사항은 대통령령으로 정한다.

제2절 피해장애인 통합서비스지원 및 자립지원

제39조(피해장애인에 대한 통합서비스지원) ① 국가와 지방자치단체는 피해장애인의 신청 또는 직권으로 피해장애인과 그 가족을 대상으로 보건, 복지, 보호, 교육, 치료 등을 종합적으로 지원하는 통합서비스를 실시하여야 한다.

② 장애인권리옹호센터의 장은 피해장애인을 대신하여 관할 행정청에 제1항에 따른 통합서비스를 신청할 수 있다. 이 경우 신청을 받은 관할 행정청은 그 처리결과를 장애인권리옹호센터의 장에게 통보하여야 한다.

③ 제1항에 따른 통합서비스를 실시하는 경우「사회복지사업법」제2장의2를 준용한다.

④ 제1항에 따른 통합서비스지원의 대상 선정, 통합서비스의 내용 및 수행기관·수행인력 등에 필요한 사항은 대통령령으로 정한다.

⑤ 보건복지부장관은 통합서비스지원사업의 운영지원에 관한 업무를 법인, 단체 등에 위탁할 수 있다.

제40조(자립지원) ① 국가와 지방자치단체는 자립을 희망하거나 자립이 필요한 피해장애인을 위하여 피해장애인 및 그 가족의 신청 또는 직권으로 다음 각 호에 해당하는 조치를 하여야 한다.

1. 자립에 필요한 주거 제공

2. 자립을 위한 초기 정착 지원 및 비용 지급

3. 자립을 위한 생활·소득·교육·취업·활동보조서비스 등의 지원

4. 자립에 필요한 자산의 형성 및 관리 지원(이하 "자산형성지원"이라 한다)

5. 사후관리체계 구축 및 운영

6. 「장애인복지법」과 그 밖의 법률에 따라 자립을 지원하는 각종 서비스 및 조치

7. 그 밖에 자립지원에 필요하다고 대통령령으로 정하는 사항

② 장애인권리옹호센터 및 장애인쉼터의 장은 피해장애인을 대신하여 국가와 지방자치단체에 제1항에 따른 자립을 위한 조치를 신청할 수 있다. 이 경우 신청을 받은 관할 행정청은 그 처리결과를 장애인권리옹호센터의 장에게 통보하여야 한다.

③ 제1항에 따른 자립지원의 대상·절차·방법 등에 필요한 사항은 대통령령으로 정한다.

제41조(자립지원계획의 수립 등) ① 장애인권리옹호센터 또는 장애인쉼터의 장은 피해장애인을 대상으로 자립지원계획을 수립하고, 그 계획을 관할 행정청에 제출할 수 있다.

② 관할 행정청은 제40조에 따른 자립지원에 관한 조치를 할 때 장애인권리옹호센터 또는 장애인쉼터의 장이 제출한 자립지원계획을 반영하여야 한다.

제42조(자립지원전담기관의 설치·운영 등) 국가와 지방자치단체는 피해장애인의 자립지원 관련 데이터베이스 구축 및 운영, 자립지원 프로그램의 개발 및 보급, 사례관리 등의 업무를 전담할 자립지원전담기관을 설치·운영할 수 있다.

제43조(자산형성지원사업) ① 국가와 지방자치단체는 피해장애인이 건전한 사회인으로 성장·발전할 수 있도록 자산형성지원사업을 실시하여야 한다.

② 제1항에 따른 자산형성지원사업의 내용과 방법, 대상 장애인의 범위와 선정·관리 등에 필요한 사항은 보건복지부령으로 정한다.

제6장 보칙

제44조(비용 보조) 국가와 지방자치단체는 대통령령으로 정하는 바에 따라 다음 각 호의 어느 하나에 해당하는 비용의 전부 또는 일부를 보조하여야 한다.

1. 장애인권리옹호센터 및 장애인쉼터의 설치 및 운영과 프로그램의 운용에 필요한 비용 또는 수탁보호 중인 장애인의 보호에 필요한 비용
2. 장애인 인권옹호활동의 지도, 감독, 계몽 및 홍보에 필요한 비용
3. 제39조에 따른 피해장애인에 대한 통합서비스지원에 필요한 비용
4. 제40조에 따른 피해장애인의 자립지원에 필요한 비용
5. 제42조에 따른 자립지원전담기관의 설치·운영에 필요한 비용
6. 제43조에 따른 자산형성지원사업에 필요한 비용

제45조(보조금의 반환명령) 국가 또는 지방자치단체는 장애인권리옹호센터 또는 장애인쉼터의 장 등이 다음 각 호의 어느 하나에 해당하는 경우에는 이미 교부한 보조금의 전부 또는 일부의 반환을 명할 수 있다.

1. 보조금의 교부조건을 위반한 경우
2. 거짓이나 그 밖의 부정한 방법으로 보조금의 교부를 받은 경우
3. 장애인권리옹호센터 또는 장애인쉼터 등의 경영과 관련하여 개인의 영리를 도모하는 행위를 한 경우
4. 보조금의 사용잔액이 있는 경우
5. 이 법 또는 이 법에 따른 명령을 위반한 경우

제46조(국유·공유 재산의 대부 등) ① 국가 또는 지방자치단체는 장애인권리옹호센터, 장애인쉼터의 설치·운영을 위하여 필요하다고 인정하는 경우「국유재산법」및「공유재산 및 물품 관리법」에도 불구하고 국유·공유 재산을 무상으로 대부하거나 사용·수익하게 할 수 있다.

② 제1항에 따른 국유·공유 재산의 대부·사용·수익의 내용 및 조건에 관하여는 해당 재산을 사용·수익하고자 하는 자와 해당 재산의 중앙관서의 장 또는 지방자치단체의 장과의 계약으로 정한다.

제47조(압류 금지) 이 법에 따라 지급된 금품과 이를 받을 권리는 압류하지 못한다.

제48조(비밀 유지의 의무) 장애인권리옹호센터의 장이나 그 종사자 또는 그 직에 있었던 자는 직무상 알게 된 비밀을 누설하여서는 아니 된다.

제49조(권한의 위임) 이 법에 따른 보건복지부장관의 권한은 그 일부를 대통령령으로 정하는 바에 따라 시·도지사 또는 시장·군수·구청장에게, 시·도지사의 권한은 그 일부를 대통령령으로 정하는 바에 따라 시장·군수·구청장에게 위임할 수 있다.

제50조(유사명칭의 사용금지) 이 법에 따른 장애인권리옹호센터가 아니면 장애인권리옹호센터라는 명칭을 사용하지 못한다.

제51조(벌칙 적용에서의 공무원 의제) 장애인권리옹호센터의 장과 그 종사자는「형법」제129조부터 제132조까지를 적용할 때에는 공무원으로 본다.

제7장 벌칙

제52조(벌칙) ① 제7조 각 호의 어느 하나에 해당하는 행위를 한 자는 5년 이하의 징역 또는 3천만원 이하의 벌금에 처한다.

② 다음 각 호의 어느 하나에 해당하는 자는 2년 이하의 징역 또는 2000 만원 이하의 벌금에 처한다.

1. 제11조제4항을 위반하여 신고인의 인적사항 또는 신고인임을 미루어 알 수 있는 사실을 다른 사람에게 알려주거나 공개 또는 보도한 자

2. 제27조제3항 또는 제28조제4항을 위반하여 폭행이나 협박을 하거나 현장 조사, 응급조치를 거부·저지하는 등 업무 수행을 방해한 자

3. 제29조제1항제1호부터 제3호까지의 어느 하나에 해당하는 구제조치 가 확정된 후 이를 이행하지 아니한 장애인 인권침해행위자

4. 제48조를 위반하여 직무상 알게 된 비밀을 누설한 자

제53조(양벌규정) 법인의 대표자나 법인 또는 개인의 대리인, 사용인, 그 밖의 종업원이 그 법인 또는 개인의 업무에 관하여 제52조의 위반행위 를 하면 그 행위자를 벌하는 외에 그 법인 또는 개인에게도 해당 조문 의 벌금형을 과(科)한다. 다만, 법인 또는 개인이 그 위반행위를 방지하 기 위하여 해당 업무에 관하여 상당한 주의와 감독을 게을리 하지 아 니한 경우에는 그러하지 아니하다.

제54조(과태료) ① 다음 각 호의 어느 하나에 해당하는 자에게는 5백만원 이하의 과태료를 부과한다.

1. 정당한 사유 없이 제11조제2항에 따른 신고를 하지 아니한 자

2. 정당한 사유 없이 제28제1항에 따른 응급조치 또는 제29조제5항에 따른 임시조치를 이행하지 아니한 자

3. 제28조제5항을 위반하여 피해장애인의 인수를 거부한 보호시설 또는 의료기관의 장

4. 정당한 사유 없이 제29조의 구제조치가 확정된 후 이를 이행하지 아 니하거나 집행에 따르지 아니한 자

② 다음 각 호의 어느 하나에 해당하는 자에게는 300만원 이하의 과태료를 부과한다.

1. 제26조 또는 제27조에 따른 조사를 거부·방해 또는 기피하거나 질문에 대하여 답변을 거부·기피 또는 거짓으로 하거나, 보호하고 있는 장애인에게 답변을 거부·기피 또는 거짓으로 하게 하거나 그 답변을 방해한 자

2. 제50조를 위반하여 장애인권리옹호센터 명칭을 사용한 자

부칙

제1조(시행일) 이 법은 공포 후 6개월이 경과한 날부터 시행한다.

제2조(다른 법률의 개정) 장애인복지법 일부를 다음과 같이 개정한다. 제2조제3항, 제59조의4부터 제59조의7까지 및 제90조제3항제3호의4를 삭제한다.

장애 개념과 장애 차별의 특성

김재원*·현지원**

I. 글머리에

우리 사회에서 그 동안 여러 차별 관행들이 사라지거나 줄어들었다. 그러나 장애인에 대한 편견과 차별은 여전하다. 헌법상 기본권의 주체로서 국민은 장애여부를 불문하고 모든 국민이다. 하지만 우리 사회에는 법해석과 적용에서 장애인을 제외하는 집단적 무의식과 관행이 존재한다. 장애차별을 방지하고 차별로 인한 피해를 적절히 구제하려면 장애와 장애인의 법적 의미를 정확히 이해해야 한다. 또한 장애를 이유로 한 차별은 어떠한 모습으로 나타나며, 다른 종류의 차별과 어떻게 다른지를 알아야 한다.

이 글의 전반부는 장애의 개념 정의를 다룬다. 먼저 우리 사회에 널리 퍼져 있는 장애에 대한 시각, 오해와 편견, 그리고 이것들의 변화를 알아본다. 그 다음으로 장애인 관련 법률에서 채택한 장애 개념의 정의 방식과 내용을 살펴본다. 우리나라 장애인법이 모델로 한 미국 장애인법의 장애 규정과 그 해석을 둘러싼 논란을 상세히 기술하며, 호주 장애인차별금지법의 관련 조항들도 소개한다. 이 글의

---

* 성균관대학교 법학전문대학원 교수.
** 변호사, 법학박사.

후반부는 장애 차별의 특성을 다룬다. 국내외 법령상 장애 차별 관련 규정들을 개관하고 국내 사례들을 비판적으로 검토한다. 그리고 사례분석을 통해 장애 차별의 특성을 기술한다.

II. 장애의 이해

1. 의료적 모델과 사회적 모델

장애에 관한 모든 논의는 장애를 어떻게 이해하고 규정하는지에 따라 달라진다. '장애'라는 용어는 장애가 없는 상태, 즉 '비장애'와 흔히 대비된다. 하지만 이러한 통념과 달리, 장애는 여러 관점과 차원에서 다양하게 다루어지는 복잡하고 논쟁적인 개념이다. 이런 논란의 와중에서도 장애를 이해하는 일반적 추세는 소위 '의료적 모델'에서 '사회적 모델'로 옮겨왔다.

의료적 모델(the medical model of disability)은 장애를 신체적 혹은 정신적 병리현상의 직접 결과로 이해한다. 이에 반해, 사회적 모델 (the social model of disability)은 장애를 신체나 정신에 차이나 손상이 있는 사람들의 필요에 사회가 적절히 부응하지 못한 결과로 이해한다.[1] 의료적 모델은 '정상/비정상(normality/abnormality)' 이분법을 전제로 하며, 장애는 정상에서 벗어난 것이므로 제거되거나 바로 잡아져야 하는 것으로 인식한다. 장애학(disability studies)에서는 이러한 이분법적 관념을 다음과 같이 묘사한다: 비장애인(able-bodied people)은 "정상이고 좋으며 깨끗하고 잘 맞으며 능력 있고 독립적"이라고 본다. 하지만 장애인(disabled people)은 "비정상이고 나쁘며 더럽고 잘 맞지 않으며 능력이 없고 의존적"[2]이다. 이러한 관념은 사회 구성원

---

1) McLean, S. and Williamson, L., Impairment and Disability, Routlege-Cavendish, 2007, p.11.

다수에 의해 당연한 것으로 수용된다.

사회적 모델은 1970년대 중반에 영국 장애인공동체가 의료적 모델의 대안으로 제시했다. '분리에 반대하는 신체장애인 연합(the Union of the Physically Impaired Against Segregation, 약칭 UPIAS)은 1976년에 사회적 모델에 따라 장애를 아래와 같이 정의했다:

> 신체적 손상은 그러한 손상을 가진 사람이 처한 사회적 상황, 즉 '장애'라 불리는 것과 구별하여 이해할 필요가 있다. 따라서 우리는 손상을 사지의 일부나 전부가 없는 것, 혹은 사지나 신체 기관 또는 기능에 결함이 있는 것으로 정의한다; 그리고 장애는 동시대의 사회 조직이 신체적 손상을 가진 사람들을 전혀 고려하지 않거나 아주 조금만 고려함으로 인해 이들이 사회생활의 주류에 참여하지 못하게 배제함으로써 초래된 불이익 또는 제한으로 정의한다.[3]

장애를 바라보는 대표적 두 시각인 의료적 모델과 사회적 모델의 관계는 여성학에서 비롯된 생물학적 성(sex)과 사회적 성(gender)의 구별을 통해 잘 설명할 수 있다. 남자는 직업을 가지고 여자는 가사에 전념해야 한다는 생각은 생물학적 성과 필연적 관련이 없고 남성 중심적 사회에서 만들어진 특정한 성의 사회적 역할일 뿐이다. 장애인이 버스를 타고 일터에 갈 수 없는 것은 그의 장애 때문이 아니라, 장애인의 필요를 고려하지 않고 대중교통과 건축시설을 설계하고 운영하는 사회 때문이라 할 수 있다.[4]

2) Johnston, D., An Introduction to Disability Studies, 2nd ed., London : David Fulton Publishers, 2001, p.17.
3) UPIAS, Fundamental Principles of Disability, London: Union of Physically Impaired, 1976, p.14.
4) 김도현, 장애학 함께 읽기, 그린비, 2011, 62-63면.

2. 세계보건기구의 시각

장애를 손상과 구별하여 정의한 것은 사회적 모델의 핵심이고 장애 이해에 획기적 전환점이다. 세계보건기구(WHO)의 시각도 의료적 모델에서 사회적 모델로 전환되었다. 하지만 WHO는 장애의 이해에서 개인적이고 의료적인 측면을 경시하는 경향을 우려하며 "균형 잡힌" 접근을 요청한다. WHO의 「세계장애보고서」는 다음과 같이 장애를 이해하고 있다.

> 장애는 복잡하고 동적이며 다차원적이고 논쟁이 많은 개념이다. 최근 수십 여 년간 장애인운동은 사회과학과 보건학 분야의 많은 연구자들과 함께 장애에 있어서 사회적·물리적 장벽들의 역할을 확인해 왔다. 장애에 대한 개인적·의료적 관점에서 구조적·사회적 관점으로의 전환은 '의료적 모델'에서 '사회적 모델'로의 전환으로 표현되었는데 누구나 신체의 문제로 장애인이 되는 것이 아니라 사회에 의해 장애인이 될 수 있다고 보았다.
>
> 의료적 모델과 사회적 모델은 종종 이분법적인 것으로 표현되지만, 장애라는 것은 순수하게 의료적인 문제만도 아니며, 순수하게 사회적인 문제만도 아니다. 장애인들은 그들의 건강상태로 인하여 나타나는 문제들을 경험할 수도 있다. 장애의 이 상이한 면에 대하여 적절한 무게감을 실어주면서 균형 잡힌 접근을 하는 것이 필요하다.[5]

UN 전문기구로서 국제적 위상 때문에 WHO의 장애에 관한 시각은 전세계 국가들의 보건정책에 큰 영향을 미친다. 그런데 WHO의 시각도 변화를 겪었다. 1980년에 WHO는 국제장애분류기준(International

---

5) 세계보건기구, WHO 세계장애보고서, 한국장애인재단, 2012, 32-33면.

Classification of Impairments, Disabilities and Handicaps, 약칭 ICIDH)을 발표했다. ICIDH는 손상과 장애 그리고 불이익(handicap)이라는 세 개념을 가지고 이들 상호관계를 설명했다. 여기서 장애는 "인간으로서 정상적인 방식이나 범위 내로 여겨지는 활동을 할 수 있는 능력이 (손상의 결과로서) 제한되거나 부족한 것"[6]으로 정의되었다.

WHO는 의료적 모델에서 탈피하여 사회적 모델을 수용하려는 의도로 ICIDH를 마련했다고 밝혔지만, 장애계로부터 의료적 모델에서 벗어나지 못했다는 비판을 받았다. 즉 ICIDH의 장애 개념은 장애인을 둘러싼 환경에 초점을 두기보다는 일상생활을 수행하는데 따르는 기능적 제한에 초점을 두었다는 비판이다.[7] WHO는 이러한 비판에 대응하여 1990년대에 ICIDH의 개정을 추진했고, 2001년에 국제기능장애건강분류(International Classification of Functioning, Disability and Health, 약칭 ICF)를 발표했다.

ICIDH에 대한 비판을 의식하여 WHO는 ICF가 장애에 관한 사회적 모델과 의료적 모델의 가장 좋은 요소들을 융합한 "생체심리사회학적 모델(biopsychosocial model)"[8]이라고 주장했다. ICF에서는 장애를 폭넓게 이해하여, 손상과 활동 제한 그리고 참여 제한을 포함하고 있다.[9] 여기서 손상은 신체 기능에 문제가 있거나 신체구조의 변형을 의미하며, 청각장애나 안면마비 등이 그 예이다. 그리고 걷기나 음식섭취의 어려움 등은 활동 제한의 예이다. 장애를 이유로 고용상

---

6) World Health Organization, International Classification of Impairments, Disabilities and Handicaps: A manual of classification relating to the consequences of disease, Geneva, WHO, 1980, p.28.
7) McLean and Williamson, 주 1, p.30.
8) World Health Organization, Towards a Common Language for Functioning, Disability and Health: ICF, Geveva : WHO, 2002, p.9.
9) World Health Organization, International Classification of Functioning, Disability and Health, Geneva : WHO, 2001, p.3.

차별을 당하거나 대중교통을 이용하기 어렵다면 이는 참여 제한의 예에 해당한다.[10)]

ICF는 종전 ICIDH에 비해 장애의 이해를 사회적 모델에 더 가깝게 했다. 그럼에도 불구하고 정상성(normality)을 전제로 하고 생물학적 사고에 기반하고 있다는 지적은 타당하다. ICF는 ICIDH의 생물학적 결정론 혹은 환원론에서는 벗어나왔다고 할 수 있지만 여전히 생물학에 중심을 두고 있으며, 장애를 사회적 성(gender)보다는 생물학적 성(sex)에 더 가깝게 이해하고 있다.[11)]

3. 낙인과 배제

장애인을 바라보는 비장애인의 시각은 장애의 이해와 장애 개념의 정립에 심대한 영향을 미친다. 한편 비장애인들의 이러한 시각은 역사적 배경과 문화적 전통과 밀접한 관련이 있다. 한국사회에는 고유한 전통과 서구적 근대가 다층적으로 혼재해 있다. 한국의 전통은 토속 샤머니즘에 불교와 유교의 가르침이 섞여 있다. 신언서판으로 인간을 평가하는 유교의 기준은 장애인에 대해 측은지심과 함께 부정적 평가를 강화했다. 업과 인과응보를 바탕에 둔 불교의 윤회 사상도 장애에 대한 운명론적 이해와 장애인에 대한 동정심을 심화시켰다.[12)]

사람의 몸에 대한 한국의 전통적 이해와 평가는 근대 사상의 유입으로 많은 변화를 겪었다. 거의 모든 국가들에서와 같이, 서구적 근대화와 산업화 그리고 부국강병책은 "인간을 필요로 한 것이 아니

---

10) 세계보건기구, 주 5, 33-34면.
11) 김도현, 주 4, 64-65면.
12) 정근식, 장애의 새로운 인식을 위하여: 문화 비판으로서의 장애의 사회사, 김창엽 외 지음, 나는 '나쁜' 장애인이고 싶다, 삼인, 2009, 41-42면.

라 건강한 '몸'을 필요로 했고"[13] 국가에 도움이 되는 최소한의 체격과 체력을 갖추지 못한 이들은 사회의 주류에서 배제되고 낙인을 지니게 되었다. 근대국가에 의해 더욱 강화된 정상성 이데올로기에 의해 장애인은 온전한 시민으로 존중받지 못하고 단지 "조건부로"만 사회 구성원이 될 수 있었다:

> 낙인을 지닌 개인이 정상인들로부터 존중의 의례를 기대할 수 있는 것은 그가 이처럼 적절하게 처신하는 한에서이다. 낙인자는 자신에게 베풀어진 관용의 한계를 시험하지 말아야 한다. 자신의 존재가 조건부로 수용되었음을 자각하지 못하고 정상인과 똑같은 권리를 누리려 드는 낙인자는 곧 제재에 부딪힐 것이다. 가지 말아야 할 곳에 갔거나 하지 말아야 할 행동을 한 낙인자들이 받는 대접이 이 점을 보여준다.[14]

법제도는 장애인도 비장애인과 동등한 권리주체라는 전제 위에서 있다. 그럼에도 불평등한 취급과 불편한 관계가 지속되는 것은 아직도 사회 구성원 다수가 장애를 시혜와 동정의 시각에서 바라보기 때문이다. 장애인 개개인의 주체성과 다양성을 존중하지 않고, 한계를 극복한 장애인만을 '인간 승리'의 예로 칭송하는 우리 현실을 김형수는 '도덕적 파시즘'으로 규정한다. 이런 현실에서 시민으로서 정당한 권리를 주장하는 장애인은 '나쁜' 장애인으로 취급된다.[15] 우리 사회에 널리 퍼져있는 기만과 장애인의 불평등한 처우를 김현경은 다음과 같이 서술하고 있다:

> 현대 사회는 낙인의 존재를 부인하는 경향이 있다. 낙인은 인간의 존

---

13) 정근식, 위의 글, 50면.
14) 김현경, 사람·장소·환대, 문학과지성사, 2015, 125면.
15) 김형수, 나는 '나쁜' 장애인이고 싶다, 주12, 172-173면.

엄성에 대한 믿음과 양립할 수 없기 때문이다. [...] 이에 따라 낙인자(the stigmatized)와 정상인(the normals)의 만남은 어떤 종류의 기만을 수반한다. 정상인은 낙인을 포용하는 듯한 몸짓을 한다. 하지만 그는 여전히 마음 속으로 낙인자가 자신과 동등한 인간임을 믿지 않는다. 미디어에 종종 나오는, 낙인자를 대상으로 한 사회통합 의례─ 고아들에게 키스하는 연예인, 장애인을 목욕시키는 정치인 등등─가 이를 잘 보여준다. '사회'를 대표하여 '소외된 이들'을 찾아가는 이 정상인들은 자기 앞에 있는 낙인자들을 아무나 덥석 껴안음으로써 자기가 그들에 대해 아무런 편견도 가지고 있지 않음을 과시하려 한다. 하지만 정상인들이 이렇게 낙인자들의 몸을 함부로 만질 수 있는 대상으로 취급한다는 사실 자체가 이미 관계의 불평등성을 드러내는 것이다.[16]

평등은 자유와 함께 정의로운 사회의 핵심 가치이다.[17] 대한민국 헌법 제11조[18]는 기본적 인권으로서 평등권을 보장하고 있다. 평등권 논의에서 구체적으로 무엇이 평등한 처우인가에 관해서는 이견이 있을 수 있으나, 평등권 보장이 '차별금지'를 근간한다는 점에는 이견이 없다. 한국 사회는 민주화와 시민사회의 발전에 따라, 과거에 존재했던 많은 차별관행들이 사라지거나 줄어들었다. 그럼에도 장애를 이유로 한 차별이 지속적이고 빈번히 발생하는 이유는 비장

---

16) 김현경, 주 14, 122-123면.
17) 우리나라 대법원 청사 현관 위에는 "자유·평등·정의", 미국 연방대법원 건물에는 "EQUAL JUSTICE UNDER LAW"라고 새겨져 있다.
18) 헌법 제11조는 "모든 국민은 법 앞에 평등하다. 누구든지 성별·종교 또는 사회적 신분에 의하여 정치적·경제적·사회적·문화적 생활의 모든 영역에 있어서 차별을 받지 아니한다."고 규정한다. 여기서 '성별', '종교', '사회적 신분'은 1987년 헌법 개정 당시에 대표적인 차별 사유로 여겨진 것들을 예시한 것으로, 이 세 가지 사유들 아닌 차별이 정당화된다는 것은 아니다. 하지만 새로 헌법이 개정될 때는 '장애', '연령', '출신 지역이나 국가' 등의 표현이 더 포함되는 것이 바람직할 것이다.

애인들 사이에 널리 퍼져 있는 장애 및 장애인에 대한 무지와 무관심 그리고 오해와 편견 때문이다. 그 결과로 장애인은 독립적인 인격체로 존중받기보다는 동정과 시혜 그리고 보살핌의 대상으로 취급되며, 본인의 의사와 무관하게 분리되거나 배제되는 불행한 경험을 해오고 있다.

Ⅲ. 장애의 개념 정의

1. 법령상 개념의 변천

1989년 「장애인복지법」[19] 제2조는 "이 법에서 '장애인'이라 함은 지체장애, 시각장애, 청각장애, 언어장애 또는 정신지체 등 정신적 결함으로 인하여 장기간에 걸쳐 일상생활 또는 사회생활에 상당한 제약을 받는 자로서 대통령령으로 정하는 기준에 해당하는 자"라고 규정했다. 이것은 「장애인복지법」의 전신인 「심신장애자복지법」제2조[20]의 정의를 표현만 약간 수정하여 답습한 것이다. 이후 1999년 「장애인복지법」 개정에서 상당히 변화된 장애인 개념이 등장한다. 이 법 제2조는 아래와 같이 규정했다:

① 장애인은 신체적·정신적 장애로 인하여 장기간에 걸쳐 일상생활 또는 사회생활에 상당한 제약을 받는 자를 말한다.

---

19) 「장애인복지법」은 1981년에 제정된 「심신장애자복지법」을 전면 개정하여 1989년에 시행되었다. 법률 제4179호 1989.12.30. 전부개정.
20) 「심신장애자복지법」 법률 제3452호, 1981.6.5. 제정. 제2조(정의) 이 법에서 "심신장애자"라 함은 지체불자유, 시각장애, 청각장애, 음성·언어기능장애 또는 정신박약 등 정신적 결함(이하 "심신장애"라 한다)으로 인하여 장기간에 걸쳐 일상생활 또는 사회생활에 상당한 제약을 받는 자로서 대통령령으로 정하는 기준에 해당하는 자를 말한다.

② 이 법의 적용을 받는 장애인은 제1항의 규정에 의한 장애인중 다음 각
호의 1에 해당하는 장애를 가진 자로서 대통령령이 정하는 장애의 종류
및 기준에 해당하는 자를 말한다.
1. 신체적 장애라 함은 주요 외부 신체 기능의 장애, 내부기관의 장애 등
을 말한다.
2. 정신적 장애라 함은 정신지체 또는 정신적 질환으로 발생하는 장애를
말한다.

이 개념 정의는 이후 일부 표현만[21] 수정되어 현재까지 유지되고
있다. 이러한 정의에는 적지 않은 문제가 있다. 그 중 으뜸은 장애를
'손상'과 구별하지 않고 있는 것이다. UN 장애인권리위원회는 장애
인권리협약에 관한 우리나라 정부의 제1차 보고서에 대해서 몇 가지
우려를 표시하고 권고를 했는데, 그 중 하나가 「장애인복지법」의 장
애등급판정제도에 관한 것이었다. 이 위원회는 장애등급판정제도가
"서비스 제공에 있어서 의료적 평가에만 의존하고 있고, 장애인의
다양한 요구를 고려하거나 정신장애인을 포함한 모든 유형의 장애
인을 아우르지 못하는"[22] 문제점을 지적했다.
장애인에 대한 차별을 없애기 위한 장애계의 오랜 입법 청원은
2007년에 「장애인차별금지 및 권리구제 등에 관한 법률」(이하에서는
'장애인차별금지법'으로 약칭)[23] 제정으로 결실을 맺었다. 이 법에서
채택한 장애인의 정의는 「장애인복지법」의 정의와 크게 다르지 않으

---

21) 제1항의 "장기간에 걸쳐"가 "오랫동안"으로, 제2항 2호의 "정신지체"가 "발
달장애"로 "정신적 질환"은 "정신 질환"으로 바뀌었다.
22) UN 장애인권리위원회, 보건복지부 역, 유엔 장애인권리협약 제1차 국가보
고서에 대한 장애인권리위원회의 최종 견해, 2014, Ⅲ. A. 8.
23) 법률 제8341호, 2007.4.10. 제정. 이 법률은 2008년 4월부터 시행되었고 다른
법률의 개정과 일부 개정에 따라 11차례 개정되었다. 가장 최근 개정은 법
률 제13978호 2016.2.3. 개정이다.

나 장애를 손상과는 구별하고 있다. 이 법의 제2조는 장애와 장애인을 다음과 같이 정의한다:

① 이 법에서 금지하는 차별행위의 사유가 되는 장애라 함은 신체적·정신적 손상 또는 기능상실이 장기간에 걸쳐 개인의 일상 또는 사회생활에 상당한 제약을 초래하는 상태를 말한다.
② 장애인이라 함은 제1항에 따른 장애가 있는 사람을 말한다.

2. 장애 개념의 해석과 미국장애인법

장애를 이유로 한 차별에 법적 구제를 받기 위해서는 법률이 정한 요건을 충족하는 장애인이어야 한다. 따라서 장애와 장애인의 개념을 법률이 어떻게 정의하느냐는 매우 중요하다. 우리나라 법률의 관련 규정은 1990년에 제정된 「장애를 가진 미국인법」(Americans with Disabilities Act; 이하에서는 미국장애인법 혹은 ADA로 약칭)[24)]이 채택한 개념을 모델로 했다.

미국장애인법에서는 장애를 세 가지 유형으로 정의한다: 하나는 현재의 장애, 또 하나는 과거의 장애,[25)] 나머지는 추측 혹은 오인된 장애[26)]이다. 뒤의 두 유형은 현재 장애가 없는 경우이므로 의료적 모델에 따르면 장애가 아니다. 하지만 ADA는 사회적 모델에 입각하여 이 두 유형까지를 포함했다. 즉, 과거에 장애가 있었다는 이유나 장애가 있다고 추측하거나 오인하여 발생하는 장애차별까지도 ADA는 막아보려고 한다. 우리나라 장애인차별금지법은 ADA와 형식을 달리하여, 과거의 장애와 추측이나 오인에 의한 장애를 '차별금지'라

---

24) Americans with Disabilities Act of 1990, Public Law 101-336.
25) "a record of such an impairment" 42 U.S.C. § 12102(1)(B).
26) "being regarded as having such an impairment" 42 U.S.C. § 12102(1)(C).

는 부분에 따로 정의하고 있으나 내용은 미국법과 거의 같다. ADA는 현재의 장애를 "하나 이상의 주요한 일상 활동을 실질적으로 제한하는 신체적 또는 정신적 손상"으로 정의하고 있다.[27]

장애인차별금지법의 장애 개념을 정확히 이해하기 위해서는 이 개념 정의에 사용된 주요 용어들의 의미를 파악해야 한다. 우리법의 모델인 ADA에서 사용된 이러한 용어들의 의미는 미국 정부기관의 공식 해석지침이나 판례를 통해 알 수 있다. 미국에는 ADA의 시행을 총괄하는 단일한 부서는 존재하지 않고 여러 부서가 각자의 업무와 관련하여 시행을 맡고 있다. 이들 중 고용과 관련된 차별을 담당하는 연방정부기관인 고용기회평등위원회(Equal Employment Opportunity Commission, 약칭 EEOC)가 제공하는 해석지침(Interpretive Guideline)은 미국장애인법의 이해는 물론이고 우리 장애인차별금지법의 운용에도 매우 유용하다. 이 지침은 장애 개념에서 중심 용어인 "신체적 손상과 정신적 손상"을 아래와 같이 설명하고 있다:

(1) 신체적 손상은 생리학적 이상이나 상태, 미용상 훼손 혹은 해부학적 상실로 다음과 같은 육체 조직이나 기능의 하나 이상에 영향을 주는 모든 것을 의미한다: 신경계, 근육과 골격, 특별 감각기관, 호흡(발성 포함)기관, 심장혈관계, 생식계, 소화기관, 비뇨기관, 면역체계, 순환계, 혈관계, 임파계, 피부, 내분비선;

(2) 정신적 손상은 지적장애(종래의 "정신지체"), 기질성 뇌증후군, 정서 장애 혹은 정신 질환, 특수한 학습장애와 같은 모든 정신적 혹은 심리적 이상을 의미한다.[28]

---

27) "a physical or mental impairment that substantially limits one or more major life activities of such individual" 42 U.S.C. § 12102(1)(A).

28) 29 C.F.R. § 1630.2(h).

장애인차별금지법 제2조에 규정된 '기능상실'도 해석의 여지가 많은 용어이다. 즉, 어떤 기능을 상실한 경우에 장애인차별금지법상 장애인이 되는지 여부를 판단해야 한다. 이 점에 관해서는 미국장애인법 2008년 개정시에 추가된 주요한 신체 기능(major bodily functions)에 관한 조항을 참고할 수 있다:

> 이 법에서 말하는 주요한 일상활동은 주요한 신체 기능의 작동도 포함하며, 이것은 면역체계의 기능, 세포의 정상적 성장, 그리고 소화, 내장, 방광, 신경, 뇌, 호흡, 혈액순환, 내분비선, 재생산(임신)기관의 기능을 의미하는데 여기에 열거된 것에만 한정되지 않는다.[29]

미국장애인법의 위 조항은 신체적으로 어떤 기능이 상실되면 장애인으로 간주되는지를 판단함에 있어 하나의 예시 조항이다. 즉, 여기에 열거되지 않은 기능들도 장애판정에 고려되어야 하는 것이 입법 의도이다. 정신적 기능 상실과 관련해서는 뇌기능이나 신경기능의 작동에 수반되는 경우가 많을 것이다.

장애인차별금지법 제2조의 해석에 있어 또 하나의 주요한 용어는 "개인의 일상 또는 사회생활"이다. 어떤 손상이나 기능상실이 있더라도 그것으로 인하여 개인의 일상 또는 사회생활에 제한을 초래하지 않는다면 장애인차별금지법상의 장애인으로 간주되지 않기 때문이다. 미국장애인법이 시행된 후, "주요한 일상활동"이 구체적으로 무엇을 의미하는지에 관한 논란이 소송으로 비화된 경우가 종종 있었다. 장애인법의 해석과 적용에 소극적 태도를 지녔던 연방대법원은 주요한 일상활동의 범위를 좁게 해석했다. 그래서 2008년의 미국장애인법 개정법률(Americans with Disabilities Act Amendments Act of 2008,

---

29) 42 U.S.C. § 12102(2)(B).

약칭 ADAAA)[30]은 주요한 일상활동이 무엇인지를 구체적으로 정의하는 명문 규정을 신설했고 그 내용은 다음과 같다:

> 주요한 일상활동은 자신을 돌보는 것, 손을 자유롭게 사용하는 것, 보는 것, 듣는 것, 먹는 것, 자는 것, 걷는 것, 서 있는 것, 물건을 드는 것, 몸을 굽히는 것, 말하는 것, 숨 쉬는 것, 배우는 것, 읽는 것, 집중하는 것, 생각하는 것, 의사소통하는 것, 일하는 것을 포함하는데 이 예들에만 국한되는 것은 아니다.[31]

장애인차별금지법상 장애의 정의가 "장기간에 걸쳐"라는 표현을 포함하고 있기 때문에 이 또한 해석을 필요로 한다. 손상이나 기능상실에 따른 일상생활의 제한이 잠깐 동안만 발생한 경우에는 장애인차별금지법을 적용하지 않으려는 의도로 이러한 조건을 부가했다고 볼 수 있다. 그러면 어느 정도의 시간이 여기서 의미하는 '장기간'인가? 장애인차별금지법의 적용범위를 확대하고자 하는 이들은 장기간을 비교적 짧은 기간으로 이해하려 할 것이고, 그 반대 입장을 가진 이들은 아주 긴 기간 지속되는 경우에만 장애인차별금지법상의 장애인으로 인정하려 할 것이다. 1990년에 미국장애인법은 장애를 정의할 때, 의도적으로 '장애의 지속기간'에 관한 언급을 피했다. 그 이유는 장애를 의학적 모델이 아닌 사회적 모델에 따라 판단하고 장애개념과 차별행위를 개별적으로(case by case) 평가하기 위함이었다.

하지만 2008년 개정 미국장애인법(ADAAA)은 이 점에서 다소 후퇴했다. 즉, "실제 또는 예상 지속 기간이 6개월이내(an actual or expected duration of 6 months or less)"[32]라는 표현을 첨가한 것이다. 미국장애인

---

30) Americans with Disabilities Act Amendments Act of 2008, Public Law 110-325.
31) 42 U.S.C. §12102(2)(A).
32) 42 U.S.C. § 12102(3)(B).

법상 이 조항은 '장애가 있다고 추측됨(being regarded as having such an impairment)을 이유로 한' 차별에만 적용되는 기간이기 때문에 장애의 일반적 정의에 적용하는 것은 옳지 않다. 그리고 장애인차별금지법 상 장기간이란 의미는 '일시적이 아닌' 이라는 의미로 이해되어야지 단기간의 반대말로 해석되어서는 아니 된다. 따라서 구체적 기간은 사안별로 달리 판단하는 것이 장애인차별금지법의 입법 목적에 부합한다.

마지막으로 장애인차별금지법 제2조의 "상당한 제약"[33]이라는 표현에서 '상당한' 정도를 어떻게 이해하는가도 중요하다. 이 표현 역시 ADA가 사용한 것("substantially limits")이기 때문에 미국의 해석이 유용한 지침이 된다. 손상이나 기능상실로 인한 일상생활의 제한이나 불편이 경미한 경우에는 법적용을 배제하기 위해서 이러한 표현을 사용한 것으로 보인다. 하지만 이 표현을 엄격하게 해석·적용하면, 장애인차별금지법의 입법 취지가 무색해질 수 있다. 미국 고용기회평등위원회(EEOC)는 "일반 인구 중 평균인이 수행할 수 있는 주요한 일상생활을 할 수 없는"[34] 경우에 실질적 제한이 있다고 해석한다.

'실질적 제한'의 판단에서 '장애에 따른 제한을 교정하거나 완화하는 기구나 수단(mitigating measures)'의 사용 여부와 그 개선효과가 미국에서 논란이 되었다. 즉, 약물 복용, 의수족, 보청기 등의 사용으로 손상이나 기능상실에 따른 제한을 감소 또는 제거하면 실질적 제

---

33) 미국 장애관련 법률들이 사용한 "substantially limits"를 우리나라 법률에서는 "상당한 제약"으로 번역해 사용하고 있다. 하지만 필자(김재원)는 이것이 부적절한 번역이라고 생각한다. 제약보다는 제한이 더 정확한 번역이고, substantially는 형식적 혹은 명목상이 아니라 '실질적 혹은 실제로'라는 의미로 사용된 것이다. '상당히'라고 번역하면, '심각하게' 혹은 '정도가 심하게' 라는 뜻으로 이해되기 때문에 미국법의 입법 의도와 다르고, 많은 장애인을 법적용 대상에서 배제하게 된다.

34) 29 C.F.R. § 1630.2(j)(1).

한이 없다고 간주하여 미국장애인법의 적용 대상이 아니라는 주장이 제기되었다.[35] 아래 판결들에서 보듯이, 연방대법원은 이러한 수단이나 기구를 사용한 후에 실질적 제한이 있는지를 판단해야 한다는 입장을 취했다. 하지만 2008년 개정된 미국장애인법은 대법원의 이런 입장을 번복했다. 개정된 법은 이러한 수단이나 기구의 사용을 고려하지 않고 실질적 제한 여부를 판단해야 한다고 명시했다. 다만 시력교정용 일반 안경이나 콘택트렌즈는 예외로 해서, 안경이나 렌즈 착용 후 일상생활에 지장이 없으면 실질적 제한이 없는 것으로 입법화했다.[36]

3. 개념 정의를 둘러싼 미국의 소송 사례

미국장애인법의 입법을 주도한 이들은 장애의 개념을 넓게 이해하며 차별행위의 금지에 초점을 맞추었다. 이러한 입장은 과거 경험에 의해 형성되었다. 미국장애인법상 장애의 정의는 1973년의 재활법(the Rehabilitation Act of 1973)상 정의를 그대로 따랐다. 재활법 시행 후 거의 20여 년 동안 장애 개념을 광의로 이해하는 관행이 정착되었다. 재활법 시행을 담당한 정부기관이나 관련 사건을 다룬 법원은 물론이고, 재활법 위반으로 소송을 당한 피고들조차도 장애 개념을 넓게 이해하고 있었다.[37]

그러나 이러한 태도가 미국장애인법 제정 이후에 바뀌었다. 인종이나 성별을 이유로 차별 당했다고 제기된 소송에서 피고측은 원고가

---

35) *Sutton v. United Airlines, Inc.*, 527 U.S. 471 (1999) 참조.

36) 42 U.S.C. § 12102(4)(E).

37) Chai Feldblum, "Definition of Disability Under the Federal Anti-Discrimination Law: What Happened? Why? And What Can We Do About It?", 21 *Berkeley J. Emp. & Lab. L.* 91, 92 (2000).

"진짜로 흑인인지(really black)" 혹은 "정말로 여성인지(really a woman)"를 문제 삼지 않았었다. 그런데 1990년부터 장애를 이유로 한 차별 사건에서 미국 법원들은 종종 해당 사건의 피고가 원고에게 한 행위가 법에서 금지하는 차별행위에 해당하는 지에 초점을 두지 않았다. 초점은 오히려 원고가 "진짜 장애인(the truly disabled)"인지에 두었다.[38]

바젠스토스(Samuel R. Bagenstos)는 이러한 변화에 특히 천착했다. 장애 개념을 좁게 해석하여 '진짜 장애인'이라고 판단되는 사람에게만 장애인법을 적용하려는 법원의 태도를 그는 법률 제정 시의 타협 때문으로 본다. 입법과정에서 미국장애인법은 장애인 고용이나 적절한 조치 제공에 비용이 많이 들 것을 우려하는 기업과 경제계의 반발에 직면했었다. 이러한 난관을 극복하고 입법을 성사시키기 위해 여러 가지 타협이 이루어졌다. 그 중 하나는 미국장애인법의 제안 당시 원안에는 없던 "실질적으로 제한하는(substantially limits)" 구절이 추가된 것이다.[39]

미국 연방대법원은 '실질적으로 제한하는'의 의미 해석에 초점을 맞춘 판결을 통해 이 점에 관해 이견이 있던 하급심 법원들에게 분명한 메시지를 전달했다. 대표적 판결은 도요타 자동차 사건[40]이다. 자동차 조립라인에서 일하던 이 사건의 원고는 손목 관절의 통증 등으로 계속 작업하는 것이 어렵게 되었다. 그래서 미국장애인법에 규정된 적절한 조치(reasonable accommodation)를 회사에 요청했으나 거절당했다. 장애 차별을 이유로 원고가 제기한 소송은 1심에는 패소하고 2심에서는 승소했다. 이 사건에서 연방대법원은 미국장애인법

---

38) Samuel R. Bagentos, Law and the Contradictions of the Disability Rights Movement, Yale University Press, 2009, p.38.
39) Bagentos, 위의 책, 51면.
40) Toyota Motor Manufacturing, Kentucky, Inc. v. Williams, 534 U.S. 184 (2002).

상의 두 용어인 "주요한 일상활동(major life activity)"과 "실질적으로 제한하는(substantially limits)"에서 어떤 것이 '주요한' 것이고 어느 정도가 '실질적으로' 인지를 영어사전들의 용례까지 언급하며 상세히 검토했다. 그리고 연방대법원은 2심 판결의 근거가 옳지 않다고 지적하며 사건을 파기 환송했다. 이런 결정의 근거는 손목 통증 때문에 할 수 없는 조립라인 작업이 미국장애인법에서 말하는 주요한 일상활동이 아니라는 것이었다.[41]

써튼[42] 사건에서도 당사자가 미국장애인법상 장애인이 맞는지 아닌지가 쟁점이었다. 원고들은 한 쪽 시력이 매우 나쁜 쌍둥이 자매로 이들은 항공사인 피고회사에 비행기 조종사로 지원하였다. 이들의 비교정 시력은 20/200 이하였지만 교정시력은 시력 손상이 없는 사람들과 거의 같았다. 그러나 피고회사는 최저 시력 요건인 비교정 시력 20/100 이상을 충족하지 못했다는 이유로 원고들의 취업을 거부했다. ADA에 근거하여 원고들이 피고 회사를 상대로 제기한 소송에서 연방대법원은 원고가 ADA 적용을 받는 장애인이 아니라는 판단을 내렸다. 그 이유는 장애 여부의 판단은 손상을 교정하는 기구나 수단을 사용한 후의 개선효과를 고려하여 판단해야 한다는 것이었다.[43] 또한 원고들이 취업을 원하는 유나이트 항공 같이 국제노선을 운항하는 대형 상업항공사에서 취업을 못하더라도 근거리를 운항하는 지역 항공사에는 근무하거나 조종사훈련 교관 등으로 일 수 있다는 이유로 그들의 시력은 그들이 하려는 일을 '실질적으로 제한'하지 않는다고 결정했다.[44]

앞서 언급했듯이, 2008년에 개정된 미국장애인법(ADAAA)은 위와

41) 위 판결, 202면.
42) Sutton v. United Air Lines, Inc. 527 U.S. 471 (1999).
43) 위 판결, 488면.
44) 위 판결, 493면.

같은 연방대법원의 판결을 명시적으로 번복했다. 하지만 그 후에도 장애인의 개념을 넓게 정의한 연방대법원 판결이 나오지 않고 있다. 바젠스토스는 이 점을 특히 우려한다. 법률 개정을 통해 장애 개념의 정의를 확대한 것은 올바른 것이었다. 하지만 타협을 통해 이루어진 현재의 장애 정의를 법률에 두는 한, 향후에도 법원은 차별행위 존재 여부보다는 장애인의 판정에 더 초점을 두는 재판을 할 위험이 여전히 있다.[45] 이 점은 미국법을 모델로 한 한국법의 운영에서도 심히 우려된다.

4. 국가인권위원회법의 장애 개념

장애인차별금지법 제9조는 "장애를 사유로 한 차별의 금지 및 권리구제에 관하여 이 법에서 규정한 것 외에는「국가인권위원회법」[46]으로 정하는 바에 따른다."라는 규정한다. 그리고 같은 법 제38조는 장애를 이유로 한 피해의 구제를 위해 국가인권위원회에 진정을 할 수 있도록 했다. 국가인권위원회법 제2조 4호는 장애를 "신체적·정신적·사회적 요인으로 장기간에 걸쳐 일상생활 또는 사회생활에 상당한 제약을 받는 상태"로 정의하고 있다. 장애인차별금지법과 같이 "장기간에 걸쳐"라는 표현이 여기에도 사용된 것은 아쉽지만, "사회적 요인"이 추가된 것은 장애관련 다른 법률들보다 진일보한 개념 정의로 평가할 수 있다.

5. 유엔 장애인권리협약의 장애 개념

2007년 12월에 우리나라는 유엔이 제정한 「장애인의 권리에 관한

---

45) Bagentos, 주 38, 44-45면.
46) 법률 제14028호, 2016.2.3. 일부개정.

협약」(Convention on the Rights of Persons with Disabilities, 약칭 CRPD)에 가
입했다. 이 조약에서는 장애의 개념을 "진화하는 개념(evolving concept)"
으로 이해하고 있다. CRPD는 동등한 사회적 기반에 있는 사람들 사
이에서의 충분하고 효과적인 사회적 참여를 저해하는 사고방식의
장벽이나 환경적 장벽의 존재, 그리고 비장애인과 정신적·신체적 장
애를 지닌 사람들 사이의 상호작용(interaction)에 의해 장애가 발생한
다고 본다.[47] 이러한 이해는 향후 우리나라 장애인법의 개정시에 참
고할 필요가 있다.

6. 호주 장애인차별금지법의 장애 개념

1992년에 제정된 호주의 장애차별금지법(Disability Discrimination Act
1992, 약칭 DDA)은 미국장애인법보다 더 넓게 장애를 정의한다. DDA
제4절에 규정된 장애의 정의는 현재 존재하거나, 이전에 존재하였거
나, 미래에 발생할 수 있거나, 사람에게 전이된 a) 사람의 신체적 또
는 정신적 기능에 대한 전손실 또는 부분손실, b) 신체의 일부에 대
한 전손실 또는 부분손실, c) 질병, 질환을 유발하는 신체 조직의 존
재, d) 질병, 질환을 유발할 수 있는 신체 조직의 존재, e) 신체 부분
의 기능 부전, 기형 또는 상처, f) 장애나 기능 부전 중 그것을 가진
자와 없는 자를 다르게 인식하도록 유발하는 것, g) 사람의 사고 과
정, 현실 인식, 감정 혹은 판단 또는 그로 인한 정신장애행동에 영향
을 주는 장애, 질병 또는 질환을 포함한다고 규정되어 있다.[48] 이처

---

47) UN 장애인권리협약의 전문(Preamble)에 있는 표현으로 원문은 다음과 같다:
　　(e) Recognizing that disability is an <u>evolving concept and that disability results from</u>
　　　　<u>the interaction between persons with impairments and attitudinal and</u>
　　　　<u>environmental barriers</u> that hinder their full and effective participation in society
　　　　on an equal basis with others. (밑줄 강조는 필자)
48) http://www.and.org.au/pages/what-is-a-disability.html(최종접속일 2016. 3. 31.).

럼 폭 넓고 상세한 장애 정의는 분쟁 소지를 줄이고 장애인을 다양한 차별행위로부터 더 잘 보호할 수 있게 한다. 미래에 발생할 수 있는 장애, 예를 들면, 가족력이 있는 사람의 차별까지 포함시킨 입법례는 우리나라도 반드시 참고해야 한다.

Ⅳ. 장애 차별의 특성

콜커(Ruth Colker)는 장애인에 대한 차별은 "대부분의 경우에 무관심과 부주의 때문에 발생한다"고 보며 아래와 같이 장애 차별의 특성을 서술하고 있다:[49]

인종차별은 비이성적이고 적대적인 감정에 종종 기반하고 있다. 장애 차별도 때로는 적개심에서 발생할 수 있지만, 다음과 같은 다른 요소들에서 기인하는 경우가 더 많다:

첫째로, "장애가 없는(able-bodied)" 사회 구성원들은 장애인이 주변에 있으면 당황하고 불편해하며 어떻게 장애인을 대해야 하는지 모른다. 특정 장애인에게 실제로 혐오감을 갖는 비장애인들도 있다. 이러한 감정들 때문에 비장애인들이 장애인을 다르게 처우하는 경우가 생긴다.

둘째로, 비장애인들은 장애인에게 연민의 정을 느끼며 보호해 주어야겠다고 생각하는 경우가 많다. 따라서 장애인의 능력에 관해 비장애인이 갖는 근거 없는 고정관념에 따라 후견적인 태도로 장애인을 대하게 된다. 동정심에서 장애인을 다르게 대하는 이타적인 후견주의는 장애를 가진 사람들에 대한 존중이 결여되어 있고 그들의 존엄성을 인식하지 못하는 것이다. 푸시킨[50] 사건에서 법원은 장애인에 대한 차별이 "도움의 손길을 건네는 모습으로 종종 나타나거나 [장애를 가진] 그들의 능력에 대

---

49) Colker, R., Federal Disability Law, 5th ed., West, 2016, pp. 2-3.
50) Pushkin v. Regents of the University of Colorado, 658 F.2d 1372 (10th Cir. 1981).

한 잘못된 믿음에서 비롯된다"고 보았다.

셋째로, 미국 사회는 장애가 있는 상태에 대해 불쾌한 낙인을 찍어왔
다. 많은 미국인들은 장애를 부정적이고 탐탁스럽지 않은 것으로 간주하
여 어떤 이가 장애를 갖게 되면 그를 불리하게 대우한다.

1. 장애 차별의 입법례

장애인차별금지법 제4조는 이 법률에서 금지하는 차별행위의 유
형을 나열하고 있다. 여기에는 "장애를 사유로 정당한 사유 없이 제
한·배제·분리·거부 등에 의하여 불리하게 대하는 경우"인 직접차별
은 물론이고, '정당한 편의 제공 거부'를 포함한 간접차별, 광고에 의
한 차별, 장애인 관련자와 보조견 및 장애인보조기구 등에 대한 차
별행위까지 규정하고 있다. 이러한 포괄적 규정은 미국장애인법을
모델로 하면서, 광고에 의한 차별 등을 추가함으로써 진일보했다고
평가할 수 있다. 하지만 아래와 같은 호주 연방장애차별금지법은 훨
씬 진전된 입법규정이라고 여겨진다. 호주 장애차별금지법은 직접
적 차별과 간접차별을 아래와 같이 정의한다:[51]

제5조 직접차별(Direct Disability Discrimination)
(1) 이 법의 목적에 있어서, 만약 한 사람(차별 가해자)이 장애를 이유로 다
   른 사람(차별 피해자)을 크게 다르지 않은(not materially different) 상황에
   있는 장애가 없는 사람보다 덜 호의적으로 처우하거나 처우하도록 하
   면 차별 가해자가 차별 피해자를 장애를 근거로 차별하는 것이다.
(2) 이 법의 목적에 있어서, 다음의 경우에도 한 사람(차별 가해자)이 다른
   사람(차별 피해자)을 장애를 근거로 차별하는 것이다:

---

51) https://www.legislation.gov.au/Details/C2015C00252/Html/Text#_Toc422301340(최종접
   속일 2016.3.31.).

(a) 차별 가해자가 그 사람(차별 피해자)을 위해 적절한 편의(reasonable adjustment)를 제공하지 않거나 않도록 하는 경우; 그리고

(b) 적절한 편의를 제공하지 않음으로 해서 차별 피해자가 크게 다르지 않은 상황에 있는 장애가 없는 사람보다 덜 호의적으로 처우 받는 결과를 가져오거나 올 수 있는 경우

(3) 이 섹션의 목적에 있어서, 차별 피해자가 장애 때문에 적절한 편의 제공을 요구한다는 사실은 크게 다르지 않은 상황이다.

제6조 간접차별(Indirect Disability Discrimination)

(1) 이 법의 목적에 있어서, 다음의 경우 한 사람(차별 가해자)이 다른 사람(차별 피해자)을 장애를 근거로 차별하는 것이다:

(a) 차별 가해자가 차별 피해자에게 어떤 요구나 조건에 따를 것을 요구하거나 요구하도록 하나;

(b) 장애로 인해서, 차별 피해자가 그 요구나 조건에 따르거나 따르려고 하지 않고, 혹은 따르거나 따르려는 것이 불가능하고;

(c) 그 요구나 조건이 장애를 가진 사람에게 불리한 효과를 갖거나 가질 수 있는 경우.

(2) 이 법의 목적에 있어서, 다음의 경우 한 사람(차별 가해자)은 또한 다른 한 사람(차별 피해자)을 장애를 근거로 차별하는 것이다 :

(a) 차별 가해자가 어떤 요구나 조건에 따를 것을 차별 피해자에게 요구하거나 요구하려 의도하는 경우 ; 그리고

(b) 장애로 인해서, 차별 피해자가 그 요구나 조건을 따르거나 따를 수 있으려면 적절한 편의가 반드시 제공되어야 함에도 차별 가해자가 그렇게 하지 않거나 않도록 하며;

(c) 적절한 편의를 제공하지 않는 것이 장애를 가진 사람을 불리하게 하는 결과를 가져 오거나 그럴 가능성이 있는 경우

(3) 만약 문제가 된 상황에서 그러한 요구나 조건이 적절하다면, (1) 또는

　(2)항은 적용하지 않는다.

⑷ (3)항과 관련하여 문제된 상황에서 그러한 요구나 조건이 적절하다는
　입증책임은 장애를 가진 사람에게 그 요구 또는 조건을 요구하거나 요
　구하도록 한 사람에게 있다.

　호주의 입법례는 미국이나 한국의 경우보다 장애인의 차별피해
를 구제하는데 용이한 방식을 취하고 있다. 따라서 장애인차별금지
법 개정 시에 참고할 가치가 크다.

2. 장애차별에 관한 국내 사례

　헌법재판소는 차별의 심사기준을 적용함에 있어서 엄격한 심사
척도와 완화된 심사척도를 제시하고 있다. 이 중 헌법재판소가 엄격
한 심사척도를 적용하는 경우는 헌법에 차별의 기준이 명시되어 있
거나, 차별을 해서는 아니 되는 영역을 제시하는 경우이다.[52] 장애인
차별금지법 등을 가진 우리나라 법제에서 장애는 차별해서는 아니
되는 영역 중 하나임은 이론이 없다. 국가인권위원회가 2012년 1월
발표한 "2012-2016 국가인권정책 기본계획(NAP) 권고안"은 사회적 약
자 및 취약계층의 인권보호 관련하여 장애인의 인권보호를 가장 먼
저 다루고 있다.[53] 보건복지부도 2015년 12월 17일 장애인 정책전문
가로 구성된 장애인정책자문단을 발족한 바 있다.[54] 여성가족부는

---

52) 김해원, 일반적 평등원칙의 구체적 적용－제대군인지원에 관한 법률 제8
　조 제1항 등 위헌확인 사건(헌재 1999. 12. 23. 98헌마363 전원재판부)을 중
　심으로－, 한양법학, 한양법학회, 제25권 제1집(통권 제45권), 2014. 2., 232면.
53) 국가인권위원회, 2012-2016 국가인권정책 기본계획(NAP) 권고안, 국무총리
　실(2012. 1. 3.).
54) 보건복지부, "복지부, 장애인 정책, 전문가의견수렴 강화한다", 보건복지부
　보도자료, 2012. 12. 17.

2010년 4월부터 '여성장애인 어울림센터'를 개소하여 장애여성의 생애주기별 다양한 고충상담지원, 정보제공, 사례관리, 역량강화, 지역사회 연계서비스, 멘토링 지원을 실시하고 있다.[55] 이러한 상황을 종합해 볼 때, 장애를 이유로 한 차별은 완화된 심사척도가 아닌 엄격한 심사척도의 심사기준에 따라 심사가 이루어져야 할 것이다. 아래에서는 국가인권위원회의 "2012-2016 국가인권 기본계획(NAP)권고안"에서 강조하는 영역[56]을 중심으로 장애차별에 관한 국가인권위원의 결정과 법원의 판결을 살펴본다.

가. 교육권[57] 관련 차별

「교육기본법」[58] 제4조 1항은 "모든 국민은 성별, 종교, 신념, 인종, 사회적 신분, 경제적 지위 또는 신체적 조건 등을 이유로 교육에서 차별을 받지 아니 한다."고 규정하고, 제12조는 학습자의 인권 존중을 명시하고 있다. 그리고 제18조에서는 "국가와 지방자치단체는 신체적·정신적·지적 장애 등으로 특별한 교육적 배려가 필요한 자를 위한 학교를 설립·경영하여야 하며, 이들의 교육을 지원하기 위하여 필요한 시책을 수립·실시하여야 한다."고 규정한다.[59]

---

55) KTV 국민방송, "'여성장애인 어울림센터' 본격 운영", 2010. 4. 15. http://www.ktv.go.kr/content/view?content_id=334892(최종접속일 2016. 3. 31.)

56) 국가인권위원회, 주 53 참조.

57) 후술하는 장애인의 이동권에 관한 창원지방법원 2008. 4. 23. 선고 2007가단 27413 판결은 장애인에게도 양질의 교육기회를 제공받을 의무가 있음을 역시 명시하고 있다.

58) 법률 제5437호, 1997.12.13. 제정; 법률 제13003호, 2015.1.20. 일부개정.

59) 교육부는 2012년 11월 2일 "제3회 장애인 고등교육 정책포럼"을 "장애인 대학입학제도 개선방안"이라는 주제 하에 개최하여 장애인 특별전형 현황과 개선방안, 장애인 일반전형 대학입시현황과 개선방향, 다양한 특성의 장애학생 선발현황과 개선방안에 대하여 토론의 장을 마련한 바 있다.

또한 장애인차별금지법 제13조 제4항은 "교육책임자는 특정 수업이나 실험·실습, 현장견학, 수학여행 등 학습을 포함한 모든 교내외 활동에서 장애를 이유로 장애인의 참여를 제한, 배제, 거부하여서는 아니 된다."고 규정하고 있으며, 「학교폭력예방 및 대책에 관한 법률」[60] 제16조의2는 "누구든지 장애 등을 이유로 장애학생에 학교폭력을 행사하여서는 아니 된다."라는 별도의 보호규정을 마련하고 있다.

(1) 교육의 기회균등(대법원 2015. 8. 27. 선고 2012다95134 판결):

「교육기본법」, 「장애인차별금지 및 권리구제 등에 관한 법률」 제13조 제4항 , 「학교폭력예방 및 대책에 관한 법률」 제16조의2 의 규정 내용과 입법 취지 등에 비추어 보면, 학교의 장이나 교사는 교육 과정에서 학생의 기본적 인권을 존중하고 보호할 의무가 있고, 특히 장애학생에 대한 관계에서는 학교에서의 교육활동 및 이와 밀접불가분의 관계에 있는 생활관계에서 장애로 인한 차별을 겪지 않도록 교육적 배려를 할 의무가 있다는 취지로 대법원은 판시하고 있다.

위 포럼의 강연에서 기조강연자 및 주제발표자는 "장애인 대학입학제도의 개선방안"은 "장애학생의 입학·재학·졸업 및 사회진출의 전 과정을 연계하여 논의하여야 하며, 특히 적절한 입학 지원, 대학생활 예비교육 및 입학 후의 학교생활 지원 등을 통해 장애학생의 고등교육 접근성이 보장될 수 있다"고 강조하였다. 한편, "제2회 고등교육 정책포럼"에서 제안된 장애인 고등교육 발전방안(장애학생 고등교육 접근성 강화, 장애친화적 인프라 구축, 장애학생 취업지원체계 구축, 장애학생 고등교육 질 관리 시스템 구축) 중에서, 장애인 고등교육 접근성 강화를 위해 중요한 장애인 대학입학제도의 현황을 점검하였다. 이와 같은 장애인의 고등교육을 받을 권리에 대한 정책적 방향은 고등교육에 대한 접근성의 보장을 넘어서서 고등교육을 이수한 장애인들의 실질적인 취업지원에까지 연계되어 있는 바, 장애인의 교육권에 대한 접근권, 특히 고등교육에 관한 접근권의 보장은 장애인의 사회경제적 기본권을 보장하기 위한 중요한 정책적 함의가 있다.

60) 법률 제7119호, 2004.1.29. 제정; 법률 제13576호, 2015.12.22. 일부 개정.

(2) 수강신청 거부(국가인권위원회 장애인차별위원회 14진정0870400
   결정)

피진정인은 진정인이 청각장애로 개별지도가 어렵다는 사유로
진정인인 청각장애인의 수강신청을 거절하였다. 진정인인 장애인은
개별지도를 요청한 사실이 없으며, 피진정인이 진정인에 대한 교육
과정 이수 능력이나 의사소통 능력에 대한 평가 등을 통하여 진정인
에게 필요한 정당한 편의가 무엇인지에 대한 고려를 하지 않고, 진
정인이 청각장애로 수업 진도를 따라가기 어렵다거나 개별지도를
해야 한다 등의 이유로 진정인의 수강신청 거절하였다.

이 사건 직업전문학교는 「근로자직업능력개발법」 및 「직업교육촉
진법」에 근거한 실업자와 재직자의 직업능력향상을 위한 직업훈련
기관으로서 장애인차별금지법 제3조 6호의 교육기관에 해당한다. 따
라서 같은 법 제13조 제1항과 제14조 제1항 제4호에 의하여 교육책임
자는 시·청각 장애인의 교육에 필요한 수화통역, 문자통역(속기) 등
의 의사소통 수단을 제공하여야 하고, 장애인의 입학을 거부할 수
없다. 그럼에도 불구하고, 이 사건 직업전문학교의 교육책임자는 청
각장애인의 수강신청을 장애인에 대한 정당한 편의를 고려하지 않
고 수강신청을 거절하였으므로, 피진정인이 진정인의 수강신청을 거
절한 행위는 장애인차별금지법 제13조 제1항을 위반하여 교육시설
이나 직업훈련기관이 정당한 사유 없이 장애인의 교육·훈련을 위한
입학을 거부한 차별행위에 해당한다고 결정했다.

이 사례는 직업훈련기관의 청각장애인 차별에 관한 사례로서 장
애인에 대한 수강신청을 거절하기 위하여 사실자체를 왜곡하거나
편의제공을 위한 최선의 노력 없이 편견에 기초한 사유를 들어 장애
인을 차별한 사례이다. 이와 같은 직업훈련기관의 차별은 결국 장애
인의 교육권뿐만 아니라 더 나아가 장애인의 인간다운 생활을 할 권
리의 보장과 직업의 자유를 간접적으로 침해할 위험까지 내포하고

있다는 점에서 큰 우려를 낳는 사례이다.

나. 노동기회에 있어 차별

(1) 색각이상자의 채용 거부(국가인권위원회 차별시정위원회 04진차119 결정):

경찰, 해양경찰, 소방직 공무원 채용 시 응시자격으로 색각이상자를 제한하였다. 즉, 「경찰공무원임용령시행규칙」과 「소방공무원임용령시행규칙」 등은 색각이상이 있다는 이유만으로 해당 공무원 채용을 제한하고 있다. 한편, 교정직·소년보호직 공무원 채용 시 가성동색표 검사만으로 채용자의 신체적 능력을 측정하고 있다.

이 사건 법령들은 공무원 채용기준에 있어 응시자격에서 '색각이상자'를 제한하고 있다. 그러나 장애에 근거한 채용기준은 '직무와 관련'되어 있으며 동시에 '업무상 불가피'한 것인지 여부에 따라 판단하여야 한다. 특히 '업무상 불가피성'과 '업무상 편의'는 구분되는 개념으로서 엄격하게 적용되어야 함에도 불구하고 막연한 위험가능성에 근거하여 장애를 이유로 채용제한을 하고 있다. 국가인권위원회는 위와 같은 논리에 따라 상기 법령들이 공무원채용기준에 있어서 응시자격으로 '색각이상자'를 제한하고 있는 것은 장애를 이유로 한 막연한 채용제한으로서 사회적 소수자들을 그들이 가진 특성을 이유로 사회에서 생존할 수 있는 최소한의 권리를 박탈하는 결과를 초래하므로 그 차별의 합리적인 이유를 인정받을 수 없다고 하여 권고결정을 내렸다.

이 사건 법령들이 공무원 채용기준에 있어 응시자격으로 색각이상자를 제한하는 부분은 장애에 근거한 채용기준을 설정함에 있어 기존 사례연구 및 비교법적 연구, 장애인 인권에 대한 무관심과 장애인을 고려하지 않은 편의적 발상에 기초한 대표적인 사례이다.

(2) 승진상 차별(대법원 2005두5741 판결)[61]:

원고는 제천시 보건소 내의 유일한 보건소장 우선 임명대상자이다. 제천시 보건소장 임명권자인 피고(제천시)는 원고가 오른쪽 다리가 불편한 3급 장애인이라는 이유로 제천시 보건소 내의 유일한 보건소장 임명대상자인 원고를 보건소장 임명에서 배제하기 위하여, 전임 보건소장이 사망한 이후 원고를 곧바로 제천시 보건소장에 임명하지 아니하고 약 3개월 동안 보건소장의 임명을 미루다가, 의사인 원고 대신 의사가 아닌 소외인을 제천시 보건소장에 임명하였다. 이에 대하여 피고는 원고가 제천시 보건소에서 근무하기 시작한 이래 근무시간에 영문번역 아르바이트를 하고 무단으로 근무장소를 이탈하여 대학원 강의를 수강하는 등 근무에 충실치 못한 점이 있었고 보건소장의 임무를 수행하기에 필요한 지휘통솔능력 또한 부족한 점 등을 감안하여 지역 보건법 시행령이 규정한 의사의 면허를 가진 자로써 보건소장을 충원하기 곤란한 경우로 보아 충청북도 소속 보건직 지방공무원인 소외인을 제천시에 전입시켜 의사인 원고 대신 위 소외인을 제천시 보건소장에 임명한 이 사건 처분을 적법하다고 항변하였다.

대법원은 피고(제천시, 인사권자)가 공석이 된 제천시 보건소장을 임용함에 있어서 오랫동안 위 보건소에서 의무과장 등으로 근무해 온 의사인 원고(신체장애인)에게 별다른 임용결격사유가 존재하지 아니함에도 피고(인사권자)가 인사교류를 통하여 다른 지방자치단체에서 전입한 소외인을 내심 후임 보건소장으로 결정한 상태에서 원고(신체장애인)와 소외인(승진결정자)의 각 근무성적, 경력평정 기타 능력의 실증에 관한 실질적인 비교, 검토 없이 진행된 인사위원회의 심의결과를 토대로 소외인을 신임 보건소장으로 승진 임용한

---

61) 대법원 2006. 2. 24. 선고 2005두5741 판결.

이 사건 처분에는 원고(신체장애인)의 신체장애를 이유로 차별적 취급을 함으로써 헌법 제11조 제1항,「장애인복지법」제8조 제1항,「지역보건법 시행령」제11조 제1항 등의 규정에 위배하여 승진임용에 관한 재량권을 일탈·남용한 위법이 있다고 볼 여지는 있다고 판시했다.[62]

위 차별사례에서는 신체장애인과 소외인의 보건소장 직위를 수행할 능력에 대한 실질적인 비교·검토 없이 소외인을 신임 보건소장으로 승진·임용한 사례이다. 이는 경험과 경륜을 갖춘 의사인 신체장애인을 배제하고 의사가 아닌 소외인을 보건소장으로 임용한 사례로서 신체장애인에 대한 차별적 취급에 의한 승진배제 사례의 하나가 될 수 있다.[63]

---

62) 그럼에도 불구하고 대법원은 원고가 제천시 보건행정업무를 총괄할 능력자인지 여부에 대한 피고의 낮은 평가와 일반직 공무원의 인사적체 해소 등의 사정도 주된 참작요소로 고려되었으며, 이는 이 사건 처분을 위하여 개최된 인사심의위원회에서 논의된 바도 있는 점, 1999년부터 2002년까지 원고의 근무성적평정은 소외인의 그것보다 낮게 되어 있는 점, 지방공무원법 제6조, 제38조, 지방공무원임용령 제38조의3 등의 규정에서 서기관을 보직하는 보건소장의 임용이나 이를 위한 서기관으로의 계급 간 승진임용은 대상자의 근무성적평정, 경력평정, 인품 및 적성 기타의 능력을 종합적으로 고려하도록 규정하고 있을 뿐 달리 관계 법령에 구체적인 심사 및 평가기준 등을 두고 있지 아니한 점, 피고가 소외인을 다른 지방자치단체에서 전입받아 승진 임용한 조치에 절차적·실체적 위법사유가 존재한다거나 그것이 전례에 배치된다고 볼 수도 없는 점 등 기록과 관계 법령에 의하여 인정되는 여러 사정에 비추어 재량권 일탈·남용이 명백하다고 볼 수 없다고 하여 원고(신체장애인)의 청구를 기각하였다.
63) 다른 성과 평가상 차별사례의 하나로서, 국가인권위 장애인차별위원회 14 진정06327 결정이 있다. 이 사례에서 국가인권위 장애인차별위원회는 교육부장관에게, 교원의 성과평가시 장애인 교원에게 불리한 결과가 초래되는 사례가 재발되지 않도록 각 시·도 교육청 및 각급 학교에 대한 지도·감독을 강화할 것을 권고결정하였다. 이 결정에서 장애인차별위원회는 장애인차별금지법 제11조 제1항 제2호에 의하여 사용자는 장애인에 대하여 재활,

다. 이동권과 접근권 관련 차별

(1) 대학 내 장애학생의 이동권(창원지방법원 2007가단27413 판결)[64]:

경남대학교 재학 중이던 지체장애 1급 장애인인 원고가 편의시설 미설치를 이유로 손해배상청구를 한 사례에서 피고인 경남대학교는 장애인인 원고가 편의시설이 미흡하다는 점을 알고도 스스로 입학한 점, 예산상의 문제를 고려하여 장애인인 원고에게 편의시설을 제공할 배려의무는 없다고 주장하였다.

창원지방법원은 2008년 4월 대학원 석사과정의 장애학생이 대학교 내 도서관, 강의실, 학생회관, 학생식당의 장애인 편의시설이 미흡하다는 이유로 손해배상을 청구한 사례에서 「장애인·노인·임산부 등의 편의증진 보장에 관한 법률」[65]이 구체적인 법적 의무를 발생시키지 않으므로 손해배상의무가 없다는 대학의 주장을 받아들이지 않으면서, "사회적 약자에 대한 배려가 더는 가진 자들의 은혜적 배려가 아닌 전 국민이 함께 고민하며 풀어가야 할 사회적 책무로서 막연히 예산상의 이유만을 들어 그러한 의무를 계속적으로 회피할 수는 없다고 보이"며, "이 시대를 살아가는 모든 사람들이 함께 해결할 문제로서 사람들의 조그마한 노력과 비용의 부담으로 충분히 극복할 수 있는 것이므로 더는 비장애인을 기준으로 판단하여 그 시기를 늦출 수는 없다고 할 것"이고, "인간에게 있어 가장 기초적인 이동권마저 비장애인과의 형평성 및 예산상의 문제 등을 거론하며 그

기능평가, 치료 등을 위한 근무시간의 변경이나 조정 편의를 제공해야 함에도, ○○초등학교가 장애인 교사의 재활 또는 치료목적의 병가 사용에 대해 진정인인 최 교사를 불리하게 대우한 것은 장애인차별금지법 제4조 제1항 제2호 및 제10조 제1항에서 금지하는 장애인 차별행위에 해당한다고 판단하였다.

64) 창원지방법원 2008. 4. 23. 선고 2007가단27413 판결.
65) 법률 제5332호, 1997.4.10. 제정; 법률 제14005호, 2016.2.3. 일부개정.

시기를 늦추려고 하는 것은 비장애인들의 편의적인 발상에 불과하다고 할 것이다"는 점을 설시하며[66] 원고인 장애학생의 이동권 및 접근권 보장을 전면적으로 인정하였다.

(2) 청계천 장애인 편의시설 제공권 부정(서울중앙지법 2006가단159530판결): 서울시의 청계천 공사 후에 장애인들이 이동권의 제약을 받는다면서 서울특별시와 서울특별시시설관리공단을 상대로 손해배상청구를 하였다. 이 사례에서, 법원은 우리나라 헌법이 인간의 자유로운 이동권을 보장하고 있다는 점을 인정하면서도 헌법과 장애인복지법의 규정으로부터 장애인들이 국가 또는 지방자치단체에서 공공시설에의 접근권을 위한 편의시설의 설치 및 운영을 요구할 수 있는 구체적인 권리가 직접적이고 필연적으로 발생한다고 보기 어렵다고 판시했다.

라. 건강권과 생활권 관련 차별

(1) 보험계약체결에서 인수거부(대전지방법원 천안지원 2005가합5440 판결): 대전지방법원 천안지원은 2006년 7월 20일, 보험회사가 "장애가 있다는 이유만으로" 장애아동들에 대한 보험인수를 거부한 것이 불합리한 차별행위로서 불법행위에 해당하여 장애아동들과 그들의 부모들에게 위자료를 지급할 책임이 있다고 판시했다. 법원은 보험회사가 어떠한 검증된 통계자료 또는 과학적·의학적 자료에 근거한 위험판단에 따라 장애인에 대한 보험혜택을 거부하거나 제한하는 등 객관적이고 합리적인 자료에 기초하여 장애정도 등을 고려하여 보험인수를 거부한 것이 아니라 장애아동들에게 "단지 장애가 있다는

---

66) 필자는 본 판결문의 내용을 있는 그대로 표현하는 것이 판시내용의 뜻을 보다 잘 전달될 것으로 판단하여 그대로 전재하여 인용한다.

이유만으로" 일률적으로 그들에 대한 보험인수를 거부한 것은 불합리한 차별행위로서 헌법상 평등의 원칙과 「장애인복지법」의 규정에 위반한 불법행위에 해당하므로, 보험회사는 장애아동들과 그들의 부모들에게 위자료를 지급할 책임이 있다고 판시하였다.

(2) 산업재해로 인한 요양불승인처분(대법원 2012두20991 판결):

대법원은 2014년 7월 10일, 의족을 착용한 아파트 경비원으로 근무하던 원고가 제설작업 중 넘어져 의족이 파손되는 등의 재해를 입고 요양급여를 신청하였으나, 피고인 근로복지공단이 '의족 파손'은 요양급여 기준에 해당하지 않는다는 이유로 요양불승인처분을 한 사안에서, 업무상 사유로 근로자가 장착한 의족이 파손된 경우는 「산업재해보상보험법」상 요양급여의 대상인 근로자의 부상에 포함된다고 판시하였다. 이 사례에서 대법원은 장애인차별금지법의 입법취지와 목적, 장애인에 대한 차별행위의 개념을 판결요지의 근거로 원용하였다.

3. 장애 차별의 특성

가. 장애인 차별주체의 광범위성

장애 차별의 주체는 광범위하다. 예를 들어 "고용에서의 차별영역"의 경우, 장애 차별의 영역과 차별의 주체는 그 범위가 넓고 다양하다. 장애인은 고용에 있어서의 차별뿐만 아니라 고용된 경우에도 업무, 직위, 장소에 있어 차별대우를 받기 쉽다. 고객을 응대하는 직업의 경우에는 고객으로부터, 그리고 같은 직군 혹은 같은 직장의 동료로부터도 차별대우를 받기 쉽다. 그리고 국가기관이나 복지사업을 하는 전문가로부터 차별대우를 받는 경우도 있다.[67]

결국 장애 차별의 원인과 해결의 주체가 장애인 개인이 아닌 사회의 모든 구성원임을 의미한다. 특히 장애인 보호시설의 관리자에 의한 장애인에 대한 부당한 대우는 그 정도가 심각하고 빈도가 잦다. 국가기관이 장애차별의 주체가 되는 경우는 문제가 보다 심각하다. 위 차별사례 가운데에서 공무원 임용이나 지방자치단체의 시설물 공사, 공단의 차별사례는 국가기관에 의한 차별사례들이다. 장애인의 평등권 실현을 위해 법령을 집행해야 할 국가기관에서 이 같은 차별을 하고 있는 현실이 매우 유감스럽다.

나. 권리구제와 관련된 특성

장애 차별에 대한 권리구제는 통상 법을 해석하고 집행하는 사법부와 행정부에 의하여 이루어진다. 장애 차별의 실질적 해결은 입법부의 적극적 입법을 통하여 실현될 수도 있으나, 입법 이후 사법부와 행정부에 의하여 적절하게 해석되고 운용되어야 함은 더 말할 나위가 없다. 특히 형사사법절차에서 피해자인 장애인과 수사기관의 소통의 실패, 피해자로서 장애인 진술의 오염은 심각한 것으로 나타나고 있다.[68] 비장애인이라면 쉽게 구제받을 수 있거나, 수사절차에 있어서 보호받을 수 있는 것들을 장애인이기 때문에 받지 못하는 것

---

67) 국가인권위원회 장애인 차별시정위원회, 14직권0001900 결정은 사회복지법인 시설 내에서의 시설장애인에 대한 폭행, 학대, 과다노동, 금전적 착취에 대하여 이를 시정할 것을 결정하는 것을 내용으로 하고 있다. 본 결정을 살펴보면 실로 시설장애인에 대한 부당한 대우가 여전히 극에 달하여 있다는 것을 알 수 있다. 피조사자는 장애인 특수학교의 교장과 교사가 포함되어 있는 바, 이 또한 장애인 복지에 관한 비장애인 전문가의 장애인에 대한 인권 의식이 결여되어 있다는 사실을 체감할 수 있다.

68) 김정혜, 진술조력인의 의의와 역할, 고려법학, 고려대학교 법학연구원, 제69호, 2013, 34면.

이 현실이다.

재판과정에서 장애인의 특성을 이해하지 못해서 문제가 발생하기도 한다. 특히 지적장애인의 경우, 진술이 다소 불안정하거나 불일치한다는 점을 들어 배척되는 경우가 많다. 금년 1월 민사소송법상 도입된 법정진술보조인제도의 적절한 운용을 통하여 장애인의 소송절차 내에서의 평등권 실현에 진전이 있기를 바란다.[69]

앞서 언급한 청계천 공사 후 장애인 편의시설 제공권과 관련된 사례에서와 같이, 법원이 헌법과 장애인복지법으로부터 국가기관의 직접적이고 구체적인 권리의무가 발생되지 않는다고 보며, 법원이 "입법적인 문제로 해결하여야 한다"는 소극적인 태도로 일관하는 사례도 적지 않다.[70]

권리구제와 관련하여 법원이나 국가인권위원회에 제기된 사례를 분석해보면, 피고 혹은 피진정인의 항변은 대체적으로 사실을 왜곡하여 조작되거나 검증된 통계자료 혹은 실질적이고 실증적인 비교검토에 기초하지 않은 경우가 많았다. 또한 예산상의 이유를 들거나[71] 업무상 불가피성을 거론하는 경우도 많았는데 적극적인 법원의 판결이나 인권위원회의 논지에서 드러나듯이 더 이상 '예산상의 이

---

69) 법률신문, "진술보조인 제도의 시행, 철저히 준비해야", 2016. 2. 4. https://www.lawtimes.co.kr/Legal-News/Legal-News-View?serial=98471(최종접속일 2016. 3. 31.)

70) 법률신문, "장애인 차별구제청구, 법원에서 인정받다", 법률신문, 2013. 10. http://news.lec.co.kr/gisaView/detailView.html?menu_code=10&gisaCode=L001002007560012&tblName=tblNews (최종접속일2016. 3. 31.)

71) 특히 중증장애인의 경우에는 국가와 가족, 그리고 자신의 공동비용부담이 수반되어야만 한다. 발달장애인의 인간다운 삶의 보장에는 국가만이 그 책임을 부담해야 할 것도 아닌, 그렇다고 가족만이 그 책임을 부담해야 할 성질의 것도 아닌, 국가와 가족, 그리고 자신이 공동으로 부담해야 할 문제이기 때문이다. 제철웅, 장애인 인권 보호를 위한 입법적 과제, 법학연구, 전북대학교 법학연구소, 통권 제44집, 2015, 174면 참조.

유'를 들어 사회적 책무이행을 지연시킬 수는 없으며, '편의'를 '불가 피성'과 혼동하여서는 아니 된다.

다. 불이익과 손해의 광범위성

장애인 차별로 인한 불이익과 손해는 실로 광범위하다. 앞서 다룬 사례들에서 보는 바와 같이 차별의 영역은 건강과 생활, 교육, 직업, 이동과 접근에까지 인간의 기본적인 사회생활의 전 영역에 이른다. 인종이나 성에 근거한 차별이 이와 같이 사회생활의 전 영역에 이른다고 보기는 어렵다. 이처럼 다른 기준에 근거한 차별에 비해 장애에 근거한 차별은 그 범위가 매우 광범위하다.

콜커(Ruth Colker)가 지적하듯이 장애인과 비장애인은 성이나 인종에 기인한 차별에서와 달리 의미 있는 차별인 경우가 있기 때문에 모든 차별이 법적으로 불합리한 차별로서 간주되지는 않는다. 그러나 우리 현실에서 나타나고 있는 차별사례들은 의미 있는 차별과는 거리가 멀기 때문에 문제가 심각하다고 볼 수 있다. 이유 없는 보험계약체결 거부나 직업훈련기관의 수강신청 거절 등이 이러한 예이다.

차별 영역이 광범위하다는 것은 그만큼 악순환의 고리를 끊기 어렵다는 것이다. 교육과 직업, 이동과 접근에서 평등권이 보장되지 않으면 건강과 생활은 필연적으로 위협받을 수밖에 없다. 특히 장애인은 일상생활의 영위 자체에 비장애인과는 다른 어려움이 있다는 특성 때문에 사회구성원으로서 실질적 통합을 위하여 차별시정에 각별한 노력이 필요하다.

V. 맺음말

우리나라 장애관련 법령은 소위 '사회적 모델'에 입각하여 장애를 개념 정의하고 있다. 하지만 장애인복지법상의 장애인등급판정제도는 여전히 '의료적 모델'을 취하고 있다. 유엔 장애인권리협약이 "진화하는 개념"으로서 장애를 이해하는 것이나, '미래의 장애'까지 포섭하는 호주 장애차별금지법상 장애 개념은 우리나라 관련 규정의 해석과 향후 법개정에 반드시 참고해야 할 것이다. 미국 법원에서 장애의 개념에 관한 논란이 계속되는 상황은 미국법을 모델로 한 우리나라의 법적용에서도 유의해야 한다.

장애인에 대한 차별은 비장애인들의 장애인에 대한 인식 부족과 오해에서 비롯되는 경우가 많기 때문에 인식개선 노력이 절실하다. 그리고 장애인에 대한 근거 없는 편견과 낙인도 교육과 제도를 통해 시정되어야 한다. 장애 차별은 우리 사회가 이미 진입한 고령화사회의 문제이기도 하다. 따라서 장애 차별을 시정하고 권리구제를 강화하는 것은 장애를 가진 시민들의 존엄과 인간다운 삶을 위해서 뿐 아니라, 사회통합을 위해서도 시급하고 절실한 과제이다.

참고문헌

〈단행본〉

김도현, 장애학 함께 읽기, 그린비, 2011.

김동국, 장애인 복지론, 학지사, 2013.

김창엽 외, 나는 '나쁜' 장애인이고 싶다, 삼인, 2009.

김현경, 사람·장소·환대, 문학과지성사, 2015.

조한진 편, 한국에서 장애학하기, 학지사, 2013.

〈논문〉

세계보건기구, WHO 세계장애보고서, 한국장애인재단, 2012.

Bagentos, S, Law and the Contradictions of the Disability Rights Movement, Yale University Press, 2009.

Blanck, P, Hill, E, Siegal, C. and Waterstone, M., Disability Civil Rights Law and Policy: Cases and Materials, 2nd edition, West, 2009.

Colker, R., Federal Disability Law, 5th edition, West, 2016.

Johnston, D., An Introduction to Disability Studies, 2nd ed., London : David Fulton Publishers, 2001.

McLean, S. and Williamson, L., Impairment and Disability, Routlege-Cavendish, 2007.

Rothstein, L. and McGinley, A., Disability Law: Cases, Materials, Problems, 5th edition, LexisNexis, 2010.

UPIAS, Fundamental Principles of Disability, London: Union of Physically Impaired, 1976.

Chai Feldblum, "Definition of Disability Under the Federal Anti-Discrimination Law:

What Happened? Why? And What Can We Do About It?", 21 *Berkeley J. Emp. & Lab. L.* 91, 2000.

장애 여성의 재생산권

국제인권규범과 장애인차별금지협약
일반논평 제3호를 중심으로

류민희*

I. 서론

지난 20년간 국제인권규범이 장애 인권[1]과 여성의 재생산권 (reproductive rights)[2]을 보장하는 방향으로 나아감에 따라 이 두 메커니즘의 교차점에 있는 장애 여성의 재생산권이 주목을 받고 있다.

---

* 공익인권변호사모임 희망을만드는법 변호사.

1) 장애인권리협약(Convention on the Rights of Persons with Disabilities)은 2006년 12월 13일 제61차 유엔총회에서 채택되었고 2008년 4월 3일까지 중화인민공화국, 사우디아라비아를 포함한 20개국이 이 협약을 비준하였고, 2008년 5월 3일에 발효되었다. 이 협약은 신체장애, 정신장애, 지적장애를 포함한 모든 장애가 있는 이들의 존엄성과 권리를 보장하기 위한 유엔인권협약으로서 21세기 최초의 국제 인권법에 따른 인권조약이며 가장 진보적인 인권규범으로 평가되기도 한다.

2) 많은 이들은 국가적 인구와 개발 담론의 차원의 문제이던 임신과 출산이 여성 개인의 권리로 자리매김하기 시작한 전환점이 된 시기를 1994년 카이로 국제인구회의(ICPD)로 보고 있다. Shalev, Carmel, "Rights to sexual and reproductive health: the ICPD and the convention on the elimination of all forms of discrimination against women." Health and human rights, 2000. 등 참조

전세계 인구 중 3억 명이 장애를 가진 여성들이다. 특히 저개발 국가에서는 장애인의 3/4 정도가 여성이며 그 중 65%에서 70%는 의료기술에 대한 접근이 떨어지는 농촌 지역에 산다. 이토록 많은 인구가 그동안 재생산 건강과 권리에 대한 보장을 배제 받은 채 지내왔다. 장애 운동이 '사회개량'과 우생학의 불행한 역사에 저항하여 동등한 기회와 동등한 권리를 외치고, 여성 운동이 국가의 인구 통제와 종교 규범으로부터 자유로운 여성의 자기결정권을 주장하며 정당한 권리를 다시 가져오는 동안에도, 장애여성의 재생산권의 보장에는 큰 난관이 있었다. 첫째, 장애인을 배제했던 우생학과 여성의 권리를 배제했던 국가의 인구 통제 역사의 유산이 그것이다. 둘째, 이러한 인권들을 보장하는 인권메커니즘이나 차별금지메커니즘이 다양한 개인적 요인을 대체로 일반화한 단일한 정체성을 상정하면서 그 교차점에 놓이는 장애여성의 재생산권의 보호와 보장에도 난점이 있었다.

이에 이 글에서는 먼저 인권으로서의 여성 재생산권 개념을 밝히고, 장애여성 인권과 복합 차별의 맥락에서 장애여성의 재생산권을 살펴본다. 또한 이를 실현화하기 위해 국제인권규범의 해석으로서 장애인권리협약 일반논평 제3호[3]에서 강조하는 성·재생산 권리 및 건강과 장애여성 및 여아의 교차적 차별을 살펴보고, 장애인권리협약위원회의 이 영역에 대한 한국에 대한 최종권고를 살펴본다. 끝으로 한국의 국내법이 장애여성의 재생산권 보장을 위해 국제인권기준에 부합할 의무가 있음을 촉구한다.

---

3) 2016년 5월 현재 제3호 논평은 아직 공식적으로 채택되지 않았으므로 이 원고의 논의는 공개된 초안을 기반으로 한다.

Ⅱ. 인권으로서의 여성의 재생산권

1. 재생산권 논의의 역사

보통 'SRHR'이라는 영어 줄임말로 불리는 성·재생산 건강 및 권리 (Sexual and reproductive health and rights, SRHR)는 서로 중첩되는 4개의 영역을 의미한다. 1994 카이로 국제인구회의(International Conference on Population and Development, 이하 ICPD)에서는 재생산 건강에 성 건강 이 포함되는 것으로 정의했으나, 성·재생산 건강 및 권리 개념은 그 목적이 오직 출산이 아닌 섹슈얼리티까지 포함하기 위하여 '성'과 '재생산'을 서로 구분되는 개념으로 보면서도 동시에 함께 사용하는 접근이다. 개념의 출발 자체가 이 모든 것은 서로 분리될 수 없는 건 강과 권리의 문제라는 것을 의미한다.

현재 존재하는 대부분의 국제인권규범은 성·재생산 권리를 직접 적으로 언급하지 않는다. 따라서 이러한 권리는 존재하는 규범의 재 해석을 통하여 논의되어 왔다.[4] 이 논의는 여러 국제기구 및 세계 여성회의 등을 통하여 반복적인 선언으로 주장되기 시작했다. 특히 서구에서 1960년대 여성 건강운동이 전개되면서 설득력을 갖기 시작 하였고, 이의 영향으로 여성의 재생산에 대한 권리성이 국제적으로 인식되기 시작하면서 그 중요성이 부각되었다.[5]

연혁적으로 인간의 재생산은 1968년 테헤란 국제인권회의(The International Conference on Human Rights on Teheran in 1968)를 계기로 하 여 처음으로 국제적 관심사가 되었다.[6] 이 회의 최종 의결문(The

---

4) 장복희, 국제인권법상 재생산권에 대한 소고, 경희법학 50권 3호, 2015.

5) 앰네스티 인터내셔널 '성과 재생산 권리 바로 알기 – 인권을 위한 프레임워 크', 2012.

6) Freedman, Lynn P.; Isaacs, Stephen L. Human rights and reproductive choice. Studies in family planning, 1993, 18-30.

Final Act) 중 테헤란 선언(Proclamation of Teheran)의 16번째 단락은 "가족과 아동의 보호는 국제 사회의 관심사로 남는다. 부모는 자유롭고 책임 있게 그들의 자녀의 수와 터울을 결정할 기본적인 인간의 권리를 가진다."고 명시하고 있다.[7] 이 언급에 대한 배경은 1950년부터 있었던 인구 조절 운동과 인구 폭발에 대한 공포가 반영된 것이라고 할 수 있는데, 당시 피임기구의 사용을 제한하던 개발국가들에 대한 국제사회의 우려를 담은 것이라고 할 수 있다. 재생산권은 이렇게 논의의 시작에서도 인구 조절의 맥락에서 자유로울 수 없었다.[8]

성·재생산 건강 및 권리의 중요한 전환점은 바로 1994년 카이로에서 개최된 ICPD에서 마련되었다.[9] ICPD 행동계획(Programme of Action, 이하 '행동계획')은 재생산 건강과 권리의 관계를 명확하게 하여 여성을 인구 프로그램과 정책의 이행 대상이 아니라 권리의 담지자로 자리매김하게 하였다.

행동계획은 재생산권을 '재생산체계와 그 기능 및 과정과 관련한 모든 경우에 있어서 질병의 부재를 비롯한 완전한 육체적·정신적·사회적 안녕의 상태'라고 정의하고 있다.[10] 또한, 다음 단락에서 "…재생산권은 부부 및 개인이 자녀들의 수와 이에 관한 시간적·공간적인 환경을 자유롭고 책임감 있게 결정하고 이를 위한 정보와 수단을 이용할 수 있는 기본적 인권 그리고 그들에게 최고 수준의 성적·재생산적 건강 상태에 이를 수 있는 권리가 인정되는지의 여부에 좌우된

---

7) United Nations, Final act of the international conference on human rights., U.N.Doc.A/COF.32/4, 1968.

8) 하정옥, 재생산권 개념의 역사화·정치화를 위한 시론, 보건과 사회과학 제34집, 2013.

9) Petchesky, Rosalind Pollack, From population control to reproductive rights: Feminist fault lines, Reproductive Health Matters, 1995.

10) International Conference on Population and Development, Programme of Action, 1994. para. 7.2

다. 또한 이 권리는 관련 인권 협약에서 표현된 바와 같이 차별, 강압, 폭력으로부터 자유로운 재생산에 관한 결정을 내릴 권리를 포함한다."[11)12)]

ICPD의 논의를 이어 1995년 제4차 북경세계여성대회에서 채택된 북경행동강령은 94번째 단락에서 "재생산 건강은 완전한 신체적, 정신적, 사회적 안녕 상태이며, 단순히 재생산체계, 기능 및 과정과 연관된 모든 문제에 있어서 질병 혹은 질환이 없는 상태는 아니다. 그러므로 재생산건강은 사람들이 만족스럽고 안전한 성생활을 영위할 수 있는 것과 재생산할 수 있는 능력 및 여부, 시기, 빈도를 결정할 자유를 소유하는 것을 의미한다. 법에 저촉되지 않는 출산 규정에 대한 다른 선택 방법과 여성이 임신과 자녀양육을 무사히 마칠 수 있고 부부에게 건강한 아이를 가질 수 있는 최상의 기회를 제공하는 적절한 보건의료 서비스에 접근할 수 있는 권리뿐만 아니라 가족계획에 대한 정보를 얻고 안전하고 효과적이며, 입수가능하고, 받아들일 수 있는 가족계획방법에 접근할 수 있는 남성과 여성의 권리가 이 마지막 조항 안에 함축되어 있다. 재생산 건강에 관한 위의 정의에 있어, 재생산 보건의료는 재생산 건강문제를 예방하고 해결함으로써 재생산건강과 안녕에 기여하는 방법, 기술, 서비스로써 정의되고 있다. 또한 재생산 건강은 단순히 재생산과 성병과 관련된 상담 및 보호가 아닌 삶과 개인관계 증진이 목적인 성적 건강을 포함한다."고 하며, 94번째 단락에서 "재생산권은 국내법, 국제인권문서, 기타 합의 문서에서 이미 인정한 특정 인권을 포함한다"고 그 규범적 근거를 재확인한다.[13)] 북경행동강령의 논의는 ICPD의 재생산권 개념

---

11) 각주 10 중 para. 7.3.

12) 이진규, 이주여성의 재생산권에 대한 국제인권법적 보호, 조선대 법학논총 제17집 제2호, 2010.

13) United Nations, Report of the Fourth World Conference on Women, Document

와 내용을 발견시켰다.[14] 이후 현재까지 여성차별철폐위원회, 사회권위원회를 비롯한 조약감시기구들은 재생산권의 개념을 발전시켜왔다.[15]

2. 재생산권의 개념

세계보건기구의 문서에 따르면 재생산권은 섹슈얼리티에 대한 정보를 찾고, 가지고, 전할 수 있는 권리, 성교육을 받을 권리, 신체적 온전성에 대한 존중을 가질 권리, 파트너를 선택할 권리, 성적으로 활동적이거나 그렇지 않은 권리, 합의하의 성관계/합의하의 결혼에의 권리, 자녀를 언제, 어디서, 가지거나 가지지 않을 것을 선택할 권리, 만족스럽고, 안전하고, 즐거운 성생활을 추구할 권리 등을 포함한다.[16]

또한 유엔인권최고대표사무소는 여성의 성·재생산 건강은 복수의 인권과 연관되고, 이는 생명권, 고문으로부터 자유로울 권리, 사생활의 권리, 교육의 권리, 반차별권을 포함한다고 한다.

따라서 장애여성의 재생산권이라면 위 모든 권리가 장애여성에도 보장되어야 하며 특히 반차별의 원칙이 존중되어야 하는 것이다. 한편 이 권리가 쉽게 보장되기 어려운 메커니즘 상의 난점에 대해서 다음 장에서 서술하려고 한다.

A/Conf.177/20, 1995. 한국여성정책연구원 번역본.

14) Cook, Rebecca J.; Fathalla, Mahmoud F. Advancing reproductive rights beyond Cairo and Beijing. International Family Planning Perspectives, 1996.

15) The Office of the United Nations High Commissioner for Human Rights (OHCHR), Information series on sexual and reproductive health and rights, 2015.

16) World Health Organization, Sexual and reproductive health, 2014.

Ⅲ. 장애여성과 교차성

1. 국제인권메커니즘과 장애여성

장애여성과 여아는 오랫동안 국제와 국내 정책과 법의 영역에서 상대적으로 소외되어 왔다. 전통적으로, 여성 관련 정책은 장애를 충분히 고려하지 않았고, 장애 관련 정책은 젠더라는 요소를 충분히 고려하지 않아 장애 여성과 여아는 복합 차별(multiple discrimination)의 상황에 놓이게 되었다. 이러한 차별을 제거하는 메커니즘조차도 대체로 분리된 법적 틀거리에서, 여성으로서 겪는 어려움과 장애인으로서 겪는 어려움을 별개로 다루었다. 그러나 당연하게도 장애 여성은 이렇게 분리된 존재가 아니다.

이러한 접근은 공통의 차별을 겪는 집단으로서 정치적 대표성과 가시성을 추구하는 정체성의 정치에 의존한 소수자 인권운동(장애운동, 여성운동)과 차별금지규범의 어쩔 수 없는 한계이기도 하다. 1989년 크렌쇼가 '교차성(intersectionality)'의 개념을 소개했을 때는, 인종과 젠더가 상호작용하며 흑인 여성의 노동 경험의 다양한 측면을 형성했던 것을 상기시키며, 주류 여성 운동의 정체성의 정치의 한계적 측면에 대해 이야기했었다. 하지만 장애여성의 인권 문제에 대해 접근할 때에도 장애, 여성인권운동의 역사 그리고 인권규범의 지형 및 이행의 교차성을 이야기할 수 있을 것이다. 이를 상징화한 것이 장애인권리협약 제6조라고 보인다.

장애여성의 의제가 가시화된 것은 그리 오래된 일은 아니다. 1980년대부터에서야 세계 장애여성 운동이 조직화되어 1981년 국제장애인의 해 행사에 참여하였고, 그 이후 대부분의 세계여성총회에도 참석하였다. 1990년 장애여성에 대한 비엔나 세미나가 유엔에 의해 조직되었고, 1982년 세계행동계획(World Programme of Action Concerning

Disabled Person)과 1993년 장애인의 기회균등에 관한 표준 규칙(The Standard Rules on the Equalization of Opportunities for Persons with Disabilities)에서 '주변화된 집단(marginalized groups)'으로 분류되었다.

1985년 나이로비 세계여성총회(World Conference on Women on Nairobi)에서 장애여성은 비공식적으로 만날 수 있었지만, 1995년 제4차 베이징 세계여성총회(Fourth World Conference on Women in Beijing)에서는 공식 포럼을 개최할 수 있었다. 이 회의의 결과물이 베이징선언(Beijing Declaration and the Platform for Action)인데, 이 문서의 361개의 단락에서 38번이나 장애 여성을 언급하고 있다.

이러한 국제총회에서의 의제 대두에도 불구하고, 유엔의 각종 인권 규약(자유권·사회권·여성·아동)에서 여성에 대한 많은 최종 권고가 도출되었지만, 장애 여성에 대한 최종 권고가 적극적으로 나오기 시작한 것은 최근의 일이다. 장애 여성의 노동권이 언급된 장애인 직업재활과 고용에 관한 ILO 제159호 협약의 제4조는 상당히 예외적인 상황으로 평가되었다.[17)

2. 기존 차별금지 규범과 복합차별

평등은 인류의 오래된 이상이었지만 고대나 중세의 철학자들이

---

17) 제4조 위에서 언급한 정책은 장애인과 일반 근로자간의 동등한 기회의 원칙에 기반을 둔다. 남성 및 여성 장애인에 대한 기회 및 대우의 평등은 존중되어야 한다. 장애인과 다른 근로자간에 기회 및 대우에 있어서의 효과적인 평등을 달성하기 위한 특별한 적극적 조치는 다른 근로자들에 대한 차별대우로 간주되지 아니한다. (Article 4 The said policy shall be based on the principle of equal opportunity between disabled workers and workers generally. Equality of opportunity and treatment for disabled men and women workers shall be respected. Special positive measures aimed at effective equality of opportunity and treatment between disabled workers and other workers shall not be regarded as discriminating against other workers.)

'모든 인간은 평등하다(All men are created equal)'라고 했을 때 그것은 여성이나 노예, 장애인, 다른 인종들을 포함한 의미는 아니었다. 우리가 말하는 평등 개념은 상대적으로 근대의 산물이다. 평등은 처음에는 법적 개념이라기보다는 시민권에서 배제되고 차별 받던 집단들(여성, 노예, 장애인 등)의 정치적 운동 구호에 가까웠고, 이러한 집단은 정치적으로 발언권이 없었기 때문에 권리의 진전은 느리기만 했다.

이러한 불평등과 차별을 시정하기 위한 평등의 법리(legal principle of equality)의 발전도 크게 세 단계로 나누어볼 수 있다.[18] 첫 번째는 형식적인 법률적인 장애를 제거하는 것이다. 노예제의 철폐, 기혼 여성의 사유재산권과 자녀에 대한 권리 배제를 철폐한다던지, 오랫동안 여성에게 배제되었던 선거권(Women's suffrage)을 마침내 부여한다던지 하는 것이 그것이었다. '법 앞에 평등'은 큰 성과였지만 그것으로 충분하지 않았다. 여전히 여성은 고용시장에서 분리되고 저임금에 시달렸고, 흑인은 편견의 대상이었고, 장애인은 배제의 대상이었다.

이에 대하여 두 번째 단계인 차별금지규범의 발전이 시작되었다. 미국에서는 민권운동의 영향으로 흑인차별 철폐를 위한 민권법(Civil Rights Act of 1964)이 1964년 제정되었고 장애인차별금지법(Americans with Disabilities Act of 1990)은 1990년 제정되었다. 유럽의 경우는 차별금지법에 대한 각국의 국내법들과 유럽차별금지지침, 유럽인권협약 등 지역규약이 서로를 보완하고 강화시켜나가는 역할을 했다.

그 이후 차별금지사유를 추가시키고 포괄적인 차별금지법으로의 통합 노력과 동시에, 새로운 방향으로 차별금지법(평등법)의 발전이 이루어졌는데 평등의 법리의 세 번째 단계는 차별을 금지시키는 것을

---

18) Fredman, S., Discrimination law, Oxford University Press, 2011.

넘어서 평등을 증진시키기 위한 국가의 적극적 의무의 포함이다. 이러한 의무는, 현존하는 현저한 차별을 해소하기 위해 특정 집단에 속하는 개인을 잠정적으로 우대하는 적극적 조치(positive action, affirmative action), 소수자 인권에 대한 교육, 차별과 편견을 극복하는 사회 인식의 제고 등 넓고 다양한 노력을 포함한다. 새로 입법되는 최근의 차별금지법과 정책은 차별을 효과적으로 방지하고 피해를 구제하며 평등권을 보장하기 위해 위의 경향을 모두 포함하고 있다.

하지만 이러한 방식에도 한계점이 있었으니, 차별금지규범(차별금지법 및 인권규약들)은 대체로 한 가지 차원에서의 차별금지사유에 평면적으로 대응한다. 장애여성 정체성의 교차성은 새로운 형태의 복합 차별이라고 할 수 있는데, 단순히 두 가지 사유가 누적되어 있다기보다는 두 가지가 교차하여 새롭고 가중된 상황의 차별을 만드는 것이다.[19]

많은 국가의 차별금지법제는 교차성을 제대로 반영하지 못하고 있다. 이러한 접근은 사람을 단순한 한 가지 정체성을 가진 고립된 존재로 상정한다. 하지만 실제 사람은 여러 가지 정체성을 입체적으로 가지고 있는 존재이다. 이러한 교차성과 복합차별을 해소하기 위해서는 분리되어 있는 양 법적 틀거리를 복합적으로 해석하는 시도가 필요하다. 최근 장애여성 인권에 관해서는 장애인권리협약과 여성차별철폐협약 등 관련 규약의 공통 의제를 맵핑하여 입체적으로 보아야 함이 주지되고 있다.[20] 한편 이러한 교차성과 복합차별에 직접적으로 대응하는 조항이 장애인권리협약에 등장하였다.

---

19) 따라서 누적차별(cumulative discrimination)이라고 보기는 어렵다.
20) De Silva De Alwis, Rangita, The Intersections of the CEDAW and CRPD: Integrating Women'S Rights And Disability Rights Into Concrete Action In Four Asian Countries, 2010.

3. 장애인권리협약 제6조의 등장과 해석

성평등은 인권규범의 성안 초기부터 등장하였던 가치이다. 세계인권선언, 주요 9개 인권 규약 등에서는 성별에 기반한 차별의 금지와 성평등의 추구의 가치를 발견할 수 있다. 항상 성별과 젠더는 명시적 차별금지사유로서 등장했지만 그동안 장애는 '기타 지위'에 속해 있었다. 따라서 양 정체성에 기반한 차별을 동시에 고려하는 것에는 많은 제약이 있었다. 장애인권리협약 제6조는 유엔 인권규약 중 최초로 성별과 장애 양쪽에 기반한 차별을 금지하는 역사적인 조항이다.[21]

---

21) 협약 중 보다 구체적인 장애 여성에 대한 규범으로 볼 수 있는 것은 다음과 같다.

장애인의 권리에 관한 협약 전문

이 협약의 당사국은,

(다) 모든 인권의 보편성, 불가분성, 상호의존성 및 상호관련성과, 장애인이 차별 없이 완전히 향유할 수 있도록 보장 받아야 하는 기본적 자유와 욕구를 재확인하고,

(라) 경제적, 사회적 및 문화적 권리에 관한 국제규약, 시민적 및 정치적 권리에 관한 국제규약, 모든 형태의 인종차별 철폐에 관한 국제협약, 여성에 대한 모든 형태의 차별 철폐에 관한 협약, 고문 및 그 밖의 잔혹한, 비인도적인 또는 굴욕적인 대우나 처벌의 방지에 관한 협약, 아동의 권리에 관한 협약, 모든 이주근로자와 그 가족의 권리 보호에 관한 국제협약을 상기하며,

(자) 장애인의 다양성을 보다 더 인정하고,

(너) 인종, 피부색, 성별, 언어, 종교, 정치적 또는 기타 견해, 국적, 민족적, 토착적, 사회적 출신, 재산, 출생, 연령 또는 그 밖의 신분에 따라 복합적이거나 가중된 형태의 차별의 대상이 되는 장애인이 직면하고 있는 어려운 상황에 대하여 우려하며,

(더) 장애여성과 장애소녀가 가정 내외에서 폭력, 상해 또는 학대, 유기 또는 유기적 대우, 혹사, 또는 착취를 당할 더 큰 위험에 직면해 있는 경우가 많음을 인정하고,

(머) 장애인의 인권과 기본적인 자유의 완전한 향유를 증진하기 위한 모든

장애인권리협약을 성안하는 특별위원회(Ad Hoc Committee)의 초기에는 협약을 어떠한 조건에서 성안하는지의 기본적인 원칙을 협상하는 것이 쟁점이었고 장애 여성이 언급되지 않았다. 하지만 시민사회의 참여를 보장하는 것을 승인함으로써, 자연스럽게 장애 여성의 목소리가 받아들여질 조건을 만들었다.

그러던 중 3차 특별위원회에서 한국 측은 장애 여성 단독조항이 차별받고 있는 장애여성의 권리보호와 차별방지를 위하여 필수적인 조항임을 설명하는 발언으로 제15조와 제16조 사이에 '제15조의 2'(장애여성 단독조항)'를 도입할 것을 제안하였다. 오히려 이런 조항이 일종의 '도피'로 작용하여 다른 조항에서 여성의 논의가 덜 해질 것을 우려한 유럽연합(EU)국가들이 이에 반대하면서 많은 국가의 열띤 논의가 시작되었다. 당시 초안은 모든 표현이 남성과 여성에게 적용 가능한 성중립적인 표현('persons')으로 쓰여져 있었지만 사실 그 실질적 함의에는 여성은 비가시화 되어있다는 평가가 지배적이었다.

따라서 협약에서 장애 여성의 권리를 실질적으로 보장할 수 있게

노력에 성인지적 관점이 포함되어야 할 필요성을 강조하고,

제3조
일반 원칙
이 협약의 원칙은 다음과 같다.
(사) 남녀의 평등

제6조
장애여성
1. 당사국은 장애여성과 장애소녀가 다중적 차별의 대상이 되고 있음을 인정하고, 이러한 측면에서 모든 인권과 기본적인 자유의 완전하고 동등한 향유를 보장하기 위한 조치를 취한다.
2. 당사국은 여성이 이 협약에서 정한 인권과 기본적인 자유를 행사하고 향유하는 것을 보장하기 위한 목적으로, 여성의 완전한 발전, 진보 및 권한강화를 보장하기 위하여 모든 적절한 조치를 취한다.

하는 방안으로 ① 이미 한국이 제안한 바와 같이 단독조항을 통하여 장애 여성의 권리를 명문화 하는 방식, ② 단독조항을 설치하지 않고 협약 내 서문, 일반원칙, 일반의무, 혹은 모니터링 조항 등 가장 적절한 곳에 권리를 명시하는 방식, ③ 여성과 관련성이 있는 주제별 조항에 주류화(mainstreaming)하도록 하는 방식과, ④ 단독조항도 설치하고 주류화하도록 하는 트윈 트랙 방식(twin track approach) 등으로 의견이 엇갈리고 있었다. 결국 치열한 토론 끝에 트윈 트랙 방식이 채택되었고 장애 여성 단독 조항은 최종적으로 제6조의 형태로 남게 되었다.[22]

이 협상을 중재하였던 독일 테레시아 데게너 위원은 단독 조항의 제안을 한 한국 정부와 한국 시민사회에 찬사를 보내기도 했다.[23]

4. 제6조에 대한 일반논평 초안

아직 신생 위원회인 장애인권리협약위원회이지만 당사국에서 협약 준수 의무를 구체화하기 위하여 일반논평의 형태로 매 조항의 의미를 해석할 필요가 있다. 세 번째 일반논평의 조항으로 제6조가 채택되었고 2015년부터 워킹그룹을 통한 많은 논의가 있었고 드디어 2015년 5월 22일 초안이 공개되었고 2016년 중 공식 채택예정이다. 이 논평은 3가지 영역 - ① 장애여성 및 여아에 대한 폭력, ② 성과 재생산 권리와 건강 ③ 장애여성 및 여아의 교차적 차별 - 등을 중심으로 기술하고 있는데, 특히 재생산 권리는 아래와 같다.

---

22) 국가인권위원회, 제6차 유엔 장애인권리협약 특별위원회 참가 결과보고, 2005.

23) Arnade, Sigrid, and Sabine Haefner, "Standard Interpretation of the UN Convention on the Rights of Persons with Disabilities (CRPD) from a Female Perspective," 2011.

성·재생산에 대한 권리(7항)

장애여성은 자주 그들의 성적 권리 및 재생산권(reproductive rights)에 대한 통제가 없거나 없어야 하는 것처럼 대우를 받는다. 예를 들어, 후견인에 관한 법률은 "(당사자의) 최선의 이익"이라는 이름으로 강제 불임 또는 당사자가 원함에도 불구한 강제 임신중절 등을 허용하는 경우가 있다. 따라서 장애여성과 여아의 법적 능력(legal capacity)을 재확인하는 것은 특히 중요하다.

강제불임과 같은 문제가 발생하는 주된 이유 중 하나는 장애여성과 여아가 재생산권 및 모성권을 가진 성적 존재로 인식되지 않기 때문이다. 그러나 성적 권리는 존엄성, 신체적 및 정신적 완전함(integrity), 사생활, 건강 및 평등, 그리고 비차별 등 인권에 기본적으로 내포되어 있다.

다음 장에서는 일반 논평에서의 이러한 문제의식을 기반으로 구체적 상황에서의 침해를 서술하려 한다.

IV. 장애여성과 재생산 권리의 구체적 상황[24]

1. 강제불임수술

넓게는 강제·비자발적·강압에 의한(forced, involuntary or coerced) 불임수술을 의미한다. 이는 전 세계적으로 남아있는 심각한 인권침해적인 관행이며 국제 인권 메커니즘에서는 끊임없이 이 문제가 다뤄진다. 국제의학기구 등에서도 강제불임수술 관행을 막기 위해 충분한 설명 후 동의(informed consent)를 얻는 프로토콜을 개발하여 의료실무자들에게 보급하고 있다. 2013년 UN 고문 특별보고관 후안 멘데스는 이를 '고문'의 법적 틀거리로 포섭시켰다. 이러한 관행에서

---

24) 주요 의제는 장애여성공감, 2015년 장애/여성 재생산권 새로운 패러다임 만들기 최종보고서, 2015를 참고하였다.

자주 등장하는 '정당화' 이유인 당사자의 최대 복리를 위한다는 것이 사실은 돌봄제공자 자신의 최대 복리를 위한 것이 아닌지 판단할 필요가 있다. 하지만 장애여성도 비장애여성처럼 모두 피임의 수단으로 불임수술을 선택할 수 있는 권리를 가졌다. 이 맥락에서 강제불임수술을 막으려는 보호조치들이 장애여성들이 자발적으로 불임수술을 선택할 권리를 방해할 수는 없는 것이고, 이러한 선택이 자유에 의한, 충분한 설명 후 동의(informed consent)에 의한 것임을 보장하기 위하여 필요한 지원을 제공받을 필요가 있다.

1999년 김홍신 의원이 〈장애인 불법, 강제 불임수술 실태와 대책에 관한 조사보고서〉를 발표하면서 공공연하게 진행되어 왔던 장애인 강제 불임수술 문제가 공식적으로 사회에 알려졌다. 국가 주도의 가족계획이 실시되던 60-70년대 불임수술 할당이 있었기 때문에 집단거주시설의 경우 타겟이 된 것으로 알려졌다.[25] 1999년 모자보건법에서 공익상 필요에 의한 불임수술 명령 조항이 없어졌지만 이러한 관행이 완전히 뿌리 뽑혔다고 보기 어렵다. 여전히 본인이나 부모 등의 (강제적) 동의를 받거나 하는 방식으로 수술·시술이 진행되는 것으로 알려진다. 최근까지도 장애인 수용 시설에서 강제 낙태 혹은 불임 시술이 있었다는 증언이 나오고 있다.

2. 강제피임

장애여성도 다른 여성과 다름없이 안전하고 효과적인 피임을 할 권리가 있다. 하지만 장애여성을 무성적(asexual)이거나 혹은 성과잉(hypersexual)으로 보는 차별적인 태도 때문에 이러한 기본적인 권리

---

25) 한센인의 경우 일제부터 1990년대까지 강제 단종수술이 국가에 의해서 시행되었다. 한센인들이 최근 국가를 상대로 손해배상 청구를 하여 1심에서 인정받은 사례가 581명에 이른다.

가 부정되고 있다. 이러한 부정적 태도, 가치, 스테레오타입 때문에 피임에 대한 선택지의 정보를 얻는 것은 매우 어렵다. 피임 욕구가 비장애여성과 다르지 않음에도 피임방법으로 불임수술 혹은 장기적인 주입형 피임시술을 많이 사용하고, 경구 피임약을 사용하는 경우는 상대적으로 낮은 것으로 알려진다. 전반적으로 장애여성에게는 자신이 사용하는 피임방법에 대한 자율성이 보장된다고 볼 수 없다.

3. 성폭력(gender based violence)

비장애여성과 마찬가지로 장애여성도 같은 종류의 성폭력에 노출되지만 장애와 젠더가 중첩하여 사뭇 다른 형태와 결과를 낳는다. 집, 지역사회 등 피해 장소는 다양하며, 물리적, 신체적, 성적, 경제적 폭력, 방치, 사회적 고립, 감금, 인신매매 등 폭력의 형태 또한 다양하다. 돌봄제공자가 가해자인 경우가 많은 편이다(친권자, 친척, 이웃, 활동보조인 등). 지적 장애를 가진 피해자는 자신이 겪은 일을 범죄로 인식하기 어렵고 수사기관은 이런 사건을 다룰 만한 충분한 전문지식을 갖추지 못할 때가 많다. 재판부는 증거방법으로서 장애여성 피해자에 대해 증언의 신빙성을 낮게 평가하는 경향도 있다. 따라서 신고율, 기소율, 유죄율은 현저히 낮은 편이며, 재발생율이 높다. 피해 이후 지원체계도 충분하지 않은 경우가 많다. 성폭력 문제는 장애여성의 성적 및 재생산 건강과 권리에 심각한 악영향을 끼친다.

4. 모성, 양육권, 친권의 부정

장애인에게 양육은 정말 어려운 문제이다. 주변에서 아이를 낳아 기르는 것을 말리거나 막는 경향이 많다. 주변에서는 그들을 무성적이고, 의존적이고, 돌봄제공자보다는 돌봄을 받아야 하며 아이를 돌볼 수 없는 미성숙한 존재로 보기 일쑤다. 한편, 지적장애를 가진 여성에 대해서는 성과잉으로 보고 장애를 가진 아기의 재생산을 두려워하며 불임에 대한 정당화를 하기도 한다. 한 외국 통계는 '방치'를 이유로 장애여성이 기관에게 자신의 친권·양육권을 박탈당하는 경우가 비장애여성에 비해 10배나 된다고 한다. 장애여성은 아이를 학대하거나 장애를 가진 아이를 키울 수 있다는 편견으로 친권·양육권을 제한당하는 경향이 있다. 영화 'I am Sam'에서는 다른 요소가 아닌 장애만을 이유로 친권 박탈당하는 아버지 사례가 등장한다. 장애 여성의 출산 이후 돌봄 능력을 저평가하여, 아동의 부의 가족들이 일방적으로 아이를 데려가 키우는 경우도 보고된다.

5. 행위능력 및 의사결정의 부정

종전 금치산자제도 그리고 현행 성년후견제에서도 발생할 수 있는 문제이다. 피성년후견인 본인은 유효한 법률행위를 단독으로 할 수 없고, 그의 법률행위는 취소할 수 있다. 이러한 의사대체제도는 자율성과 자기결정권에 대한 제약으로 작용할 수 있다. '법적 무능력'은 자신의 의료적 조치, 가족계획, 친권 행사, 생활환경 등 삶을 선택하는데 제한을 주고, 의료환경에서 스스로 선택을 할 수 있는 상대방으로 평가받지 못하게 할 수 있다.

6. 성적 및 재생산 보건 서비스 및 프로그램에 대한 접근권 미비

생리 관리, 피임, 낙태, 성건강 관리, 임신, 출산, 양육, 보조생식기술, 완경에 대한 정보가 부족하거나 적절하지 않거나 접근이 어렵다.

물적인 문제로는 장소, 이동의 문제, 종사자들의 전문성의 문제 등으로 많은 서비스 및 프로그램에서 배제된다. 인적인 문제로는 의료인들이 장애여성을 '손상'의 문제로만 접근하고, 그 사람이 겪는 복합적인 사회적 맥락에 대해서는 잘 알지 못할 수 있어서 적절한 서비스를 제공받지 못하는 경우도 있다.

7. 성적 및 재생산 권리에 대한 정보 및 교육 접근권 미비

연애관계에 대한 욕구를 가졌으나 연애를 하고 관계를 협상하는 데 어려움을 겪는다. 장애유형에 맞는 형태로 다양하게 정보나 교육이 제공되는 것이 중요하다.

8. 사법접근권 미비

장애인은 사법 제도에 대한 접근권이 전반적으로 낮다. 증인으로서 신뢰성을 얻기 어렵고 따라서 사법절차에서의 피해자 구제가 쉽지 않다.

9. 중첩적인 정체성

장애여성은 단일하지 않다. 예를 들면, 장애를 가진 소녀, 고령의 장애여성, 농촌지역 장애여성, 레즈비언 혹은 성소수자 장애여성, 시설 및 수형시설의 장애여성 등과 같은 교차성을 유념할 필요가 있다.

V. 장애여성과 재생산 권리의 국내법적 보장

1. 장애인차별금지법의 문제

장애인차별금지 및 권리구제 등에 관한 법률은 제33조에서 별도의 여성 조항을 두고 있는데, 특히 제2항에서 '누구든지 장애여성에 대하여 임신·출산·양육·가사 등에 있어서 장애를 이유로 그 역할을 강제 또는 박탈하여서는 아니 된다'고 하며 특정 권리들에 대한 차별금지 규정을 두고 있다. 이 조항은 장애 여성의 재생산권이 차별 없이 보장되어야 함을 천명한 것으로 의미가 있으나, 임신·출산·양육·가사·보육 등은 장애여성과 장애남성의 공통된 문제이지만 장애여성에 대한 차별금지 조항에 규정됨으로써 장애여성만의 문제인 것처럼 여겨지게 하는 문제가 있다고 지적되었다.

정부는 과거 장애여성의 임신과 출산의 권리가 박탈됐던 관습 때문에 이러한 표현을 사용했다고 하면서 개정 가능성을 시사하기도 했다.[26] 이 조항에서도 보듯이 단지 '모성'을 제외하고는 현재 국내법과 정책은 장애 여성의 성·재생산 권리와 건강에 대한 총체적 접근법을 가지고 있지 못한 것으로 보인다.

2. 유엔장애인권리협약위원회의 최종권고[27]

2014년 9월 17일과 18일에 개최된 장애인권리위원회에서는 대한민국의 최초보고서를 심의하고, 최종권고를 채택했다. 위원회는 제6조

---

26) 에이블뉴스, "장애인차별금지법 제정 8년, 실효성 높이려면", 2016. 4. 19. http://www.ablenews.co.kr/News/NewsContent.aspx?CategoryCode=0044&NewsCode=0044201604191704084S4284

27) United Nations, Concluding observations on the initial report of Republic of Korea, CRPD/C/KOR/CO/1, 2014.

와 제17조에서 장애여성의 성·재생산 권리 중 가정 폭력과 성폭력, 임신 출산의 문제, 강제 낙태의 관행에 대하여 문제 제기하였다.

제6조 장애여성

13. 위원회는 대한민국의 장애인 관련 법률 및 정책이 '성 인지적 관점(gender perspective)'을 포함하지 않고 있음을 우려한다. 위원회는 또한 장애인 거주시설 안팎에서 벌어지는 장애여성에 대한 가정폭력 및 성폭력을 예방하기 위해 충분한 조치를 취하지 않고 있다는 점을 우려한다. 또한 장애여성 및 장애소녀가 평생교육 프로그램에 참여하는데 어려움을 겪고 있고, 장애여성이 임신 및 출산기간 동안 충분한 지원을 받지 못하고 있음을 우려한다.

14. 위원회는 대한민국이 성 인지적 관점을 장애 관련 법률 및 정책에서 주류화하고, 장애여성만을 위한 정책을 개발할 것을 권고한다. 또한 장애인 거주시설 안팎에서 벌어지는 장애여성에 대한 폭력을 해결하기 위해 효과적인 조치를 취하고, 특히 성폭력 및 가정폭력 예방에 관한 프로그램을 구성할 때, 장애 인지적 관점을 도입할 것을 권고한다. 위원회는 또한 장애여성이 정규교육을 수료하였든지 또는 정규교육에의 참여가 배제되었든지 관계없이, 자신의 선택과 욕구에 따라 적절한 평생교육을 받을 수 있도록 할 것을 권고한다. 아울러 위원회는 임신 및 출산기간 동안 장애여성에 대한 지원을 확대할 것을 권고한다.

제17조 개인의 존엄성 보호

33. 위원회는 법으로 금지되었음에도 불구하고 장애여성이 강제 낙태를 하도록 하는 것을 우려한다. 또한 이 문제에 대해 당사국이 조사에 착수했다는 정보가 없다는 점을 우려한다.

34. 위원회는 당사국이 강제 낙태를 근절하기 위한 조치를 취할 것을 촉구한다. 이 조치는 장애여성의 권리를 장애여성의 가족과 공동체가 인식하도록 하는 것과 강제 낙태로부터 보호하는 메커니즘이 효과적이고 접근 가능하다는 것을 보장함을 포함한다. 또한 위원회는 당사국이 강제 낙태에 대한 최근 사례를 조사할 것을 권고한다.

3. 사회권위원회 일반논평 제22호 "12조: 성·재생산 건강과 권리"

이 논평에서는 국가의 핵심 의무사항을 크게 아래와 같이 보고 있다.

가. 성적 및 재생산 의료시설, 서비스, 재화 및 정보에 대한 개인이나 특정집단의 접근을 범죄화하거나, 방해하거나, 저해하는 법, 정책, 관습들을 폐지하거나 철폐할 것;

나. 차별금지사유로 구분되는 참여적이고 투명한 절차를 통해 고안된, 이러한 절차로부터 주기적인 검토 및 감독을 받는, 충분한 예산이 배정된, 성적 및 재생산 건강에 대한 국가적 전략이나 행동계획을 채택 및 실시할 것;

다. 특히 여성 및 불리하고 소외된 집단을 위해 구매 가능한, 허용 가능한, 양질의 성적 및 재생산 의료서비스, 재화, 시설로의 보편적이고 동등한 접근을 보장할 것;

라. 개인의 성적 및 재생산 관련 요구 및 행동양식에 대한 사생활 및 비밀보장, 그리고 (강압, 차별, 폭력에 대한 두려움 없이) 자유롭고, 정보에 근거한, 책임 있는 의사결정을 보장하면서, 여성성기절단, 아동 및 강제결혼, 부부강간 등 가정·성폭력과 같은 해로운 관습과 젠더기반폭력에 대한 법적 금지를 제정 및 집행할 것;

마. 안전하지 않은 낙태 예방을 위한 조치를 취하고 필요로 하는 사람들에게 낙태 후 의료서비스 및 상담을 제공할 것;

바. 모든 사람 및 집단이 차별적이지 않고, 편견이 없고, 근거 있는, 아동 및 청소년들의 발달하는 인권능력을 고려한 성적 및 재생산 건강에 대한 종합적인 교육 및 정보로 접근할 수 있을 보장할 것;

사. WHO 필수약물목록에 따른 약물을 포함하여 성적 및 재생산 건

강에 필수적인 의약품, 설비, 기술 제공할 것;
아. 성적 및 재생산 건강권의 침해와 관련하여 효과적이고 투명한
행정적 및 법적 구제조치 및 보상을 보장할 것;

4. 소결

위와 같이 중첩하는 국제인권규범의 해석에 따라, 국내법과 정책
도 장애여성의 재생산권 보장을 위한 국가의 이행 의무를 준수해야
한다. 장애여성의 재생산권을 차별하는 법령[28]이 존재하는지 평가하
여야 한다. 이들에 대한 폭력에 대해 현행 법제가 충분히 보호할 수
있도록 해야 한다. 기존 차별금지법제가 이들의 복합차별을 효과적
으로 구제할 수 있어야 한다. 정부의 여성과 장애 관련 정책과 사업
에서 장애 여성 재생산 건강과 권리를 보호할 수 있어야 한다. 성·재
생산 건강 의료서비스는 이용 가능해야 하고, 접근 가능해야 하며
(물리적 접근성, 구매 가능성, 정보의 접근성), 장애여성 집단에게 적
합하여야 하며 양질의 것이어야 한다.[29] 이런 의미에서 장애여성의
재생산권은 국가로부터의 침해를 보호하는 자유권이자, 적극적 권리
를 요구하는 사회권이면서, 장애인 혹은 여성임을 이유로 한 반차별
을 요청하는 평등권이기도 한 것이다.

VI. 결론

보이지 않는 차별이 드러나야 그에 대한 대응이 가능하다. 장애
인권리협약 제6조는 장애여성을 인권규범 안에서 처음으로 가시화

---

28) 우생학적 기원이 있는 모자보건법 제14조의 개정 논의는 꾸준히 있어왔다.
29) UN Committee on Economic, Social and Cultural Rights (CESCR), General Comment
No. 22: Right to sexual and reproductive health (Art. 12 of the Covenant)

하는 성과를 낳았다. 이 규범의 진취적 비전에 따라 장애 여성의 재생산권이 놓여있는 복합적 차별에 대한 맥락적인 접근의 노력이 계속되어야 한다.

현재 한국 사회에서는 여러 법적, 절차적, 현실적, 사회적 장벽 때문에 전방위적인 성적 및 재생산 건강 관련 시설, 서비스, 재화 및 정보에 대한 장애 여성의 접근이 심하게 제한되어있다.

사실 성·재생산 건강 권리의 완전한 향유를 막는 것은 법이기도 하고 관습이기도 하며 문화이기도 하다. '사회개량', 우생학, 국가의 인구 통제, 종교 규범 등 뿌리 깊은 차별의 역사는 어떠한 단일한 규범으로 시정 가능하지 않을 것이다. 현재 존재하고 서로 중첩하는 인권규범들이 요구하는 바를 맵핑한 다각적 법적 접근, 장애가 차별로 작용하지 않을 수 있도록 하는 사회적·문화적 접근을 통하여, 그동안 들려지지 않았던 목소리를 듣고, 보이지 않는 차별을 시정할 수 있기를 기원해 본다.

참고문헌

〈단행본〉

Cook, R. J., Dickens, B. M., & Fathalla, M. F, Reproductive Health and Human Rights: Integrating Medicine, Ethics, and Law: Integrating Medicine, Ethics, and Law, Clarendon Press, 2003.

Fredman, S, Discrimination law, Oxford University Press, 2011.

장애여성공감, 2015년 장애/여성 재생산권 새로운 패러다임 만들기 최종보고서, 2015.

〈논문〉

국가인권위원회, 제6차 유엔 장애인권리협약 특별위원회 참가 결과보고, 2005.

이진규, 이주여성의 재생산권에 대한 국제인권법적 보호, 조선대 법학논총 제17집 제2호, 2010.

장복희, 국제인권법상 재생산권에 대한 소고, 경희법학 50권 3호, 2015.

하정옥, 재생산권 개념의 역사화·정치화를 위한 시론, 보건과 사회과학 제34집, 2013.

Arnade, Sigrid, and Sabine Haefner, "Standard Interpretation of the UN Convention on the Rights of Persons with Disabilities (CRPD) from a Female Perspective," 2011.

De Silva De Alwis, Rangita, The Intersections of the CEDAW and CRPD: Integrating Women'S Rights And Disability Rights Into Concrete Action In Four Asian Countries, 2010.

Freedman, Lynn P.; Isaacs, Stephen L. Human rights and reproductive choice. Studies in family planning, 1993, 18-30.

Petchesky, Rosalind Pollack. From population control to reproductive rights: Feminist fault lines. Reproductive Health Matters, 1995.

〈기타자료〉

앰네스티 인터내셔널, '성과 재생산 권리 바로 알기 - 인권을 위한 프레임워크-', 2012.

International Conference on Population and Development, Programme of Action, 1994. para. 7.2

The Office of the United Nations High Commissioner for Human Rights (OHCHR), Information series on sexual and reproductive health and rights, 2015.

UN Committee on Economic, Social and Cultural Rights (CESCR), General Comment No. 22: Right to sexual and reproductive health (Art. 12 of the Covenant).

United Nations, Concluding observations on the initial report of Republic of Korea, CRPD/C/KOR/CO/1, 2014.

United Nations, Report of the Fourth World Conference on Women, Document A/Conf.177/20, 1995. 한국여성정책연구원 번역본.

United Nations, Final act of the international conference on human rights., U.N. Doc.A/COF.32/4, 1968.

World Health Organization, Sexual and reproductive health, 2014.

에이블뉴스, "장애인차별금지법 제정 8년, 실효성 높이려면", 2016. 4. 19. http://www.ablenews.co.kr/News/NewsContent.aspx?CategoryCode=0044&NewsCode=00442016041917040845284.

정신적 장애인의 자기결정권 보장

염형국*·박숙경**·이주언***

I. 서론

개인의 자기결정권이 존중되어야 한다는 것은 법 이전의 문제이다. 인간의 자율을 존중하는 현대사회에서 국가 또는 타인이 부당하게 개인에게 영향을 미치는 행위를 방지하고 개성을 신장시키는 적극적 의미를 지닌 자기결정권은 당연히 법의 규정 여부를 떠나서 보장되어야 한다. 자기결정권이라 함은 일반적으로 개인이 일정한 중요 사적 사안에 관하여 공권력으로부터 간섭을 받음이 없이 스스로 결정할 수 있는 권리를 말한다. 헌법 제10조에서는 모든 국민에게 오로지 인간이라는 이유만으로 기본적 인권을 보장하고 있다. 자기결정권은 이러한 헌법 제10조의 인격권과 행복추구권이 전제하는 자기운명결정권으로부터 유래하는 헌법상의 권리이다. 그러므로 자기결정권의 주체를 충분한 판단능력을 갖춘 자에게만 한정시킬 수는 없다. 자기결정은 모든 인간의 가장 기본적 권리일 뿐만 아니라, 자기결정경험은 개인의 일상, 심리 정서, 사람들과의 관계에 긍정적 변화

* 공익인권법재단 공감 변호사, 서울지방변호사회 프로보노지원센터장.
** 경희대학교 후마니타스 교수, 사회복지법인 프리웰 이사장.
*** 사단법인 두루 변호사.

를 가져오고 이를 통해 의사소통능력과 사회적응능력을 발달시키는 효과를 갖는다. 이 같은 결과는 국내외 연구들에서 공통적으로 보고되어왔다.

그러나 발달장애인과 정신장애인과 같은 정신적 장애인은 예전부터 의사능력·행위능력이 부정되는 집단이었고 이를 금치산·한정치산제도를 통해 제도화해왔다. 충분한 판단능력을 갖추지 못한 자에게 어느 범위까지 자기결정권을 인정할 수 있을 것인지는 쉽게 판단하기 어려운 문제이다. 분명 본인의 보호를 위해 자기결정권을 일정 부분 제한하는 법적 간섭이 필요한 경우가 있기 때문이다. 그럼에도 불구하고 정신적 장애로 인하여 판단능력을 충분하게 갖추지 못한 자들도 원칙적으로 자기결정권의 주체라고 보아야 하고 오히려 현실에서는 이들에게 자기결정권을 보장하여야 할 구체적인 필요성이 제기되고 있다. 중요한 것은 자기결정권의 가부장적 제한은 자칫 본인보호라는 미명 아래 판단능력이 떨어지는 이들의 기본권을 부당하게 제한할 소지가 다분히 있다는 점이다.

그렇기 때문에 장애인차별금지 및 권리구제 등에 관한 법률 제7조에서는 '장애인은 자신의 생활 전반에 관하여 자신의 의사에 따라 스스로 선택하고 결정할 권리를 가진다.'고 하여 장애인들의 자기결정권을 명문으로 규정한 것이다. 정신적 장애인이라고 하여 바로 의사결정능력이 없는 자임을 전제로 하여 그들의 의사를 전혀 고려하지 않고 시설입소 여부를 결정하는 것은 정신적 장애인의 자기결정권을 침해하는 것에 다름 아니다. 설혹 어떠한 응급상황에 처하였다고 하더라도 최대한 장애인 본인의 의사를 확인하는 노력이 반드시 선행되어야 한다. 그 시작점은 모든 사람이 자기결정을 행사할 수 있다는 것, 즉 어떤 상황에서든 정신적 장애인이 그 상황을 인정하거나 또는 불인정하는 것을 보여줌으로써 가능하다는 것이다.

본 글에서는 우선 자기결정의 개념과 구성요소를 어떻게 볼 것인지에 관해 살펴보고, 다음으로 자기결정권의 법적인 근거, 자기결정권과 관련된 쟁점을 짚어보고, 마지막으로 정신적 장애인의 자기결정권을 보장하기 위해 필요한 지원방안에 관하여 살펴보기로 한다.

Ⅱ. 자기결정권 개념과 구성요소

1. 자유론적 자기결정권 vs 관계론적 자기결정권

정신적 장애인의 자기결정 문제를 부각시키는 데 영향을 준 흐름 중 하나는 사회권과 여성주의 실천의 강조다. 과거 자기결정권은 공적인 영역의 문제로 주로 다뤄졌으며 가정 등 일상생활에서의 자기결정은 사적인 문제로 치부되어 법적인 이슈가 되지 못한다고 여겨졌다. 그러나 1990년대 이후 인간의 삶에서 자유권과 함께 사회권 보장의 중요성이 강조되면서 사적 영역에서의 자기결정권 보장 역시 중요하다는 자각이 이뤄졌다. 이러한 흐름은 공적 영역은 물론 가정과 사회복지시설 등 사적 영역에서 일상적인 자기결정권 침해를 당해온 정신적 장애인의 자기결정권 보장에 대한 관심으로 이어졌다.

정신적 장애인의 자기결정권 관련 논의의 핵심은 의사능력과 행위능력에 제한이 있는 사람들의 자기결정권 제한을 정당화 해온 자유론적 관점에 대한 관계론적 관점에서의 비판이다. 이 비판의 핵심은, 본래 인간 자체가 의존적 존재로 누구도 타인의 도움 없이 살아갈 수 없다는 점에서 독립된 개체로 인간을 전제하는 자유론적 자기결정권은 한계가 있으며 자기결정권은 상호 관계에서 서로 의존하는 인간을 전제로 재개념화되어야 한다는 것이다.

자유론적 관점은 자기결정권에 관한 전통적 관점으로 '타인에게 관계없는 사항 즉 타인에게 해를 끼치지 않는 사항에 관해서는 스스로가 결정하고 스스로의 책임 아래 행위할 수 있다'는 자유론적 관

점에서 자기결정권을 바라본다.[1] 자유론적 자기결정권[2] 은 자유의
사에 근거한 개인의 선택과 자기책임을 의미한다. 이때 자유의사는
'합리적 사고와 의사표현능력을 가진 사람'을, 자기책임은 '책임능력
을 가진 사람을 전제'로 하고 있다. 따라서 자유론적 관점은 이러한
능력의 한계가 있는 아동, 지적장애 또는 정신질환이 있는 사람들에
대한 자기결정권 제한 또는 박탈의 불가피성을 정당화 해왔다.

관계론적 관점은 '자기결정권은 모든 사람들의 일상적 삶의 근간
을 이루는 기본적 권리'[3]로 의사능력과 책임능력에 한계가 있는 사
람들도 자기결정권을 가지며, 이들이 자기결정권을 행사할 수 있도
록 사회가 지원해야 한다는 것을 강조한다.

지원을 통해 정신적 장애인의 자기결정권을 보장하려는 관계론
적 관점으로의 변화는 여러 곳에서 이뤄져왔다. 1990년대 서구 유럽
에서는 지적장애인 서비스 개혁의 핵심적 이념으로 자기결정권이
표방되었다. 스웨덴의 경우 1993년 지적장애인이 그들 삶을 관리할
권리 또는 스스로 주재(主宰)할 권리를 지원하는 두 가지 법령이 제

---

1) 김용득·박숙경, 지적장애인의 거주시설 유형별 자기결정 경험 연구, 한국
   사회복지학, 제60권 제4호, 2008, 81면.
2) 자기결정권은 영국의 사상가 존 스튜어트 밀(John Stuart Mill)의 자유론에서
   기원했다. 밀은 그의 자유론에서 "문명화된 사회에 있어서 인류가 개인적
   이건 집단적이건 사회 일원에 대해서 그의 자유를 제한하고 사상에 반한
   권력을 행사할 수 있는 유일한 목적은 타인에게 해가 미치는 것을 방지하
   기 위한 경우뿐이다"로 정의하여 자기결정의 제한을 자기보존을 위한 경
   우로 제한했다(백승흠, 고령자의 자기결정권 : 영국의 지속적 대리권 수여
   법을 중심으로, 아태공법연구 제4호, 1997, 131-154면) 여기서 '타인에 해를
   끼치지 않는 한'의 의미가 '행위능력과 책임능력을 전제로 한다'로 해석되
   면서 이 같은 능력에 한계가 있는 정신적 장애인과 아동의 자기결정권에
   대한 제한이 따를 수밖에 없다는 관점을 정당화 해 왔다. 아마도 자유론을
   집필할 당시 밀의 의도는 정신적 장애인의 자기결정권을 제한하려는 것은
   아니었을 것이다.
3) 조효제, 인권의 문법, 후마니타스, 2007, 6면.

정되었다.[4] 또한 1994년 스웨덴의 장애인복지서비스 관련 법 개정의 주요 이슈는 자율성과 자기결정권에 기초한 서비스 제공이었다.[5] 미 교육부 산하 특수교육 및 재활서비스국(OSERS)에서는 1988년 산하 장애인 공무원들로 하여금 장애학생 자기결정 관련 발의를 관리하도록 했으며, 1989년에는 구체적인 활동으로서 연방차원에서의 자기결정 장려책을 논의하는 전국협의회를 개최하여 장애권익옹호자, 부모, 주와 지방 공무원의 의견을 들었다.[6] 이렇듯 정신적 장애인의 자기결정권을 보장하려는 노력은 지속적으로 이루어졌으며 2005년 영국에서는 스스로 결정을 내릴 능력이 부족한 사람들을 보조하고 옹호하기 위한 법률로 정신능력법(The Mental Capacity Act 2005)이 제정되었다.

이 법률은 정신적 장애인의 자기결정권이나 선택권, 의사능력의 지원 등에 관한 구체적인 규정을 두고 있다. 또한 이 법에서는 정신적 장애인의 사법지원에 관해서도 의미 있는 규정들을 두고 있다. 우리나라에서도 2007년 장애인차별금지법이 제정되어 자기결정권보장에 관한 근거조항이 마련되는 등 과거 정신적 장애인의 자기결정권을 배제하던 자유론적 자기결정권 관점에서 관계론적 자기결정권 관점으로 서서히 변화해오고 있다.

---

4) Act concerning Support and Service for Persons with Certain Functional Impairments(LSS) and the Assistance Benefit Act(LACC, 1993) 김경미, 지적장애인의 자기결정원리: 개념, 현재와 미래에 대한 토론, 2007년 한국장애인복지학회 추계학술대회 자료집, 2007, 90면.

5) Kristina Karlsson and Claes Nilholm, 2006, Democracy and dilemmas of self-determination, Disability & Society Vol. 21, No. 2, March. pp.193-207.

6) 김교연, 지적장애인의 자기결정원리: 개념, 현재와 과제, 2007년 한국장애인복지학회 추계학술대회 자료집, 2007, 65면.

2. 정신적 장애인의 자기결정권 개념과 구성요소

가. 관계론적 자기결정권 개념

관계론적 자기결정권은 '자유의사에 기한 선택과 책임능력에 장애가 있는 사람들도 적극적인 지원을 통해 자기결정권을 존중받을 권리가 있다'[7]는 점을 강조한다. 소올(Sohl)[8]은 지적 장애를 가진 사람들의 자율성(autonomy)과 관련하여 '의존'과 '자기결정권' 사이의 긴장에 대한 연구를 수행했다. 그는 이러한 긴장은 '자율성이 선택을 하는 개인의 자유와 완전히 일치'한다고 보는 자유론적 관점에서 발생하는데, 이에 대한 숙고가 필요하다고 주장했다. 그는 자유론적 관점에서의 자율성은 '인지, 합리적 능력을 가진 사람을 전제'하고 있는데 대부분의 지적장애인은 이러한 능력을 갖추고 있지 않기 때문에 자기결정권 보장에 있어 배제를 당하기 쉽다. 따라서 지적장애인을 배제하지 않기 위해서는 자율성을 실용적, 상호소통적, 관계적으로 다루어야 한다는 것을 강조하였다.[9]

첫째, 실용적 자율성이란 당사자가 선택이 가능하고, 자신이 하는 것에 대해 좋게 느끼고, 그들이 존재하는 방법과 환경에 만족하는지를 확인할 수 있으면 자율성을 제한하지 말아야 하며 적절하고 의

---

7) 이러한 흐름은 아동권리협약에서 아동의 참여권을 강조하는 흐름과, 치매 노인과 장애인 등 의사능력이 취약한 성인들을 위한 성년후견제도의 발전 등에서 확인해 볼 수 있다.

8) Sohl, C. & Widdershoven en Van Der Made, J. 1997. Autonomie van mensen met een verstandelijke handicap. Op zoek naar een breder perspectief, Maandblad Geestelijke volksgezondheid, 52(9) pp.858-865.

9) Sohl외의 관계적 자율성에 관한 연구 내용은 네덜란드에서 이뤄진 Loon & Hove(2001)의 '지적장애인의 해방과 자기결정 그리고 시설보호 축소' 논문 240면에 소개된 내용을 재인용하였으며, 박스안의 실용적 상호소통적 관계적 자율성의 의미는 연구자들이 쉽게 풀어쓴 것이다.

미 있는 기회를 제공해야 한다는 것이다. 예를 들어 중증 지적장애인이 비오는 날 외출을 원할 때 비가 오는 데도 나가고 싶은 것인지 묻고 확인할 수 있다면 선택을 존중하고 가능한 지원해야 한다는 것이다.

둘째, 상호소통적 자율성이란 당사자의 결정과정에 대한 판단에 있어 총합적인 결과 즉 최종적인 결과로 판단하지 말고 하나하나의 과정으로 나눠 이해해야 한다는 것이다. 또한 자율적인 선택이 사회구조의 맥락 안에서 이루어질 수밖에 없으며 모든 결정들은 개인을 포함하고 있는 모든 것들과의 의사소통 결과물이라는 점을 이해해야 한다는 것이다. 예를 들어 지적장애인이 바리스타로 일하고 싶어할 때 자격증을 따서 취업에 성공하는 최종 결과로 판단하지 말고 스스로 직종을 선택하고 도전하며, 바리스타 교육을 받는 과정, 자격증 취득 과정, 취업을 준비하고 도전하는 과정 하나하나를 존중하고 잘 수행할 수 있도록 도와야 한다는 것이다. 최종적으로 바리스타 자격증 취득이 어렵다고 해서 총체적인 결과를 두고 잘못된 자기결정으로 보아서는 안 된다는 것이다.

셋째, 관계적인 자율성은 모든 사람들이 서로 의존하는 본성을 가지고 있으며 완전히 독립적일 수 없다는 점을 의미한다. 사실 모든 사람들은 사회를 살면서 완전히 독립적일 수 없다. 우리 모두는 암암리에 서로에게 의존하고 도움을 주고받으며 살아간다. 따라서 타인의 도움을 통해 자율성을 행사하는 것 자체가 인간의 자기결정 요소로 이해되어야 한다는 것이다.

나. 자기결정 구성요소

자기결정에서 가장 중요하게 공통적으로 강조되는 구성요소는 자율성(autonomy)이다. 이와 함께 외부로부터 부당한 간섭을 받지 않을 권리, 자기실현권리, 자유로운 의사소통의 권리, 기회를 제공받을 권리 및 사회적 지원에 대한 권리들이 주요 구성요소로 언급되어왔다.[10] 본 논문에서는 자기결정을 개인이 자신의 삶의 주요한 주체로서 외부 영향이나 간섭에서 벗어나 자율적으로 자신의 삶의 선택과 결정을 보장 받을 권리로서의 자율성, 외부로부터의 부당한 간섭 배제, 자유로운 의사소통, 자기실현 및 기회와 사회적 지원을 받을 권리로 개념화하였다.

자기결정을 이루는 기술적 구성요소를 살펴보면 첫째, 목표를 세우는 기술과 미래를 향한 비전을 개발하는 능력, 둘째, 선택하기와 의사결정하기, 셋째, 행동에 대한 자기규제, 넷째, 대인관계의 문제해결 능력, 다섯째, 개인옹호기술, 여섯째, 의사소통기술, 일곱째 사회적 기술, 여덟째 자립생활 기술이다. 이런 기술들이 개인적 통제를 실행하는 데 필수적이다. 이와 함께 자기결정에 관한 지식과 태도, 신념 역시 중요하다.[11]

---

10) 이외 프라이버시(privacy)권도 언급되는데 프라이버시권은 사생활의 비밀을 대상으로 하며 미국에서 주로 자기결정권과 관련하여 거론된다. 일례로 강수경은 "어린이와 헌법상 자기결정권"(사회복지연구. 덕성여대사회복지연구소, 2007)연구에서 자기결정 구성요소를 '자기책임, 자기실현, 프라이버시(privacy)권'으로 구분하였다. 그러나 자기결정권은 사적 문제에 대한 타인의 간섭을 받지 않고 결정한다는 점에서 사적 영역을 중요시하는 프라이버시권과 유사하지만 비밀성을 본질적 요소로 하지 않는다는 점에서 구분된다.

11) 김교연, 주 6, 70면 우리나라 법제 중 정신적 장애인의 자기결정에 대한 내용을 가장 상세하게 규정하고 있는 법률은 2015년 11월부터 시행된 『발달장애인권리보장 및 지원에 관한 법률』인데 동법에 규정된 자기결정 개념 역시 이 연구의 관점과 맥을 같이 한다.

Ⅲ. 정신적 장애인 자기결정권의 법적 근거

1. 헌법

우리 헌법은 자기결정권을 명시적으로 규정하고 있지는 아니하다. 하지만 거주이전의 자유, 신체의 자유, 직업선택의 자유, 언론출판의 자유 등 헌법상 보장되는 권리의 가장 밑바닥에는 이러한 권리를 주체적으로 행사할 수 있다는 자기결정권이 전제된 것이라고 볼 수 있다. 헌법재판소는, 헌법 제10조에서 규정한 인격권과 행복추구권이 전제하는 자기운명결정권을 인정하고 있다.[12] 헌법재판소는 자기결정권이 헌법상 기본권임을 전제로, 분야별로 개인정보자기결정권,[13] 성적 자기결정권,[14] 소비자 자기결정권,[15] 자기의 시체 처분에

---

12) 헌법재판소 2015. 2. 26. 선고 2009헌바17 결정.
13) 헌법재판소 2015. 12. 23. 선고 2013헌바68, 2014헌마449(병합) 결정 "개인정보자기결정권은 자신에 관한 정보가 언제 누구에게 어느 범위까지 알려지고 또 이용되도록 할 것인지를 그 정보주체가 스스로 결정할 수 있는 권리이다. 개인정보자기결정권의 보호대상이 되는 개인정보는 개인의 신체, 신념, 사회적 지위, 신분 등과 같이 개인의 인격주체성을 특징짓는 사항으로서 그 개인을 식별할 수 있게 하는 일체의 정보라고 할 수 있다. 이러한 개인정보를 대상으로 한 조사·수집·보관·처리·이용 등의 행위는 모두 원칙적으로 개인정보자기결정권에 대한 제한에 해당한다(헌법재판소 2005. 5. 26.자 99헌마513 등)."
14) 헌법재판소 2015. 2. 26. 선고 2009헌바17 결정 "개인의 인격권·행복추구권에는 개인의 자기운명결정권이 전제되는 것이고, 자기운명결정권에는 성행위의 여부 및 그 상대방을 선택할 수 있는 성적자기결정권이 포함됨은 분명하다."
15) 헌법재판소 2015. 4. 30. 선고 2012헌바358 결정 "청구인은 심판대상조항이 △△방송으로 하여금 지역△△방송의 주식을 제한 없이 취득할 수 있게 하여 언론기관의 합병을 조장함으로써 지역시청자의 표현의 자유 중 언론매체접근권(액세스권)을 침해하고, 더 이상 ○○방송을 보지 못하게 된 지역시청자들의 자기결정권을 침해한다고 주장하나, 심판대상조항은 △△방송이 법 시행 당시 계열회사 관계에 있는 지역△△방송의 주식 또는 지분을

대한 자기결정권,[16] 연명치료 중단에 관한 자기결정권[17] 등을 인정하고 있다. 정신적 장애가 있다는 이유로 자기결정권을 보장받지 못한다면 이는 장애인에 대한 차별에 해당하므로 평등원칙에 기초하여 정신적 장애인의 자기결정권이 보장되어야 한다.

헌법

제10조 모든 국민은 인간으로서의 존엄과 가치를 가지며, 행복을 추구할 권리를 가진다. 국가는 개인이 가지는 불가침의 기본적 인권을 확인하고 이를 보장할 의무를 진다.

제11조 ① 모든 국민은 법 앞에 평등하다. 누구든지 성별·종교 또는 사회적 신분에 의하여 정치적·경제적·사회적·문화적 생활의 모든 영역에 있어서 차별을 받지 아니한다.

소유하는 것을 허용하고 있을 뿐 언론기관의 합병을 조장하는 것과는 아무런 연관이 없어 이로 인해 지역시청자들의 표현의 자유 중 언론매체접근권이 제한될 여지가 없으며, 설령 합병으로 인해 ○○방송이 사라졌다 하더라도 여전히 ○○경남을 통해 진주지역에서 △△방송을 시청할 수 있으므로 지역시청자들의 자기결정권이 침해되었다고 볼 수 없다."

16) 헌법재판소 2015. 11. 26. 선고 2012헌마940 결정 "만일 자신의 사후에 시체가 본인의 의사와는 무관하게 처리될 수 있다고 한다면 기본권 주체인 살아 있는 자의 자기결정권이 보장되고 있다고 보기는 어렵다. 따라서 본인의 생전 의사에 관계없이 인수자가 없는 시체를 해부용으로 제공하도록 규정하고 있는 이 사건 법률조항은 청구인의 시체의 처분에 대한 자기결정권을 제한한다고 할 것이다."

17) 헌법재판소 2009. 11. 26. 선고 2008헌마385 결정 "환자가 장차 죽음에 임박한 상태에 이를 경우에 대비하여 미리 의료인 등에게 연명치료 거부 또는 중단에 관한 의사를 밝히는 등의 방법으로 죽음에 임박한 상태에서 인간으로서의 존엄과 가치를 지키기 위하여 연명치료의 거부 또는 중단을 결정할 수 있다 할 것이고, 위 결정은 헌법상 기본권인 자기결정권의 한 내용으로서 보장된다 할 것이다."

2. 장애인권리협약(Convention on the Rights of Persons with Disabilities)

우리나라가 비준한 국제법규는 헌법 제6조 제1항에 따라 국내법과 같은 효력을 가진다. 우리나라는 2009년 1월 장애인권리협약을 비준하였으므로 위 협약은 국내법과 동일한 효력이 있다. 장애인권리협약은 전문에 "장애인 스스로 선택할 자유를 포함하여 장애인 개인의 자율 및 자립의 중요성을 인정"하고 있고, "천부적인 존엄성, 선택의 자유를 포함한 개인의 자율성 및 자립에 대한 존중"을 일반원칙으로 천명하고 있다(제3조). 또한 장애아동의 자기결정권에 기초하여 "비장애아동과 동등한 조건으로 장애아동의 연령과 성숙도를 고려하여 장애아동들이 자신들에게 영향을 미치는 모든 문제들에 대해 자유롭게 본인들의 의견을 표현하는 권리"를 보장하면서 당사국에게 그러한 권리를 실현하도록 장애와 연령에 적합한 지원을 제공할 것을 규정하고 있다(제7조 제3호). 이는 정신적 장애가 있는 아동의 자기결정권의 보장근거가 될 수 있다. 그밖에도 모든 생활영역에서 비장애인과 동등하게 법적 능력을 향유하고 정신적 완전함을 존중받을 권리(제12조 제2호, 제17조) 등 자기결정권과 관련한 여러 규정을 두고 있다.

3. 개별법령

가. 장애인차별금지 및 권리구제 등에 관한 법률

장애인차별금지 및 권리구제 등에 관한 법률(이하 '장애인차별금지법')이 2007년 4월 10일 제정되어 2008년 4월 11부터 시행되고 있다. 장애인차별금지법 제7조는 "① 장애인은 자기의 생활 전반에 관하여 자신의 의사에 따라 스스로 선택하고 결정할 권리를 가진다. ② 장애인은 장애인 아닌 사람과 동등한 선택권을 보장받기 위하여 필요한 서비스와 정보를 제공 받을 권리를 가진다."라고 명시적으로 자기결정권을 보장하고 있다. 자기결정권에 포함되는 성적 자기결정권에 관하여도 명시적으로 근거를 두고 있다. 또한 자기결정권이 있음을 전제로 가족, 가정 및 복지시설 등의 구성원은 장애인의 의사에 반하여 과중한 역할을 강요하거나 장애를 이유로 정당한 이유 없이 의사결정 과정에서 장애인을 배제하여서는 아니 된다고 규정하고 있다.

나. 발달장애인 권리보장 및 지원에 관한 법률

발달장애인은 전체 등록장애인 중에서 숫자로는 소수이지만 성인이 되어서도 세수, 화장실 사용 등의 간단한 일상생활조차도 타인의 도움이 없이 영위하기가 어려워 일생 돌봄이 필요한 경우가 많고, 발달장애인은 인지력·의사소통능력 등이 부족하여 자신의 권리를 주장하거나 스스로 보호하는 것에 상당한 어려움이 있어 학대·폭력, 인신매매, 장기적인 노동력 착취 등의 피해자가 되는 경우가 지속적으로 발생하고 있다. 이러한 문제의식으로 발달장애인의 권리를 보호하고 그 보호자 등의 삶의 질을 향상시키기 위해 발달장애인 권리보장 및 지원에 관한 법률(이하 '발달장애인법')이 2014년 5월 20일 제정되어 2015년 11월 21일부터 시행되고 있다.[18]

발달장애인법 제3조에서 발달장애인이 ""① 원칙적으로 자신의 신체와 재산에 관한 사항에 대하여 스스로 판단하고 결정할 권리, ②자신에게 법률적·사실적인 영향을 미치는 사안에 대하여 스스로 이해하여 자신의 자유로운 의사를 표현할 수 있도록 필요한 도움을 받을

---

18) 법제처 제공, 발달장애인법 제정이유.

권리, ③자신과 관련된 정책의 결정과정에서 자기의 견해와 의사를 표현할 권리"가 있음을 전제로, 제8조에서 "①발달장애인은 자신의 주거지의 결정, 의료행위에 대한 동의나 거부, 타인과의 교류, 복지서비스의 이용 여부와 서비스 종류의 선택 등을 스스로 결정"하고, "②누구든지 발달장애인에게 의사결정이 필요한 사항과 관련하여 충분한 정보와 의사결정에 필요한 도움을 제공하지 아니하고 그의 의사결정능력을 판단하여서는 아니 된다"고 하여 발달장애인의 자기결정권을 보장하고 있다.

다. 장애인복지법, 장애아동복지지법원 등

그 밖에도 장애인복지법 제53조에서는 국가와 지방자치단체에게 중증장애인의 자기결정에 의한 자립생활을 위하여 여러 시책을 강구하여야 함을 규정하고 있고, 같은 법 제60조의4에서는 장애인 거주시설 운영자에게 시설 이용자의 사생활 및 자기결정권 보장을 위하여 노력할 의무를 부과하고 있다. 또한 장애아동복지지원법 제4조는 장애아동이 의사소통 능력, 자기결정 능력 등을 향상시키기 위한 교육 및 훈련기회를 제공받을 권리가 있음을 명시하고 있다.

라. 소결 - 각 법률의 관계

발달장애인이나 장애아동의 권리가 문제될 경우 발달장애인법이나 장애아동복지지원법 등 개별법령이 근거법으로 우선 적용된다. 하지만 이 경우에도 헌법, 장애인권리협약, 장애인차별금지법 등 다른 법률이 아예 배제되는 것은 아니고, 해석의 기초가 되거나 중첩적으로 적용되어 권리의 법적 근거를 강화시키는 역할을 하기도 한다.

Ⅳ. 정신적 장애인 자기결정권 관련 쟁점

이 장에서는 정신적 장애인의 자기결정권 보장과 관련한 핵심 쟁점을 살펴볼 것이다. 본 논문은 보호와 자유, 의사능력의 문제, 행위능력과 성년후견인 제도, 진술의 신빙성 문제, 정신보건법상의 강제입원제도 이상 다섯 가지의 쟁점을 살펴보고 관계론적 자기결정권 개념에 근거하여 어떠한 문제가 있으며, 어떻게 개선되어야 할지를 제시하였다.

1. 보호와 자유

정신적 장애인의 자기결정권 관련 핵심쟁점 중 하나가 보호와 자유에 관한 것이다. 정신적 장애인의 자기결정권 침해의 가장 큰 근거가 해당 당사자에 대한 '보호'다. 인간은 어려서 부모의 사랑과 보호 아래 성장한다. 유년기 아이가 믿고 따를 수 있는 사람, 어떠한 상황에서도 자신을 보호해줄 수 있는 사람의 존재는 절대적이다. 그러나 한해 두해 나이를 먹어갈수록 독립의 욕구는 커져가고, 그만큼 보호의 욕구는 줄어든다. 청소년이 되고, 청년이 되면 그러한 보호는 족쇄와 간섭으로 느껴진다. 보호를 받으면 안전할 수 있지만, 위험하더라도 이를 감수하고 자유를 향해 뛰어나간다. 인간은 본성적으로 보호받기보다는 자유를 추구한다. 보호와 자유는 이처럼 상충된 가치이다. 보호를 받으면 안전할 수 있지만, 자유는 그만큼 제한될 수밖에 없다. 그렇지만 장애인시설 그리고 정신병원에는 아직 수많은 정신적 장애인들이 시설보호를 받으며 생활하고 있다. 평생을 그처럼 시설보호를 받으며 생활하는 이들도 있다. 심지어 시설보호를 받아야 하기 때문에 시설 밖을 나가지 못하는 장애인들도 많다. 하지만 시설에 거주하는 정신적 장애인들도 자유에 대한 욕구가 비장애인과 전혀 다르지 않다.

사회가 정신적 장애인을 더 이상 보호만 받아야 하는 어린아이 같은 존재로 여기지 않아야 한다. 시설에 철조망을 쳐서라도 밖으로 나가지 못하게 함으로써 보호를 받아야하는 존재로 여겨지지 않아야 한다. 그들도 자유롭기를 원한다. 위험하더라도, 실패하더라도 자유로운 가운데 자기 스스로 그 위험과 실패도 받아들일 수 있는 존재가 바로 인간이기 때문이다. 도서 지역이나 농촌 지역에서 장애인 착취·학대는 왜 고질적으로 반복되고 있는가? 오갈 데 없는 불쌍한 사람을 거둬서 먹여주고 재워주며 보살펴주는 선한 사람들이라는 기본인식이 강하고, 사람이 하는 일이라 '실수'할 수도 있고, '오죽했으면 때렸을까?'라는 생각에, 그러한 상황에서의 폭행은 훈계 또는 교육 차원으로 행한 것이어서 큰 죄가 아니라는 인식이 팽배하기 때문이다.

그래서 이들이 차고에서 스티로폼을 깔고 자더라도, 머리를 삭발하고 도망가지 못하게 몸에 문신을 새기고 밖에서 문을 잠그더라도, 냄새가 진동하는 목장 옆의 가건물에서 생활하더라도, 새벽부터 밤까지 월급 한 푼 받지 못한 채 일을 해도 이들을 '보호'하는 가운데 벌어진 불가피한 일일 뿐이다. 5년, 10년을 돈 한 푼 받지 못하고 노예같이 일했어도 돌려받을 수 있는 돈은 임금청구시효가 지나지 않은 3년 치 농촌 일용직 근로자 봉급에서 장애인이라고 일률적으로 노동상실률 50%를 감한 금액뿐이다. 이러한 인식 때문에 수많은 정신적 장애인이 인신매매·폭력·감금·학대·노동력 착취 등의 인권침해를 당하더라도 인권의 사각지대에 버려진 채 아무런 법적 보호를 받지 못했던 것이다. 노예장애인 사건들은 장애인의 취약성을 노골적으로 이용한 비난 가능성이 매우 큰 사건이다. 이들은 정신적 장애인들을 인신매매를 통해 사와서 '노예'로 부리고 폭행·감금·학대하면서 오갈 데 없는 장애인을 보호하는 선한 사람으로 행세해온 양의 탈을 쓴 늑대에 불과하다. 노예로 부린 장애인을 가족은커녕 한 인간으로라도 생각했다면 이렇게 대우할 수는 없을 것이다. 한 사람이 다른 사람을 착취할 그 어떤 이유도 있을 수 없다. 사람에게 자유란 실은 그 사람 자체이다.

2. 의사능력의 문제

가. 의사능력과 자기결정권의 관계

우리 민법은 사적 자치를 원칙으로 삼고 있으므로 개인은 자기의 '의사'에 기하여서만 법률관계를 형성할 수 있는데, 자신의 행위가 어떤 의미를 가지고 있는지조차 모르는 경우라면 그 행위는 그의 '의사'에 기한 것이라고 할 수 없다. 따라서 법률행위가 유효하려면 행위자에게 의사능력이 있을 것이 요구된다. 대법원은 의사능력을 '자기가 하는 행위의 의미나 결과를 인식·판단하여 정상적인 의사결정을 할 수 있는 정신능력'이라고 하면서, 의사능력의 유무는 구체적인 법률행위와 관련하여 개별적으로 판단하고 있다(대법원 2002. 10. 11. 선고 2001다10113 판결). 즉, 의사능력은 자기결정권을 행사할 수 있는 전제조건에 해당한다. 의사능력은 특별한 사람이 아니라 통상인의 정상적인 판단능력을 가리키는데, 보통 7세 내지 10세 정도의 어린이의 정신능력을 기준으로 판단된다.[19]

의사무능력자가 한 행위에 대하여는 아무런 법률적 효과가 인정되지 아니하여 그 법률행위는 무효가 된다(위 대법원 2001다10113 판결; 대법원 1993. 7. 27. 선고 93다8986 판결 등). 의사무능력자의 법률행위 무효 주장은 상대방을 포함하여 누구나 할 수 있다는 것이 학

---

19) 송덕수, 신 민법강의(제7판), 110면; 지원림, 민법강의(제14판), 홍문사, 2016, 60면.

계 다수의 견해이다. 즉, 절대적 무효이다.[20] 따라서 우리 민법 해석
상 의사무능력자는 지원이나 조력을 받아도 스스로 어떠한 판단도
할 수 없다. 이는 의사무능력자의 자기결정권을 전부 부정하는 것이
다. 그러나 의사능력과 자기결정권은 개별 사안마다 구체적으로 살
펴야 하고, 일률적으로 긍정 혹은 부정될 성질의 것은 아니다. 이하
에서는 의사능력이 문제된 사례를 살펴본다.

나. 보험계약

보험계약과 관련하여 구 상법 제732조는 '심신상실자 또는 심신박
약자의 사망을 보험사고로 한 보험계약은 무효로 한다'고 규정하고
있었다. 구 상법 제732조는 심신상실자 등이 도박보험과 인위적 사
고의 희생자가 되는 것을 막기 위한 장치로 도입되었다. 그러나 이
규정은 정신적 장애인의 보험가입을 가로막는 독소조항으로 작용해
왔다. 위 규정에서 나오는 '심신상실'이나 '심신박약' 개념은 민법상
의사능력·행위능력과 관련된 용어로서 지적장애인, 정신질환자와
동의어가 아님에도 불구하고 이들은 모두 이 규정에 의해 보험가입
을 하지 못하고 있다.

심신상실자, 심신미약자로 분류되는 정신·지적 장애인의 경우에
는 상법 제732조에 따라 실무상으로 거의 대부분의 보험상품에 있어
지적장애인과 정신장애인을 피보험자에서 제외시켜왔다. 또한 '심신
상실', '심신미약'의 개념은 객관적으로 증명하거나 분류되지 않은
극히 추상적인 개념이다. 보험회사들은 이 규정을 근거로 거의 대부
분의 지적장애인, 정신질환자들의 보험가입의 근거로 활용해왔다.
이러한 추상적 개념의 현실 적용은 보험자의 판단에 좌우되며, 결국
법적·의학적으로 용이하게 분류할 수 있는 정신·지적 장애인들에게

---

20) 송덕수, 위의 책, 111면.

일률적으로 적용될 가능성이 높기 때문이다.

구 상법 제732조에 대한 개정요구가 거세어지자 법무부는 2014년에 본문규정은 그대로 둔채 '다만, 심신박약자가 보험계약을 체결하거나 제735조의3에 따른 단체보험의 피보험자가 될 때에 의사능력이 있는 경우에는 그러하지 아니하다.'는 단서조항을 추가하는 상법 개정안을 발의하여 이 내용으로 법이 개정되었다.

그러나 의사능력 유무는 판단하기 어렵고, 그 입증책임을 당사자가 부담하므로, 보험회사의 보험인수 거절관행은 쉽게 개선될 것으로 보이지 않는다.[21] 또한 타인의 보험에서는 의사능력 있는 장애인이 여전히 배제되고 있다. 의사능력이 없는 장애인은 사망보장이 포함된 모든 보험(자기의 보험, 타인의 보험, 단체보험)에서 배제되고 있다. 상법 제732조는 사망보험에만 적용되지만, 우리나라의 경우 생

---

21) 정신적 장애인의 보험계약과 관련하여, 조울증(정신장애 3급)이 있는 원고가 약물을 복용하고 있다는 이유만으로 보험인수를 거절한 보험회사를 상대로 차별구제 및 손해배상 청구의 소를 제기한 사안에서, 법원은 조울증과 같은 정신장애의 경우 관해 상태가 장기간 지속되어 일상상황을 영위하는 데 지장이 없더라도 재발 방지를 위해 지속적인 약물 복용이 요구되는 점, 피고의 보험 인수 기준에 의하면 지속적인 약물 복용이 요구되는 정신장애 보유자의 경우 약물 복용기간, 재발 이력 등의 개별적·구체적인 고려 요소와 관계없이 이 사건 보험 상품과 같은 납입면제 상품의 인수가 일률적으로 거절되는 점 등을 고려하면, 이 사건 인수거절 행위는 그 주된 원인이 장애라고 인정되어 장애인차별금지법이 금지하는 차별행위에 해당한다고 보아 손해배상청구를 일부 인용한 바 있다(서울중앙지방법원 2013. 8. 30. 선고 2011가합38092 판결). 위 사건은 현재 항소심 계속 중이다. 한편, 지적장애2급 장애인인 원고들이, 생명보험회사의 다이렉트종신보험에 가입하기 위해 전화상담을 진행하던 중 지적장애인은 보험가입대상이 아니라는 이유로 거절당하여 장애인 차별이 문제된 사건에서, 법원은 차별인지는 판단하지 않고, "보험가입을 위한 단순한 전화상담을 넘어 종신보험가입을 위한 청약에 나아갔다는 점을 인정하기 부족하다."며 "더 나아가 판단할 필요 없이 원고들의 청구를 모두 기각한다."고 판결하였다(서울고등법원 2011. 9. 2. 선고 2011나18439 판결).

존보험, 상해보험, 건강질병보험 등 대부분의 보험에 사망보장이 포함되어 있어서, 생명보험회사, 손해보험회사 등이 취급하는 많은 보험상품에서 관련 장애인이 배제되고 있어 여전히 문제가 크다. 특히 타인의 보험(보험계약을 체결하는 보험계약자와 보험의 대상이 되는 피보험자가 다른 보험)에서 의사능력이 있는 장애인의 동의 효력을 부정하는 것은 장애인의 자기결정권을 침해하는 것이다. 의사능력이 없는 사람의 동의 또는 보험계약 체결을 법정대리인과 후견인이 대리하는 것을 부정할 이유가 없다. 결국 개정 상법 제732조 역시 정당한 사유 없이 장애인을 차별하는 조항에 해당하므로 삭제하는 것이 타당하다.[22]

다. 금융계약

(1) 연대보증계약

지능지수가 58로서 경도의 정신지체 수준에 해당하는 38세의 정신지체 3급 장애인이 2,000만 원이 넘는 채무에 대하여 연대보증계약을 체결한 사안에서 법원은 '보증인은 위 연대보증계약 당시 이미 정신지체장애 3급의 판정을 받은 장애인으로서, 2005. 10.경 실시된 위 피고에 대한 정신감정 결과 위 피고의 지능지수는 58에 불과하고, 읽기는 가능하나 쓰기는 이름 및 주소 외에는 불가능하며, 기초적인 지식도 제대로 습득하지 못하였고, 간단한 계산능력이나 단순한 주의력도 결여되어 있으며, 사회적 이해력 및 상황의 파악능력도 손상되어 있어, 보증이나 대출의 의미를 제대로 이해할 수 없다는 진단을 받은 사실'을 인정할 수 있음을 전제로, '보증인이 위 연대보증계약 당시 그 계약의 법률적 의미와 효과를 이해할 수 있는 의사능력을 갖추고 있었다고는 볼 수 없고, 따라서 이러한 계약은 의사능력

---

22) 임성택, 상법 732조와 장애인 차별, 법학평론 제5권, 2015, 39면 이하.

을 흠결한 상태에서 체결된 것으로서 무효'라고 판단하였다(대법원 2006. 9. 22. 선고 2006다29358 판결).

(2) 근저당권설정계약

① 원고가 동네사람 A와 함께 피고 조합을 방문하여 2,000만원을 대출받고 이를 담보하기 위하여 원고가 거주하는 주택 및 그 대지에 대하여 채권최고액 2,600만원의 근저당권을 설정하고, 동네사람 B와 함께 피고 조합을 방문하여 3,000만원을 대출받고 이를 담보하기 위하여 원고 소유 토지에 대하여 채권최고액 4,500만원의 근저당권을 설정하였으며, 위 각 대출금은 A, B가 사용한 사안에서, 법원은 다음과 같이 판단하였다.

> "원고가 직접 금융기관을 방문하여 금 50,000,000원을 대출받고 금전소비대차약정서 및 근저당권설정계약서에 날인하였다고 할지라도, 원고가 어릴 때부터 지능지수가 낮아 정규교육을 받지 못한 채 가족의 도움으로 살아왔고, 위 계약일 2년 8개월 후 실시된 신체감정결과 지능지수는 73, 사회연령은 6세 수준으로서 이름을 정확하게 쓰지 못하고 간단한 셈도 불가능하며, 원고의 본래 지능수준도 이와 크게 다르지 않을 것으로 추정된다는 감정결과가 나왔다면, 원고가 위 계약 당시 결코 적지 않은 금액을 대출 받고 이에 대하여 자신 소유의 부동산을 담보로 제공함으로써 만약 대출금을 변제하지 못할 때에는 근저당권의 실행으로 인하여 소유권을 상실할 수 있다는 일련의 법률적인 의미와 효과를 이해할 수 있는 의사능력을 갖추고 있었다고 볼 수 없고, 따라서 위 계약은 의사능력을 흠결한 상태에서 체결된 것으로서 무효이다."(대법원 2002. 10. 11. 선고 2001다10113 판결).[23]

---

23) 원심은 원고가 정신지체장애 2급의 진단을 받고 지능지수가 73에 불과하다는 감정을 받았지만 이는 이 사건 계약 이후 1년 이상 경과한 시점에 원

② 원고가 정신지체 장애등급 2급으로 독자적인 경제활동이 곤란하여 그의 부모와 여동생(특별대리인) 등이 동거하면서 오랫동안 원고와 그 자녀의 생활비를 조달해온 상황에서, 원고의 아버지가 원고의 사실상 후견인의 입장에서 원고를 보조하여 원고 소유의 부동산에 관하여 피고 조합 앞으로 근저당권을 설정하여 주고 원고의 명의로 돈을 대출받은 것을 비롯하여 원고 이름으로 등기해 주었던 다른 부동산에 관하여서도 여러 차례 근저당권을 설정하여 주고 대출받았다가 이를 해지하였던 경우에, 법원은 다음과 같이 판단하였다.

> "의사무능력자인 원고의 특별대리인이 선임되어 의사무능력자가 한 위 각 근저당권설정계약 및 대출계약 등 무효를 주장하는 것이 거래관계에 있는 당사자의 신뢰를 배신하고 정의의 관념에 반하는 경우로서 신의칙상 허용될 수 없는 경우라고 볼 수는 없으며, 따라서 원심이 같은 취지에서 피고의 신의칙 위반 주장을 배척한 것은 정당하다"(대법원 2006. 9. 22. 선고 2004다51627 판결).

라. 소송행위

(1) 민사소송
① 의사무능력자의 재판상 이혼 청구 사건
대법원은, 금치산자가 이혼심판을 청구할 경우 특별대리인 선임

고와 이해관계를 같이 하는 가족의 진술에 상당부분 의존하여 이루어진 결과라는 점, 원고는 이 사건 이전에도 근저당권설정등기를 해 본 경험이 있고, 이 사건 계약 당시 직접 피고 조합을 방문하였으며, 일부 서류에는 직접 서명날인한 점, 이 사건 각 계약의 내용은 원고가 피고 조합으로부터 돈을 빌리고 이에 대한 담보를 제공하는 것으로 비교적 저도의 판단능력을 요하는 행위라는 점 등을 들어서 근저당권설정계약이 무효하는 원고의 주장을 배척하였다.

신청이 가능한지와 관련하여, "민사소송법 제29조[24)]에 의하여 법정대리인 또는 친족회의 동의를 얻어 소송행위를 할 수 있는 자는 적어도 의사능력은 있어야 하므로 의사능력이 없는 금치산자는 법정대리인이나 친족회의 동의를 얻어서도 스스로 소송행위를 할 수 없는 것이어서 법정대리인이 대리하지 않는 한 소송을 할 수 없는 경우에는 법정대리인의 대리를 인정하여야 할 것이고 그 경우 법정대리인이 없거나 대리권을 행사할 수 없는 때에는 당사자는 민사소송법 제58조의 규정에 의하여 특별대리인의 선임을 신청할 수 있다"고 판시한 바 있다(대법원 1987. 11. 23.자 87스18 결정).

또한 원고가 식물인간 상태의 금치산자이고 배우자인 피고가 원고의 후견인인 상태에서 원고의 어머니가 민사소송법상 특별대리인으로 선임되어 이혼소송을 제기한 사건에서 "의식불명의 식물인간 상태와 같이 의사무능력자인 금치산자의 경우, 민법 제947조, 제949조에 의하여 금치산자의 요양·감호와 그의 재산관리를 기본적 임무로 하는 후견인이 금치산자를 대리하여 그 배우자를 상대로 재판상 이혼을 청구할 수 있고, 그 후견인이 배우자인 때에는 가사소송법 제12조 본문, 민사소송법 제62조 제1, 2항에 따라 수소법원에 특별대

---

24) 인사소송법은 1961. 12. 6. 제정되어 시행되어 오다가 1990. 12. 31. 폐지되었다. 위 대법원 87스18 결정 내용에 비추어 인사소송법 제29조의 무능력자는 의사무능력자가 아닌 행위무능력자를 의미하는 것으로 보인다.

인사소송법
제29조(무능력자의 소송행위)
①무능력자는 법정대리인의 동의를 얻어 본장에 규정한 소송행위를 할 수 있다.
②법정대리인이 소의 상대방인 경우에는 무능력자는 친족회의 동의를 얻어 소송행위를 할 수 있다.
③전2항의 경우에 법원은 변호사 기타 학식경험있는 자를 소송대리인으로 선임할 것을 명할 수 있다.

리인의 선임을 신청하여 그 특별대리인이 배우자를 상대로 재판상 이혼을 청구할 수 있다"고 판시한 바 있다(대법원 2010. 4. 8. 선고 2009므3652 판결).

② 의사무능력자를 상대방으로 한 인지청구소송

법원은, 의사무능력자를 상대방으로 인지청구소송을 제기하는 경우 특별대리인 선임 신청의 적법성과 관련하여, "일반적으로 신분상의 법률행위는 본인의 의사결정을 존중하여 대리를 허용하지 않음은 소론과 같으나, 인지청구의 소와 같은 가사소송에 있어서 상대방이 의사무능력자이기 때문에 법정대리인이 대리하지 않는 한 소송을 할 수 없는 경우에는 법정대리인의 대리를 인정하여야 할 것이며, 이와 같이 법정대리인의 대리가 가능한 경우에 법정대리인이 없거나 대리권을 행할 수 없는 때에는 당사자는 민사소송법 제58조의 규정에 의하여 특별대리인을 신청할 수 있음은 당연하다"고 판단하였다(대법원 1984. 5. 30.자 84스12 결정).

③ 검토

현행 민사소송법에 따르면, 금치산자는 법정대리인 또는 특별대리인에 의하여서만 소송행위를 할 수 있다(제55, 62조).[25] 금치산자는

---

25) 민사소송법

제55조(미성년자·한정치산자·금치산자의 소송능력) 미성년자·한정치산자 또는 금치산자는 법정대리인에 의하여서만 소송행위를 할 수 있다. 다만, 미성년자 또는 한정치산자가 독립하여 법률행위를 할 수 있는 경우에는 그러하지 아니하다.

제62조(특별대리인) ① 법정대리인이 없거나 법정대리인이 대리권을 행사할 수 없는 경우에 미성년자·한정치산자 또는 금치산자를 상대로 소송행위를 하고자 하는 사람은 소송절차가 지연됨으로써 손해를 볼 염려가 있다는 것을 소명하여 수소법원(受訴法院)에 특별대리인을 선임하여 주도록 신청할 수 있다.

구 민법에서 심신상실의 상태에 있는 자에 대하여 법원의 금치산 선고가 내려진 경우를 의미하므로(제12조), 의사능력이 없지만 금치산 선고를 받지 아니하였다면 소송행위를 유효하게 할 수 있는지 의문이 들 수 있다.[26] 그런데 2011. 3. 7. 민법 개정을 통해 금치산 제도는 폐지되고 성년후견제도가 도입되었다.[27] 이에 민사소송법 역시 2016. 2. 3. 개정(2017. 2. 4. 시행)을 통해 종전에 소송능력이 없었던 금치산자에 대응하는 피성년후견인(제한능력자)의 소송능력을 원칙적으로 부정하면서, 예외적으로 가정법원이 취소할 수 없도록 범위를 정한 법률행위에 대해서는 소송능력을 인정하는 규정을 두었다. 그 입법취지는 제한능력자의 소송능력을 확대함으로써 자기결정권을 존중하려는 것이다. 그리고 의사능력이 없는 사람을 상대로 소송행위를 하려고 하거나 의사능력이 없는 사람이 소송행위를 하는 데 필요한 경우 제한능력자를 위한 특별대리인 선임에 관한 제62조를 준용하여 특별대리인을 선임할 수 있도록 하는 규정을 신설하였다(제62조의2).[28]

---

② 제1항의 경우로서 미성년자·한정치산자 또는 금치산자가 소송행위를 하는 데 필요한 경우에는 그 친족·이해관계인 또는 검사는 소송절차가 지연됨으로써 손해를 볼 염려가 있다는 것을 소명하여 수소법원에 특별대리인을 선임하여 주도록 신청할 수 있다.

26) 금치산자의 능력과 의사무능력과의 관계에 대하여는 집필대표 김용담, 민법총칙(1), 주석민법(제4판), 2010, 350면 이하 참조.

27) 구 민법(법률 제10429호, 2011. 3. 7, 개정되기 전의 것)
제12조 (금치산의 선고) 심신상실의 상태에 있는 자에 대하여는 법원은 제9조에 규정한 자의 청 구에 의하여 금치산을 선고하여야 한다.

현행 민법
제12조(한정후견개시의 심판) ① 가정법원은 질병, 장애, 노령, 그 밖의 사유로 인한 정신적 제약으로 사무를 처리할 능력이 부족한 사람에 대하여 본인, 배우자, 4촌 이내의 친족, 미성년후견인, 미성년후견감독인, 성년후견인, 성년후견감독인, 특정후견인, 특정후견감독인, 검사 또는 지방자치단체의 장의 청구에 의하여 한정후견개시의 심판을 한다.

28) 민사소송법

이를 통해 의사무능력자에게 성년 또는 한정후견인이 지정되지 아니한 경우에도 특별대리인 선임이 가능하게 되어 구 민법과 민사소송법에 존재하던 공백을 메우게 되었다.

다만, 의사능력 유무에 관하여 다툼이 있을 수 있고, 의사능력이 없거나 미약하더라도 지원이나 조력을 통해 자기결정권을 행사할 수 있다는 점에서 특별대리인을 통하여 소송행위를 할 수 있도록 규정한 것이 적절한지 의문이 있다. 개정된 민사소송법은 질병, 장애, 연령 등 정신적·신체적 제약으로 소송에서 필요한 진술을 하기 어려운 당사자들을 위하여 법원의 허가를 받아 법정에서 진술을 도와주는 사람과 함께 출석하여 진술할 수 있도록 하는 진술보조제도를 도입하고 있으므로(제143조의2),[29] 위 진술보조제도를 적극 활용하여

제55조(제한능력자의 소송능력) ① 미성년자 또는 피성년후견인은 법정대리인에 의해서만 소송행위를 할 수 있다. 다만, 다음 각 호의 경우에는 그러하지 아니하다.

1. 미성년자가 독립하여 법률행위를 할 수 있는 경우
2. 피성년후견인이 「민법」 제10조제2항에 따라 취소할 수 없는 법률행위를 할 수 있는 경우

② 피한정후견인은 한정후견인의 동의가 필요한 행위에 관하여는 대리권 있는 한정후견인에 의해서만 소송행위를 할 수 있다. [전문개정 2016. 2. 3.] [시행일 : 2017. 2. 4.]

제62조의2(의사무능력자를 위한 특별대리인의 선임 등) ① 의사능력이 없는 사람을 상대로 소송행위를 하려고 하거나 의사능력이 없는 사람이 소송행위를 하는 데 필요한 경우 특별대리인의 선임 등에 관하여는 제62조를 준용한다. 다만, 특정후견인 또는 임의후견인도 특별대리인의 선임을 신청할 수 있다.

② 제1항의 특별대리인이 소의 취하, 화해, 청구의 포기·인낙 또는 제80조에 따른 탈퇴를 하는 경우 법원은 그 행위가 본인의 이익을 명백히 침해한다고 인정할 때에는 그 행위가 있는 날부터 14일 이내에 결정으로 이를 허가하지 아니할 수 있다. 이 결정에 대해서는 불복할 수 없다. [본조신설 2016. 2. 3.] [시행일 : 2017. 2. 4.]

정신적 장애인이 법정에서 자기결정권을 행사할 수 있도록 지원하는 것이 타당하다.

(2) 형사소송

형사소송법 제26조는 "형법 제9조 내지 11조의 규정의 적용을 받지 아니하는 범죄사건에 관하여 피고인 또는 피의자가 의사능력이 없는 때에는 그 법정대리인이 소송행위를 대리한다"고 규정하고 있다. 위 규정은 의사무능력자인 피고인 또는 피의자를 보호하기 위하여 소송행위의 대리를 허용하고 있다.

형법 제9조 내지 11조의 적용을 받지 아니하는 범죄는 담배사업법위반죄(제31조)[30] 등 주로 행정관련 법규위반죄이다. 해당 피고인 또는 피의자의 의사능력 판단은 소송행위 당시를 기준으로 한다. 여기서 의사능력은 소송능력을 의미한다. 대리의 범위는 포괄적이므로 법정대리인이 피고인 또는 피의자를 대신하여 법정에 출석할 수 있고, 그의 진술은 (자백은 아니지만) 유죄의 증거가 된다. 피고인 또는 피의자가 의사능력이 없다는 것은 소송능력이 없다는 것을 의

---

29) 제143조의2(진술 보조) ① 질병, 장애, 연령, 그 밖의 사유로 인한 정신적·신체적 제약으로 소송관계를 분명하게 하기 위하여 필요한 진술을 하기 어려운 당사자는 법원의 허가를 받아 진술을 도와주는 사람과 함께 출석하여 진술할 수 있다.

② 법원은 언제든지 제1항의 허가를 취소할 수 있다.

③ 제1항 및 제2항에 따른 진술보조인의 자격 및 소송상 지위와 역할, 법원의 허가 요건·절차 등 허가 및 취소에 관한 사항은 대법원규칙으로 정한다. [본조신설 2016. 2. 3.][시행일 : 2017. 2. 4.]

30) 제31조(「형법」의 적용 제한)

이 법에서 정한 죄를 범한 자에 대해서는 「형법」 제9조, 제10조제2항, 제11조, 제16조, 제32조제2항, 제38조제1항제2호중 벌금 경합에 관한 제한가중규정과 같은 법 제53조는 적용하지 아니한다. 다만, 징역형에 처할 경우 또는 징역형과 벌금형을 병과할 경우의 징역형에 대해서는 그러하지 아니하다.

미하는데, 소송능력은 소송행위의 유효요건이다.[31] 따라서 법정대리인이 소송행위를 대리하여야 하는 사건에서 의사무능력자인 피고인 또는 피의자가 소송행위를 한 경우에 이는 무효로 볼 수 있다.

2. 행위능력과 성년후견의 문제

가. 성년후견제도

행위능력은 법률행위의 주체가 단독으로 유효한 법률행위를 할 수 있는 자격(능력)이다. 사람이면 누구나 행위능력을 갖는 것이 원칙이지만, 예외적으로 제한능력자는 법률행위를 할 때에 일정한 제약(후견인의 동의나 대리)이 따르게 된다. 민법상 성년후견제도는 바로 행위능력에 관한 제도로 치매, 정신지체, 정신장애 등으로 인해 판단능력이 충분하지 않은 사람들이 법률행위를 수행하는 데에 어려움이 있는 경우에 후견인이 이를 대리하거나 동의하도록 하여 판단능력이 불충분한 사람들의 행위능력을 보완하기 위한 제도이다. 정부는 지난 2013년 획일적으로 행위능력을 제한하는 문제점을 내포하고 있는 기존의 금치산·한정치산제도 대신 보다 능동적이고 적극적인 사회복지시스템인 성년후견·한정후견·특정후견제도를 도입하였다.

(1) 성년후견

성년후견은 질병, 장애, 노령, 그 밖의 사유로 인한 정신적 제약으로 사무를 처리할 능력이 지속적으로 결여된 사람에 대하여 가정법원의 성년후견개시심판을 통해 개시된다. 기존의 금치산제도[32]를 성

---

31) 성지용, 형사소송법(1), 주석 형사소송법(제4판), 2009, 125-127면.
32) 금치산자의 경우 후견인의 대리 없는 모든 법률행위 취소 가능.

년후견제도로 대체[33]하여 피성년후견인의 행위능력을 일률적으로 제한하는 것이 아니라 일용품 구입 등 일상행위나 가정법원에서 정한 법률행위는 피성년후견인이 독자적으로 할 수 있도록 한 것이다.

피성년후견인은 원칙적으로 단독으로 유효한 법률행위를 할 수 없고, 성년후견인은 피성년후견인의 단독 법률행위는 취소할 수 있다(민법 제10조 1항). 다만 가정법원은 성년후견인이 취소할 수 없는 피성년후견인의 법률행위의 범위를 정할 수 있다(민법 제10조 제2항). 또한 성년후견인은 피성년후견인이 행하는 일용품의 구입 등 일상생활에 필요하고 그 대가가 과도하지 아니한 법률행위는 취소할 수 없다(민법 제10조 제4항).[34] 피성년후견인은 자신의 신상에 관하여 그의 상태가 허락하는 범위에서 단독으로 결정할 수 있다(민법 제947조의2 제4항).[35]

한편 신상보호와 관련하여 성년후견인이 피성년후견인을 치료 등의 목적으로 정신병원이나 그 밖의 다른 장소에 격리하려는 경우에는 가정법원의 허가를 받아야 한다(긴박한 사유가 있는 경우에는 사후허가도 가능하다). 피성년후견인의 신체를 침해하는 의료행위에 대하여 피성년후견인이 동의할 수 없는 경우에 한하여 성년후견인

---

33) 편의상 성년후견은 금치산제도를, 한정후견은 한정치산제도를 대체한 것이라고 설명하나, 원칙적으로 양 제도가 정확히 대체된 것이라 볼 수는 없고, 기존 금치산제도, 한정치산제도와 같은 행위능력제한제도가 폐지되고, 요보호자들의 자기결정권을 최대한으로 존중하는 취지를 담은 새로운 성년후견제도가 도입된 것이다.

34) 예컨대 여섯 살 정도의 지능을 가진 성인 乙은 금치산선고를 받은 경우 가게에서 간식을 구입하는 간단한 행위도 혼자 할 수 없었으나, 성년후견을 받을 경우 일용품 구입 등 일상 행위는 독자적으로 가능하다.

35) 민법 제947조의 2는 피성년후견인이 자신이 결정할 수 있는 사안에 대하여는 스스로 결정하도록 하는, 소위 "후견의 보충성의 원칙"을 규정한 것으로서, 피성년후견인의 자기결정권을 보장한다는 후견제도의 취지를 천명한 조항이다.

이 그를 대신하여 동의할 수 있다. 한편 피성년후견인이 의료행위의 직접적인 결과로 사망하거나 상당한 장애를 입을 위험이 있을 때에는 가정법원의 허가를 받아야 한다. 또한 성년후견인이 피성년후견인을 대리하여 피성년후견인이 거주하고 있는 건물 또는 그 대지에 대하여 매도, 임대, 전세권 설정, 저당권 설정, 임대차의 해지, 전세권의 소멸, 그 밖에 이에 준하는 행위를 하는 경우에는 가정법원의 허가를 받아야 한다(민법 제947조의2).

(2) 한정후견

한정후견은 질병, 장애, 노령, 그 밖의 사유로 인한 정신적 제약으로 사무를 처리할 능력이 부족한 사람에 대하여 가정법원의 한정후견개시심판으로 개시된다. 가정법원은 피한정후견인이 한정후견인의 동의를 받아야 하는 법률행위의 범위를 정한다. 기존 한정치산제도를 한정후견제도로 대체하여 원칙적으로 피한정후견인의 행위능력을 인정하되, 거액의 금전 차용이나 보증 등 가정법원이 정한 중요 법률행위에 대해서만 예외적으로 후견인의 동의를 받도록 하였다.[36]

피한정후견인은 원칙적으로 행위능력이 인정되기 때문에 자신의 판단만으로 재산상의 법률행위를 할 수 있다. 복잡한 거래에서 불이익을 당할 염려가 있기 때문에 가정법원은 피한정후견인이 한정후견인의 동의를 받아야하는 행위의 범위를 정할 수 있다(민법 제13조 제1항). 한정후견인의 동의가 필요한 법률행위를 피한정후견인이 한정후견인의 동의 없이 하였을 때, 한정후견인은 그 법률행위를 취소

---

36) 한정치산자의 경우 원칙적으로 모든 법률행위에 후견인의 동의가 필요하다. 한정후견의 경우에 예컨대 중학생 정도의 지능을 가진 성인 丙은 한정치산 선고를 받은 경우 아파트 관리비 납부 등 어렵지 않은 행위도 혼자 할 수 없었으나, 한정후견을 받을 경우 가정법원이 후견인의 동의를 받도록 특별히 정하지 않는 한 독자적으로 가능하다.

할 수 있다(민법 제13조 제4항). 한정후견은 성년후견과 특정후견의 중간적인 형태로서 가정법원이 한정후견인이 조력해야 할 사무의 범위를 정하지만 그 사무의 범위 내에서는 한정후견인에게 포괄적인 대리권이 부여된다. 가정법원이 개별행위를 특정할 필요 없이 조력이 필요한 사무의 범위를 정하여 한정후견인을 법정대리인으로 선임하게 된다.

(3) 특정후견

특정후견은 질병, 장애, 노령, 그 밖의 사유로 인한 정신적 제약으로 일시적 후원 또는 특정한 사무에 관한 후원이 필요한 사람에 대하여 가정법원에 청구하여 특정후견의 심판을 받는 것이다. 특정후견은 본인의 의사에 반하여 할 수 없고, 특정후견의 기간 또는 사무의 범위를 정하여야 한다. 피특정후견인은 완전한 행위능력이 인정된다. 다만, 정신적 제약으로 인하여 조력이 필요한 특정한 사무에 대하여만 후견인의 도움을 받게 되고, 그렇다고 하더라도 해당 사무에 대한 행위능력이 부정되는 것은 아니다. 피특정후견인의 후원을 위하여 필요하다고 인정하면 가정법원은 기간이나 범위를 정하여 특정후견인에게 대리권을 수여하는 심판을 할 수 있으며, 특정후견인의 대리권 행사에 가정법원이나 특정후견감독인의 동의를 받도록 명할 수 있다(민법 제959조의11).

특정후견에 따른 보호조치로 가정법원은 피특정후견인의 후원을 위하여 필요한 처분을 명할 수 있으며, 처분은 재산관리에 관한 것일 수도 있고 신상보호에 관한 것일 수도 있다. 성년후견이나 한정후견과는 달리 사무처리가 종료되거나 기간이 경과되면 당연히 특정후견은 종료된다.

신·구제도 비교표

	구 후견제도		현행 후견제도	
용어	금치산, 한정치산 등 부정적 용어 사용		부정적 용어 폐지	
대상	중증 정신질환자에 국한		치매노인 등 고령자까지 확대	
보호 범위	재산행위		의료, 요양 등 복리영역까지 확대	
독자적 행위권	금치 산자	독자적인 법률행위 불가	피성년 후견인	일용품 구입 등 일상 행위 가능
	한정 치산자	법률행위에 후견인 동의 要(수익적 행위제외)	피한정 후견인	가정법원이 정한 행위에만 후견인동의要
후견인 선임	일률적으로 순위 규정(배우자→직계혈족→3촌 이내 친족)		가정법원이 전문성, 공정성 등을 고려 선임	
본인 의사	반영절차 없음		후견심판시 본인의 의사 청취	
감독 기관	친족회(실질적인 활동 없었음)		가정법원이 선임한 후견감독인	
자격	1인만 가능, 법인은 불가(전문 후견인 양성 불가)		복수 또는 법인 후견인 가능 (전문 후견인 양성 가능)	
후견 계약	불가능(법원이 후견인과 후견내용 결정)		가능(본인이 후견인과 후견내용 결정)	

성년후견제도 정리

		특정후견	한정후견	성년후견
요건	대상자 판단 능력	정신적 제약으로 일시적 후원 또는 특정한 사무에 관한 후원이 필요한 사람	정신적 제약으로 사무를 처리할 능력이 부족한 사람	정신적 제약으로 사무를 처리할 능력이 지속적으로 결여된 사람
개시 절차	신청 권자	본인, 배우자, 4친 이내의 친족, 후견인, 검사, 후견감독인, 지방자치단체의 장 등		
	본인의 동의	본인의 의사에 반해서 불가능[37]	본인 의사 고려	본인 의사 고려
기관의 명칭	본인	피특정후견인	피한정후견인	피성년후견인
	보호자	특정후견인	한정후견인	성년후견인
	감독인	특정후견감독인	한정후견감독인	성년후견감독인

동의권, 취소권	부여의 대상	특정후견인에게는 동의권, 취소권이 인정되지 않고, 단지 해당사무에 대한 대리권만 인정	민법 13조 1항 소정의 동의를 받아야 하는 행위로 정한 행위	일상생활에 관한 행위 이외의 행위
	부여 절차	·	한정후견개시의 심판	성년후견개시의 심판
	취소권자	·	본인, 한정후견인	본인, 성년후견인
대리권	부여의 대상	신청으로 범위 내에서 가정법원이 정한 「특정 기간 내의 특정 법률행위」	재산에 관한 모든 법률행위 +법원이 정한 신상에 관하여 결정할 수 있는 권한의 범위	재산에 관한 모든 법률행위 +법원이 정한 신상에 관하여 결정할 수 있는 권한의 범위
	부여 절차	특정후견개시의 심판 + 대리권부여의 심판 + 본인의 동의	한정후견개시의 심판 + 대리권부여의 심판	후견개시의 심판
	본인의 동의	필요	불요	불요
책무	신상 배려 의무	피후견인 의사를 존중하는 결정을 할 의무, 본인의 심신상태 및 생활상황을 배려할 의무	좌동	좌동

나. 계약과 성년후견

의사결정능력이 떨어져 성년후견인이 선임되어 있는 경우에는 성년후견인이 본인을 대리하여 혹은 성년후견인의 동의를 얻도록

---

37) 특정후견을 개시함에 있어 피후견인의 동의가 반드시 필요한 것은 아니다. 반드시 동의가 필요하다고 할 경우, 정신적 제약으로 인하여 후견을 거부하거나, 동의를 할 수 없는 피후견인에 대한 적절한 보호가 이루어질 수 없기 때문이다. 이에 법문도 "특정후견은 본인의 의사에 반하여 할 수 없다."라고 규정하고 있다(민법 제14조의2 제2항). 실제로 지적장애인 및 치매환자에 대하여는 피후견인 본인이 후견에 명시적으로 반대하고 있지 않다는 점 정도만 소명이 되면 후견개시결정이 내려지고 있다.

하여 계약을 체결하면 될 것이다. 그러나 성년후견인 선임은 전적으로 본인과 가족 등 성년후견 청구권자의 의사에 달린 것이어서 계약의 상대방이 이를 강제할 수는 없다. 따라서 의사결정능력이 부족한 당사자와 계약을 체결하는 상대방은 본인과 계약하여 계약이 무효화될 위험을 감수하지 않기 위해서는 의사결정능력이 부족한 지적장애인·정신질환자 등과 계약을 체결하지 않으려고 할 것이다.

자칫 성년후견인 선임의 필요성을 느끼지 못하는 경중 지적장애인 등에게 성년후견제도의 실시로 인하여 계약상대방에게 계약체결을 거부당할 수 있는 소지도 있을 가능성이 존재한다. 따라서 성년후견인이 선임되지 않은 지적장애인·정신질환자 등이 계약을 체결할 여지를 줄 수 있도록 의사결정능력에 관한 판단기준을 제시할 필요가 크다. 이는 계약의 유·무효를 다투는 데에 결정적인 기준이 될 수 있으므로 법령으로 제시되어야 할 것이다.

다. 성년후견제도에 대한 비판적 검토

성년후견제도는 기존의 금치산자·한정치산자 제도가 의사결정능력에 장애가 있는 사람의 잔존능력을 무시하는 등의 문제를 보완하기 위해 도입되었다. 법원에 의해 지정된 후견인이 의사결정능력에 장애가 있는 피후견인의 일정행위를 보충적으로 지원하도록 하는 것이다. 성년후견제는 성년후견인 등에게 피성년후견인 등의 권한을 행사할 수 있는 대리권을 부여하고 있다. 피성년후견인 등은 제한적인 범위에서 독자적으로 법률행위를 할 수 있을 뿐, 그 범위를 넘는 법률행위는 성년후견인 등의 동의가 필요하다. 특히 피성년후견인(피한정후견인 포함)[38]이 되면 선거권이 박탈되고 공법 및 사법

---

38) 아직 공직선거법이 개정되지 않아 금치산자의 선거권을 부정하고 있고, 피한정후견인에게 선거권을 인정할 것인지 여부에 대하여 결정이 되지 않

상의 자격 제한을 받으며, 약혼·결혼·이혼·입양 등을 할 때에도 성년후견인의 동의를 받아야 한다. 그러나 성년후견제가 피후견인의 의사결정을 지원하는 것이 아니라, 여전히 기존 제도와 동일하게 당사자의 결정권을 박탈해 사실상 후견인이 이를 '대리'할 수 있다는 비판이 제기되고 있다.[39]

2014년 10월 유엔장애인권리협약위원회는 대한민국 정부가 제출한 국가보고서를 심의한 후 당사자의 의사결정을 대체하는 성년후견제도에 대해 우려를 표시하면서, 개인의 자기결정권과 의사와 선호를 존중하는 의사결정지원제도로 옮겨갈 것을 권고한 바 있다.[40]

은 상황이다. 또한, 공공기관 등은 현재 일률적으로 채용공고상 자격요건에 "피성년후견인, 피한정후견인"이라고 하여 피한정후견인에게도 자격제한을 하고 있다.

39) 비마이너, "권리 박탈하는 성년후견제, 의사결정지원제로 전환해야", 2015. 4. 7. http://beminor.com/detail.php?number=8179&reply_order=chan&reply_order=chan 최종접속일 2016. 5. 10.

40) Equal recognition before the law (art. 12) 법 앞에서의 동등한 인정

21. The Committee is concerned that the new adult guardianship system, which started in July 2013, permits guardians to make decisions regarding property and personal issues of "persons deemed persistently incapable of managing tasks due to psychological restrictions caused by disease, disability or old age". The Committee notes that such system continues to advance substituted decision-making instead of supported decision-making, contrary to the provisions of article 12 of the Convention, as elaborated in General Comment No. 1.

위원회는 2013년 7월 1일부터 시행된 성년후견제가 "질병이나 장애 또는 노령으로 지속적으로 사무관리를 할 수 없는 것으로 판단되는 사람의 재산과 신상의 문제에 대하여 후견인을 허용하는 새로운 성년후견제도에 대하여 우려한다. 위원회는 그러한 제도는 장애인권리협약 제12조와 그 내용을 더 상세하게 설명한 일반논평 제1호에 위반하여 지원 의사결정 대신 의사결정을 대체하는 것을 진전시켜 나간다는 것으로 알고 있다.

22. The Committee recommends that the State party move from substitute decision-making to supported decision-making, which respects the person's autonomy, will and preferences and is in full conformity with article 12 of the

의사결정지원제도는 성인 자신의 의사결정에 있어서 특정한 성인의 도움으로 의사결정을 대신하기보다 당사자가 자신의 결정을 할 수 있도록 정보에 접근하고 의사소통 할 수 있도록 인적·물적 지원을 통해 의사결정을 보조하는 제도이다.

그러므로 의사결정대체제도로서 기능하고 있는 성년후견보다는 본인이 스스로 의사결정능력이 쇠퇴하였을 때를 대비할 수 있는 후견계약(임의후견) 및 피후견인에게 필요한 최소한의 한도에서 후견인의 조력을 받을 수 있는 특정후견 위주로 이용해야 한다는 주장이 제기되고 있고,[41] 실제 보건복지부가 시행하고 있는 발달장애인을 위한 공공후견사업은 원칙적으로 발달장애인에 대한 특정후견만을 지원함으로써 발달장애인이 최대한 자신에 대한 결정을 스스로 하여 살아갈 수 있도록 조력하고 있다.[42]

Convention and General Comment No. 1, including with respect to the individual's right, on their own, to give and withdraw informed consent for medical treatment, to access justice, to vote, to marry, to work, and to choose their place of residence. The Committee further recommends that the State partyprovide training, in consultation and cooperation with persons with disabilities and their representative organizations, at the national, regional and local levels for all actors, including civil servants, judges, and social workers on the recognition of the legal capacity of persons with disabilities and on mechanisms of supported decision-making.

위원회는 대한민국이 대체의사결정으로부터 의사결정지원으로 옮겨 갈 것을 권고한다. 의사지원결정제도는 개인의 자기결정권과 의사와 선호를 존중하고 한 개인의 소유와 의료적인 처치에 대한 설명동의를 하거나 철회함에 대한 권리와 사법에 대한 접근, 투표, 결혼, 근로, 자신이 거주할 것을 선택하는 권리에 대하여 존중함을 포함하여 장애인권리협약 제12조와 일반논평 제1호에 전적으로 부합하는 내용이어야 한다.

41) 이와 관련하여서는 제철웅, 요보호성인의 인권존중의 관점에서 본 새로운 성년후견제도, 민사법학 제56호, 한국민사법학회, 2011.; 제철웅, 개정 민법 상의 후견계약의 특징, 문제점 그리고 개선방향, 민사법학 제66호, 한국민사법학회, 2014. 3. 등 참조.

3. 진술의 신빙성 문제

가. 문제점

정신적 장애인이 법원에 출석하여 진술하는 경우가 있다. 성범죄, 학대, 사기 등 범죄피해자로 증언하기도 하고 목격자로 증언하기도 한다. 이때 위 증언의 신빙성을 판단함에 있어서 재판부는 종종 어려움을 겪는다. 어떤 정신적 장애인은 말을 어눌하게 하거나 비장애인이 주로 사용하지 않는 표현을 하고,[43] 표정이나 몸짓을 보면 질문의 의미를 파악하고 답하는 것인지 외관상 파악이 어렵기도 하다. 하지만 특히 위 장애인의 증언 외에 증거가 존재하지 않는 경우 그 신빙성의 판단은 매우 중요하다. 이하에서는 정신적 장애인의 진술의 신빙성이 문제된 사례를 살펴본다.

나. 정신적 장애인의 진술의 신빙성이 문제된 사례
(부산지방법원 2016. 2. 17. 선고 2014고합925 사건)

(1) 사실관계 및 재판 경과

특수교사인 피고인이 지적장애 2급의 고등학교 1학년인 피해자를 발로 차고 무릎을 꿇게 하고(사건 A), 체벌과 함께 점심을 먹지 못하게 한 채 벌을 서게 하는 등(사건 B) 아동복지법상 학대에 해당하는 죄를 범하였다고 기소된 사건에서, 피고인은 사건 A와 관련하여 발로 찬 폭행은 부인하고, 무릎을 꿇는 벌을 준 시간, 사건 B와 관련하

---

42) 발달장애인 공공후견사업에 대하여는 한국장애인개발원 중앙장애아동·발달장애인지원센터(홈페이지 http://www.broso.or.kr/) 참조.
43) 예컨대, 특정 선생님을 천사 선생님 또는 악마 선생님을 특정하여 지칭하는 경우, 재판부로서는 증언의 객관성에 관하여 의문을 가질 수 있다.

여 체벌 횟수를 다투었으며, 두 사건 모두 정당한 교육의 일환이었
으므로 위법성이 조각된다고 주장하였다. 피해자는 경찰의 수사단
계와 공판단계에서 진술하였는데, 두 경우 모두 피해자의 아버지가
동석하였다. 피고인의 변호인들이 피해자 진술의 신빙성을 문제 삼
자 재판부는 사회복지학과 교수인 전문심리위원에게 피해자 진술의
신빙성에 관해 의견을 요청하였다.

전문심리위원은, 피해자의 진술에 영향력을 행사할만한 내적 및
외적 요인을 검토한 결과, 피해자의 진술 타당성을 의심할 만한 요
인은 발견되지 않았고, 피해자 수준의 지적장애를 가진 개인은 기본
적으로 자신의 경험을 보고할 수 있는 '진술능력'은 있으나 반대신문
을 위한 법정증언에는 어려움이 상당하며, 신뢰관계 동석자인 부의
영향력을 의심할만한 문제점은 발견되지 않았다고 하면서 피해자의
진술에 신빙성이 있다는 의견을 제시하였다.[44]

(2) 법원의 판단

"피해자는 수사기관에서 이 법정에 이르기까지 대체로 판시 범죄
사실에 부합하는 취지의 진술을 하고 있는바, 그 내용이 매우 구체

---

44) 전문심리위원은 진술타당도평가(Statement Validith Assessment, 이하 'SVA') 절
차를 활용하여 의견을 제시하였다. SVA는 "실제 사건 기억에서 나온 진술
은 허구나 상상을 근거로 나온 진술과는 내용과 질에서 차이가 있다"는 가
설에 기초한 것으로, 수사적으로 적합한 절차를 통해 수행된 진술조사, 준
거기반내용분석(Criteria-Based Content Analysis 이하 'CBCA'), 그리고 진술에
영향력을 행사하였을 가능성이 있는 요인들을 검토하는 타당도 분석으로
이루어진다. 이중 CBCA는 SVA의 핵심과정으로 진실을 말하는 사람의 진술
에서 자주 발견된다고 알려진 요소들, 예컨대 진술의 논리적 구조, 세부정
보의 풍부함, 상호작용 묘사, 독특한 세부정보 등을 고려하여 피해자의 진
술을 분석한다. 타당도 분석은 언어와 지식의 부적절함, 최초 폭로나 진술
시 의심스러운 정황, 허위로 보고할만한 압력, 자연법칙과의 불일치, 다른
진술과의 불일치, 다른 증거와의 불일치 등의 여부를 검토하는 것이다.

적이어서 지적 장애가 있는 피해자의 상태를 고려하면 신빙성이 매우 높은 점" 등을 근거로 사건 A, B에 관하여 피고인에게 유죄를 선고하였다.

(3) 검토

장애의 특성에 관한 이해가 높지 않은 재판부가 장애인의 진술이 다소 불안정하거나 불일치하는 점을 들어 배척하는 것은 타당하지 않다. 마찬가지로 진술이 신뢰관계인에 의해 오염되었을 가능성 등 신뢰하기 어려운 사정이 있음에도 장애의 특성으로 치부하여 신빙성을 인정하는 것도 옳지 않다. 정신적 장애인의 진술의 신빙성을 판단하는 것은 분명 어려운 일이다.

증인이 지적 장애가 있는 경우 단순히 지적 연령만으로 각 지적 장애인들을 판단하는 것은 적절하지 못하다. 왜냐하면 장애인은 특정한 장애를 가진 집단으로서의 특성과 개인으로서의 특성을 동시에 갖고 있기 때문에 장애 분류와 등급만으로는 장애가 설명되지 않는다. 따라서 지적장애인의 진술능력을 지적 능력이나 장애등급 만을 기준으로 판단하는 것은 매우 위험하다.[45]

따라서 위 판결과 같이 전문심리위원제도를 활용하는 것은 재판부의 판단을 조력하는 측면에서 바람직하다. 하지만 재판부가 장애에 관한 이해가 부족하다고 하여 전문심리위원의 의견에 의존하는 것은 경계해야 한다. 특히 위 사건처럼 수사기관에서의 진술(영상)과 법정 증언(녹취록)을 전문심리위원이 사후에 살펴보아 의견을 제시하는 경우에는 수사와 재판에서 장애인이 편안하게 진술할 수 있도록 하는 것이 일차적으로 중요하다. 이와 관련하여 성폭력범죄의

---

45) 김정혜, 진술조력인의 의의와 역할: 성폭력 범죄 피해 장애인을 중심으로, 고려법학 제69호, 2013, 40~41면. 박종선, 진술조력인제도의 시행과 향후 과제, 경희법학, 2013, 398면에서 재인용.

처벌 등에 관한 특례법에서는 진술조력인 제도를 도입하여 의사소통이나 자기표현이 어려운 성폭력 피해 아동·장애인을 위해 숙련된 전문인력이 수사나 재판과정에 참여하여 의사소통을 중개·보조하도록 하고 있다(제36, 37조) 피해자의 2차 피해를 방지하고 사건의 사실관계를 밝히는데 기여하는 제도이다.

위 특례법 외에 장애인차별금지법 제26조 제6항에서는 "사법기관은 사건관계인에 대하여 의사소통이나 의사표현에 어려움을 겪는 장애가 있는지 여부를 확인하고, 그 장애인에게 형사사법 절차에서 조력을 받을 수 있음과 그 구체적인 조력의 내용을 알려주어야 한다"고 규정하고, 동법 시행령 제17조 제1항에서 그 구체적인 조력의 내용으로 "보조인력, 점자자료, 인쇄물음성출력기기, 수화통역, 대독(代讀), 음성지원시스템, 컴퓨터 등"을 제시하고 있다.

결국 정신적 장애인도 진술을 할 수 있고, 그 진술에 대해서는 재판부가 다른 증거들과 마찬가지로 그 신빙성을 판단하여야 한다. 다만 정신적 장애인이 진술할 때에는 진술조력인 또는 의사소통 조력인 등 정당한 편의가 제공되어야 하고, 재판부가 그 신빙성을 판단할 때 필요한 경우 장애인 진술을 전문적으로 분석하는 전문심리위원의 의견을 참고하여 신중하게 판단하여야 할 것이다.

4. 정신보건법상 강제입원제도

가. 정신보건법상 입원의 유형

정신질환자의 보호 및 치료를 위한 입원에 관하여 현행 정신보건법 제23조 내지 제26조에서 규율하고 있다. 이들 입원 유형은 크게 정신질환자 본인의 의사에 기한 i) 자의입원, 환자 본인의 의사에 기하지 아니한 ii) 비자의입원으로 분류할 수 있으며, 비자의입원은 다시 ① 법 제24조 '보호의무자에 의한 입원', ② 법 제25조 '시장·군수·구청장에 의한 입원', ③ 법 제26조 '응급입원' 등으로 세분화할 수 있다. 정신보건법은 모든 정신질환자의 인간으로서의 존엄과 가치 보장·최적의 치료와 보호를 받을 권리 보장·정신질환이 있다는 이유로 부당한 차별대우금지·자발적 입원 우선 등의 기본이념을 천명하고 있기에, 정신질환자 본인의 의사에 따른 자의입원에 비하여 비자의입원의 요건이 더 엄격해야 마땅하다. 또한 비자의입원의 3가지 유형 중에서도 본인의 의사에 반하는 정도가 클수록 요건이나 절차가 더욱 엄격하게 규정되어야만 한다. 법 제23조 내지 제26조 입원의 구체적인 내용들을 정리하면 〈표 1〉과 같다.

〈표 1〉 입원유형별 세부사항 정리

	제23조 자의입원	제24조 보호의무자에 의한 입원	제25조 시장·군수·구청장에 의한 입원	제26조 응급입원
입원주체	본인	보호의무자 2인(예외적 1인) 이상	시장·군수·구청장	누구나
진단입원 동의주체	-	진단입원 부존재	정신의학과 전문의의 동의	의사와 경찰관의 동의
치료입원 동의주체	-	정신의학과 전문의	2인 이상의 정신의학과 전문의	제23조 내지 제25조에 따름
치료입원 판단기준	-	1. 치료를 받을만한 정도나 성질의 정신질환 존재, 또는 2. 환자 자신이나 타인의 위험성	환자 자신이나 타인의 위험성	환자 자신이나 타인의 안전을 해칠 중대한 위험성 및 상황의 긴급성
입원기간 단위	-	6개월(치료입원)	2주(진단입원) 3개월(치료입원)	72시간(진단입원) 제23조 내지 제25조에 따름(치료입원)
중간심사 의무	연 1회 이상	6개월마다	3개월마다	제23조 내지 제25조에 따름

퇴원 요건	언제나 가능	정신의학과 전문의의 심사결과에 따름	2인 이상의 정신 의학과 전문의 or 정신보건심판위원 회의 심사결과에 따름	제23조 내지 제25 조에 따름

정신보건법 제24조 입원유형은 제25조 내지 제26조 입원유형에 비하여 요건, 절차 등 모든 면에서 간략하게 규정되어 있다. 법 제25조에서는 지속적인 치료입원의 필요성을 판단하는 과정에서 정신의학과 전문의 2인 이상의 일치된 소견을 요하고 있어 법 제24조에서 전문의 1인의 소견만을 요구하는 것에 비해 더 엄격한 기준을 요구하고 있다.

그밖에 치료입원의 필요성을 판단하는 기준 역시 법 제26조, 제25조, 제24조 순으로 완화되어 있으며, 치료입원의 기간단위 및 치료입원 필요성에 관한 중간심사 기간단위 또한 법 제24조의 보호의무자에 의한 입원이 다른 종류의 입원에 비해 완화되어 있다.

정신보건법 제24조 제3항에 의하면, 보호의무자에 의한 입원은 입원기간의 단위가 6개월로 상당히 긴 편이다. 반면에 법 제25조 시장·군수·구청장에 의한 입원은 그 입원기간이 3개월이며(법 제36조), 법 제26조의 응급입원의 경우에는 진단입원 기간이 72시간으로 규정되어 있을 뿐 치료입원 기간은 법 제23조 내지 제25조의 규정을 그대로 따르고 있다. 그러나 법 제24조의 입원에는 '자기 또는 타인에 대한 위험' 요건을 입원 여부 판단을 위한 필요조건으로 규정하지 않고 있다. 법 제25조 또는 제26조의 비자입원이 정당화될 수 있는 주요한 근거인 긴급성 내지 위험성 요건을 요구하지 않고 있음에도 불구하고 법 제25조의 경우보다 오히려 더 긴 입원기간을 두고 있다. 이는 위험성과 입원기간 사이에 불균형을 초래하여 비례의 원칙에 명백히 어긋나는 규정이다.

나. 보호의무자에 의한 입원조항의 위헌성

(1) 적법절차의 원칙 위배

헌법이 채택하고 있는 적법절차의 원리는 절차적 차원에서 볼 때 국민의 기본권을 제한하는 경우 반드시 당사자인 국민에게 자기의 입장과 의견을 자유로이 개진할 수 있는 기회를 보장하여야 한다는 것을 그 핵심적인 내용으로 한다(헌법재판소 1990. 11. 19. 선고 90헌가48 결정). 정신보건법 제24조에 의하여 보호의무자의 동의가 있는 경우, 그 즉시로 정신질환자(로 주장되는 자)는 자신의 의사와 무관하게 응급환자이송단이나 병원직원 등에 의하여 강제적으로 신체를 억압당하여 보호의무자가 지정하는 병원으로 인치되게 되면서 본인의 자기결정권 및 신체적 자유를 침해당하게 된다.

이 규정은 정신건강의학과 전문의가 해당 정신장애인의 입원 필요성을 판단하는 과정에서 당사자의 의사결정능력 존부를 판단할 것을 전제하고 있다. 그러나 이러한 전제는 정신장애인의 의사결정능력을 부정하는 차별일 뿐이다. 보호의무자에 의한 입원조항은 당사자가 자신의 신체의 자유를 억압당하는 극심한 기본권 침해를 당하도록 함에도 정신질환자의 의사능력 유무를 불문하고 당사자에 대한 적절한 고지 절차나 당사자가 의견 또는 자료를 제출할 수 있는 절차를 전혀 마련하고 있지 않아 본인의 자기결정권을 정면으로 침해하고 있다. 따라서 보호의무자에 의한 입원조항은 그 자체로 적법절차의 원칙에 위배된다.

(2) 인신보호절차와 보호의무자에 의한 입원조항의 위헌성

인신보호법은 위법한 행정처분 또는 사인(私人)에 의한 시설에의 수용으로 인하여 부당하게 인신의 자유를 제한당하고 있는 개인의 구제절차로서 인신보호절차를 두고 있다. 인신보호법 제3조에서는 피수용자에 대한 수용이 위법하게 개시되거나 적법하게 수용된 후 그 사유가 소멸되었음에도 불구하고 계속 수용되어 있는 때에는 피수용자 등 구제청구권자가 인신보호법이 정하는 바에 따라 법원에 구제를 청구할 수 있도록 하였다.

인신보호법에 따른 인신보호사건의 심리대상은 수용의 위법성 또는 수용사유의 소멸여부입니다. 이때 정신보건법은 수용의 위법성을 판단하는 기준이 되며, 인신보호사건에서는 보호의무자에 의한 입원조항의 요건인 '보호의무자의 동의'와 '정신의학과전문의의 입원 권고서' 등 형식적인 서면만 있으면 정신보건법에 따른 정당한 수용에 해당하게 된다. 결국 보호의무자에 의한 입원조항에서 정한 요건을 지킨 수용은 수용의 위법성이 없다고 판결될 것이므로 인신보호제도는 강제입원 자체에 대한 구제절차가 될 수 없다.

또한 인신보호구제절차를 통해 수용사유의 소멸여부에 대해서 다툴 수는 있겠지만, 이는 어디까지나 강제입원 자체의 합법성은 인정하는 것을 전제로 하여 입원 후의 사정에 대하여 판단하는 것일 뿐 강제입원 자체의 위법성 여부를 판단하는 것이 아니다. 인신보호법상에 이러한 사후적인 구제절차를 두고 있다는 점은 보호의무자에 의한 입원조항의 위헌성을 제거하지 못한다. 사후적인 구제절차가 존재한다는 이유만으로 보호의무자에 의한 입원조항이 합헌적이라고 한다는 논리는 가령 형사소추에 있어서 체포·구속적부심제도가 있다고 하여 구속전 체포·구속 심사제도를 두지 않아도 무방하다는 것이고, 이는 헌법상 적법절차의 원칙상 위헌이기 때문이다.

또한 강제입원을 당하는 국민이 이의제기를 하며 권리구제를 받을 수 있는 절차로 정신보건심판위원회에서의 계속입원심사제도나 인신보호제도가 있다고 보는 경우에도, 언제든지 보호의무자 동의에 의해 강제입원이 허용되는 한 위 절차들에 의한 권리구제의 기대가 능성이 없다. 2009년 작성된 정신장애인 인권 보호와 증진을 위한 국가보고서 68면(국가인권위원회)에서 보고되고 있는 정신보건심판위원회 퇴원심사청구에서의 퇴원 인용율은 4%대에 불과하고, 정신의료기관등에 입원한 환자가 법원에 인신구제청구를 할 경우 그 정신의료기관등에서 이후의 재판절차의 부담 등을 감안해 퇴원시키거나, 보호의무자에게 알려 다른 병원으로 전원시키는 등의 조치를 취하여 인신보호사건이 취하되는 비율이 무려 40%대에 이르는 등 인신보호법상의 인신구제절차가 무력화되고 있기 때문이다.

(3) 보호의무자와 정신질환자 사이의 이해의 충돌 가능성

정신보건법 제1조, 제3조, 제21조 등을 종합하여 고려할 때, 보호의무자에 의한 입원조항인 동법 제24조의 보호자에 의한 입원제도는 민법상의 부양의무자 또는 후견인이 정신질환자의 보호의무자가 되어 그들의 의료 및 사회복귀를 돕기 위한 목적에서 규정된 것으로 판단된다. 법 제24조가 제25조나 제26조에 비해 상대적으로 입원요건 및 그 절차가 간략하게 규정된 원인은 입법연혁상 근친자가 정신질환자를 가장 잘 알고, 그의 복지를 위하여 행동할 것이라는 가정 하에서 제정되었기 때문이라고 한다.[46] 그러나 현실에서 입원자의 23.4%는 가족과 의료진이 속여서 입원하였다고 응답하였고, 그중 1/3은 보호자의 동행도 없이 입원하였다고 한 바 있다.[47] 또한 중앙정신보건사업지원단 2008년 사업보고서에 의하면 법 제23조 입원은 전체의 13%, 법 제25조 입원은 16%, 법 제26조 입원은 1.2%에 불과한데 반하여 법 제24조 입원비율은 무려 69.8%에 달하였다.[48]

---

46) 하명호, 정신보건법상 보호의무자에 의한 입원, 안암법학, 2011, 68면; 서동우, 정신보건의 역사적 변화선상에서 본 우리나라 정신보건법의 문제와 개선안, 의료법학, 2006, 83면.
47) 김민지, 「정신보건법」에 대한 입법평가 및 개선방안: 비자의입원규정의 문제점을 중심으로, Ewha Law Review, 2011, 186면.
48) 일본, 영국, 독일, 프랑스의 경우 우리나라와는 정반대로 자의입원이 약 80-

게다가 언제든지 자의에 의한 퇴원이 가능한 자의입원 규정(법 제23조 제2항)을 회피하고자 자의입원의 60% 이상이 보호의무자에 의한 입원으로 처리되어 왔다.[49] 즉, 제3자에 의한 강제입원(법 제25조, 제26조)의 폐해를 막기 위하여 근친자에 의한 강제입원(법 제24조)에 비하여 이들 유형의 요건을 상대적으로 엄격하게 규정한 것인데, 실제로는 보호의무자에 의한 입원이 자의입원(법 제23조)을 우회하는 통로로 활용되고 있다는 것이다. 더구나 법 제24조에서는 퇴원 여부도 정신의학과 전문의가 결정할 수 있도록 규정하고 있어 정신질환자 본인의 의사에 반하는 결정이 이루어질 소지가 높다.

이처럼 자의입원에 비하여 압도적으로 보호의무자에 의한 입원의 비율이 높은 현상의 이면에는 입법자들의 생각과는 달리 근친자와 정신질환자 상호간의 이해관계가 충돌하는 경우가 날로 증가하여온 현실이 존재한다. 후견인의 경우에도 친권자와 마찬가지로 이해상반행위 규정을 준용하고(민법 제949조의3, 제959조의6, 제921조) 정신병원으로의 격리와 같은 특수한 상황에서는 반드시 가정법원의 허가를 받을 것을 요구(민법 제947조의2 제2항, 제959조의6)하는 등의 개정된 민법 내용이 이를 간접적으로 증명한다. 요컨대 법 제24조에서 각 요건들을 법 제25조, 제26조에 비하여 완화하고 있는 현행법령의 태도는 변화된 사회현실에 비추어보았을 때 그 타당성이 크게 감소하였다고 평가할 수 있다.

(4) 민법규정과의 체계부조화

2013년 7월부터 시행된 민법상 새로운 성년후견제도는 판단능력이 떨어지는 치매노인이나 정신적 장애인들을 위하여 이들의 법률행위를 대리하거나 동의권한을 행사하도록 하여 판단능력이 불충분

90%를 차지하고 있다(위의 글, 186면).
49) 하명호, 주 46, 62면.

한 사람들을 보호하는 제도이다. 민법은 미성년후견인(제945조 제2호), 성년후견인(제947조의2), 한정후견인(제959조의3 제2항, 제947조의2)에 한하여 정신보건법상 보호자 동의 입원제도와 유사한 동의 또는 대리권한을 부여하고 있고, 이들 후견인의 지정 및 선임에는 가정법원이 개입하도록 하고 있다(민법 제931조 제2항, 제932조, 제936조, 제959조의3). 특히 개정민법은 성년후견인과 한정후견인에게 각 피성년후견인과 피한정후견인에 대한 신상결정권한을 부여할 수 있도록 규정하고 있는바, 신상보호에 관하여 피성년후견인이 단독으로 결정하는 것이 원칙이고(민법 제947조의2 제1항), 피성년후견인이나 피한정후견인을 치료 등의 목적으로 정신병원이나 그 밖의 다른 장소에 격리하기 위해서는 가정법원의 허가가 있어야만 가능하도록 규정하고 있고, 특정후견인과 임의후견인에게는 이러한 신상결정권한을 부여하지 않고 있다(동조 제2항).[50]

그런데 정신보건법상 보호의무자에 의한 입원조항은 보호의무자 2인의 동의와 정신건강의학과 전문의가 입원 등이 필요하다고 판단하기만 하면 당해 정신질환자를 입원시킬 수 있도록 규정하고 있다. 즉, 당해 정신질환자에 대하여 신상결정의 권한도 없는 자가 보호의무자라는 이유만으로 가정법원의 허가도 받지 아니하고 당해 정신질환자를 정신병원 등에 입원시킬 수 있는 절차를 규정하고 있는바, 이는 민법과의 체계에 부합하지 않는 입법으로, 민법에서 성년후견인 등의 신상결정권한 규정을 두고 있는 취지를 몰각시키는 규정이다. 판단능력이 불충분한 사람들을 보호하려는 필요성이 있더라도 당사자의 자기결정권을 최대한 보장하고자 하는 개정민법의 취지를

---

50) 민법 제947조의2(피성년후견인의 신상결정 등) ① 피성년후견인은 자신의 신상에 관하여 그의 상태가 허락하는 범위에서 단독으로 결정한다.
　② 성년후견인이 피성년후견인을 치료 등의 목적으로 정신병원이나 그 밖의 다른 장소에 격리하려는 경우에는 가정법원의 허가를 받아야 한다.

감안해보았을 때 위 정신보건법 조항들은 변화된 현실에 조응하지 못하여 체계정당성에 위배되는 현상이 빚어진 것으로 볼 수 있다.[51]

5. 소결

이상으로 살펴본 쟁점을 정리하면 다음과 같다. 우선 보호와 자유 쟁점과 관련하여 본 연구진들은 한 사람이 다른 사람을 착취할 그 어떤 이유도 있을 수 없다고 본다. 사람에게 자유란 실은 그 사람 자체로, '보호'의 필요성이 있다고 하더라도 당사자의 의사에 반하거나 의사 존중 과정이 결여된 보호는 명백한 인권침해이다.

둘째, 의사능력의 문제와 관련하여 우리 민법은 법률행위가 유효하려면 행위자에게 의사능력이 있을 것을 요구한다. 이 때 의사능력은 통상인의 정상적인 판단능력을 가리키는 데 보통 7세 내지 10세 정도의 어린이의 정신능력을 기준을 판단한다. 이러한 기준에 따라 의사 능력을 갖추지 못한 자는 의사무능력자로 보아 자기결정권을 전부 부정당하게 되는데, 이는 법원의 재량적 판단에 의해 개인의 의사결정능력을 부인하는 것으로 개선과 보완이 필요하다. 이와 유사한 논리로 정신적 장애인의 보험가입을 제한해 온 상법 732조 내용 역시 의사능력이 있는 심신박약자의 경우 예외로 한다는 내용으로 일부 개정되었으나 의사능력 유무를 재량적으로 판단할 수밖에 없고 입증책임도 당사자가 지고 있어 정신적 장애인의 보험가입을 제한하는 차별조항으로 작동할 수밖에 없다. 결론적으로 본 연구진은 상법 732조는 폐지되어야 한다고 본다. 정신적 장애인의 의사능력 문제는 당사자의 의사능력 유무·정도에 초점을 맞추는 자유론적 관점이 아니라 당사자의 의사능력을 어떻게 보완하여 완성할 것인

---

51) 윤진수·현소혜, 2013년 개정민법 해설, 법무부, 2013, 123면.

지 관계론적 관점으로 전환 보완되어야 할 것이다.

셋째, 행위능력과 성년후견의 문제의 핵심은 현행 성년후견인제도가 대체의사결정의 관점을 취하고 있어 당사자의 의사결정과 행위능력을 제한 또는 박탈하고 있다는 것이다. 또한 정신적 장애인의 의사결정능력과 행위능력 판단에 관한 원칙과 기준 제시가 필요한 상황이다. 따라서 대체의사결정제도에서 의사결정지원제도로 변경해야 하며, 지적장애인 등의 계약체결을 돕기 위한 의사결정능력 판단기준 제시가 필요하다.[52]

넷째, 진술의 신빙성 문제에 대해서는 정신적 장애인도 진술을 할 수 있고, 진술 시 진술조력인 또는 의사소통조력인 등 정당한 편의가 제공되어야 하며, 진술의 신빙성을 판단할 때 필요한 경우 진술을 전문적으로 분석하는 전문심리위원의 의견을 참고하여 신중하게 판단하고 진술타당도 평가 등 진술의 신빙성을 판단하고 지원할 도구와 방법론의 개발이 필요하다. 이러한 노력이 충분히 이뤄지지 않은 상황에서의 정신적 장애인의 진술의 신빙성에 대한 문제제기

---

52) 협약 제12조와 관련한 최종견해에서 장애인권리위원회는 당사국들이 "후견인제도와 신탁관리제도(trustreeship)를 허용하는 법률을 검토하고, 대체의사결정체계를 장애인의 자율성과 의지, 선호를 존중하는 의사결정지원체계로 바꾸기 위한 법과 정책을 개발하기 위한 조치를 취할 것"을 반복적으로 주장해왔다. 대체의사결정체계는 전체적 또는 부분적 후견인제도와 사법금지명령(judicial interdiction)을 포함하여 다양한 형태를 띨 수 있다. 그러나 이러한 체계는 다음의 공통된 특성을 가지고 있다: 이러한 제도는 (i) 단 하나의 결정에 관한 것이라 할지라도 당사자의 법적 권한이 박탈되고 (ii) 대체의사결정자는 당사자가 아닌, 그리고/또는 당사자의 의사에 반하여 제3자에 의해 임명되며 (iii) 대체의사결정자가 행한 결정은 당사자의 의지와 선호가 아닌 당사자에게 있어서 객관적인 "최선의 이익"으로 여겨지는 것에 기반한다."(Monthian Buntan, State obligations under UN CRPD and Concluding Observations, New opportunities for Korean persons with psychosocial disabilities, 유엔장애인권리협약과 지역사회통합을 위한 국제심포지움 자료집, 2015, 138면 이하).

는 정신적 장애인에 대한 배제와 차별을 강화하는 기제로 작동한다.

다섯째, 정신적 장애인에 대한 강제 입원과 수용은 개인의 신체의 자유를 억압하고 자기결정권을 박탈하는 심각한 인권침해이지만 아직까지 국내에서 빈번하게 이뤄지고 있다. 실제로 2012년 국가인권위원회 조사결과 시설 거주인 86.1%가 타의에 의해 입소, 56%가 본인 동의 없이 주변사람들의 강력한 권유에 의해 사실상 강제입소된 것으로 나타났다. 적법 절차를 거치지 않고 보호의무자란 이유만으로 강제입원을 결정할 수 있도록 한 현행 정신보건법상 강제입원 규정은 적법절차에도 위배되며, 민법상 성년후견인제도와의 체계부조화 문제도 안고 있어 시급히 개정되어야 할 것이다.

V. 지원과제

이 장에서는 정신적 장애인의 자기결정권 보장을 위한 지원과제를 제시할 것이다. 구체적인 쟁점에 포함된 다양한 과제들이 있지만, 정신적 장애인의 자기결정권을 보장하기 위해서는 다음의 근본적인 과제들을 해결하기 위한 사회적 노력이 필요하다.

1. 의사소통 권리 지원

의사를 표현할 지지적인 환경을 조성하는 것은 자기결정을 달성하는 데 가장 중요한 요소 중의 하나다.[53] 정신적 장애인이 자기결정을 제한 당해 온 가장 큰 이유는 의사소통의 어려움 때문이다. 한편 의사소통의 권리 자체가 억압되고 배제된 측면도 존재했다. 사회적으로 통용되는 의사소통방식을 따라가지 못하는 사람들의 의사능

---

53) 김경미, 주 4, 88면.

력과 권리를 배제해 온 환경과 문화적 영향에 의해 사실상 의사를 가지고 있어도 표현할 수단을 갖지 못하거나, 의사 자체가 무시되는 경우가 다반사였다. 의사소통 지원은 배려 차원이 아닌 권리 보장 차원에서 접근해야 한다. 또한 일반적 방식으로 의사를 개진하기 어려운 정신적 장애인의 관점에서 이들이 쉽고 다양하게 소통할 수 있도록 의사소통방식을 개발하고, 적극적으로 기회와 자극을 제공하여 의사를 표현할 수 있도록 지원하고 근거 조항을 법제화할 필요가 있다.[54]

그동안은 장애인차별금지법에 정한 정당한 편의제공에 관한 조항에서조차 정신적 장애인을 위한 의사소통 지원에 관한 내용이 다뤄지지 못한 상황이었다. 다행히 발달장애인법에서 의사소통 지원 근거 조항이 마련되었다. 그러나 정신장애인의 경우는 관련법과 조항이 여전히 마련되지 못한 상황이다. 발달장애인법률에 포함된 의사소통 지원에 관한 내용[55]은 '국가와 지자체장이 법령과 각종 복지지원 등 중요한 정책정보를 발달장애인이 이해하기 쉬운 형태로 작성하여 배포할 것', '교육부장관은 발달장애인이 자신의 의사를 원활하게 표현할 수 있도록 학습에 필요한 의사소통도구를 개발하고 의사소통지원 전문인력을 양성하여 발달장애인에게 도움이 될 수 있도록 「초·중등교육법」 제2조 각 호의 학교와 「평생교육법」 제2조제2호의 평생교육기관 등을 통하여 필요한 교육을 실시할 것', '행정자치부장관은 국가와 지방자치단체의 민원담당 직원이 발달장애인과 효과적으로 의사소통할 수 있도록 의사소통 지침을 개발하고 필요한 교육을 실시할 것' 등이다.

---

54) 의사소통에 대해서는 2013년 국가인권위원회 연구용역사업으로 진행된 김진우·김명실·유동철·박숙경, 발달장애인의 정당한 편의제공 판단기준 연구, 국가인권위원회, 2013, 참조.
55) 동법 제10조.

 과거에 비해 진일보하였으나 국내 법제는 원칙적인 수준을 언급할 뿐 의사소통지원을 위해 어떤 서비스를 제공해야하며, 당사자는 어떤 권리를 갖는지, 의사소통 지원이 이루어지지 않은 데 따른 피해상황을 어떻게 구제할 것인지에 대한 법적 규제가 미비한 상황이다. 그나마 현재 마련된 조항도 법 시행에 들어간 지 얼마 되지 않고 지적한 대로 예산반영 등이 취약한 상황이라 실시여부와 현황이 확인되지 못하는 상황이다.[56] 정신적 장애인의 의사소통 지원을 위하여 사회적 책임과 권한을 가진 조직을 두어야 할 필요가 있다.

 영국은 장애인차별금지법(Disability Discrimination Act) 제정 이후로 지적장애인[57]도 다른 그룹의 장애인과 같이 공공서비스에 대한 동등한 접근에 대한 법적 권리를 갖게 되었다. 2010년 제정된 평등법(Equality Act)은 국가와 공공기관이 이러한 기본권을 보장하도록 장애평등의무를 구체화하였다. 법에 따르면 모든 공공서비스들은 지적장애인이 비장애인과 같이 효과적으로 서비스를 이용하며, 서비스에 접근 가능할 수 있도록 (적합한 서비스를 만드는 방식으로)정당한 편의제공을 할 법적 의무를 갖는다. 영국이 평등법을 제정한 이유는 '장애차별금지법이 구조적 차별을 제거하기 위한 국가와 공공영역, 조직의 책임을 간과하고 상대적 약자인 장애당사자에게 차별 입증 및 제거 책임이 전가 되었다'는 자각에 기인한 것이다. 발달장애인의 정당한 편의제공에 관한 논의 역시 공공영역과 조직차원에서 차별

---

56) 전국장애인부모연대를 통해 확인되는 실시 상황은 경찰에서 발달장애인 관련 교육이 이뤄지는 정도이다. 수사와 재판과정에서의 장애인 인권침해 상황은 2000년대 초반부터 문제로 제기되어왔기 때문에 발달장애인 법 제정 이전부터 관련 지침과 교육이 이뤄져왔음을 고려할 때 아직까지 발달장애인법에 의한 의사소통지원 제도는 작동하고 있지 않은 상황이다.
57) 영국은 지적장애인을 Person With Learning Disability(PWLD)로 주로 표기하며 발달장애인이라 쓰지 않는다. 따라서 영국의 예에서는 원문과 이를 고려하여 지적장애인으로 표기하였다.

실태를 점검하고, 차별을 방지하기 위한 구조적 노력이 우선되어야
한다는 인식이 깔려 있다. 이 결과 2010년 영국의 국가보건기구인
NHS(National Health Service)는 영국 지적장애인을 위한 정당한 편의제
공(Reasonable adjustments for people with learning disabilities in England
2010: A national survey of NHS Trusts)[58]조사를 실시하고, 조사결과에 근
거하여 세부적인 가이드라인을 만들어 의사소통을 지원하는 노력을
기울이고 있다. 이에 따라 세부 가이드라인을 만들고 발달장애인등
을 위한 읽기쉬운버전(easy read) 가이드라인을 만들어 그들의 권리에
대한 설명과 각 서비스 이용절차 등 정보를 제공하기 위한 노력을
기울이고 있다. 이 과정에서 발달장애인 당사자가 의사소통 도구 개
발 및 소통과정에 당사자 전문가로 참여하여 발달장애인 당사자 관
점에서 개발 및 실행이 이뤄질 수 있도록 추진하고 있다.

　미국은 2000년 발달장애인[59]의 권리보장과 서비스체계의 발전을
위해 연방법인 『발달장애인 지원과 권리에 관한 법률(Developmental
Disabilities Assistance and Bill of Rights Act Amendments of 2000)』을 제정했
다. 이 법이 제정된 후 각 주는 그 법을 시행하기 위한 별도의 주 시
행법을 제정하여 법에 규정된 원칙적인 내용의 실현을 구체화해왔
다. 일례로 버몬트주의 『1996년 연방발달장애법을 위한 실천규칙
(2007년 7월. 버몬트주 장애·노인·독립생활부)』은 서비스 제공기관이

---

58) Chris Hatton, Hazel Roberts and Susannah Baines. (2010)『Reasonable adjustments for
　　people with learning disabilities in England 2010: A national survey of NHS Trusts』.
　　Improving Health and Lives : Learning Disabilities Observatory.
59) 미국 지적·발달장애 지원과 권리에 관한 법(이하 DD Act)에 의한 발달장애
　　의 정의는 다음과 같다.
　　(i)정신적 또는 신체적 손상, 또는 정신적·신체적 중복손상이 원인이다. (ii)
　　22세 이전에 명백히 나타난다. (iii) 무기한으로 지속될 가능성이 있
　　다. (iv) 자기관리, 수용 및 표현 언어, 학습, 이동, 자기결정, 독립생활능
　　력, 경제적 자립과 같은 주요 생활 활동영역 중 3가지 이상에서 심각한
　　기능적 한계를 갖는다.

인가를 받기 위한 기준 안에 읽을 수 없는 발달장애인이 이해할 수 있도록 결정내용을 읽어주고 이를 확인하도록 하는 조항 등을 통해 자기결정권 보장과 의사소통 지원 및 적극적 정보제공을 통한 서비스 누락을 방지하기 위한 노력을 기울이고 있다.

2. 성년후견제도 보완 : 대체의사결정제도에서 의사결정지원제도로

유엔장애인권리협약 제12조 3항은 장애인의 법적 능력에 대한 지원을 규정하고 있고, 이는 장애를 이유로 차별 받지 않고 완전한 법적인 권리를 행사할 수 있음을 확인하고 각국에 장애인의 권리행사 능력을 조력하는 제도를 마련할 것을 규정한 것이다. 유엔장애인권리위원회 일반논평 제1호는 의사결정능력이 부족한 장애인의 법적 능력을 보완하기 위하여 그 장애인의 권한을 후견인이 대리하여 행사하는 대체의사결정제도를 그 장애인의 의사를 알고 전달할 수 있는 사람이 그 장애인의 의사에 따라 법적 능력을 행사하도록 하는 의사결정지원제도로 변경할 것을 요청하고 있다. 민법의 개정을 통해 대체의사결정제도로 기능하고 있는 피성년후견인과 관련된 조항을 개정할 필요가 있다. 아울러 금치산자에게 선거권을 박탈하고 있는 공직선거법 규정을 폐지하고 금치산선고만으로 자격을 박탈하는 자격제한 규정들을 개정하여야 한다.

또한 우리나라의 경우 정신장애인의 법률적 역량에 대한 판단을 하기 위한 독립적 기관이 사실상 부재하다. 따라서 정신장애인의 의사결정에 관한 역량을 판단하기 위한 근거조항 및 체계구축이 필요하다. 『정신보건 인권 및 법률에 관한 WHO 참고서』에는 후견인 지정의 판단요건이 되는 '역량(competency)과 능력(capacity)'의 개념이 정의되어 있으며 후견인의 의무와 책임, 임명기간 등의 필요성을 서술하고 있다. WHO는 정신장애인이 일부 능력 결함이 있어도 역량은 있을 수 있음을 강조하고 있다. 능력에 대한 판단은 정신보건전문가에 의해서 이루어지지만 법률적 역량에 대한 판단은 법률적 판단의 문제로 보고 있다. 따라서 법률적 역량에 대한 판단을 담당할 수행기관이 필요하다.

영국의 경우 정신능력법에 따라 보호법원(The Court of Protection)이라는 특수법원을 설치하였다. 이 법원은 스스로 결정을 내리기 어려운 정신적 능력이 부족한 사람들(people lacking mental capacity to make decisions)과 관련된 모든 사안을 다룬다. 이들을 위한 대리인을 선임하는 것부터, 관련 사건을 처리하는 일까지 당사자의 이익을 최대한으로 반영하는데 목표를 두고 주로 의료, 복지, 재산 사건을 대상으로 한다. 보호법원에서는 공식 변호인(Official solicitor)이 선임되어 당사자의 이익을 대변하게 된다.[60]

3. 역량강화와 자조단체 지원

역량강화(empowerment)는 자기결정 증진을 위한 중요한 과제 중 하나다. 자기결정은 역량강화를 위한 실천전략이자 목표에 해당할 만큼 역량강화와 개념적으로 깊게 연결되어있으며 자립생활의 중요한 요소이기도 하다. 정신적 장애인의 역량강화를 위한 과제를 살펴보려면 우선 당사자가 어떠한 기대와 인식을 가지고 있는지를 이해할 필요가 있다.

발달장애인 자기결정 관련 연구에 따르면 발달장애인 당사자들은 자기결정경험을 매우 소중하고 자랑스럽게 여기고 있다. 의사표

---

60) 임성택 외, 장애인을 위한 사법지원에 관한 정책 연구, 대법원, 2012, 38면.

현능력에 한계가 있지만 이들은 자신이 스스로 결정하는 과정에 대해 말할 때 목소리를 크게 하거나, 반복해서 강조하는 등의 표현방식을 통해 자기결정의 소중함을 드러낸다. 많은 경우 '당사자의 선택이 최선의 선택 또는 합리적 선택인가'에 관한 의문에 부딪힐 때 당사자의 목소리는 사회적 권력 불평등 속에서 맥없이 스러져 갈 때가 많다. 최선과 합리에 판단이 외부자에게 맡겨져 있는 경우가 대부분이기 때문이다. 그러나 자기결정의 중요한 요소이자 목표는 '장애인 스스로 어떻게 인식하고 만족하는가'이다. 자기결정은 합리적 결과를 유추하기 위해 확률적으로 최선의 선택을 하는 것이 아니라, 다양한 개인이 스스로의 선호에 따라 다양한 선택을 할 수 있도록 지원하는 과정이라는 점을 이해해야 한다.

이러한 한계를 극복하기 위한 역량강화를 위한 첫 번째 과제는 장애인의 자기결정이 가능한 사회 환경을 구축하는 것이다. 역량을 강화하기 위한 사회 환경은 장애인의 완전한 사회참여와 통합이 가능한 주거, 교육, 노동 환경을 구축하는 것이다. 이를 위해 장애인이 최대한 보편적 환경에서 자신의 욕구에 따라 통합된(inclusive) 삶을 살아갈 수 있도록 탈시설-자립생활, 통합교육, 통합고용 정책으로 전환할 필요가 있다. 이중 가장 중요한 과제는 인간의 삶의 가장 근간을 이루는 주거공간을 시설이 아닌 지역사회로 옮겨 자립생활을 할 수 있도록 지원해야 한다는 것이다. 이와 함께 정신적 장애인이 자신과 관련된 정책을 만드는 과정에 참여하여 목소리를 낼 수 있도록 자조단체 결성과 활동을 적극적으로 지원할 필요가 있다.

두 번째 과제는 정신적 장애인의 자립생활과 자조단체 결성·활동을 지원하는 것이다. 정신적 장애인이 시민권의 주체로 자신과 관련된 정책과 결정에 참여하고 의사를 개진하고 선택, 조정할 수 있도록 자조활동을 지원하는 것이 역량강화의 핵심이다.[61] 인간은 사회정치적 존재로서 스스로 인식하던 그렇지 않던 우리 모두는 권력관계 안에서 끊임없이 정치적 선택을 하며 인생을 살아간다. 이러한 특성은 공적 영역과 사적 영역을 가리지 않는다. 인권침해사건들을 분석할 때 예외 없이 나타나는 속성 중 하나가 강자로부터 약자에게 인권침해가 행해진다는 것이다.

이 점에서 국내 현실은 아직 넘어야 할 산이 많지만 발달장애인법 제11조에서 '발달장애인은 자조단체(自助團體)를 구성할 수 있고, 국가와 지방자치단체는 예산의 범위에서 「장애인복지법」 제63조에 따라 자조단체의 활동에 필요한 경비를 지원할 수 있도록 하는 근거조항' 마련된 점은 고무적이다. 그러나 동 조항은 임의조항으로 되어 있어 한계가 있다는 지적이 많다. 인프라와 사회적 인식이 취약한 상황에서 발달장애인지원센터 구축조차 어려움을 가질 만큼 예산 반영과 인력 지원이 취약한 상황에서 임의조항으로 되어 있는 자조그룹에 대한 지원은 어려운 상황이다. 미국의 경우와 같이 지자체별로 발달장애인 당사자 단체를 의무적으로 지원하도록 하고, 이들의 관련 정책 수립과정과 조율 과정에 의무적으로 참여할 수 있도록 근거조항을 보완할 필요가 있다. 또한 이 과정에서 발달장애인 특성과 한계에 대한 충분한 고려를 통해 형식적으로 참여하여 배제되지 않도록 섬세한 지원이 동반되어야 할 것이다.

발달장애인보다 더 큰 문제는 정신장애인의 경우다. 정신장애인의 인권과 복지를 규정하고 있는 법제가 미비한 상황에서 유일하게 작동하고 있는 정신보건법은 정신장애인 권리와 자조활동, 역량강화를 위한 근거조항을 담아내기 어려운 상황이다. 그나마 정신보건법 제48조(단체·시설의 보호·육성등)에서 '국가 또는 지방자치단체는 정신질환자의 사회복귀촉진 및 권익보호를 목적으로 하는 단체 또는

---

61) 이런 의미에서 역량강화를 세력화로 표현하는 경우도 있다. 역량강화를 자칫 전문가 또는 보호자에 의한 교육과 훈련의 개념으로 잘 못 이해하는 경우가 있는데 이는 본질적으로 잘못 접근하는 것이다.

시설을 보호·육성하고, 이에 필요한 비용을 보조할 수 있다.'고 되어 있으나 대한정신보건가족협회에 대한 일부 지원 이외 정신장애인단체에 대한 지원은 사실상 이뤄지고 있지 않은 상황이다.

그럼에도 불구하고 발달장애인 자조운동이 최근 들어 국내에서도 활성화되고 있는 상황이다. 발달장애인 자조그룹을 대표하는 피플퍼스트(people first)[62]준비위원회가 결성되고 피플퍼스트 대회가 개최되었다. 전국적으로 자립생활센터 또는 전국장애인부모연대와 연계된 발달장애인 자조그룹들이 생겨나 활동하고 있으며 경남의 경우는 독자적인 발달장애인자립생활센터가 구축되어 활동 중이다. 과거에 비해 크게 진일보한 것이다. 또한 정신장애인 자조운동 역시 꾸준히 확장되어 왔고 많은 정신장애인들이 스스로 자신과 동료의 인권을 위해 노력하고 있지만 이들 단체에 대한 지원은 취약한 상황이다. 취약한 상황에 놓여진 정신적 장애인의 자기결정을 보장하기 위해 이들의 사회정치적 권력과 목소리를 높이고 보장하기 위한 노력이 반드시 필요하다.[63]

---

62) 피플퍼스트란 발달장애인 자조운동 및 대회를 지칭하는 것으로 1974년 미국 오레곤 주에서 한 발달장애인이 자기권리주장대회에서 "I wanna be known to people first.(나는 우선 사람으로 알려지기를 원한다.)"라고 발언한 것에서부터 유래한다. 현재 피플퍼스트는 미국, 캐나다, 일본 등 전 세계 43개국에서 진행되고 있는 것으로 알려졌으며 한국에서도 지난 2015년 11월 20일부터 21일까지 이틀간 대구에서 피플퍼스트 대회가 진행됐다.(비마이너, '발달장애인 먼저'였던 1박 2일, 그리고 남겨진 363일, 2016. 1. 12., http://www.beminor.com/detail.php?number=9272&thread=04r04 검색일 2016. 3. 15).

63) 최근 제2의 도가니로 문제가 된 인강원의 경우 거주인에 대한 지속적인 인권침해와 비리가 발생했지만 거주인 부모와 종사자들은 법인과 시설 편을 들었다. 만약 인강원의 거주인들이 자조활동을 통해 자신을 위한 정책과 서비스 기획 및 제공, 조정 과정에 지속적으로 참여해왔고 이들을 지원할 외부 당사자 단체가 있었다면 상황이 매우 달라졌을 것이다.

참고문헌

〈단행본〉

김용담, 민법총칙(1), 주석민법(제4판), 한국사법행정학회, 2010.

성지용, 형사소송법(1), 주석 형사소송법(제4판), 2009.

송덕수, 신 민법강의(제7판), 박영사, 2014.

윤진수·현소혜, "2013년 개정민법 해설", 법무부, 2013.

조효제, 인권의 문법, 후마니타스, 2007.

지원림, 민법강의(제14판), 홍문사, 2016.

〈논문〉

김경미, 지적장애인의 자기결정원리: 개념, 현재와 미래에 대한 토론, 2007년 한국장애인복지학회 추계학술대회 자료집, 2007.

김교연, 지적장애인의 자기결정원리: 개념, 현재와 과제, 2007년 한국장애인 복지학회 추계학술대회 자료집, 2007.

김민지, 「정신보건법」에 대한 입법평가 및 개선방안: 비자의입원규정의 문제 점을 중심으로, Ewha Law Review, 2011.

김용득·박숙경, 지적장애인의 거주시설 유형별 자기결정 경험 연구, 한국사 회복지학, 제60호(4), 2008.

김정혜, 진술조력인의 의의와 역할: 성폭력 범죄 피해 장애인을 중심으로, 고 려법학 제69호, 2013.

박종선, 진술조력인제도의 시행과 향후 과제, 경희법학, 2013.

백승흠, 고령자의 자기결정권 : 영국의 지속적 대리권 수여법을 중심으로, 아 태공법연구 제4호, 1997.

서동우, 정신보건의 역사적 변화선상에서 본 우리나라 정신보건법의 문제와 개선안, 의료법학, 2006.

임성택, 상법 732조와 장애인 차별, 법학평론 제5권, 2015.

제철웅, 요보호성인의 인권존중의 관점에서 본 새로운 성년후견제도, 민사법학 제56호, 한국민사법학회, 2011.

제철웅, 개정 민법상의 후견계약의 특징, 문제점 그리고 개선방향, 민사법학 제66호, 한국민사법학회, 2014.

하명호, 정신보건법상 보호의무자에 의한 입원, 안암법학, 2011.

〈기타 자료〉

김진우·김명실·유동철·박숙경, 발달장애인의 정당한 편의제공 판단기준 연구, 국가인권위원회, 2013.

임성택외 10인, 장애인을 위한 사법지원에 관한 정책 연구, 대법원, 2012.

비마이너, "권리 박탈하는 성년후견제, 의사결정지원제로 전환해야", 2015. 4. 7. http://beminor.com/detail.php?number=8179&reply_order=chan&reply_order=chan 검색일 2016. 5. 10.

비마이너, '발달장애인이 먼저'였던 1박 2일, 그리고 남겨진 363일, 2016. 1. 12., http://www.beminor.com/detail.php?number=9272&thread=04r04 검색일 2016. 3. 15.

Chris Hatton, Hazel Roberts and Susannah Baines. (2010)「Reasonable adjustments for people with learning disabilities in England 2010: A national survey of NHS Trusts」. Improving Health and Lives : Learning Disabilities Observatory.

Kristina Karlsson and Claes Nilholm, 2006. Democracy and dilemmas of self-determination, Disability & Society Vol. 21, No. 2, March.

Monthian Buntan, State obligations under UN CRPD and Concluding Observations, New opportunities for Korean persons with psychosocial disabilities, 유엔장애인

권리협약과 지역사회통합을 위한 국제심포지움 자료집, 2015.

Sohl, C. & Widdershoven en Van Der Made, J. 1997. Autonomie van mensen met een verstandelijke handicap. Op zoek naar een breder perspectief, Maandblad Geestelijke volksgezondheid, 52(9).

장애인의 웹사이트 접근 및 이용 관련 차별구제를 위한 법률적 근거에 대한 검토

이승요·윤여형·강미로·유재규·최진원* 김예원**

I. 서론

1. 연구의 목적 및 필요성

정보통신기술의 발전으로 인하여 웹사이트를 통해 제공되는 정보, 용역과 재화는 현대를 살아가는 사람들의 일상생활의 일부를 이루는 요소가 되었다. 불과 20년 전, 30년 전만 해도 인터넷이 연결된 디바이스를 통해 물건을 주문하거나, 영화표, 기차표를 예매하거나, 국가에서 제공하는 민원서비스를 이용하는 것은 생각하기 어려운 일이었을 것이다.

정보통신기술과 인터넷의 발전은 대부분의 사람들에게 전에 없이 편리하고 다양하며 신속하게 정보와 서비스를 제공할 수 있게 해주었고, 현대인의 일상생활 모습을 상당부분 바꾸어 놓았다. 수많은 정보, 재화, 용역들이 웹사이트를 통해 제공되고 있고, 갈수록 빨라

---

* 법무법인(유한) 태평양 변호사.
** 서울시 장애인인권센터 변호사.

지는 기술발전의 속도를 감안하면 이러한 현상은 더욱 더 심화될 것으로 예상된다.

이미 웹사이트를 통한 정보에의 접근 및 이용은 일상생활을 평범하게 영위하는 데에 영향을 미치는 요소들이 되었다. 그러나 현재 장애인들은 비장애인이 누릴 수 있는 만큼의 다양한 정보와 용역에 접근하지 못하고 있음이 현실이다. 이는 단순하게 장애인이 기술발전의 편익을 누리느냐, 누리지 못하느냐의 차원의 문제라기보다는, 장애인이 평범한 일상생활을 영위하는 데에 있어 필수적인 요소에 대한 권리를 보장받고 있는지라는 차원의 문제라고 보아야 한다. 이러한 배경 아래에서 장애인차별금지 및 권리구제 등에 관한 법률(이하 '장애인차별금지법'), 국가정보화기본법 등의 법령에서는 웹 접근성과 관련한 차별을 금지하고, 장애인의 웹 접근성을 비롯하여 모바일애플리케이션 관련 지침을 제정하도록 규정하고 있는 등 다양한 방법으로 장애인의 정보접근권을 보장하려는 시도가 이루어지고 있다.

2007년 장애인차별금지법이 제정되고 난 후 시각장애인들을 주축으로 대형 항공사를 상대로 웹사이트에 대한 정당한 편의제공의무 위반 등을 이유로 한 손해배상 소송이 제기되는 등 장애인차별금지법상의 웹 접근성 관련 규정을 통하여 장애인의 권익을 향상시키려는 다양한 의미있는 노력들이 있었다.

그러나 아직 장애인차별금지법상의 손해배상청구권을 행사하거나, 차별을 이유로 국가인권위원회에 진정을 한다고 할 때, 과연 구체적으로 어떠한 경우를 웹 접근성과 관련한 차별로 보아야 할지, 또는 어떠한 경우 손해배상책임을 지거나 법원이 구제조치를 명할 수 있을지에 대하여 기준이 명확하지 않은 부분이 존재하는 것이 사실이다. 물론 제정된 지 얼마 되지 않은 장애인차별금지법상 관련 규정의 적용 기준이 구체화되고 명확해지려면 시간을 두고 사례가 축적되어야 함이 필수적일 것이나, 웹 접근성과 관련한 차별의 사례가 보다 올바르게 축적되고 차별의 판단기준 구체화를 위한 논의가 보다 활발하게 이루어질 수 있도록 관련된 논의가 보다 활발하게 이루어질 필요가 있다고 생각된다.

2. 장애인의 정보접근권과 관련한 법령의 개관 및 논의의 범위

웹사이트 등을 통해 정보를 제공하는 주체에게 장애인에 대한 접근성을 보장할 것을 명하고 있는 법령으로는 대표적으로 국가정보화기본법과 장애인차별금지법을 들 수 있다.

국가정보화기본법에서는 국가기관 등의 장애인에 대한 웹사이트 접근성 보장의무를 규정하고 있고(제32조 제1항), 미래창조과학부장관으로 하여금 장애인·고령자 등의 정보접근을 위한 지침 등을 정하여 고시하도록 하고 있다(제32조 제5항). 이에 따라 제정된 「장애인·고령자 등의 정보접근 및 이용 편의증진을 위한 지침」에서는 정보통신서비스와 정보통신제품의 기능에 대한 설계 지침, 웹사이트의 접근성 준수에 관한 설계 지침에 대하여 규정하고 있으며, 정보 접근성을 높이기 위해 참고할 수 있는 기술표준으로 한국형 웹 콘텐츠 접근성 지침 2.0(이하 '웹접근성 지침'), 장애인 웹 콘텐츠 사용성 지침, 모바일 애플리케이션 접근성 지침 등을 제시하고 있다.

국가정보화기본법은 국가기관 등에 대해서는 명시적으로 웹사이트 접근성 보장의무를 부과하고 있는 것과는 달리 사인(私人)인 정보통신서비스 제공자, 정보통신 관련 제조업자에 대해서는 장애인 등의 웹사이트 접근이 가능하도록 노력할 것을 권장하는 정도의 성격을 가진 규정들만을 두고 있다(동법 제32조 제2항, 제3항, 장애인·고령자 등의 정보 접근 및 이용 편의 증진을 위한 지침). 또한, 위 법은 정보접근권의 위법한 침해에 대한 제재 또는 권리를 침해받은 장애인의 권리구제 수단에 대해서는 별도의 규정을 두고 있지 않다. 이는 국가정보화기본법이 기본적으로 정보접근권을 침해받은 장애인 등의 권리구제보다는 '국가정보화의 기본 방향과 관련 정책의 수립·추진에 필요한 사항을 규정'(법 제1조)하는 데에 중점을 둔 법률이라는 성격에서 비롯된 것이다.

　장애인차별금지법은 장애인의 정보접근권과 관련한 직접적인 차별의 규제, 권리구제 수단의 근거가 되는 법률이다. 장애인차별금지법은 정보접근에 있어 장애를 이유로 정당한 사유 없이 제한·배제·분리·거부하여 불리하게 대하는 행위, 장애를 고려하지 않는 기준을 적용함으로써 장애인에게 불리한 결과를 초래하는 행위를 금지하고(동법 제20조 제1항), 장애인이 비장애인과 동등하게 접근·이용할 수 있도록 수화, 문자 등 필요한 수단을 제공할 의무를 부과하고 있다(동법 제21조 제1항). 장애인차별금지법은 장애인이 위 법에서 금지하는 차별을 당할 경우의 구제수단으로서, 국가인권위원회에 대한 진정(제38조), 손해배상의 청구(제46조 제1항), 구제조치의 신청(제48조 제1항) 등의 수단을 두고 있다.

　이러한 점을 바탕으로 이 논문에서는 장애인이 정보접근과 관련한 차별을 당할 경우 권리구제를 위하여 주장할 수 있는 법률상의 근거와 관련하여, 장애인차별금지법에 규정된 정보접근권 관련 규정의 해석 및 위 규정들이 보호하고 있는 정보접근권의 범위, 그리고 어떠한 경우를 차별로 볼 수 있을지에 대한 판단기준에 대하여 차례로 살펴보고자 한다.

Ⅱ. 장애인차별금지법상 정보접근권 관련 규정에 대한 검토

1. 들어가며

웹 접근에 대한 차별을 받은 장애인의 권리구제방법에 대하여 검토하려면, 먼저 장애인차별금지법상 장애인의 정보접근과 관련한 차별을 금지하고 있는 각 규정들의 의미 및 각 규정들 간의 관계를 먼저 살펴볼 필요가 있을 것이다. 이에 아래에서는 ① 관련 규정들 간의 관계를 먼저 살핀 후, ② 웹 접근성과 관련한 차별 주장의 근거로서 정당한 편의제공의무 위반(제21조 제1항) 외에 직접차별, 간접차별 규정(제20조)의 활용가능성, ③ 장애인차별금지법의 웹사이트 관련 정보접근권의 보호범위에 대하여 차례로 살펴본다.

2. 장애인차별금지법 제15조와 제20조, 제21조의 관계

장애인차별금지법은 제3절에서 '재화·용역의 제공 및 이용'이라는 제목으로 재화·용역 등의 제공에 있어서의 차별금지(제15조), 토지 및 건물의 매매·임대 등에 있어서의 차별금지(제16조), 금융상품 및 서비스 제공에 있어서의 차별금지(제17조), 시설물 접근·이용의 차별금지(제18조), 이동 및 교통수단 등에서의 차별금지(제18조), 정보접근에서의 차별금지(제20조), 정보통신·의사소통 등에서의 정당한 편의제공의무(제21조), 개인정보보호(제22조), 정보접근·의사소통에서의 국가 및 지방자치단체의 의무(제23조), 문화·예술활동의 차별금지(제24조), 체육활동의 차별금지(제25조)를 규정하고 있다.

이 중 장애인의 웹사이트 이용과 관련되어 있다고 볼만한 규정은 '재화·용역' 일반의 제공에 있어서의 차별금지를 규정하고 있는 제15

조, 그리고 장애인의 정보접근, 정보통신·의사소통 등에 대하여 규정하고 있는 제20조와 제21조를 들 수 있을 것이다.

재화(財貨, goods)란 사용 또는 소비 등을 통해 소비자의 효용을 증가시킬 수 있는 형태를 가진 모든 것을 의미하며, 공기나 전기와 같은 눈에 보이지 않는 것도 포함되는 개념이다. 용역(用役, service)이란 물질적 재화의 생산 이외의 생산이나 소비에 필요한 노무(勞務)로서, 재화를 생산하거나 직접 인간의 욕망을 충족시키고자 하는 활동을 의미한다.[1] 따라서 제16조부터 제25조까지 규정된 것들은 재화 및 용역을 구체적으로 예시한 것에 해당하는 것으로 볼 수 있다.

그렇다면 제3절은 총론적으로 제15조에서 재화 및 용역의 제공에 있어서의 차별금지를 선언한 뒤, 제16조부터 제25조까지 재화 및 용역에 대하여 예시적으로 개별 영역에 대하여 규정한 형식을 취한 것으로 생각된다. 즉, 제15조는 일반조항이고, 제16조부터 제25조까지는 그에 대한 특별조항으로, 제16조부터 제25조까지의 특별조항에서 포섭되지 않는 유형의 재화 및 용역에 대하여는 제15조의 일반조항으로 포섭하는 구조를 취하고 있는 것으로 해석할 수 있다.[2] 이와 같이 해석함으로써 개별조항으로 규정되어 있지 않은 재화 및 용역의 제공에 대하여도 일반조항을 통해 장애인의 권리 보장을 꾀할 수 있고 법 적용의 사각지대가 생기는 것을 방지할 수 있을 것인바, 이러한 해석이 장애를 이유로 차별받은 사람의 권익을 효과적으로 구제한다는 장애인차별금지법의 입법취지에도 부합할 것이다.

이러한 해석에 따른다면, 제15조는 재화 및 용역의 제공에 있어서

---

1) 보건복지가족부 장애인정책국, 장애인차별금지 및 권리구제 등에 관한 법률 해설서, 2008, 58면.

2) 다만, 제15조, 제16조, 제17조, 제19조 제20조, 제24조 및 제25조는 재화·용역 분야에서의 차별행위를 직접적으로 금지하는 규정이라는 점에서 제21조 및 제23조는 정보통신·의사소통분야에서의 국가와 재화·용역 제공자에게 부과되는 의무를 규정하고 있다는 점에서 그 규정방식의 차이가 있다.

의 차별금지를 선언한 일반조항이고, 제20조와 제21조는 보다 구체적으로 정보접근 및 정보통신·의사소통에 관한 차별금지와 편의제공의무를 규정한 특별조항으로서, 정보접근, 정보통신·의사소통에 관한 차별에 관하여 제20조와 제21조가 직접 적용되지 않는 경우에는 제15조가 여전히 적용된다고 보아야 할 것이다.

3. 장애인차별금지법 제20조의 직접차별, 간접차별과 제21조의 정당한 편의 제공

가. 직접차별, 간접차별 규정의 적용 가능성

장애인이 웹사이트에 접근·이용할 수 없는 것이 문제되는 경우에는 그것이 가능하도록 하는 적극적인 조치 또는 수단이 강구되어야 한다는 특성 때문에, 장애인에 대한 웹사이트 관련 차별은 통상적으로 정당한 편의제공 의무(장애인차별금지법 제21조 제1항) 위반에 해당하는지 여부의 측면에서 검토되고 있다.

그런데 장애인차별금지법은 장애인의 정보접근과 관련하여 정당한 편의제공 의무를 규정하는 데에서 나아가 직접차별(제20조 제1항)과 간접차별(제20조 제2항)을 금지하는 조항도 별도로 두고 있다. 장애인의 웹 접근 및 이용과 관련하여 정당한 편의제공 의무 외에도 직접차별, 간접차별 조항이 적용될 수 있다면 장애인의 웹 접근 관련 권익을 더 폭넓게 보호할 수 있는 근거가 될 수 있을 것이므로, 직접차별 및 간접차별 조항이 장애인의 웹 접근성에 관하여 적용될 수 있는지 여부를 살펴볼 필요가 있을 것이다.

이를 위하여 먼저 직접차별, 간접차별의 의미에 대하여 간략히 살펴본다.

장애인차별금지법상 직접차별이란 '장애인을 장애를 사유로 정당한 사유 없이 제한·배제·분리·거부 등에 의하여 불리하게 대하는 경우'(제4조 제1항 제1호), 즉 특정 집단에 속하는 개인을 의도적으로 불리하게 취급하여 발생하는 차별을 의미한다. 간접차별이란 '장애인에 대하여 형식상으로는 제한·배제·분리·거부 등 불리하게 대하지 아니하지만 정당한 사유 없이 장애를 고려하지 아니하는 기준을 적용함으로써 장애인에게 불리한 결과를 초래하는 경우'(제4조 제1항 제2호)로서, 장애인과 비장애인집단 양자에 대하여 가치중립적으로 보이는 동일한 기준을 적용하더라도 장애인에게 불리한 결과를 가져옴으로 인하여 발생하는 차별을 의미한다. 간접차별은 사회의 구조적, 제도적 측면에서 굳어져 있는 기준에 기인하는 차별이라는 특성 때문에 미국에서는 간접차별을 'systematic disparate impact'라고 부르기도 한다.[3]

장애인의 접근·이용이 어려운 웹사이트는 '장애를 고려하지 아니하는 기준을 적용함으로써 장애인에게 불리한 결과를 초래하는 경우'에 해당하는 것으로 해석될 수 있어 이를 간접차별의 문제로 접근하는 것이 가능할 것으로 생각된다. 또한 어떠한 웹사이트가 비장애인에게 제공하는 서비스 또는 정보를 장애인에 대해서만 제공하지 않는 경우에는 직접차별에 해당한다고 해석할 여지가 있을 것이다.

이와 같이 웹사이트의 접근 및 이용과 관련한 장애인의 차별의 형태는 상황에 따라 정당한 편의제공의무 위반뿐만 아니라 직접차별, 간접차별의 형태로 나타날 수 있어, 차별을 주장하는 데에 중첩적인 적용이 가능할 것으로 판단된다.

참고로 2013년 시각장애인들이 주축이 되어 국내 항공사 등을 상대로 제기한 웹사이트 접근성 관련 손해배상 사건에서도, 원고들은 청구원인으로서 '장애인차별금지법 제20조, 제21조 제1항'을 중첩적

---

3) 이주희, 간접차별의 개념과 판단기준, 청주법학 제32권 제2호, 2010. 11, 178면.

으로 주장한 바 있다.

나. 정당한 편의제공과 직접차별, 간접차별의 중첩적 적용 실익

웹사이트에의 접근 및 이용에 관한 차별과 관련하여, 전형적인 차별의 형태인 '정당한 편의제공' 위반 외에 직접차별과 간접차별을 중첩적으로 주장하는 것이 이론적으로 가능하다 하더라도, 직접차별, 간접차별을 함께 주장하는 것이 정당한 편의제공의무의 위반만을 주장하는 것과 비교하여 그에 따른 차별판단의 요건 및 심사기준에 별다른 차이가 없다면 이를 논하는 실익이 없을 것이다. 따라서, 장애인의 웹 접근 및 이용과 관련한 직접차별, 간접차별 법리의 중첩적 적용이 장애인의 권리구제의 방법을 보다 다양화하고 강화하는 의미가 있을지에 대하여 살펴볼 필요가 있다.

우선, 장애인차별금지법 제20조와 제21조 제1항은 수범대상이 다르다. 즉, 장애인차별금지법은 웹 접근성의 경우 정당한 편의제공의무를 부담하게 되는 대상을 열거하고 있으며 규모가 작은 사업장의 경우 의무를 부담하는 대상에서 제외되어 있고(시행령 제14조 제1항), 의무를 부담하게 되는 시기를 주체별로 다르게 규정하고 있어 일정 시기 이전의 정보접근 관련 차별에 대해서는 정당한 편의제공의무 위반을 주장할 수 없다. 반면, 장애인차별금지법 제20조에서는 '개인·법인·공공기관'이라고 하여 수범자를 넓게 규정하고 있다. 따라서, 장애인차별금지법 제21조 제1항의 정당한 편의제공 의무를 부담하지 않는 자라 하더라도 웹사이트를 통하여 정보, 서비스를 제공하는 주체가 정보접근 관련 직접차별 또는 간접차별을 하는 경우 제20조를 근거로 구제를 받을 가능성이 있다.

수범대상 외에 두 규정에 대한 심사기준이 다른지도 생각해 볼 필요가 있다. 이와 관련하여 참고할만한 견해로, 직접차별의 경우 입법취지상 '과도한 부담', '현저히 곤란한 사정'(장애인차별금지법 제4조 제3항 제1호) 면책조항이 해석상 적용되지 않는 것으로 보아야 한다는 견해가 있다.[4]

이 견해는 '과도한 부담'을 직접차별의 정당화사유로 보게 된다면, 직접차별 조항에서부터 실질적으로 정당한 편의제공의무가 도출되므로, 장애인차별금지법상 별개의 차별유형으로 규정되어 있는 직접차별과 정당한 편의제공을 혼용하는 문제, 즉 직접차별과 정당한 편의제공이 중복되는 문제가 발생한다고 지적한다. 이 견해에 의하면 직접차별의 경우 정당화 사유는 '과도한 부담'이 아니라, 차별행위에 대한 비례성 심사 또는 합리성 심사에 의하여 판단하여야 한다고 한다.

이러한 견해에 대해서는 법문언상 장애인차별금지법 제4조 제1항 제1호 내지 제3호에서 모두 '정당한 사유 없이'를 조건으로 하고 있고, 제4조 제3항에서 '정당한 사유'는 '과도한 부담', '현저히 곤란한 사정'을 의미한다고 규정하고 있으므로, 직접차별에서만 '과도한 부담'의 면책이 적용되지 않는다고 해석하는 것은 문언에 반한다는 비판이 있을 수 있다.

그러나 직접차별의 정당화사유에 대한 법규정의 문언(법 제4조 제1항 제1호, 제3항 제1호)을 액면 그대로 해석함으로써, 행위태양이 다른 직접차별과 정당한 편의제공 의무 위반 여부의 판단에 있어 중대하게 고려되는 요소인 '정당한 사유'를 사실상 같은 기준으로 판단한다면, 직접차별과 정당한 편의제공의 행위태양을 구별하여 각각의 차별유형으로 규정해 놓은 의미가 상당부분 퇴색될 수도 있다.

오히려 행위태양이 다른 직접차별과 정당한 편의제공의 심사기준은 그 행위태양에 맞추어 다르게(중복되지 않게) 해석함이 오히려

---

4) 심재진, 장애인차별금지와 정당한 편의제공 의무, 사회보장연구 제29권 제1호, 한국사회보장학회, 2013. 2., 115면.

각 차별유형을 개별로 규정하여 전체적으로 장애인에 대한 차별행위를 방지하려는 장애인차별금지법의 취지 및 체계에 부합하고, 이런 측면을 고려하면 직접차별과 정당한 편의제공의무의 면책사유는 달리 해석되어야 한다고 보는 것이 타당하다고 생각된다. 즉, 적극적으로 정당한 편의를 제공하여야 할 의무가 있는 자는 그러한 편의를 제공하려면 '과도한 부담'이 발생하거나 그러한 편의를 제공하는데 '현저히 곤란한 사정'이 있는 경우 정당한 편의제공 의무를 준수하지 못한 것으로 인한 책임을 부담하지 않는다고 볼 수 있을 것이나, 그러한 의무를 부담하지 않는 자라 하더라도 여하한 자가 적극적으로 웹사이트 운영과 관련하여 장애인을 직접차별하는 조치를 취한 경우 '과도한 부담'이나 '현저히 곤란한 사정'은 그 성격상 적절한 면책사유가 된다고 보기 어려울 수 있다는 것이다. 이와 동일한 논리가 간접차별과 정당한 편의제공과의 관계에 있어서도 적용될 수 있을 것이다.

이에 따를 때, 직접차별 또는 간접차별의 경우 정당한 편의제공에 대한 '과도한 부담' 또는 '현저히 곤란한 사정'이 있는지와는 별개로, 그와 같은 차별행위가 비례성 혹은 합리성을 위반한 것인지 등 독자적인 기준에 따라 판단할 필요가 있게 될 것이며, 이러한 점에서 정당한 편의제공과 직접차별, 간접차별을 구분하여 주장할 실익이 있을 것으로 생각된다.

4. 장애인차별금지법에서 보호하는 웹사이트 관련 정보접근권의 범위

가. 들어가며

장애인차별금지법 제20조는 '전자정보와 비전자정보를 이용하고 그에 접근함에 있어' 직접, 간접차별을 금지하고, 제21조 제1항은 '전자정보 및 비전자정보에 대하여 장애인이 장애인 아닌 사람과 동등하게 접근·이용할 수 있도록' 정당한 편의를 제공할 의무를 부과하고 있다. 즉, 장애인차별금지법은 장애인이 정보를 '접근하고 이용'하는 데에 있어 차별을 하는 것을 금지하고 있다.

즉, 위 규정에 의하면 장애인은 정보에 순수하게 접근할 권리에서 나아가 비장애인과 동등한 정도로 이를 '이용'할 권리도 가짐에는 의문이 없다. 장애인의 웹접근성의 설계 및 제공과 관련된 실무에서도 이와 같은 맥락에서 순수한 '웹 접근성'의 문제뿐만이 아니라 사용의 편리성, 효용성을 의미하는 '웹 사용성'의 문제에 대한 논의가 활발하게 이루어지고 있는 것으로 보인다.

이와 관련하여, 장애인차별금지법상의 정보접근권과 관련한 차별 여부를 논하기 위하여, 장애인차별금지법이 보호하는 장애인의 정보접근권의 영역이 '웹 접근성'뿐만이 아니라 '웹 사용성'이라고 불리는 영역까지 포괄할 수 있는지를 검토하는 것이 필요하다고 생각된다.

나. 웹 접근성과 웹 사용성의 구분

인터넷의 기반이 된 월드 와이드 웹[5](world wide web, 이하 줄여서 '웹'이라 한다)을 창시한 팀 버너스 리(Tim Berners Lee)는 웹의 성격에

---

5) 하이퍼텍스트(hypertext)라는 기능에 의해 인터넷에 분산되어 있는 온갖 종류의 정보를 통일된 방법으로 찾아볼 수 있게 하는 광역 정보 서비스 및 소프트웨어를 뜻한다. 1989년 스위스 제네바에 위치한 유럽 원자핵 공동연구소(CERN)의 팀 버너스 리가 제안한 것으로, 웹에서는 정보가 웹 서버(web server)라고 하는 컴퓨터 내에서 하이퍼텍스트 형식으로 작성되어 웹 페이지(web page)라는 단위로 관리되며, 링크(link)라고 하는 정보에 의해 세계 각지의 하이퍼텍스트와 연결된다(출처 : 한국정보통신기술협회(TTA) IT용어 사전).

대해 웹의 힘은 그 보편성에서 나오는 것으로, 장애에 구애 받지 않고 모든 사람들이 접근할 수 있는 것이 필수적이라고 설명한 바 있다.[6] 월드 와이드 웹 컨소시엄(W3C : World Wide Web Consortium)의 웹 접근성 이니셔티브(WAI : Web Accessiblity Initiative)는 위의 철학에 따라 웹 접근성(accessibility)을 정의하고 있는데, 이에 따르면 웹 접근성이란 장애를 가진 사람들이 웹을 이용할 수 있도록 하는 것으로서, 구체적으로 장애를 가진 사람들이 웹을 인지하고 편리하게 사용할 수 있으며, 웹에 콘텐츠를 올릴 수 있는 것이다.[7] 한국정보화진흥원은 이와 관련하여 어떠한 기술환경에서 장애인, 노인 등 어떠한 사용자도 전문적인 능력 없이 웹사이트에서 제공하는 모든 정보에 접근할 수 있도록 보장하는 것을 웹 접근성이라고 정의하고 있다.[8]

그리고 실무적으로는 이러한 웹 접근성 개념뿐만 아니라 웹 사용성(usability)이라는 개념 역시 사용되고 있는데, 웹 사용성(usability)은 단순히 웹사이트에 대한 접근가능성에서 나아가 웹사이트가 얼마나 사용하기 쉽고 불편이 없도록 구성되었는가와 같은 사용 편의성과 관련된 개념으로 사용되고 있다.

보다 구체적으로 말하면, 웹 접근성이 웹에 접근이 '가능한가?', '불가능한가?', '얼마나 가능한가?', '어떻게 하면 가능한가?'에 대한 문제라면 웹 사용성은 웹 사용이 '편리한가?', '불편한가?', '얼마나 편리한가?', '어떻게 하면 편리한가?'에 관한 문제라고 할 수 있다.[9]

---

6) W3C, World Wide Web Consortium Launches International Program Office for Web Accessibility Initiative, http://www.w3.org/Press/IPO-announce(최종접속일 2016. 5. 9.).

7) W3C, Introduction to Web Accessibility, http://www.w3.org/WAI/intro/accessibility.php(최종접속일 2016. 5. 9.)

8) 웹 접근성 연구소, 웹 접근성 개요, http://wah.or.kr/Accessibility/define.asp(최종접속일 2016. 5. 9.).

9) 한국장애인인권포럼, 공공기관 웹사이트 장애인 사용성 실태조사, 국가인권위원회 발간자료, 2009, 8면.

이 두 가지 개념의 관계에 대하여 상호 보완적인 관계로서 중첩되는 부분이 있다고 보는 견해도 있고, 논의의 측면 자체가 구별된다는 견해가 혼재하고 있어[10] 위 두 개념의 관계를 명확하게 정의하여 설명하기는 쉽지 않아 보인다. 그러나 장애인의 접근이 가능한 웹사이트라 하더라도, 그 웹사이트를 사용하는 장애인이 비장애인과 비교하여 이를 편리하게 사용하기는 어려울 수 있다는 측면에서, 장애인의 웹 접근 및 이용에서의 차별과 관련하여 웹 사용성 개념을 웹 접근성 개념과 분리하여 살펴볼 필요성이 있을 것이다.

특히, 장애인의 웹사이트에 대한 정보접근권 관련 차별판단의 기준으로 웹 접근성 지침이 광범위하게 사용되고 있는데, 웹 접근성 지침은 기본적으로 '접근 가능한' 웹사이트를 설계하는 데에 초점을 맞추고 있다. 이러한 웹 접근성 자체의 개념상의 한계를 감안할 때, 웹 접근성을 향상시키기 위하여 웹 접근성 지침을 준수하는 것은 장애인의 웹 접근 및 이용을 보장하기 위한 필요조건 중의 하나이지만 비장애인과 동등한 수준의 '이용'까지 보장하기 위한 충분조건은 아니라고 판단된다.

이러한 장애인의 웹사이트에 대한 사용성 확보에 관한 요청에 응하여 한국정보통신기술협회에서는 2010. 12. 23. 장애인 웹 콘텐츠 사용성 지침(Web Content Usability Guidelines for Persons with Disabilities)을 제정하여, 장애인이 인터넷을 사용할 때 심리적, 기술적인 불편을 해소하고, 좀 더 편리하게 사용할 수 있도록 웹사이트의 구축 방법을 규정하고, 웹사이트의 사용성 향상을 도모하고 있다.[11] 또한, 미래창

---

10) 위의 글, 11면.
11) 다만, 안전행정부와 미래창조과학부가 매년 실시하는 장애인 정보접근성 실태조사는 한국형 웹 콘텐츠 접근성 지침 2.0만 적용하고 있고 장애인 웹 콘텐츠 사용성 지침은 심사 기준에 포함되어 있지는 않아, 아직 접근성 평가에 있어서 위 지침에 따른 사용성 평가가 전면적으로 이루어지고는 있지는 않은 것으로 보인다.

조과학부가 지정한 국가 공인 웹 접근성 품질인증기관인 웹와치 주식회사(이하 "웹와치")는 웹 접근성 품질인증시 ① 한국형 웹 콘텐츠 접근성 지침 2.1을 기준으로 기술적 심사를 거치는 전문가 심사와 ② 장애인 전문가에 의한 휴리스틱 평가(Heuristic Evaluation)와 장애 유형별 사용성 테스트(Usability Testing)가 혼합된 방식으로 수행 가능 여부를 평가하는 사용자 심사를 모두 거쳐 웹 접근성 여부를 심사하고 있으며,[12] 이외의 다른 웹 접근성 평가 기관들도 기술적 심사 외에 사용자 심사를 하여 실제 사용의 편리성도 함께 검사하고 있는 것으로 파악된다.

다. 장애인차별금지법이 보호하는 장애인의 웹 사용성

장애인차별금지법에서는 실무적으로 사용되고 있는 웹 접근성 및 웹 사용성의 개념을 명시적으로 정의하고 있지 않다. 또한, 장애인차별금지법상 보장되는 장애인의 웹사이트에 대한 접근 및 사용에 대한 권리가 앞서 살펴본 웹 접근성 및 사용성을 포함한 것으로 해석할 수 있을지에 대하여 아직 많은 논의가 이루어지지 않고 있는 것으로 보인다. 따라서 장애인차별금지법과 그 시행령상 '정보에 대한 접근에 있어서의 차별 금지' 규정을 통해 장애인차별금지법이 보호하고자 하는 장애인의 웹사이트 관련 정보접근권의 범위를 검토해 볼 필요가 있을 것이다.

장애인차별금지법 제21조 제1항은 '장애인이 장애인 아닌 사람과 전자정보 및 비전자정보에 대하여 동등하게 접근, 이용할 수 있도록 필요한 수단을 제공하여야 한다'고 규정하고 있고, 시행령은 그 구체적인 수단으로 '누구든지 신체적·기술적 여건과 관계없이 웹사이트

---

12) 웹와치, 심사기준, http://www.webwatch.or.kr/WAC/Criterion.html(최종접속일 2016. 5. 9.).

를 통하여 원하는 서비스를 이용할 수 있도록 접근성이 보장되는 웹사이트'를 제공할 의무를 규정하고 있다(장애인차별금지법 시행령 제14조 제2항 제1호).

장애인차별금지법이 각종 재화·용역에 장애인의 접근성을 보장하도록 하고 있는 취지는 근본적으로 장애인이 그러한 재화·용역을 '이용'하게 하기 위함일 것이다. 접근할 수 있으되 이용하지 못한다면 그것은 아무런 의미가 없기 때문이다. 이는 당연하게도 웹사이트에 대하여도 마찬가지이다. 이에 장애인차별금지법 제21조 제1항 및 시행령 규정은 장애인의 웹사이트 '접근'뿐만이 아니라 '이용'을 가능하게 할 수 있는 편의를 제공하라고 규정하고 있다.

그리고 웹사이트를 얼마나 효율적으로, 편리하게 사용할 수 있는지의 문제는 비장애인과 동등한 수준으로 웹사이트를 통해 제공되는 정보 및 서비스를 '이용'할 수 있는지의 문제와 직결되어 있다. 따라서 장애인차별금지법이 보호하는 장애인의 웹사이트 관련 정보접근권에는 비장애인과 동등한 수준의 '접근'가능성 뿐만 아니라 '이용'을 위한 효율성 또는 편의성, 즉 '사용성'까지 포함하는 것으로 봄이 타당할 것이다.

이와 관련하여, '웹 접근성'이라는 개념은 웹사이트에 대한 장애인과 비장애인의 차별문제에 특유한 개념인 것과 대조적으로, '웹 사용성'이라는 개념은 '사용상의 편의성, 효율성, 만족성'을 의미하는 것으로서 장애인과 비장애인 사이의 차별문제에 특유한 문제가 아니라는 지적이 있을 수도 있다. 그러나 적어도 장애인과 비장애인이 가진 특성의 차이에서 기인하는 사용성의 차이는 충분히 존재할 수 있고, 이러한 차이는 곧 동등한 수준의 '이용'에 직접적인 영향을 미치는 요소이므로, 장애인이 가진 장애의 정도 및 유형에 따라 비장애인이 향유할 수 있는 사용성과 동등한 수준의 사용성을 장애인에게 제공할 필요가 있고, 장애인차별금지법 제21조 제1항의 문언상

이와 같은 해석이 충분히 가능하다고 판단된다.

장애인차별금지법이 장애인의 웹서비스에 대한 "접근"뿐만 아니라 "이용"에 대하여 규정하고 있음에도 불구하고 기존의 장애인의 웹사이트 접근·이용에 대한 차별판단은 주로 '접근성'을 기준으로 이루어졌던 것으로 보인다. 물론 '접근성'이 보장되는 웹사이트는 상당 부분 장애인의 사용성에까지 영향을 미치게 된다는 점, 장애인의 웹사이트 이용을 위해서는 '접근성'이 필수조건이라는 점에서 '접근성'을 강조하는 것은 충분히 합리적인 근거가 있는 것이지만, 궁극적으로는 '접근성'과 더불어 '사용성'에 대한 판단기준을 세우고 차별판단에 있어 '사용성'을 '접근성'과 함께 고려하는 방향으로 논의가 이루어질 필요가 있을 것이다.

Ⅲ. 웹사이트 접근·이용에 대한 정당한 편의제공 관련 차별판단기준의 검토

1. 일반적 기준 검토의 필요성

앞서 살핀 바와 같이 웹사이트를 통한 정보제공 관련 장애인 차별에 있어서도 직접차별·간접차별을 주장할 여지가 있으나, 차별의 형태는 주로 정당한 편의제공 의무의 위반의 형태로 나타나게 될 것이다. 이에 아래에서는 특히 웹 접근성과 관련하여 '정당한 편의제공 의무 위반' 판단 시 구체적으로 고려해야 할 점이 무엇인지를 살펴보기로 한다.

현재 가장 공신력 있는 웹 접근성 관련 편의제공 판단의 가이드라인은 국가표준(방송통신발전 기본법 제33조, 동법 시행령 제22조 제1항, 방송통신표준화지침 제2조 제1호, 제2호)으로 지정되어 있는 웹 접근성 지침이다. 이 지침은 2008년 12월에 제정된 웹 접근성 관련 국제 표준인 월드 와이드 웹 컨소시엄(W3C: World Wide Web Consortium)의 '웹콘텐츠 접근성 가이드라인 2.0(WCAG 2.0: Web Content Accessibility Guidelines 2.0)'을 국내 실정에 맞게 반영하여 장애인이 비장애인과 동등하게 웹콘텐츠에 접근할 수 있도록 웹콘텐츠를 제작하는 방법에 관하여 기술하고 있다.

웹 접근성 지침은 앞서 살핀 것과 같이 지침의 각 내용이 장애인의 웹 접근을 가능케 하기 위한 기준을 제시하는 내용으로 구성되어 있고, 정보제공자에 대하여 장애인에게 웹 접근성을 보장하는 웹사이트 구현의 표준적 기준으로 통용되고 있다는 점에서 정보제공자의 웹 접근성 보장의무 위반 여부 판단에 대한 유력한 기준이 될 수 있을 것이다.

실무적으로도 국가인권위원회에서는 장애인의 웹 접근성 위반 여부 진정사건에서 해당 정보제공자가 웹 접근성 보장의무를 위반하였는지 여부의 판단에 웹 접근성 지침을 1차적 기준으로 삼아, 해당 웹사이트가 웹 접근성 지침을 준수하지 않은 것으로 판단되는 경우 시정할 것을 권고하고 있는 것으로 파악된다. 참고로, 호주의 경우에도 Bruce Lindsay Maguire v. Sydney Organising Committee for the Olympic Games 사건에서 호주 인권평등기회위원회는 장애인의 웹 접근성이 준수되었는지의 여부는 W3C가 제정한 WCAG를 기준으로 검토해야 한다고 판시한 바 있다.

따라서 웹 접근성 관련 정당한 편의제공의무 위반으로 인한 진정 또는 손해배상을 청구하는 소송에서, 해당 웹사이트가 웹 접근성 지침을 위반하였다는 것을 근거로 접근·이용가능성이 침해되었음을 주장하는 것은 설득력 있는 수단이 될 것이다. 예컨대 주로 이미지를 통하여 정보를 제공하고 있는 웹사이트에서 이미지를 설명하는 대체 텍스트를 제공하고 있지 않은 경우 이는 웹 접근성 지침을 준수하지 않은 것인데, 웹 접근성 위반으로 인한 손해배상을 청구하는 사람은 해당 웹사이트가 웹 접근성 지침을 위반한 것임을 입증한다면 그것만으로 장애인차별금지법 제21조상의 정당한 편의제공의무 위반이라고 판단될 가능성이 매우 높은 것으로 생각된다.

그러나 웹 접근성 지침이 웹 접근성 보장 여부 판단에 대한 단일하고 최종적인 기준이 될 수는 없다. 즉 웹 접근성 지침 미준수가 웹 접근성 보장의무 위반에 대한 강력한 근거가 될 수는 있어도 웹 접근성 지침을 지키지 않았다고 하여 그대로 웹 접근성 보장의무를 위반하였다는 결론을 내릴 수는 없다. 이는 웹 접근성 지침이 법령의 일부가 아니라는 점에서도 당연하다. 예컨대, 해당 웹사이트에 웹 접근성 지침을 준수하지 않은 사항이 있더라도 실제로 장애인이 비장애인과 동등한 정도로 그 웹사이트를 접근·이용하는 데에 별다른 문제가 없다면 이를 웹사이트 관련 정당한 편의제공 의무를 위반하였다고 보기는 어려울 것이다. 반면, 웹 접근성 지침이 모든 형태의 웹사이트의 접근성을 완벽히 보장할 수 있다는 보장이 없는 이상, 웹 접근성 지침을 거의 완벽히 준수한 것으로 평가되더라도 실제로는 장애인이 정보접근에 어려움을 겪는 경우도 충분히 존재할 수 있다. 실무에 있어서도 '형식적으로 지침을 따랐으나 접근성을 확보했다고 볼 수 없는 경우'가 문제되는 경우가 논의되고 있음을 발견할 수 있다.[13]

따라서 웹 접근성 지침은 웹 접근성 보장의무 준수 여부의 판단에 관한 근거로서의 충분한 가치는 있다 하되, 웹사이트 관련 정당한 편의제공에 관한 제21조의 판단기준을 대체할 수는 없을 것이다. 결국 웹 접근성 지침 또한 '정당한 편의제공'을 위한 하나의 수단이므로 그 판단기준의 탐구는 장애인차별금지법 제21조 제1항의 기본적 해석에서 출발하여야 할 것이다.

---

13) 류영일·하성필·김혜일·성영한, 장애인차별금지법 대응을 위한 웹 접근성과 품질인증, 에이콘, 2013, 347면.

2. 웹사이트에 대한 정당한 편의제공 의무 위반 판단에 관한 사례검토

가. 항공사 등에 대한 손해배상청구 사건

국내에서는 2013년경 장애인 10여 명이 항공사 등을 상대로 웹사이트의 접근을 위한 정당한 편의를 제공하지 않았다며 손해배상의 소를 제기한 바 있다(서울남부지방법원 2013가합102207 사건). 이 사건은 조정에 회부되어 법원이 대한항공 홈페이지를 2014. 5.까지 웹접근성 지침을 준수하도록 변경하는 내용의 화해권고결정을 내려 당사자들이 이에 이의하지 않음으로써 마무리되었다.

위 사건은 국내에서 최초로 제기된 웹 접근성 관련 소송으로서 의미가 있다. 판결에 의하여 결론이 내려지지 않아 웹사이트 관련 정당한 편의제공 여부의 판단에 대한 법원의 구체적인 판단기준을 볼 수 없었으나, 위 사건의 결과에 비추어 보면 위 사건의 당사자나 법원 또한 웹 접근성 지침의 준수를 웹 접근성 관련 정당한 편의제공 여부의 판단에 중대한 기준으로 고려하였음을 알 수 있다.

나. 방송사 웹사이트 국가인권위원회 진정사건

국가인권위원회는 기본적으로 웹 접근성 지침의 준수여부를 기준으로 웹사이트 접근성 여부를 판단하고 있는 것으로 보인다. 웹 접근성 관련 진정 결정례 중 비교적 상세하게 결정이유를 설명하고 있는 사건인 방송사들의 웹사이트 편의 미제공 진정사건(국가인권위원회 10진정0563400 등 93건(병합))에서, 국가인권위원회는 "기본적인 평가 기준이 되었던 '한국형 웹콘텐츠 접근성 지침 2.0'을 피진정인들이 준수하였다 하더라도 장애인의 웹사이트 접근 및 사용이 어럽다면 이는 장애인을 불리하게 대우하는 차별행위로 판단될 여지가 있다. 그러나 동 지침이 국가표준으로 제정되고 있는 점, 현재 동 지침조차 준수되지 않은 웹사이트가 다수인 점, 진정인이 특정하고 있는 차별행위가 동 지침에 준거하고 있는 점 등을 고려하여 동 지침에 근거하여 장애인의 웹사이트 접근성 여부를 판단하기로 한다.”라면서 명시적으로 웹 접근성 지침을 평가기준으로 삼았다고 밝힌 바 있다.

국가인권위원회는 위 사건에서 지침을 기준으로 먼저 정량적 평가를 실시하여 수치로 표현될 수 있는 웹 접근성 준수율을 산출한 뒤, 이를 토대로 실질적으로 장애인의 접근·이용을 저해하는 요소가 있는지를 평가하였고, 그 결과를 토대로 정당한 편의제공 여부를 판단하였다.

국가인권위원회는 위 결정에서 피진정인 방송사들 웹사이트의 사용성에 대한 직접적인 평가는 하지 않았으나, ‘사용성은 논외로 하더라도’ 접근성 지침 위반 및 접근을 위한 편의 미제공 만으로도 차별이 된다는 취지의 판단을 내리고 있어, 웹사이트 사용성 또한 장애인차별금지법 제21조의 ‘정당한 편의’의 범주에 포함될 수 있다는 가능성을 배제하고 있지는 않은 것으로 판단된다.

한편 국가인권위원회의 위 결정은 웹 접근성 지침을 주된 기준으로 접근성을 평가하면서도, ‘동 지침을 준수하였다 하더라도 장애인의 웹사이트 접근 및 사용이 어렵다면 이는 장애인을 불리하게 대우하는 차별행위로 판단될 여지가 있다’며, 웹사이트의 동등한 접근·이용과 관련한 정당한 편의제공 여부의 판단 기준으로서의 접근성 지침의 한계를 지적하고 있다는 점에 의의를 둘 수 있다.

다. 해외 사례 검토

(1) 호주의 시드니올림픽 웹사이트 사건(Bruce Lindsay Maguire v. Sydney Organising Committee for the Olympic Games)

2000년 시드니올림픽 당시 시각장애인 Maguire는 올림픽위원회가 운영하는 웹사이트가 웹 접근성 지침을 따르지 않아 입장권 구매가 불가능하고 스크린리더를 이용하여 경기결과표를 읽을 수 없음을 이유로, 대체텍스트의 제공, 스케줄 페이지 등에 대한 접근, 경기결과에 대한 접근이 가능할 수 있도록 해 줄 것을 요구하며 호주의 인권평등기회위원회(Human Rights and Equal Opportunity Commission)에 진정을 제기하였다.

이에 올림픽 조직위원회는 시각장애인을 위한 모든 조치를 할 경우 올림픽 기간 동안 약 55,000개의 웹페이지가 제작되어야 한다는 등의 사유로 Maguire가 차별이라고 주장하는 사항을 모두 보완하는 것은 '과도한 부담'에 해당한다고 주장하였으나, 인권평등기회위원회(Human Rights and Equal Opportunity Commission)는 먼저, 올림픽 사이트가 웹 접근성 지침(W3C의 WCAG)을 따르지 않아 Maguire가 차별을 받고 있다고 판단한 뒤, 위 올림픽 조직위원회의 항변에 대해서는 ① 관련 당사자들이 겪고 있는 이익이나 피해의 성질, ② 관련 당사자들이 겪고 있는 장애의 영향, ③ 올림픽위원회가 부담해야 할 재정적 조건 및 지출, ④ 서비스 제공 및 시설의 사용에 있어서의 추후 개선 계획 등을 고려할 때 부분적 개선만으로도 문제 해결이 가능하므로 Maguire의 요구를 수용하는 것이 과도한 부담으로 볼 수 없다고 판단하였다.[14]

---

14) 박경신 외 4, 시각장애인웹접근성 법제에 대한 비교법적 고찰, 고려법학 제61호, 2011. 6, 156면.

(2) 미국의 타겟사에 대한 손해배상청구 사건(NFB V. Target Corporation)

미국 시각장애인협회(National Federation of the Blind)가 2006년 대형 소매업체인 Target사에 대하여, 시각장애인이 Target사의 웹사이트에 접근할 수 없음을 이유로 이는 장애인에 대한 차별이라고 주장하며 손해배상 등을 청구한 사건이다.

미국의 ADA(Americas with Disability Act)는 우리나라의 장애인차별 금지법과는 달리 웹사이트의 접근성을 보장할 것을 명문으로 규정 하고 있지는 않고 있어, 위 사건에서는 주로 ADA의 재화, 용역에 대한 장애인의 차별금지 규정[15]이 물리적 공간이 아닌 웹사이트에까지 적용되는지 여부가 주된 쟁점으로 다루어졌다는 데에 특색이 있다. 위 사건은 결국 법원의 판결이 아닌, Target사가 일정한 가이드라인 에 따라 시각장애인들의 웹사이트 접근 및 사용이 가능하도록 하는 조치를 취하는 것을 주된 내용으로 하는 화해로 종결되었다.[16]

3. 웹사이트 관련 '정당한 편의제공' 의무 위반 여부의 판단

가. 들어가며

장애인차별금지법 제21조 제1항은 '전자정보 및 비전자정보에 대하여 장애인이 장애인 아닌 사람과 동등하게 접근·이용할 수 있도록' 하는 상태를 만들 수 있는 정당한 편의를 제공할 것을 규정하고 있다. 따라서 정당한 편의제공에 의하여 장애인이 비장애인과 비교하여 정보접근 및 이용에의 '동등'한 상태에 이를 수 있어야 차별적 상태가 없다고 볼 수 있을 것이다.

---

15) 42 US Code section 12182.
16) NFB V. Target Corporation, CLASS SETTLEMENT AGREEMENT AND RELEASE.

이에 아래에서는 장애인의 웹사이트 접근 및 이용과 관련한 정당한 편의제공의 구체적 의미를 밝히기 위하여, 장애인과 비장애인의 정보접근에 있어서의 '동등성'을 비교할 구체적인 대상은 무엇으로 보아야 할지, 무엇을 기준으로 '동등'한 상태에 이르렀다고 보아야 할지에 대하여 살펴보기로 한다.

나. 동등성 판단의 주관적 대상 – 장애인과 비장애인

장애인과 비장애인에 대한 정보접근 및 이용의 동등성 여부를 본격적으로 판단하기 위해 먼저 비교의 대상이 되는 장애인과 비장애인의 기준을 구체화 할 필요가 있다고 생각된다. 특정한 웹사이트에 대한 접근이나 이용이 불가능하거나 어렵게 되는 것은 장애 이외의 요인 즉, 컴퓨터, 인터넷에 대한 숙련도 및 지식에 따라 좌우될 수도 있기 때문이다. 장애인차별금지법이 개별 사용자의 숙련도에 따른 정보접근에의 제한을 구제하고자 하는 것은 아니므로 특정 웹사이트가 장애인을 차별하고 있는지의 여부를 정확하게 판단하려면 장애와 관련 없는 요소를 배제하여야 할 것이다.

따라서 비교의 주체인 장애인은 차별을 주장하는 당해 장애인의 장애의 유형 및 정도에 따라 평균적인 컴퓨터, 인터넷 숙련도 및 지식을 가졌다고 전제하고 동등성 여부를 판단하여야 할 필요가 있다. 물론 당사자가 평균 이상의 지식과 숙련도를 가졌다면 이를 기준으로 판단하여야 할 것이다.

'평균적인 능력'이라는 개념은 추상적인 성격을 갖고 있으나 차별을 주장하는 장애인마다 그 장애의 유형 및 정도가 다를 것이고, 차별의 유형도 다를 것이기 때문에 미리 그 기준을 구체화하는 것이 불가능하고, 그렇게 할 필요도 없다. 무엇이 '평균적인' 능력인지의 여부는 개별 사건에서 차별을 주장하는 장애인의 장애 유형 및 정도에 따라 사실인정을 통하여 구체화하여야 할 영역이라고 생각된다.

다. 동등성 판단의 객관적 대상 – 웹사이트의 접근·이용

장애인차별금지법 제21조 제1항은 장애인과 비장애인 사이에 정보에 대하여 '접근·이용'이 동등할 것을 규정하고 있고, 시행령 제14조 제2항 제1호는 웹사이트와 관련된 '정당한 편의'의 내용을 "누구든지 신체적·기술적 여건과 관계없이 웹사이트를 통하여 원하는 서비스를 이용할 수 있도록 접근성이 보장되는 웹사이트"라고 구체화하고 있다. 이와 같은 문언상 '접근성 보장'이란 궁극적으로 장애인이 비장애인과 동등하게 웹사이트를 이용할 수 있게 하기 위한 것임에는 이론의 여지가 없다.

이와 같이 장애인차별금지법 제21조 제1항이 '이용'에 있어 동등하여야 함을 규정하고 있는 취지에 비추어 볼 때, 앞서 설명한 바와 같이 차별의 판단심사에 있어 접근성(Accessibility)측면 뿐만 아니라 사용성(Usability)의 측면까지 충분히 고려되어야 할 필요가 있다. 예컨대 비장애인이 웹사이트에 접속하여 1분이면 끝낼 수 있는 과업을 장애인이 2~3시간 걸려서 할 수 있도록 되어 있다면 이러한 경우 비장애인이 장애인과 동등한 수준으로 이용하고 있다고 보기는 어려울 것이다.

그러므로 사건에 따라서는 장애인이 단순히 웹사이트에 '접근' 가능하다고 하더라도, 그 사용의 측면에 있어서의 효용성, 만족도 또한 비장애인과 동등한 수준으로 보장되어 있는지 여부가 장애인차별금지법 제21조 제1항의 정당한 편의제공 여부에 관한 쟁점이 될 수 있다.

따라서 장애인이 비장애인과 동등한 수준으로 웹사이트를 이용할 수 있는지의 여부 또한 장애인차별금지법 제21조의 의무를 다하였는지의 여부에 중대한 고려요소가 되어야 할 것이다.

라. 동등성 판단기준으로서의 웹 접근성 지침의 의의 및 한계

정당한 편의는 "장애인이 장애가 없는 사람과 동등하게 같은 활동에 참여할 수 있도록 장애인의 성별, 장애의 유형 및 정도, 특성 등을 고려한 편의시설·설비·도구·서비스 등 인적·물적 제반 수단과 조치"를 의미한다(장애인차별금지법 제4조 제2항). 이러한 '정당한 편의'의 내용은 당대의 기술발전 수준 등에 따라 변화할 수 있는 성질의 것이지만, 기본적으로는 장애인의 웹 접근·이용을 가능하게 하는 성질의 것이어야 할 것이다.

그와 같은 편의가 제공되고 있는지의 여부를 가리기 위해 웹 접근성 지침을 유용하게 활용할 수 있을 것으로 생각된다. 웹사이트를 통한 정보 접근 및 이용에 있어서의 '정당한 편의제공'은 그러한 '정당한 편의제공'의 형태가 다소 전문적인 기술의 구현에 의하여 이루어질 수밖에 없는 특성상, '정당한 편의제공' 의무 위반의 판단에 있어서도 기술구현의 표준적 기준인 웹 접근성 지침을 상당부분 참고할 수밖에 없을 것이다.

다만, 서두에 지적하였듯이 웹 접근성 지침 그 자체를 정당한 편의제공의무 위반여부의 판단기준과 동일한 것으로 보아서는 안 될 것이다. 많은 경우 웹 접근성 지침을 준수하였다면 웹사이트에 접근·이용을 가능하도록 한 것으로 평가될 것으로 보이지만, 지침 구현 여부의 정량적인 평가에서 나아가 웹 접근성 지침의 의도가 실질적으로 반영되어 있는지 여부도 반드시 검토해야 할 요소가 될 것이다. 정량적 평가방법에 의하여 '웹 접근성 지침 준수율이 몇%이다'라는 결론을 내리는 것은 그 자체로는 웹 접근성 관련 정당한 편의제공 여부의 판단에 참고는 될 수 있으되, 이를 결정하는 요인은 될 수 없다. 예컨대, 대체텍스트가 제공되어 있지만, 그 텍스트가 이미지의 의미를 제대로 전달하지 못하는 경우에는 아무런 의미가 없을 것인데, 이러한 부분들은 기계적인 정량적 평가에서 지나치기 쉬운 대목들이다.

따라서 웹 접근성 지침을 기준으로 한 정량적 평가에서 지침을 준수하지 않은 것으로 평가된 항목이 있다 하더라도 그 자체로 접근·이용이 동등하지 않다는 결론을 내릴 수는 없다. 그러한 결론을 내리기 위해서는 지침의 미준수가 실제로 장애인의 정보의 접근 및 이용을 저해하는 요소로 작용하고 있는지를 살펴야 할 것이다. 반대로, 지침을 준수하고 있다고 하더라도, 실질적으로 장애인의 정보 접근 및 이용을 저해하는 요소는 없는지에 대해서는 별도로 살펴보아야 할 것이다. 지침 자체의 한계가 존재하는 부분이 있을 수도 있고, 지침을 형식적으로 준수하였으나 지침이 의도하고 있는 목적과는 상관없이 기술이 구현되어 있는 경우도 있을 수 있기 때문이다.

웹사이트와 관련된 정당한 편의제공의 문제가 '사용성'과 관련하여 문제될 때 웹 접근성 지침만을 기준으로 한 정량적 평가의 한계는 더욱 더 분명하게 드러날 수 있다고 생각된다. 기존의 접근성 평가는 전문가가 체크리스트에 따라 해당 항목의 유무를 확인하는 식으로 이루어지는데, 이러한 방식은 장애를 가진 사용자들이 사용상 겪게 되는 문제를 제대로 평가하지 못하는 한계를 가진다.[17] 웹 접근성 지침이 어느 정도 '사용성'의 측면도 고려하고 있지만 사용성의 문제는 접근성 지침이 규정하고 있는 영역을 넘어 보다 폭넓은 차원에서 제기될 수 있는 성질의 것이기 때문이다.

따라서 특히 '사용성'이 문제되는 사건에서는 한국정보통신기술협회가 2010년 제정한 '장애인 웹 콘텐츠 사용성 지침 1.0'의 준수여부를 '정당한 편의제공' 여부의 판단에 참고해 볼 수 있을 것이다.

결론적으로, 장애인차별금지법 제21조 제1항의 '정당한 편의제공'

---

17) 한국장애인인권포럼, 주 9, 12면.

여부의 판단에는, 실질적으로 웹사이트 접근 및 이용을 저해하는 요소가 존재하는지 여부를 가려내는 것이 궁극적인 목표가 되어야 할 것이고, 이러한 판단의 최종적인 결정에 있어 웹 접근성 지침, 지침의 준수율은 어디까지나 참고사항일 뿐이라는 점을 간과해서는 안 될 것이다.

Ⅳ. 결론

장애인차별금지법이 시행되어 대다수의 정보, 서비스 제공자들이 웹사이트와 관련하여 장애인차별금지법상 정당한 편의제공의 의무를 부담하게 된 지 어느 정도 시일이 흘렀음에도 불구하고, 여전히 장애인들의 인터넷을 통한 정보와 서비스의 이용에는 많은 장애물과 불편함이 존재한다. 정보제공자가 나름대로 웹 접근성 지침에 따라 웹사이트를 구축하였다 하더라도 형식적인 구현에 그치는 경우를 흔치 않게 발견할 수 있는데, 이는 형식적으로 지침을 적용하면 책임을 면할 수 있다는 잘못된 인식에서 비롯된 것으로 보인다.

그러나 웹사이트와 관련한 '정당한 편의제공' 의무를 다하기 위해서는 접근성과 사용성이 두루 고려되어야 하고, 웹 접근성 지침에 의한 웹사이트의 구축은 어디까지나, '웹 접근성 지침의 적용' 그 자체가 목적이 아니라, 장애인의 비장애인과 동등한 웹사이트 접근 및 이용을 위한 것이므로, 웹사이트와 관련한 장애인의 차별문제 판단에 있어서는 이러한 점을 반드시 유념해야 할 것이다.

참고문헌

〈단행본〉

류영일·하성필·김혜일·성영한, 장애인차별금지법 대응을 위한 웹 접근성과
　　품질인증, 에이콘, 2013.
보건복지가족부 장애인정책국, 장애인차별금지 및 권리구제 등에 관한 법률
　　해설서, 2008.
한국장애인인권포럼, 공공기관 웹사이트 장애인 사용성 실태조사, 국가인권
　　위원회 발간자료, 2009.

〈논문〉

박경신 외 4, 시각장애인웹접근성 법제에 대한 비교법적 고찰, 고려법학 제61
　　호, 2011. 6.
심재진, 장애인차별금지와 정당한 편의제공 의무, 사회보장연구 제29권 제1
　　호, 한국사회보장학회, 2013. 2.
이주희, 간접차별의 개념과 판단기준, 청주법학 제32권 제2호, 2010.

〈판례〉

Bruce Lindsay Maguire v. Sydney Organising Committee for the Olympic Games.
NFB V. Target Corporation, CLASS SETTLEMENT AGREEMENT AND RELEASE.

〈기타자료〉

국가인권위원회 10진정0563400 등 93건(병합).

웹 접근성 연구소, 웹 접근성 개요, http://wah.or.kr/Accessibility/define.asp(최종
접속일 2016. 5. 9.).

웹와치, 심사기준, http://www.webwatch.or.kr/WAC/Criterion.html(최종접속일 2016.
5. 9.).

한국정보통신기술협회(TTA) IT용어 사전.

W3C, Introduction to Web Accessibility, http://www.w3.org/WAI/intro/accessibility.php
(최종접속일 2016. 5. 9.).

W3C, World Wide Web Consortium Launches International Program Office for Web
Accessibility Initiative, http://www.w3.org/Press/IPO-announce(최종접속일
2016. 5. 9.).

42 US Code section 12182.

장애인차별금지 및 권리구제 등에 관한 법률 제48조에 따른 '법원의 구제조치'

김재원*·최초록**·김구열***

I. 서론

　「장애인차별금지 및 권리구제 등에 관한 법률」(이하 '장애인차별금지법')은 힘들었던 싸움의 결과물이다. 장애인차별금지법은 장애인권분야의 기본법으로 불릴 수 있을 만큼 관련 내용들을 자세히 담고 있는데, 그 법명에서도 드러나듯 큰 틀에서 보았을 때 '차별금지'에 대한 부분과 '권리구제'에 대한 부분으로 나뉘어 있다. 전자는 장애와 장애인을 법적으로 구성하고(제2조), 장애 내지는 장애인 등에 대한 차별행위를 금지한다(제4조 및 제2장·제3장). 후자는 이러한 차별행위에 대한 장애인차별시정기구 설치·운영 등 구제수단을 규정한다(제4장·제5장).

　전통적으로 '권리구제'의 중요한 부분을 차지하는 것은 결국 소송을 통한 분쟁의 해결이다. 장애인차별금지법 또한 민법에 대한 특별

* 군 법무관.
** 사단법인 두루 변호사.
*** 군 법무관.

규정을 두는 등의 방식을 채택함으로써 이 부분을 간과하지 않았다. 가령 장애인차별금지법 위반행위에 대한 손해배상청구와 관련하여, 장애인차별금지법은 손해액 증명(제46조), 입증책임 배분(제47조)에 관한 특별규정을 두고 있다. 무엇보다 장애인차별금지법 제48조는 '법원의 구제조치'라는 제목 아래 법원이 장애인차별금지법 위반 사안들에 대하여 직접적인 구제조치를 명하고 그와 관련한 가구제도 할 수 있도록 규정하고 있다.

장애인차별금지법의 시행 이전, 차별행위에 대한 소송상의 구제 수단은 기껏해야 인격권, 평등권 등 헌법상 권리를 침해했음을 이유로 차별행위를 당한 장애인이 받은 손해를 금전적으로 배상하도록 청구하는 것뿐이었다. 손해배상청구를 통하여 차별행위가 존재함을 법원에 의해 확인받고, 이에 근거하여 차별의 상태를 해소하도록 요구하는 방식의 운동이 유의미하였음을 부인할 수 없다. 그러나 헌법상 권리 침해를 이유로 한 금전배상액은 실제로 그 차별을 시정하도록 상대방을 압박하거나 그 차별로 인한 피해를 원고가 온전히 전보받을 수 있을 만큼 충분하지 않았고, 무엇보다 차별행위의 시정을 직접적으로 이끌어내지 못한다는 문제가 있었다. 이와 달리 법원이 직접적인 구제조치를 명할 수 있도록 허용하는 장애인차별금지법의 시행은 이러한 소송상 구제의 한계를 뛰어넘을 수 있는 좋은 기회가 될 것으로 보인다.

그런데 장애인차별금지법 제48조는 우리 법제 내지 우리 법제가 주로 참고한 대륙법 체계에서 좀처럼 찾아볼 수 없는 종류의 제도이기에, 실제 운용상 애로사항이 많다는 주장이 제기되고 있다. 최근 유의미한 하급심 판례들이 잇따라 나오고 있지만 아직까지 실제 적용례가 충분하다고 보기 어렵고, 관련된 학계의 논의도 부족한 상황이다.[1)]

이 글은 장애인차별금지법 제48조의 '법원의 구제조치' 관련 규정의 해석론을 펼치고 실무상 운용의 방향을 제시하는 데 초점을 둔다. 본격적인 논의에 앞서 장애인차별금지법의 입법 과정을 간단히 살핌으로써 이 조항이 우리 법제에서 이례적인 조항임을 확인하고, 그럼에도 불구하고 이러한 조항이 도입되게 된 배경 – 혹은 추단된 '입법자의 의사' – 을 알아보기로 한다(Ⅱ. 1.). 다음으로 미국 장애인법(Americans with Disabilities Act; ADA; 이하 'ADA') 상의 강제명령 제도(injunctive relief measure)[2]에 대한 해석 및 운용방안을 고찰해보며 위 조항의 해석의 실마리를 찾아본다(Ⅱ. 2.). 또한 최근 위 조항과 관련하여 선고된 유의미한 하급심 판례들에 대한 평석을 시도해보고(Ⅲ.), 이를 바탕으로 하여 위 조항이 원활하게 운용되기 위하여 짚고 넘어가야 할 문제들을 살핀 뒤 나름의 답안을 제시할 것이다(Ⅳ.). 이를 통하여 장애인들이 실효성 있는 권리 구제를 도모하는 데 도움을 주고, 나아가 법적 안정성이 훼손되는 것을 막기 위하여 우리 법제의 전체적인 틀을 존중하는 방향으로 차별행위에 대한 권리 구제 제도를 형성하고 구체화해 나가는 데 기여하고자 한다.

---

1) 관련한 시도로는 김재원, 장애 차별에 대한 구제조치-법원을 통한 구제를 중심으로, 법과 사회 제45호, 2013; 임성택, 장애인차별금지법상 법원의 구제조치, 2013년 장애인분야 공익소송 보고대회 자료집, 2013; 차성안, 소송을 통한 장애인 권리구제의 쟁점-장애인 교육차별에 관한 사례분석을 중심으로, 사회보장법연구 제1호, 2012 등.

2) 이 글에서 'injunctive relief measure'의 번역어로 '강제명령 제도'를 사용한 것은 판례의 관례에 따른 것이다. 한편 통상적으로는 'injunction'의 번역어로 '금지명령(禁止命令)'이라는 용어가 사용되고 있지만, injunction에는 금지를 명하는 것, 이행을 명하는 것, 보전조치를 명하는 것이 모두 있으므로 '명령판결'이라고 번역하는 것이 보다 타당하다는 주장도 있다. 박정훈, 행정소송의 구조와 기능, 박영사, 2006, 주 45, 125면 참조.

II. 장애인차별금지법 제48조의 입법 과정과
미국 ADA상의 강제명령 제도

1. 장애인차별금지법 입법 과정과 구제수단의 구조

가. 장애인차별금지법의 제정 과정과 '법원의 구제조치'

장애인차별금지법의 입법 과정 초반에는 장애와 장애인의 개념, 차별금지영역의 설정 등을 두고 치열한 논의가 있었다. 중후반에 이르러서는 독자적인 차별시정기구를 설치할 것인지 여부, 시정권고 및 시정명령의 권한을 어느 부서가 갖게 할 것인지 등이 주로 문제되었다. 입법 과정에서는 이 글에서 다루는 사법(司法)적 구제수단이 크게 문제된 바가 없었다. 징벌적 손해배상제도의 도입 여부 정도가 다툼의 대상이 되었을 뿐이다. 하지만 각 법안이 담고 있는 구제조치 관련 부분들을 일별해보는 것은 장애인차별금지법 제48조의 규정 배경을 파악하고 나아가 이 법의 해석 및 운용기준을 확보함에 있어 단서가 될 수 있다.

장애인차별금지법은 2007. 4. 10. 제정되었는데, 당시 국회에서 통과된 안은 보건복지위원회의 대안으로서 ① 2005. 9. 민주노동당 노회찬 의원이 대표발의한 '장애인차별금지 및 권리구제에 관한 법률안'(의안번호 172690, 이하 '장추련·민노당안')[3], ② 2006. 12. 18. 열린우

---

3) 이 안은 2001년 열린네트워크의 공론화를 시작으로 2002년 장애우권익문제연구소의 입법청원, 2003년 장애인차별금지법제정추진연대(장추련) 결성 및 입법운동 등을 거쳐 민주노동당(민노당)의 당론으로서 2005. 9. 발의된 안으로, 장추련으로 결집된 시민사회의 목소리가 민노당이라는 창구를 통해 분출된 것으로 정리해볼 수 있다. 이러한 점을 반영하여 이 글에서는 이 법률안을 '장추련·민노당안'으로 약칭하기로 한다. 이러한 약칭에 대하여는 차성안, 주 1, 89면 참조.

리당 장향숙 의원이 대표발의한 '장애인차별금지 및 권리구제에 관한 법률안'(의안번호 175742, 이하 '장향숙-열린우리당안'), ③ 같은 날 한나라당 정화원 의원이 대표발의한 '장애인차별금지 및 권리구제에 관한 법률안'(의안번호 175738, 이하 '정화원-한나라당안')[4])이 병합논의되어 만들어진 것이다. 그 외 이와 관련하여 ④ 2006. 7. 국가인권위원회가 공개하여 2007. 12. 법무부에 의해 정부안으로 발의된 '차별금지법(안)'(의안번호 178002, 이하 '인권위안')[5][6]) 역시 입법 논의 과정

---

4) 장향숙-열린우리당안과 정화원-한나라당안은 각각 열린우리당과 한나라당의 당론 또는 권고적 당론으로 발의된 의안들이다. 장애계와 정부 측은 정당들과 독자적으로 법안을 마련할 것인지 여부를 두고 오랜 시간 논의를 거쳤다. 논의 끝에 독자적인 법안을 마련하는 쪽으로 가닥을 잡았고, 이에 따라 '장애인차별금지법 민관공동기획단'이 발족하였다. 동 기획단의 논의 결과를 각 당이 반영하여 만든 것이 위의 두 안들이다. 장향숙-열린우리당안은 위 기획단의 결과를 그대로 받아 만들어진 안이고, 정화원-한나라당안은 수년간의 논의 과정에서 미온적인 입장을 취하다가 2006. 11. 열린우리당이 장애인차별금지법의 입법에 박차를 가하자 이에 자극을 받은 한나라당이 장추련-민노당안과 장향숙-열린우리당안을 참고하여 만든 것이다. 이러한 평가에 대하여는 이승기, 장애인차별금지법의 제정과정, 쟁점, 그리고 함의, 사회보장연구, 제23권 제3호, 2007, 237-239면 참조.

5) 참여정부 출범 이후 당시 정부에서는 보건복지부를 주관부서로 하여 장애인차별금지법 제정을 추진하였고 2004. 5. 25. 보건복지부 주관으로 장애인차별금지법 제정방안에 대한 공청회를 열기도 하였으나, 시민사회에서는 장애 문제가 '복지'가 아닌 '인권'의 문제로서 다뤄져야 함을 역설하며 보건복지부가 주관하는 장애인차별금지법 제정을 반대하였다. 결국 2004. 12. 정부내 차별시정기구를 국가인권위원회로 일원화하는 것으로 정부 방침이 확정되면서 위 보건복지부안은 본문에 있는 (통합)차별금지법(안)으로 사실상 일원화되었다. 이상은 국회 보건복지위원회 전문위원, 장애인차별금지 및 권리구제 등에 관한 법률안 (정화원 의원 대표발의) 검토보고, 국회 보건복지위원회, 2007, 4-5면 참조.

6) 한편 이러한 참여정부 시기 국가인권위원회의 (통합)차별금지법(안) 발의에 대하여 장애계는 강하게 반발하였다. 장애계에서는 "장애로 인한 차별이 다른 분야에서의 차별보다 차별영역과 차별유형이 광범위하고, 차별기간이 영구적이며, 차별에 대한 판단기준이 복잡"하므로 위 통합안이 구상

에서 함께 문제가 되었다.

장추련-민노당안은 총칙, 차별금지영역 설정, 장애여성·아동에 대한 부분을 규정한 뒤 제4장에서 '장애인차별금지위원회'에 대한 전반적인 규정을 두고, 제5장 손해배상과 입증책임, 제6장 벌칙을 두는 방식으로 권리구제 부분을 구성하고 있다. 이 법안은 국무총리 소속 장애인차별금지위원회가 시정권고, 시정명령 권한을 갖고 직접 구제조치를 명하는 방식으로 권리구제의 실효성을 확보하고자 하고 있다(안 제63조, 제64조).[7] 장향숙-열린우리당안은 위 안과 비슷한 구성

하는 인권위 산하로 일원화되는 차별시정기구의 권고적 조치만으로는 실효성이 없음을 지적하면서 독자적인 대통령 직속 장애인차별금지위원회 설치를 요구했고, 이러한 견지에서 위 ①의 장추련-민노당안을 독자발의하기에 이른 것이다. 하지만 이러한 장애계의 노력에도 불구하고 국회는 정부의 (통합)차별금지법(안) 발의까지 위 법안을 논의하지 않겠다는 입장을 표명했는데, 이는 장애계에게 사실상 별도 입법 무산이라는 메시지를 던져주었고, 결국 2006. 3. 50여 일간의 국가인권위원회 점거농성을 촉발시키게 된다. 결국 2006. 5. 26. 국가인권위원회가 장애인차별금지법의 별도 입법 필요성을 인정하고, 이 ②의 법안 입법과 별도 입법될 장애인차별금지법의 제정이 상충되지 않는다는 입장을 발표하게 된다. 이상 이승기, 주 4, 232-233면 참조.

차별금지법(안)은 2006. 3. 28. 공청회 이후 3, 4월 장추련과의 협의 및 여러 차례 수정 작업을 거쳐 2006. 7. 24. 제15차 전원위원회에 상정되어 국무총리에 대하여 법안발의를 권고하는 형태로 최종 공표되게 된다. 권고 이후 이 안은 정부 내 법무부, 노동부, 국가인권위원회, 차별시정위원회로 구성된 '차별금지법 제정추진기획단'에서 논의되다가 2007. 12. 법무부에 의하여 국회에 제출되었지만(의안번호 178002) 임기만료폐기된다. 이상 국가인권위원회, 국가인권위원회, 차별금지법 제정을 국무총리에 권고, 국가인권위원회 보도자료, 2006. 7. 24.; 임인규, 차별금지법안(정부) 검토보고, 국회 법제사법위원회, 2007, 5-6면 등 참조.

7) 이러한 시정권고-시정명령 체계는 많은 논란이 있었는데, 이 안에 대한 위의 검토보고서, 53-54면에 그 토론을 간단히 요약한 내용이 있어 이를 인용한다. "별도의 시정기구를 두어 장애인차별금지위원회에 시정명령권을 부여할지 여부에 대해서는 ① 장애인 인권을 포함하여 전반적인 인권 및 차

으로 되어 있는데, 제4장의 제목을 '장애인차별시정기구 및 권리구
제 등'으로 하여 국가인권위원회 산하에 '장애인차별시정소위원회'
를 두고(안 제39조) 그에 대한 진정, 조사에 대해서는 국가인권위원
회법을 준용하되(안 제40조), 법무부장관에게 시정명령에 대한 권한
을 주는 방식으로(안 제42조~44조) 위 안을 둘러싼 논란을 어느 정도
봉합하고자 했다. 흥미로운 것은 위 안과 같은 제5장 '손해배상과 입
증책임' 부분에서 위 안에는 없었던 '법원의 구제조치' 관련 조항이
등장한다는 것이다(안 제47조). 남찬섭은 민관공동기획단 단계에서
시정명령으로도 해결되지 않는 부분이 있을 수 있다는 점이 지적되
어 이 조항이 들어가게 되었다고 서술하고 있다.[8] 장향숙·열린우리
당안의 제47조는 그대로 현행법 제47조로 입법되었다. 반면 정화원·
한나라당안에는 이러한 조항이 등장하지 않는다. 위 장향숙·열린우
리당안의 제47조와 같이 법원의 구제조치를 규율한 부분은 인권위안
에서 발견되는데, 2006. 7. 국가인권위원회가 공개한 입법 시안 제38
조는 일부 자구를 제외하고는 거의 위 안과 동일한 규정을 담고 있
고, 2007. 12. 정부가 최종 제출한 의안에도 당해 조항은 제29조로 유
지되고 있다.

　정리하자면, 현행 장애인차별금지법 제48조의 '법원의 구제조치'

　　별시정업무를 담당하고 있는 국가인권위원회에도 아직 시정명령권이 부
　　여되어 있지 않다는 점, ② 시정명령에 대한 가해자의 제소권을 인정할 수
　　밖에 없어 결국 법원의 보수적인 결정에 위원회의 진보적인 결정이 종속
　　될 수 밖에 없다는 점 등을 들어 시정명령제도 도입에 반대하는 견해와,
　　① 위원회 조사 결과 차별행위로 인정한 행위에 대해서는 소모적인 소송
　　절차를 거치지 않고서 실질적으로 차별상태를 시정할 수 있는 수단이 필
　　요하다는 점, ② 특히 장애인의 경우 자신의 비용과 시간을 들여 소송을
　　수행하는 것을 기대하기 어려운 현실에 있다는 점 등을 들어 시정명령의
　　도입을 주장하는 견해가 대립하고 있음."
8) 남찬섭, 장애인차별금지법의 제정과정과 쟁점 – 장애인차별금지법 민관공
　　동기획단의 논의를 중심으로, 한국장애인복지학 제6호, 2007, 43면.

관련 규정은 2003년부터 논의되어 2006. 7. 공개된 (통합)차별금지법
(안)에 처음 등장했고, 장향숙·열린우리당안이 2006년 논의되면서 이
러한 조항을 받아들여 포함된 것이 아닌가 생각된다.[9] 장애인차별금
지법의 입법 과정에서는 법원을 통하여 사법(司法)적으로 차별을 시
정하겠다는 점이 깊이 논의되지 않았는데, 이처럼 충분히 검토되지
않은 조항이 무슨 이유에서인지 최종 법률안에 들어오게 된 것이다.

나. 장애인차별행위에 대한 구제수단과
장애인차별금지법 제48조의 내용

위와 같은 입법 과정을 종합해봤을 때 이 조항의 해석론을 입법
자의 관점에서 펼치는 데는 다소 한계가 있다. 그래서 이 글에서는
그 한계를 돌파하고자 유사 제도로 생각되는 미국 ADA의 해석론을
차용하고자 하는 것인데, 그에 앞서 우선 가능한 범위 내에서 우리
법의 현재 상태를 살펴보고자 한다.

민법 제750조에 의하여 불법행위를 한 자에 대하여 민사상 손해
배상청구를 할 수 있다. 장애인차별금지법의 차별금지 부분은 모든
규정이 국가, 지방자치단체, 또는 기타 수범자들에게 모종의 의무를
부과하는 방식으로 되어 있으므로, 이러한 의무 위반은 실정법을 위
반한 행위로서 불법행위를 구성할 것이고, 따라서 이를 이유로 민법
제750조에 기한 손해배상청구를 할 수 있는 것이 당연하다. 하지만
민법 제750조에 의한 손해배상청구의 경우 가해행위 사실이나 고의,

---

9) 이 조항만을 구체적으로 다루어 그 입법 연혁을 살핀 입법 자료나 연구 논
   문은 존재하지 않아 추측할 수밖에 없는 상황이나, 당시 입법안 제정에 직
   간접적으로 개입한 실무가들은 이러한 '법원의 구제조치' 관련 조문이 최
   종 성안된 법률에 들어가게 된 배경을 기억하지 못하는 경우가 많았다. 관
   련하여서는 차성안, 주 1, 89면도 참조.

과실에 대한 입증책임이 피해자에게 있고, 손해액까지 정확히 피해자가 입증해야 하는 등 피해자에게 적지 않은 부담이 있다. 장애로 인한 차별을 당한 사람에게 그러한 부담을 지우는 것은 바람직하지 않다는 당위적인 관점에서 뿐만 아니라, 차별로 인한 손해를 구체적으로 입증하고 그러한 차별행위의 고의 또는 과실을 입증하는 것은 사실상 불가능하다는 실질적인 관점에서도 민사상 손해배상청구는 권리구제 수단으로 충분치 않다. 그렇기 때문에 장애인차별금지법 제46조와 제47조는 고의, 과실에 대한 입증책임을 전환하고, 손해액 입증의 정도를 완화하며, 위법 사실에 대한 입증책임도 배분하고 있는 것이다.

하지만 장애인차별금지법상의 보완책의 존재에도 불구하고, 우리 민법상 손해배상은 여전히 금전배상만을 원칙으로 하는 만큼(민법 제763조, 제394조) 민사상 손해배상청구가 인용되는 것만으로는 차별의 시정을 차별행위자에 대하여 직접적으로 강제하기에 부족하다.

장애인차별금지법 제48조는 이러한 문제점을 해결하고자 도입된 것으로 생각된다. 우선 차별을 당한 피해자는 본안판단 이전에 차별을 소명하여 법원에 가구제를 신청할 수 있다(동조 제1항). 이 때 법원이 할 수 있는 것은 '차별행위의 중지 등 그 밖의 적절한 임시조치'이고, 그 시적 범위는 본안 판결 전까지이다.[10] 이러한 가구제의 본

---

10) '본안 판결 전까지' 효력이 지속된다는 내용의 법 규정 또한 우리 법제에서는 찾기 어려운 것이므로, 임시조치의 종기(終期)를 언제로 볼 것인지가 실무상 문제될 수 있다. 본안 소송 이전에 청구의 대상이 된 행위의 효력을 임시로 중단시킨다는 점에서 행정소송법상 집행정지 제도와 유사한 면이 있는바, 이 제도의 해석론을 살펴보면 다음과 같다.

행정소송법 제23조 제2항은 '본안이 계속되고 있는 법원'에 처분 등의 효력이나 그 집행 또는 절차의 속행의 전부 또는 일부의 정지를 결정할 권한을 부여하고 있는바, 이때 종기는 본안판결선고시나 확정시 또는 결정시로부터 7일간 등 임의로 정할 수 있다고 보는 것이 실무의 태도로 보인다(사법연수원, 행정구제법, 사법연수원, 2013, 212면 참조). 대법원 1962. 4. 12.자

안 사건에 해당하는 청구는 동조 제2항에 그 근거가 마련되어 있는 바, 차별을 당한 피해자는 자신의 차별을 증명하여 '차별적 행위의 중지, 임금 등 근로조건의 개선, 그 시정을 위한 적극적 조치'를 청구할 수 있다.[11] 문언 그대로 해석하기에는 다소 어색함이 있는데, 이는 '그 시정을 위한 적극적 조치' 부분의 '그'라는 대명사가 무엇을 가리키는지가 불분명하다는 데서 기인한다. 통상적으로 이러한 경우 '그'라는 대명사는 나열된 항목들 가운데 바로 직전 항목, 즉 여기서는 '임금 등 근로조건의 개선'을 가리키는 것으로 보아야 하겠으나, 그렇게 볼 경우 조화로운 해석이 어려우므로, 맨 앞의 항목의 '차별적 행위'를 가리키는 것으로 볼 수밖에 없다고 생각된다. 즉, 가능한 청구는 ① 차별적 행위의 중지, ② 차별적 행위의 시정을 위한 적극적 조치, ③ 임금 등 근로조건의 개선 등 총 세 가지로 정리된다.[12]

다. 장애인차별금지법 제48조와 ADA상의 '강제명령 제도 (injunctive relief measure)'

위와 같은 장애인차별금지법 제48조의 내용의 해석을 두고, 몇몇

4294민상1541 결정은 종기의 정함이 없는 경우 본안판결 확정시까지 정지의 효력이 존속한다고 본 바, 이러한 결정례 역시 참고해볼만 하다.

11) 장애인차별금지법 제48조 제1항이 소명을 요구하고 '신청'을 요하는 반면, 동조 제2항은 '청구'를 요하고 있으나 그 증명의 정도에 대해서는 언급하고 있지 않다. 하지만 통상적인 법조문 예들을 종합하여 볼 때 청구에 대하여는 증명이 요구된다고 봄이 타당하다.

12) 임금 등 근로조건의 개선 역시 '차별적 행위의 시정을 위한 적극적 조치'의 일환으로 포섭할 수 있음에도 굳이 별도로 규정된 이유를 파악하기 어렵다. 이에 관한 특별한 입법 자료가 남아 있지 않은데, 다만 이 규정의 모태가 된 ADA 제1장이 '고용' 영역을 다루고 있고 이 장에 EEOC가 근로조건 개선 조치 등을 할 수 있게 하는 취지의 조문이 규정되어 있음을 고려하면, 장애인차별금지법 제48조 제2항은 위 ADA 규정의 영향을 받았다는 추측이 가능하다.

문헌에서 '당혹감'과 함께 '기대감'을 읽어낼 수 있다. 임성택은 위 규정이 '한국 사법제도에서는 이례적이지만 장애인 차별구제를 위하여 매우 중요한 의미를 가진다'고 평가하면서, '이 규정은 미국 장애인법상 구제수단으로 인정되는 강제명령(injunction)의 영향을 받은 것'이라고 결론내리고 있다.[13] 차성안 역시 '그 규정형식에 비추어 볼 때 미국 장애인법상 구제수단으로 인정되는 강제명령(injunction)의 큰 영향을 받은 것으로 보인다'고 설명한 바 있다.[14] 따라서 이하에서는 장애인차별금지법 제48조의 내용을 보다 명확하게 이해하기 위하여 ADA상의 강제명령(injunction)에 대하여 살핀다.

2. 미국 ADA상의 '강제명령 제도 (injunctive relief measure)'

가. ADA상 차별금지 구제수단의 개관

(1) ADA 각 장의 내용 및 구제수단

ADA는 개별적으로 운영되어 왔던 장애인차별 관련 법제를 명백히 규정함으로써 장애인차별을 미국 사회에서 근절시키고자 한 법이다.[15] ADA는 총 5개의 장으로 구성되어 있으며, 각 장은 제1장 고용(Title I: employment), 제2장 공공서비스(Title II: public services), 제3장 민간제공의 공공편의시설 및 서비스(Title III: public accommodations and services operated by private entities), 제4장 전기통신(Title IV: telecommunications) 및 기타 조항(Title V: other miscellaneous provisions)으

---

13) 임성택, 주 1, 81면 이하.
14) 차성안, 주 1, 90면.
15) 보건복지부 한국보건사회연구원, 장애인차별금지 및 권리구제에 관한 법률의 하위법령연구, 보건복지부, 2007, 31면.

로 나뉘어있다. 각 장의 개략적인 내용은 아래의 표와 같다.[16]

법	차별영역	차별주체	구제신청	법원의 구제조치
ADA 제1장	고용	상시 15인 이상의 종업원을 고용하는 사용자	차별행위가 있은 날로부터 180일 이내에 EEOC[17]에 진정하거나, EEOC로부터 통지받은 날로부터 90일 이내에 연방법원에 제소	차별행위의 금지, 복직이나 채용, 밀린 임금의 지급 등의 구제수단을 포함한 적극적 시정조치 (affirmative action)
ADA 제2장	공공 서비스	주정부·지방정부, 정부의 관할기관 및 전국 철도공사와 통근서비스 제공기관	차별행위가 있은 날로부터 180일 이내에 법무나 기타 권리구제 기관에 진정하거나, 3년 이내에 연방법원에 제소	**강제명령**(Injunctive relief), 손해배상 (money damages)
ADA 제3장	민간제공 공공편의 시설 및 서비스	민간이 운영하는 공공 편의시설, 교육과정, 교통수단, 상업시설 등	차별행위를 입은 당사자나 법무부장관이 연방법원에 제소	**강제명령**(Injunctive relief), 법무부장관이 제소한 경우에는 손해배상 가능
ADA 제4장	전기통신	통신서비스 제공업자	FCC[18]에 진정	통신중계서비스[19] 제공 명령

ADA는 제정 과정에서 기존 법들이 부분적으로 규율하고 있던 각 차별영역에 대한 차별금지와 구제수단들을 모으면서, 기존의 체계를 유지하는 데도 신경을 썼다. 그렇기 때문에 각 차별영역별로 서로

---

16) 표의 내용은 "Major Federal Laws Prohibiting Discrimination Against People with Disabilities", 『미국 메사추세츠 장애법연구회(DLC: Disability Law Center, inc. of Massachusetts) 홈페이지』, http://www.dlc-ma.org/resources/General/LAWCHART.HTM (최종접속일: 2016. 3. 31.) 참조.

17) EEOC: Equal Employment Opportunity Commission(고용기회평등위원회).

18) FCC: Federal Communication Commission(연방통신위원회).

19) TRS: Telecommunications Relay Services(통신중계서비스).

다른 구제수단들이 마련되어 있고, 그 구제수단들도 기존의 법령들이 규율하던 구제수단들을 준용하는 방식으로 규정들이 만들어져 있는 것이다. 이러한 점이 하나의 단행법으로 차별영역을 나열하고, 모든 차별영역에 일관된 구제수단을 적용하는 우리 장애인차별금지법의 체계와 다른 점이다.

이 글이 관심을 갖고자 하는 강제명령(injunctive relief)은 민권법(The Civil Rights Act of 1984)이나 재활법(The Rehabilitation Act of 1973) 등 ADA 이전의 법률에서 규정하였던 구제방법을 준용하여 인정되고 있다. 제2장에서는 손해배상(damages)과 강제명령(injunctive relief)을 포함한 구제수단을 인정하고 있는 재활법 제505조의 내용을 준용하고 있고, 제3장에서는 차별행위가 문제가 된 경우 법원이 피고에게 시설개조, 서비스제공, 정책 수정, 대체적 수단을 제공해야 한다고 구체적인 명령의 내용을 규정하고 있다. 상대적으로 체약 강제 등의 이슈들이 더 많고 EEOC라는 확고한 중재 기구가 존재했던 고용 영역에 대해서는 EEOC를 중심으로 하는 구제조치들이 발전하였고, 법원에 의한 구제조치 역시 강제명령보다는 적극적 시정조치 방향으로 구제수단이 발전하였다. 전기통신 영역 또한 FCC를 중심으로 하는 규율 체계가 확립되어 있는바, 이하에서는 이 글이 관심을 가지고 있는 강제명령(injunctive relief)을 중심으로 살피기 위해 제2장 공공서비스 영역과 제3장 민간제공 공공편의시설 등 영역에 초점을 맞추기로 한다.

(2) 강제명령의 종류 및 관련 ADA 규정

영미법에 있어서 계약불이행이나 불법행위에 대하여 구제수단으로는, 보통법상 금전배상(compensatory damages) 뿐만 아니라 이 글이 집중하고 있는 형평법(equity)상의 구제수단(equitable remedies)도 있는데, 이러한 형평법상의 구제수단으로는 다시 특정이행(specific performance)

과 강제명령(injunction) 등을 들어볼 수 있다고 한다.[20] 이러한 형평법
상의 구제수단 중 원상회복의 기능을 하는 것은 주로 강제명령이고,
특정이행의 제도는 대체로 우리 민법상의 채무불이행에 대한 현실
적 강제이행(민법 제389조)에 해당한다고 할 수 있다.[21] 미국법상 전
통적으로 강제명령은 다시 그 내용이 피고에 대하여 소극적으로 일
정한 행위를 하지 못하도록 금지하는 금지적 강제명령(prohibitory
injunction)과, 피고에 대하여 적극적으로 일정한 행위를 하도록 명하
는 작위적 강제명령(mandatory injunction)으로 나뉜다고 설명된다.[22]
우리 장애인차별금지법 제48조 제2항에서, 그 근원을 분명하게 알기
가 어려운 '임금 등 근로조건의 개선'이라는 명령 태양을 제외하고
나머지 둘, 즉 차별적 행위의 중지와 그 시정을 위한 적극적 조치는
각각 위 금지적 강제명령과 작위적 강제명령에 대응될 수 있다고 생
각된다.

강제명령은 또한 그것이 종국적인가 아니면 소송계속 중에 임시
적으로 발령되는가에 따라 크게 2가지로 나뉘는데, 법원이 재판 이
전에 명할 수 있는 사전적 강제명령(preliminary injunctions)과 재판 이
후에 할 수 있는 항구적 강제명령(permanent injunctions)이 그것이다.
장애인차별금지법 역시 이를 본떠서 제48조 제1항에는 사전적 강제
명령을, 제2항에는 항구적 강제명령을 규정한 것으로 보인다.

> ADA 제2장 제203조 시행
> 1973년 재활법 제505조에서 세워진 구제수단, 절차 및 권리는 본장이 제202
> 조 위반으로 장애에 기초한 차별이 있었다고 주장하는 사람에게 제공하는
> 구제수단, 절차 및 권리를 의미한다.[23]

---

20) 윤진수, 손해배상의 방법으로서의 원상회복 – 민법개정안을 계기로 하여,
    비교사법 제10권 1호, 2003, 87면.
21) 위의 글, 88면.
22) 위의 글, 88면.

재활법 제505조

(a) (1) 민권법 제706(f)~(k)조(42 U.S.C. 2000e-5(f)~(k))를 포함하여 제717조(42 U.S.C. 2000e-16)에 규정된 구제방법, 절차, 그리고 권리는 (…) 이 법에도 적용된다. 또한 위 조항의 형평법상의 구제 혹은 적극적 구제조치(an equitable or affirmative action remedy)를 적용함에 있어서 법원은 비용의 합리성과 대안의 가능성 등을 고려할 수 있다.[24]

민권법 제706조[25]

(g) 이행명령 등

(2) (B) 개인이 주장에서 (…) 위반을 증명하고, 피소인이 허용될 수 없는 동기부여 요인이 없는 경우에도 동일한 조치를 취하였을 것임을 입증한 경우, 법원은

(i) 선언적 구제, 이행명령 (…) 을 인정할 수 있다.

ADA 제3장 제308조 시행

(a) 원칙

생략

이행명령–제302조(b)항(2)호(A)목(iv)와 제303조(a)항을 위반하였을 경우, 이행명령은 본장에 의해 요구되는 정도까지 장애인이 즉시 접근가능하고 이용가능하도록 시설을 개조할 것을 명령하는 것을 포함한다. 적정하다면, 이행명령은 본장에서 요구하는 정도까지 보조적 도움이나 서비스의 제공, 정책의 수정, 대체적 수단의 제공 등을 포함해야 한다.[26]

---

23) 이 번역은 법무부, 각국의 차별금지법 제2권, 법무부, 2008, 213면 참조. 원문은 **ADA Title II SEC. 203. ENFORCEMENT**. The remedies, procedures, and rights set forth in section 505 of the Rehabilitation Act of 1973 (29 U.S.C. 794a) shall be the remedies, procedures, and rights this title provides to any person alleging discrimination on the basis of disability in violation of section 202.

24) 원문은 **The Rehabilitation Act of 1973(29 U.S. Code § 794a - Remedies and attorney fees)** (a) (1) The remedies, procedures, and rights set forth in section 717 of the Civil Rights Act of 1964 (42 U.S.C. 2000e-16), including the application of sections 706(f) through 706(k) (42 U.S.C. 2000e-5(f) through (k)), shall be available (…). In fashioning an equitable or affirmative action remedy under such section, a court may take into account the reasonableness of the cost of any necessary work place accommodation, and the availability of alternatives therefor or other appropriate relief in order to achieve an equitable and appropriate remedy.

25) 이 번역은 법무부, 주 23, 32면 참조. 원문은 **The Civil Rights Act of 1964(42 U.S. Code § 2000e-5 - Enforcement provisions)** (g) Injunctions; (…) (2)(B) On a

나. 강제명령을 청구하는 원고가 입증해야 하는 요건

항구적 강제명령이든 사전적 강제명령이든 원고가 법원에 강제
명령을 청구할 때에는 ① 강제명령이 없는 경우 회복불가능한 손해
(irreparable injury)를 입을 것, ② 원고의 회복불가능한 손해가 강제명
령으로 인하여 상대방이 입는 손해보다 클 것, ③ 공공의 이익에 부
합할 것 등을 입증해야 하고, 다만 사전적 강제명령은 재판 이전에
내려지는 것이므로 원고는 ④ 승소가능성까지 소명해야 한다.[27]

이 중 가장 중요한 것은 '회복불가능한 손해' 요건이다.[28] 대부분
의 사안에서 원고는 회복불가능한 손해가 있는지 여부를 입증하고
자 많은 노력을 기울이고, 법원 역시 이를 중점적으로 판단하고 있
다. 대체로 손해배상액의 산정이 어려운 경우나 차별 상태를 유지할
경우 원고에게 막대한 피해가 예상될 경우 회복불가능한 손해 요건

---

claim in which an individual proves a violation (⋯) and a respondent demonstrates
that the respondent would have taken the same action in the absence of the
impermissible motivating actor, the court- (i) may grant declaratory relief, injunctive
relief(⋯).

26) 이 번역은 법무부, 주 23, 256면 참조.
원문은 **ADA TITLE Ⅲ SEC. 308. ENFORCEMENT.** (a) In General.-- (1) (생략)
(2) Injunctive relief.--In the case of violations of sections 302(b)(2)(A)(iv) and section
303(a), injunctive relief shall include an order to alter facilities to make such facilities
readily accessible to and usable by individuals with disabilities to the extent required
by this title. Where appropriate, injunctive relief shall also include requiring the
provision of an auxiliary aid or service, modification of a policy, or provision of
alternative methods, to the extent required by this title.

27) 위 요건은 Circuit Court 마다 다르기는 하지만 대체로 유사한 요건을 요구하
고 있다. Jones v. City of Monroe, 341 F. 3d 474, 476 (6th Cir. 2003); Martin v.
Metropolitan Atlanta Rapd Transit Authority, 225 F.Supp.2d 1362, 1372 (N.D. Ga
2002).

28) Peter Blanck, et al., Disability Civil Rights Law And Policy − Cases and Materials,
Thompson/West, 2005, 640면.

이 인정된다.[29] 일단 위와 같은 점이 입증된다면 법원은 강제명령을 내릴 수 있다. 보다 자세한 이해를 위해 아래의 판례에서 위 요건들을 어떻게 판단하고 있는지 살펴보기로 하자.

Alvarez v. Fountainhead, Inc. [55 F.Supp.2d 1048(N.D.Cal.1999)]

원고는 천식을 앓고 있는 Jeremy Alvarez의 부모들인데, Jeremy를 피고의 유치원에 보내려고 했으나 피고의 유치원은 '약물 사용금지 정책'을 갖고 있어서 Jeremy가 천식흡입기(astma inhaler)를 휴대하는 것을 허용하지 않아 분쟁이 발생했다.

① Jeremy가 유치원에서 교육을 받지 못하는 것은 회복 불가능한 손해이다. 원고는 유치원에 가지 않은 어린이들이 겪는 문제에 관한 여러 연구와 사례를 제시했고, 이를 통해서 현재 Jeremy가 교육을 받지 못하고 있는 것이 이미 너무 큰 손해임이 입증되었다. 또한 원고들이 일을 하면서 Jeremy를 유치원에 보내려면 방과 후에 할아버지가 Jeremy를 데리러 갈 수 있어야 하는데 피고의 교육기관만이 그 지역에서 그것이 가능하므로, 다른 기관에 보내는 것은 원고들에게 재정적 부담이 너무 크다. ② 반면, 법원이 Jeremy를 유치원에 입학시키더라도 피고가 입는 피해는 크지 않다. ③ 교육기관에서 장애를 가진 어린이를 받아들이는 것은 사회에 강력한 메시지를 준다. 장애를 가진 어린이들이 장애를 이유로 다른 아이들과 어울릴 기회를 잃는 것은 스스로를 남들과 다르다고 생각하게 할 뿐이다. ④ 원고는 피고의 차별행위를 충분히 주장했고, 승소가능성 역시 소명되었다.[30]

따라서 위 네 가지 요건이 모두 충족되었으므로 법원은 강제명령을 내릴 수 있었다.

---

29) 윤진수, 주 20, 91-92면 참조. 윤진수는 유지명령을 발하기 위하여 고려하여야 할 사항으로서 ① 회복불가능한 손해의 원칙(irreparable injury rule) ② 집행상의 문제 ③ 유지명령으로 원고가 얻는 이익과 피고가 입는 불이익의 비교형량 필요성 등을 들고 있다.

30) 실제 판결에서는 ④의 승소가능성 요건을 가장 먼저 판단하였으나, 여기서는 이해를 돕기 위하여 위에서 제시한 ①~④의 요건 순서대로 판결의 내용을 정리하였다.

다. 법원에 의해 가능한 강제명령 판결의 내용과 범위

(1) 근본적 변경(fundamental alterations) 법리

그렇다면 법원은 '어떤 내용'의 강제명령을 내릴 수 있는가. 제3장에서 금지하고 있는 행위가 다양한 만큼, 원고가 구하는 강제명령역시 매우 다양할 수 있다. 다만 원고가 강제명령을 청구하거나 법원이 강제명령을 내림에 있어서는 다음과 같은 제한이 가해질 수 있는데, 강제명령은 ① 재화나 서비스의 성격을 근본적으로 변경(fundamental alterations)하는 것이 아니어야 하고, ② 만약 강제명령이 구조물에 변경을 가하는 것이라면 즉시 할 수 있는 변경(readily achievable)이어야 한다.[31] 이와 같은 요건을 요구하는 것은 법원의 독자적인 논리가 아니고, ADA의 규정을 그대로 따른 것이다. ADA의 관련 규정은 아래와 같다.[32]

Sec. 302. Prohibition of discrimination by public accommodations.
(1) General prohibition.-- (…)
(2) Specific prohibitions.--
(A) Discrimination.--For purposes of subsection (a), discrimination includes--
(ii) a failure to make reasonable modifications in policies, practices, or procedures, when such modifications are necessary to afford such goods, services, facilities, privileges, advantages, or accommodations to individuals with disabilities, unless the entity can demonstrate that making such modifications would fundamentally alter the nature of such goods, services, facilities, privileges, advantages, or accommodations;[33]

---

31) 42 U.S.C. § 12182(b) (2000); Peter Blanck, et al., 위의 책, 677-678면.
32) 42 U.S.C. § 12182 - Prohibition of discrimination by public accommodations.
33) (ii) 합리적 개조가 재화, 용역, 시설, 특권, 이익 또는 편의시설을 제공하는 데 있어 필요함에도, 정책, 관행 또는 절차에 있어서 합리적 개조를 불이행 하는 것. 다만 주체가 위와 같은 수정을 하는 것이 재화, 용역, 시설, 특권, 이익 또는 편의시설의 본질을 기본적으로 변경시킨다는 점을 입증한 경우는 제외한다(번역본은 법무부, 주 23, 167면 참조).

ADA 제3장에서는 차별행위가 무엇인지 구체적으로 나열되어 있다. 위에서 보는 바와 같이 합리적인 수정(reasonable modifications)이 필요한 경우에도 이를 제공받지 못한 경우 역시 차별행위 중 하나로 규정되어 있고, 다만 예외적으로 그러한 수정을 하는 것이 재화나 서비스의 본질을 근본적으로 변경시키는 것이라면, 수정을 하지 않아도 된다고 규정되어 있다. 따라서 법원이 피고에게 내리는 강제명령이 피고가 제공하는 재화나 서비스의 본질을 근본적으로 변경시키도록 하는 것이라면 피고는 불필요한 의무를 부담하게 된다. 그래서 법원은 강제명령을 내리는데 있어서 원고가 청구하는 강제명령의 내용이 재화나 서비스의 본질을 근본적으로 변경시키는 것인지 판단하는 것이다. 물론 여기서 '근본적인 변경'이 있는지 여부는 원고가 입증하여야 하는데, 그 의미가 쉽게 와 닿지 않으므로 판결례를 통해 그 의미를 살펴보자.

■ Alvarez v. Fountainhead, Inc. [55 F.Supp.2d 1048(N.D.Cal.1999)]

법원은 우선 피고가 합리적 수정안을 마련하여야 한다는 ADA 제3장의 규정을 위반하였다는 원고의 주장을 인용하면서, 위와 같은 수정은 ① 재화나 서비스의 성격을 근본적으로 변경하는 경우에는 의무가 아니고 ② 합리적(reasonable)이어야 한다는 기준을 제시하고 있다. 여기서 합리적인 수정은 단순하면서도(simple) 장애인의 요구에 상식적으로 부응하는 것이어야 한다.

법원은 1) 유치원 선생님들이 천식 긴급구호조치에 대한 교육을 받도록 하는 것, 2) Jeremy가 흡입기를 사용할 수 있도록 허용하는 것은 교육기관의 가존 체제에 근본적인 변경을 가하는 조치가 아니라며 위와 같은 강제명령을 내렸다.

■ PGA Tour, Inc. v. Martin [532 U.S. 661 Supreme Court of the United States. 2001]

Casey Martin은 퇴행성 순환장애를 가진 사람이고, 이로 인해 18홀을 걷는 것은 골절로 이어질 수 있을 만큼 힘든 일이었다. 그래서 그는 전미프로골프협회의 자격심사 토너먼트 기간 동안 골프카트를 사용하게 해달라고 전미프로골프협회(PGA: Professional Golfers' Association, 이하 'PGA')에게 요청하였지만, PGA는 골프카트 사용을 금지하는 PGA의 규정을 근거로 이를 거부하였다. 이

> 에 Martin은 대회에서 골프카트의 사용을 전면적으로 금지하는 규정이 ADA의 차별금지의무에 반하는 것이라며 PGA 규정의 수정을 명하는 항구적 강제명령(permanent injunction)을 법원에 청구하게 되었다.
> 법원은 골프게임의 성격을 바꾸는 조치는 홀의 위치를 바꾸거나, 장애인에게 어드밴티지를 부여하는 등의 조치이지 골프카트를 사용하도록 하는 것은 게임의 성격을 바꾸는 것이 아닐 뿐만 아니라, 필드를 걸어다녀야 한다는 규칙은 게임의 근본적인 성격이 아니라며 1) PGA에게 Martin의 골프카트 사용을 허용할 것을 명령하였고, 2) Martin이 골프카트를 쓸 수 있도록 PGA의 카트 금지규칙을 변경하는 내용의 강제명령을 내렸는데, 위와 같은 강제명령이 PGA가 운영하는 골프 게임의 성격을 바꾸는 것은 아니라고 하였다.

그런데 위와 같은 판례를 읽다보면 법원이 강제명령을 내릴 것인지를 판단함에 있어 ① 원고가 주장하는 바와 같이 피고가 ADA 제3장을 위반하였는지 여부 ② 피고가 위반행위를 한 경우 그에 대하여 강제명령을 내릴 수 있는지 여부 ③ 나아가 어떤 내용의 강제명령을 내릴 수 있는지 여부를 분명하게 구별하거나 순서대로 판단하지 않아 판례를 이해하는 데 어려움이 있다.[34] 이 순서에 따라 위 판례를 다시 읽으면 '① 피고가 ADA를 위반하였고, ② 강제명령을 내리는데 필요한 4가지 요건을 갖추었으므로 강제명령을 내릴 수 있는데 ③ 그 강제명령의 내용은 ADA에서 규정하는 바와 같이 기존의 체제를 근본적으로 변경하는 것이 아닌 내용으로 구성되어야 하므로, ~한 내용의 강제명령을 내린다.' 와 같은 순서로 읽을 수 있을 것이다.

(2) 구체적 사안에 따른 판단의 필요성: 이익형량 법리

한편, 위와 같이 강제명령에 의하여 수정을 가하는 것은 합리적이면서도 기존의 시스템에 근본적인 변경을 요하지 않는 것이어야 하므로, 사안에 따라 구체적인 판단을 하여야 한다. 위의 PGA v.

---

34) 한편 우리나라 법원이 장애인 차별행위에 대하여 장애인차별금지법 제48조의 구제조치를 명하는 경우에도 이와 유사한 현상이 보인다.

Martin 판결에서도 강제명령의 내용은 구체적 사안에 따라 다르고 (case-by-case), 법원은 그 방안의 '효용성(effectiveness)'과 피고가 들이게 될 '비용(costs)'을 고려하여야 한다며 우리나라의 이익형량과 유사한 법리를 설시하고 있다. 아래와 같이 일부 청구를 인용하고 일부청구는 기각한 사례를 통해 법원이 원고와 피고 사이의 균형을 어떻게 조정하고 있는지 살펴볼 수 있을 것이다.

■ United Stated of America v. Edward Rose & Sons [384 F.3d 258 United States Court of Appeals, 6th circuit, 2004][35]

　피고는 미시건과 오하이오 주에 19개의 아파트를 시공하여 소유하고 있는데 위 각 아파트는 동일한 기본설계를 따르고 있다. 1층에는 정문과 후문이 있는데, 정문은 계단식으로 설계되어 장애인이 다닐 수 없고, 후문은 장애인이 이용할 수 있지만 주차장에서 떨어져 있다.

　법원은 1) 현재 하고 있는 모든 공사를 중지할 것 2) 이미 공사가 끝난 부분 중 1층을 차지하지 말 것 등의 사전적 명령을 인용하면서도 3) 공사가 끝난 부분 중 2-3층을 차지하는 것을 금지하는 것은 인용하지 않았다. 법원은 특히 주택법이 명시적으로 사전적 강제명령을 규정하고 있으므로, 피고가 공사를 계속할 경우 원고는 되돌릴 수 없는 피해(irreparable harm)을 입는다는 추정을 받는다며 원고가 피고의 위반 사실을 주장·입증한 이상, 피고가 위 추정을 뒤집을만한 증거를 제시하지 않은 이상 사전적 명령을 내릴 수 있다고 하였다. 명령의 내용과 관련해서는 특히 '비용'의 측면에서 공사가 끝난 후에 건물을 개조하는 것은 오히려 시간과 돈이 더 많이 든다는 점을 고려한 것, 장애인이 정문이 아니라 후문을 이용하면서 다른 사람들보다 더 많은 거리를 돌아가야 하는 것은 체력적으로 힘든 일임에도 금전적으로 산출할 수 없는 피해이고 완전한 보상도 어렵기 때문에 돌이킬 수 없는 피해(irreparable injuries)라는 점을 명시한 것이 주목할 만하다. <u>다만 2-3층의 경우 정문/후문이 있는 곳이 아님에도 사용을 금지하는 것은 피고에게 지나치다는 점을 고려하여 3) 부분의 청구는 인용하지 않았다.</u>

---

35) 이 판례는 ADA가 아닌 주택법(FHA: the Fair Housing Act)이 적용된 사례이나 ADA와 강제명령 부분을 유사하게 규정하고 있으므로, 강제명령에 대하여 설시한 부분을 살펴보기로 한다.

라. 강제명령이 인용된 다양한 사례

강제명령은 위와 같이 구체적인 사안에 따라 매우 다양하므로 아래와 같이 다양한 사례에서 어떤 강제명령을 내렸는지 살펴보는 것도 의미가 있을 것 같다.

[사례1] 스포츠 경기장의 일부 좌석을 휠체어 이용자가 사용할 수 있도록 바꾸고, 다른 자리가 모두 매진되지 않는 한 휠체어 이용석을 팔지 않도록 명한 사례[36]

[사례2] 영화관에서 휠체어 이용객이 다른 좌석을 이용하는 이용객들과 비슷한 시야각을 확보할 수 있도록 휠체어 좌석을 설치할 것을 명한 사례[37]

[사례3] 천식을 앓고 있는 아이가 유치원에서 흡입기를 사용할 수 있도록 하고, 유치원 선생님들이 긴급구호조치를 배우도록 명한 사례[38]

[사례4] 읽는데 장애가 있는 학생이 시험을 보는데 추가 시간을 제공하도록 한 사례[39]

[사례5] 인도와 차도 사이에 경사로를 만들고, 인도의 접근성에 장애물이 되는 벤치, 이정표, 전선 등을 제거하도록 명한 사례[40]

[사례6] 공항청사의 신축 설계를 변경하여 새 레스토랑에 승강기 설치를 하도록 명한 사례[41]

[사례7] 배심원 등록을 거부당한 시각장애인을 배심원으로 등록하도록 명한 사례[42]

---

36) Indep. Living Res. v. Or. Arena Crop., 1 F.Supp.2d 1159, 1165, 1170-71 (D. Or. 1998).

37) Or. Paralyzed Veterans of Am. v. Regal Cinemas, Inc., 339 F.3d 1126 (9th Cir. 2003).

38) Alvarez v. Fountainhead, Inc., 55 F.Supp.2d 1048, 1055-56 (N.D. Cal. 1999).

39) Rush v. Nati'l Bd. of Med. Ezam'rs, 268 F.Supp.2d 673, 679 (N.D. Tex. 2003).

40) Barden v. CITY OF SACRAMENTO, 292 F.3d 1067, United States Court of Appeals, 9th circuit.

41) Coalition of Montanans Concerned with Disability v. Gallatin Airport Authority 957 F.Supp.1166(D.Mont. 1997).

42) Galloway v. Superior Court of District of Columbia, 816 F.Supp. 12, United States

Ⅲ. 장애인차별금지법 제48조 관련 최근 판결례 검토

장애인차별금지법 제48조가 시행된 이후에도 이 규정을 이용한 청구의 빈도는 높지 않았다. 앞에서 언급한 바와 같이 동조의 제도가 우리나라의 법제에서는 생소한 제도인 관계로 실무에서 그 이해도가 높지 않았으며, 설령 인용이 되더라도 그 집행에 대하여 부담을 느끼는 경우가 많아 조정으로 회부하여 사안을 해결하는 경우가 많았기 때문이다.

다만 2014. 7.에 최초로 적극적 구제조치의 이행 청구가 인용된 이후 계속하여 이를 인용하는 판결례들이 나오고 있으므로, 이들을 중점적으로 검토해보기로 한다. 아직 인용 판결 수가 많지 않고 대부분이 미공간이므로, 이 글에서는 가급적 입수된 판결문의 문구를 직접 인용하는 방식으로 판결을 소개하고자 한다. 해당 사안에서 원고들은 대부분 적극적 구제조치의 이행청구 외에도 손해배상청구를 병합하는 경우가 많았으나, 본 글의 취지상 손해배상청구 부분에 대한 분석은 간략히 서술하거나 생략한다.

1. 보직 임면 대상자 제외 조치 사건 (전주지방법원 군산지원 2014. 7. 3. 선고 2013가합2599 판결)

이 판결례는 법원이 적극적 구제조치 청구를 최초로 인용한 것이라는 점에서 큰 의의를 가진다.

가. 사실관계

원고는 피고가 운영하는 C대학에 2001. 8. 1. 입사하여 현재까지 사

District Court, District of Columbia, 1993.

무직 4급으로 근무해오고 있는 자로, 직원들의 화합을 와해시키고 학교의 명예를 실추시키는 고소를 했다는 이유로 징계절차가 진행되던 중 2010. 1. 20. 교통사고로 불완전 사지마비 등의 상해를 입게 되었다. 이후 피고는 원고에 대하여 2011. 4. 22. 대기발령을, 2011. 7. 5. 직권면직을 각 명하였으나, 직권면직 처분이 부당해고라는 법원의 판단에 따라 2012. 12. 5. C대학에 복직하였다. 이후 C대학 총장은 정관에 따르면 3급 또는 4급만 임면 가능한 학사지원처장 임면 가능 대상자가 C대학에서 원고 1명임에도 원고가 지체장애 1급 판정을 받아 학사지원처장 업무를 원활히 수행할 수 없다는 이유로 다른 사람을 학사지원처장으로 제청한다는 내용의 사유서를 제출하였고, C대학 이사회는 2013. 7. 17. 위 사유서대로 의결하여 원고를 학사지원처장 임면 대상자에서 제외하였다.

이에 대하여 원고는 위와 같은 보직 임면 대상자 제외 조치가 장애인차별금지법 제4조 제1항 제1호 소정의 '장애를 사유로 정당한 사유 없이 제한하여 불리하게 대하는 차별행위'에 해당한다는 이유로 동법 제46조 제1항에 따른 손해배상청구를 하면서 제48조 제2항에 따른 적극적 구제조치를 청구하였다.

나. 법원의 판단

재판부는 피고의 보직 임면 대상자 제외에 대하여 차별행위에 해당한다는 이유로 손해배상책임의 성립을 인정한 뒤(2. 나.), 손해배상액의 범위를 산정하고(2. 다.), 그 판단에 근거하여 적극적 조치에 대해 판시하였다(2. 라.). 관련 부분 서술은 아래 내용이 전부인바, 그 내용을 전부 인용한다(강조 및 원문자 번호 등은 필자, 이하 같다).

> **주문 중 관련 부분**
> 피고는 원고를 법인정관에 규정된 4급 이상의 자격을 요구하는 직책의 후임자
> 심사 대상에 포함하라.
>
> **이유 중 관련 부분**
> 법원은 피해자의 청구에 따라 차별적 행위의 시정을 위한 적극적 조치를 할
> 수 있다(이 법 48조 2항). 원고는 피고의 4급 이상의 자격을 요구하는 직책의 후
> 임자 심사시 그 대상자에 원고를 포함해 달라고 청구하므로 살피건대, ① 원
> 고가 현재 4급 자격을 유지하고 있어 새로이 자격을 부여하거나 높여달라는
> 요구가 아니고, ② 후임자가 발생할 경우 심사 대상에 포함하는 것이어서 선
> 의의 피해자가 발생할 가능성도 없으므로, **적정한 조치**로 보여 이를 받아들
> 인다.

이론적으로 봤을 때 소송물이 다르다는 점에서 손해배상청구권
의 존부에 대한 심리와 법원이 적극적 조치를 명할 수 있는지 여부
에 대한 심리는 분리되어야 할 것임에도, 마치 손해배상책임의 인정
을 전제로 하여 손해배상액의 범위를 산정하는 것과 동일 맥락에서
부수적으로 적극적 조치를 인정하는 듯 판시하는 데 그친 것은 문제
점으로 지적될 수 있다. 또한 적극적 구제조치 청구의 적정성 인정
기준에 대한 일반론이나 자세한 논증은 밝히지 않은 점도 아쉬운 점
으로 생각된다.

다만 위 문구 속에서 법원이 적극적 구제조치 청구를 인용하는
데 있어서 고려한 요소들을 일부 추출해낼 수 있는데, 이유 부분을
통해서 ① '새로이 자격을 부여하거나 높여달라는 요구'는 '적정하지
않다'고 보았음을 알 수 있고, 또한 ② '선의의 피해자가 발생할 가능
성이 있다'면 '적정하지 않다'고 보았음을 알 수 있다. 이유뿐만 아니
라 '적정한지' 여부를 심사했다는 점도 눈여겨볼 필요가 있다.

2. 저상버스 등 사건 (서울중앙지방법원 2015. 7. 10. 선고 2014가합11791 판결)

이 판결례는 장애계의 주요 이슈 중 하나인 장애인의 이동권 쟁취를 위한 일종의 '기획소송'으로서, 사법(司法)적 구제 수단을 다양한 각도에서 이용하여 많은 결과를 이끌어 냈다. 비록 많은 조치들이 실질적으로 인용되지는 않았지만 공적 주체, 사적 주체 등을 대상으로 다양한 내용의 청구를 했다는 점 및 다양한 법적 쟁점에 대한 법원의 판단을 볼 수 있었다는 점에서, 최초의 판결은 아니지만 사실상의 리딩 케이스(leading case)라고 할 수 있다.

가. 사실관계

원고들은 이동을 할 때 휠체어를 사용해야 하는 장애인(원고 A, B), 인공관절 이용으로 인해 계단 이용이 불편한 장애인(원고 C), 자녀 양육을 이유로 유모차 이용을 희망하는 자(원고 D), 64세의 고령자(원고 E) 등이다. 이 가운데 차별구제청구를 한 원고는 A, B, C이므로 이들의 청구를 중심으로 각 청구 내용을 정리하면 아래 표와 같다(이하 「교통약자의 이동편의 증진법」은 '교통약자법'으로 약칭, 청구 내용 가운데 강조 처리된 부분이 인용된 부분).

피고	청구 내용	
국토교통부장관, 서울특별시장, 경기도지사[43]	① 교통약자법에 따른 '교통약자 이동편의 증진계획'[44]에 **저상버스 등**[45]을 도입하는 사항을 포함하라.	④ **휠체어 승강설비가 설치될 수 있도록 시책을 추진하고,** ⑤ 휠체어 승강설비를 도입하는 해당 운송사업자에게 예산의 범위에서 재정지원을 하며,

	② 교통약자법에 따른 '지방교통약자 이동편의 증진계획'[46]에 저상버스 등을 도입하는 계획을 반영하며, ③ 이에 따라 저상버스등을 도입하라.	⑥ 교통약자법 제12조[47]에 따른 기준적합성 심사, 같은 법 제14조[48]에 따른 우선적 면허 부여시 휠체어 승강설비 설치 여부를 고려하라.
F주식회사 (시외버스) G주식회사 (시내버스[49])	⑦ 원고 A, B, C가 위 각 유형의 버스를 이용 시 이용할 수 있도록 위 원고들에게 휠체어 승강설비 등 승하차 편의를 제공하라. ⑧ (각 회사 노선에) 저상버스등을 도입하라.	

---

43) 이 사건의 경우 차별구제청구와 손해배상청구가 병합 청구되었는데, 차별구제청구의 피고는 국토교통부장관, 서울특별시장, 경기도지사로 특정된 반면 손해배상청구의 피고는 대한민국, 서울특별시, 경기도로 특정되었다. 이는 원고가 차별구제청구의 근거로 든 조문들(교통약자법 제6조, 제7조, 제7조의2, 제14조 등)의 수범자가 교통행정기관 또는 특별시장·도지사 등이고, 손해배상청구의 근거로 든 조문들(교통약자법 제3조 등)의 수범자가 국가, 지방자치단체 등이기 때문인 것으로 보인다. 그러나 국가 또는 지방자치단체 등에 의한 차별행위에 대한 차별구제청구의 피고의 경우, 행정소송 중 항고소송에서 피고를 특정하는 것처럼 피고를 '행정청'으로 할 것인지(행정소송법 제13조 제1항), 행정소송 중 당사자소송, 민사소송 내지 국가배상소송에서 피고를 특정하는 것과 같이 '국가 또는 지방자치단체' 그 자체를 피고로 특정할 것인지(국가배상법 제2조, 행정소송법 제39조) 논란이 있을 수 있다.

44) 교통약자법 제6조.

45) 이 판결에서 '지상버스등'이란 '저상버스 등 교통약자가 편리하고 안전하게 이용할 수 있는 구조를 가진 버스'를 줄여서 칭하는 것이다.

46) 교통약자법 제7조.

47) **교통약자법 제12조(기준적합성 심사)** 교통행정기관은 교통수단과 여객시설에 대한 면허·허가·인가 등을 하는 경우 교통수단과 여객시설에 설치된 이동편의시설이 제10조에 따른 설치기준에 맞는지를 심사하여야 한다.

48) **교통약자법 제14조(노선버스의 이용 보장 등)** ② 국토교통부장관 또는 시·도지사는 「여객자동차 운수사업법」 제4조에 따른 여객자동차운송사업 면허를 할 때에는 같은 법 제5조에 따른 면허기준을 갖추고 저상버스 등 교통약자가 편리하고 안전하게 이용할 수 있는 구조를 가진 버스(이하 "저상버스등"이라 한다)를 대통령령으로 정하는 대수(臺數) 이상 운행하려는 자

나. 법원 판단의 결론 요약

이 사건은 여러 원고들이 다수의 피고를 상대로 다양한 청구를 한 사안이며, 법원이 판단한 쟁점 또한 여럿이다. 이로 인한 혼동을 막기 위하여 법원의 결론을 먼저 간단히 요약한 뒤, 이 가운데 이 글에서 주목해야 하는 부분을 별도로 정리하기로 한다.

피고	청구	결론	이유 요약
장관, 시장, 지사	① (국가)계획 반영	기각	교통약자법 규정 위반이 없어 차별행위가 아님
	② (지방)계획 반영 ③ 저상버스등 도입	기각	교통약자법 규정 위반이 없거나 관할관청이 아니거나 의무의 주체가 아니므로 차별행위가 아님
	④ 휠체어승강설비 시책추진 ⑤ 휠체어승강설비 재정지원 ⑥ 기준적합성 심사, 우선적 면허부여시 휠체어승강설비 설치여부 고려	기각	차별행위에는 해당하나, 원고 청구는 법원이 명할 수 있는 구제조치의 영역을 넘어서고, 차별행위의 시정을 위한 적합한 방법에 해당하지 않음.
버스회사	⑦ 휠체어승강설비 제공	인용	차별행위가 존재하고, 원고 청구대로 적극적 조치를 명하는 것이 과도한 부담이 되거나 현저히 곤란하다고 보기 어려움.
	⑧ 저상버스등 도입	기각	교통약자법 규정 위반이 없고 정당한 편의를 제공하지 않은 것이라고 볼 수 없어 차별행위가 아님.

에게 우선적으로 노선 여객자동차운송사업 면허를 할 수 있다.
49) 시내버스와 관련한 이 사건 청구는 시내버스운송사업 가운데 광역급행형, 직행좌석형, 좌석형에 한하여 이뤄진 것이다.

다. 법원 판단의 구체적인 내용

(1) 장애인차별금지법상 법원의 구제조치에 대한 파악

이 사건에서 재판부는 사실을 확정한 뒤 '장애인의 차별 없이 이동할 권리와 정당한 편의를 제공받을 권리'(4. 가.)와 '교통약자법에서 규정하고 있는 구체적인 의무 및 그 성질'(4. 나.)을 정리하고, 청구들에 대한 구체적인 판단에 들어가기에 앞서 장애인차별금지법상 법원의 구제조치에 대한 일반론을 설시한다. 이 부분에서 이 조항에 대하여 법원이 가지는 '의문'이 언뜻 보이기도 하는데, 결국 재판부는 법원이 구제조치의 명령 여부, 내용, 범위에 대한 재량권을 갖는다고 판단하며 이 조항에 대한 '의문'을 해소한다.

> 그런데 위 제48조 제2항은 (...) 달리 적극적 조치의 예시적인 내용, 형식, 판단의 기준 등을 구체적으로 정하고 있지 아니하는바, 이러한 문언의 해석상 장애인차별금지법은 <u>차별행위가 존재하는 경우 법원으로 하여금 당해 사건의 개별적·구체적 타당성을 고려하여 구제조치의 명령 여부 및 그 내용과 범위 등을 결정할 수 있도록 재량권을 부여하였다</u>고 해석함이 상당하다.
>
> 원고 A, B, C는 위 장애인차별금지법 규정에 근거하여 법원에게 적극적인 조치를 구하고자 이 사건 청구를 하였는데, 위 원고들이 주장하는 교통약자법의 위반행위가 위 법의 위반 그 자체로 곧바로 장애인차별금지법상 차별행위에 해당하여 법원이 적극적 조치를 명할 수 있는 것은 아니고, <u>위 원고들이 주장하는 교통약자법 위반행위가 장애인차별금지법에서 규정하는 차별행위에 해당하고 / 그에 대하여 적극적 조치를 명할 필요성이 인정되는 경우에 한하여</u> 법원은 이를 명할 수 있다고 할 것이다.

법원의 의도 유무를 불문하고, 위 문구에는 주목해야 할 지점이 하나 있다. 재판부는 차별행위의 존부에 대한 판단과 적극적 조치를 명할 필요성에 대한 판단을 분리하고 있다. 이는 두 판단을 명확하게 구분하지 않고 있는 미국 판례의 태도와 다른 것이다. 그러나 일반론에서의 설시와 달리 이 판결례에서도 재판부는 이 부분에 대한 명확한 분리에 실패하는 듯한 모습을 보인다.

(2) 국가기관에 대한 구제조치 청구에 대하여: 이른바 '삼권분립존중론'에 대한 비판

장애인차별금지법상 법원의 구제조치 판결이 드문 이유로 자주 언급되는 것 중 하나는 '삼권분립존중론'이라고 이름 붙일 수 있을만 한 것인데, 이의 내용은 사법부가 행정부에 대하여 적극적인 조치를 명하는 것은 삼권분립원칙에 위배된다는 것이다. 이러한 인식은 공법관계와 사법관계를 명확히 구분하고자 하는 도그마틱에 기반한 것으로 보인다. 이러한 인식을 전제로, 이 사건의 피고 서울시장은 '교통약자를 위한 이동편의 증진계획' 반영, 시행 등에 대한 청구에 관한 심리는 행정법원에 의하여야 할 것이고, 그럼에도 불구하고 민사법원에 제기된 이 사건 소에는 관할위반의 위법이 있다는 취지의 본안 전 항변을 하였는데, 재판부는 다음과 같은 이유를 들어 이를 배척하였다.[50]

① 장애인차별금지법 제48조 제2항에서 정하고 있는 법원의 적극적 구제조치는 그 규정형식에 비추어 미국 장애인법상 구제수단으로 인정되는 강제명령(injunction)의 영향을 받아 도입된 것으로 보이는데, 미국의 강제명령도 명령의 대상이 공법관계인지 사법관계인지 구분하지 아니하는 점
② 장애인차별금지법 제43조 제1항에서는 위 법이 금지하고 있는 차별행위로 국가인권위원회법에 따라 권고를 받은 자가 이를 이행하지 아니하는 경우에 법무부장관은 시정명령을 할 수 있다고 규정하였고, 제44조 제1항에서 이러한 시정명령에 불복하는 자는 '행정소송'을 제기할 수 있음을 명시한

---

50) 이외에도 피고 중 버스회사들은 원고들의 교통약자법의 규정에 근거한 이 피고들에 대한 소가 '구체적인' 권리 또는 법률관계에 관한 것이 아니어서 소의 이익이 없다고 주장하였으나, 법원은 이 사건 소가 교통약자법 규정이 아닌 장애인차별금지법 규정에 근거하여 제기되었으므로 이러한 본안 전 항변이 이유 없다고 배척하였다.

것에 반하여, 위 제48조 제2항의 규정은 공·사법 관계, 계약 유무, 인격권 등의 존재 유무에 관계없이 피해자의 청구에 따라 차별적 행위의 중지, 근로조건 개선, 시정을 위한 적극적 조치 등의 판결을 할 수 있도록 규정하고 있는데, 문언 그 자체에 의하더라도 '행정소송'으로 하여야 함을 명시하지 아니한 점

③ 행정소송에서 의무이행소송이 허용되지 않는 것에 반해, 그러한 점을 보완하고, 차별적 행위에 보다 더 효과적으로 대처하기 위하여, 위 규정을 통해 의무이행을 구하는 것과 유사한 소송을 민사소송에서 가능하도록 한 것이 입법자의 의지로 해석되는 점

④ 불법행위에 대하여 금전배상에 대한 원칙의 예외로서 적당한 처분을 명하도록 하는 민법 제764조와 유사하게 차별적 행위가 발생한 경우에 손해배상에 대한 추가적인 구제수단으로서 법원으로 하여금 적극적 조치를 명하도록 하는 것은 민사적 구제수단의 성질을 갖는 점

⑤ 위 제48조 제2항에서 소송의 성질 및 관할에 대하여 규정하지 아니하였는데도 차별행위의 주체나 법률관계의 성질에 따라 행정소송 또는 민사소송으로 다르게 분류한다면 분쟁 해결의 절차가 일관되지 아니하여 혼란을 야기할 수 있는 점

(3) 청구들에 대한 각 판단

①~⑧ 청구 가운데 아예 차별행위가 없다고 본 부분을 제외하고 이 글에서 주목해야 하는 부분은 차별행위가 있음에도 구제청구를 인용하지 않은 ④~⑥ 청구에 대한 판단 부분과, 구제청구를 인용한 ⑦ 관련 부분이다. 그에 더하여 ⑧ 부분도 검토하고자 하는데, 외형상 결론은 ①~③ 청구와 같이 교통약자법 위반 사항이 없다는 이유로 기각된 부분이지만, 그 판단 내용에서 '과도한 부담' 유무의 판단을 포함하고 있기 때문이다.

㉮ 인용된 부분: ⑦ 청구

이 사건 청구에서 인용된 부분의 주문은 아래와 같다.

> 원고 A, B, C에게,
> 가. 피고 F 주식회사는 시외버스에 관하여,
> 나. 피고 G 주식회사는 시내버스 중 광역급행형, 직행좌석형, 좌석형 버스에
>   관하여,
> 원고 A, B, C가 위 각 유형의 버스를 이용 시 이용할 수 있도록 위 원고들에게
> 휠체어 승강설비 등 승하차 편의를 제공하라.

이유 부분을 판시함에 있어, 재판부는 앞서 살펴본 일반론에서 밝힌 바와는 달리, 차별행위의 존부에 대한 판단과 적극적 조치를 명할 필요성에 대한 판단을 분리하지 못하고 있다. 다음은 ⑦ 청구를 인용한 부분에 대한 판시 중 일부이다.

> 노선버스 운송사업자는 장애인이 버스에 승하차하는 경우에 위 사업자에게 과도한 부담이 되거나 현저히 곤란하지 아니한 범위 내에서 장애인에게 정당한 편의를 제공하여야 하고, 이러한 승하차의 편의로는 (후략)

장애인차별금지법 제48조 제2항에 따라 "법원은 피해자의 청구에 따라 차별적 행위의 중지, 임금 등 근로조건의 개선, 그 시정을 위한 적극적 조치 등의 판결"을 할 수 있고, 이 조문상 차별적 행위 중 하나는 "정당한 사유 없이 장애인에 대하여 정당한 편의[51] 제공을 거부"하는 행위(제4조 제1항 제3호)인데, 이러한 행위라고 하더라도 이 행위를 "하지 않음에 있어서 과도한 부담이나 현저히 곤란한 사정 등이 있는 경우"(제4조 제3항)에는 이를 차별로 보지 않는다. 재판부는 위 조항들을 종합하여, 법원이 갖고 있다고 본 '재량'의 범위를

---

51) **장애인차별금지법 제4조(차별행위)** ② "제1항제3호의 "정당한 편의"라 함은 장애인이 장애가 없는 사람과 동등하게 같은 활동에 참여할 수 있도록 장애인의 성별, 장애의 유형 및 정도, 특성 등을 고려한 편의시설·설비·도구·서비스 등 인적·물적 제반 수단과 조치를 말한다."

'사업자에게 과도한 부담이 되거나 현저히 곤란하지 아니한 범위 내'의 '정당한 편의'를 제공하는 것으로 확정한 것이다.

이러한 논증은 일견 당연한 것으로 보이나 중요한 의미를 갖는다. 법원의 이러한 판시에서는 일반적인 민사소송에서 언급되는 변론주의의 관점에서 당사자의 청구가 요건사실에 부합하는지를 심리하는 방식이 아니라, 재량 행정행위를 심사하는 방식과 오히려 유사하게 바닥에서부터 어디까지의 구제조치가 적절한지를 심리하겠다는 의지를 읽을 수 있다. 뿐만 아니라, 그 재량을 통해 명하고자 하는 적극적 조치가 차별적 행위에서부터 바람직한 행위까지의 스펙트럼 상에서 조금씩 차별적 행위로부터 멀어져 바람직하다고 평가될 수 있는 경계선을 딱 넘는 그 순간의 상태를 만드는 정도에만 머무르도록 하겠다는 의지를 표명한 것으로도 읽을 수 있다는 것이다. 과도한 부담이 되는지 여부는 장애인차별금지법상 차별행위의 존재 여부를 판단하는 척도로만 입법되었을 뿐인데, 그 척도를 이용하여 법원의 재량권 행사의 규준으로도 삼은 것이다.

이 글이 관심을 갖고 있는 구제조치와 직접적인 연관이 없는 부분으로 읽힐 수도 있겠으나, 그렇기 때문에 아래와 같은 '과도한 부담'에 대한 해석론과 '정당한 사유'에 대한 해석론 판시는 구제조치의 범위와 관련하여서도 의미를 갖게 된다.

일반적으로 **과도한 부담**으로는 편의 제공자가 해당 편의를 제공하는데 있어 적절하지 않게 막대한 비용을 요하고 더 나아가 경제적으로 심각한 타격을 입어 더 이상 사업을 유지하기 어렵게 되는 경우, 편의 제공자의 사업이나 다른 참여자들의 관련 활동을 상당히 훼손하거나, 편의 제공자의 사업 성격이나 운영을 근본적으로 변화시키는 경우 등을 들 수 있고, **정당한 사유**로서 해당 편의가 장애유형, 정도, 성별, 특성에 맞지 않거나 불필요한 경우, 대상 시설 등의 구조변경 또는 시설 설치가 불가능하거나 위험을 초래하는 경우, 해당 시점에 정당한 편의가 존재하지 아니하거나, 우리나라에는 없고 해외에만 있는 시설이나 설비로서 그러한 시설이나 설비를 구입하거나 설치하는 것

> 이 현실적으로 어렵거나 불가능한 경우 등을 들 수 있다. **그러나** 편의제공으로 야기되는 다른 고객들의 편견이나 두려움, 특히 장애에 대한 편견이나 두려움은 장애인을 분리·배제하지 아니하고 장애가 없는 사람과 동등한 활동을 보장하는 장애인차별금지법의 취지 상 과도한 부담에 해당된다고 볼 수 없다.

(나) 인용되지 않은 부분 (1): ④~⑥ 청구

국토교통부장관 등 국가기관에 대하여 휠체어 승강설비 관련 시책 추진, 재정 지원 등을 구한 원고의 청구에 대하여, 법원은 위 사항들을 시행하지 않은 것은 차별행위임을 확인하면서도 이의 시정을 위한 구체적인 조치를 명령하는 것은 거부하였다. 차별행위에 해당함에도 불구하고 구제조치를 명하지 않은 이유를 살펴보는 것은 법원이 적극적 구제조치와 관련한 재량 범위를 어디까지로 보는지를 가늠해볼 수 있다는 점에서 중요하다.

재판부는 ① 법원이 적극적 구제조치와 관련하여 재량권을 가진 점, ② 휠체어 승강설비의 설치 관련 사항은 정책판단의 문제인 점, ③ 다른 나라와 달리 우리나라의 교통약자법 및 동 시행령, 시행규칙에서는 시설의 도입 기한, 범위를 명시하지 않은 점, ④ 해당 설비 없이도 효율적으로 서비스를 제공받을 다양한 방안이 고려될 수 있다는 점 등을 근거로 적극적인 구제조치의 적절성과 필요성을 부정함으로써 청구를 기각하였다. 이 가운데 법원이 자신의 재량권의 범위를 바라보는 시각을 잘 보여주는 판시 문구는 아래와 같다.

> 법원이 시기와 기한을 정하지 아니한 채 포괄적이고 막연하게 '시책을 추진하고 재정지원을 하라'는 방식의 조치를 하는 것은 그 이행을 보장받기 어렵고, 위 원고들이 실질적이고 즉각적으로 정당한 편의를 제공받기 어려워서, 차별적 행위를 시정하기 위한 적극적 조치로서 실효적이라고 보이지 아니하는 점 등에 비추어보면, 법원이 교통행정기관에게 시외버스 및 시내버스 중 광역급행형, 직행좌석형, 좌석형 버스에 휠체어 승강설비의 도입을 위한 시

책의 추진, 재정지원 등을 적극적 조치로서 명하는 것은 법원이 명할 수 있는 구제조치의 영역을 넘어서고, 차별행위의 시정을 위한 적합한 방법에 해당하지 아니한다.

이러한 판단에 대해서는 여러 가지 의문이 드는데, 우선 시설의 도입 기한과 범위를 명시하지 않은 점이나 정책판단의 문제라는 점이 청구기각의 사유로 지적된 것은 납득하기 어렵다. 이는 행정청 등에 재량권이 확보되어 있는 영역이라면 법원이 개입하지 않겠다는 뜻을 표명한 것으로도 읽을 수 있는데, 장애인에 대한 차별이 발생하고 있는 영역은 재량권이 확보된 경우가 많다는 점, 장애인과 관련한 사회보장법은 그 특성상 행정청에 대한 재량을 많이 부여할 수밖에 없는 점 등을 고려하면 이러한 근거는 장애인차별금지법상 구제수단을 무력화할 위험성을 내포하고 있다고 보인다. 장애인차별금지법 제48조 제3항은 법원이 구제조치를 명할 때 그 이행기한을 정할 수 있도록 하고 있어서, 법원에 의해서도 얼마든지 단계적인 개선을 꾀해볼 수 있는 것이다.

물론 이러한 일부 부적절한 이유 설시에도 불구하고 법원의 고민에 수긍이 가는 측면도 없지 않다. 청구취지 그대로 시책추진이나 재정지원을 주문에 명시하여 판결할 경우, 예컨대 그에 대한 간접강제 주문을 같이 붙일 경우 어느 정도 이행이 되었을 때 그 이행강제금 부과를 중단할 것인지 판단하기가 어려울 수 있다는 등의 문제가 생길 것이 충분히 예측된다. 하지만 적극적 구제조치를 구하는 청구를 함에 있어 원고들은 청구취지를 작성하는데 어려움을 겪고 있다고 알려졌는데, 이는 청구가 법원에 의해 인용되기 위해서 어느 정도 특정되고 구체적이어야 하는지, 어느 정도 실현가능성이 요구되는지 도저히 알 수 없기 때문이다. 법원이 적극적 구제조치를 활성화하고 당사자들이 수긍할 수 있도록 하기 위해서는 재판부의 이 사건 판결과 달리 '적절성'의 기준을 구체적으로 제시할 필요가 있다.

　㈐ 인용되지 않은 부분 (2): ⑧ 청구

　한편 ⑧ 청구에 대하여는 차별행위가 아니라는 결론에 이렀다는 점에 있어서는 일견 ①~③ 청구에 대한 결론과 같다고 볼 수 있으나, 실질적으로는 과도한 부담의 존부에 대해 심사하는 등 오히려 앞서 나)에서 살펴본 ④~⑥ 청구에 대한 논증에 더 유사하다고 볼 수 있다.

　⑧ 청구는 앞서 살펴보았듯이 버스회사들에 대하여 저상버스 도입을 구한 청구인데, 법원은 국내 제조사에서 장거리용 좌석버스에 대하여 저상버스를 개발·판매하고 있지 않다는 점, 대체 수단이 존재한다는 점, 해외 사례 등을 종합하고 난 뒤 아예 교통약자법상 의무 위반이 없다는 결론에 이르렀다. 즉, 차별행위 자체가 없다고 판단한 것이다. 그러나 이러한 판단이 인용 부분(⑦ 청구)을 판시함에 있어 피고의 항변을 배척하며 설시한 '과도한 부담 등 정당한 사유'의 존부 문제와는 어떻게 연결되는 것인지, 또한 인용하지 않은 부분(④~⑥ 청구)과는 어떤 차이가 있는 것인지에 대해 납득할 만한 설명이 없다는 점은 한계로 지적될 수 있다. 이러한 부분은 앞서 살펴본 재판부의 차별행위-구제조치 판단을 구분해야 한다는 일반론 판시(이하 '차별-구제 구분 일반론'이라고 부르기로 한다)와 모순되는 것으로 볼 소지도 있다.

3. 놀이기구 사건 (서울중앙지방법원 2015. 9. 4. 선고 2014가합593279 판결)

　이 판결은 앞의 두 판결과 달리 사기업 내부의 업무 규정을 변경하도록 명하면서 간접강제도 함께 선고했다는 점에서 그 의의를 찾아볼 수 있다.

가. 사실관계

원고들은 지적장애인들(A, B) 및 그 부모(C 내지 F)이고, 피고는 유원시설인 'G 리조트'를 운영하는 자이다. 원고 A, B는 위 유원시설의 연간회원으로서 유원시설의 유기기구(遊技器具)인 '우주 전투기'[52]를 이용하고자 하였는데, 피고 소속 직원이 A, B가 지적장애인임을 확인한 뒤, 이미 위 유기기구를 이용한 적이 있다는 C 내지 F의 설명에도 불구하고 그 이용을 하지 못하도록 하였다. A, B에 대한 이용을 거부할 당시 위 유원시설의 가이드북에는 "우주 전투기는 탑승 중 보호자의 통제가 어렵고 안전확보가 반드시 필요한 시설로 정신적 장애가 있으신 분은 보호자가 동반하여도 이용하실 수 없습니다."라고 기재되어 있었다.[53]

나. 법원의 판단

재판부는 위와 같은 피고의 행위가 차별행위임을 확인하였다. 즉 재판부는 단계적으로 사실을 확정한 이후 '특별한 사정이 없는 한 차별행위에 해당한다'고 명확히 청구원인에 대한 판단을 설시하고, 그 뒤 피고의 항변으로서 정당한 사유가 있다는 주장들을 차례로 배

---

52) '우주 전투기'는 중심축이 회전하면서 각 전투기 모양의 탑승물이 공중으로 상승하여 회전하는 방식으로 작동하며, 그 과정에서 이용객은 조종간을 조작하여 중심축의 회전에 영향을 주지 않으면서 전투기를 좌우 방향으로 회전시키거나 상승, 하상시킬 수 있다. 1회 운행시간은 300초, 승용시간은 120초가량 소요된다.

53) 이 기재는 이 사건 소가 제기된 후에 "우주 전투기는 탑승 중 보호자의 통제가 어렵고 안전확보가 필요한 시설로 정신적 장애가 있으신 분은 탑승 전 근무자에게 먼저 문의주시기 바랍니다."라는 내용으로 수정되었고, 현재는 보호자 동반 등의 조건 하에 지적장애인의 이용을 허용하고 있다.

척하였으며, 그 다음 손해배상청구에 대한 판단과는 별도로 적극적 구제조치 청구에 대한 판단을 하였다. 이러한 논증은 앞선 판결보다 차별-구제 구분 일반론의 적용을 명확하게 했다는 점에서 진일보한 것이다.

이 판결에서는 별다른 일반론은 발견되지 않는다. 앞서 본 법원이 재량권을 갖고 있다는 일반론을 간단히 설시한 뒤, 사실관계에 대한 구체적 판단에 들어간다. 이 사건 원고들의 청구취지와 법원의 주문을 비교하여 살펴보면 아래와 같다(손해배상청구 관련 부분은 생략하고 차별구제청구 및 그 이행강제금 부과 관련 부분에 한하여 살핀다).

청구취지	주문
2. 피고는, 가. 주위적으로, G '어트랙션 안전 가이드북' 12면 '우주 전투기' 항목의 "우주 전투기는 탑승 중 보호자의 통제가 어렵고 안전확보가 필요한 시설로 정신적 장애가 있으신 분은 탑승 전 근무자에게 먼저 문의주시기 바랍니다."라는 기재를 <u>삭제</u>하고, 나. 예비적으로, 위 가.항 기재를 "<u>우주전투기는 고공에서 빠르게 회전하는 시설로 자신의 안전을 저해할 우려가 있는 경우는 탑승 전 근무자에게 문의하시기 바랍니다.</u>"라고 수정하라.	2. 피고는 G '어트랙션 안전 가이드북' 12면 '우주 전투기' 항목의 "우주전투기는 탑승 중 보호자의 통제가 어렵고 안전확보가 필요한 시설로 정신적 장애가 있으신 분은 탑승 전 근무자에게 먼저 문의주시기 바랍니다."라는 기재 중 '정신적 장애가 있으신 분은' 부분을 '<u>신체적 또는 정신적으로 불안정하여 탑승시 자신의 안전을 저해할 우려가 있는 분은</u>'으로 수정하라.
3. 만일 피고가 이 판결 선고일부터 60일 이내에 제2항 기재 의무를 이행하지 아니할 때에는 원고들에게 위 기간 만료일 다음날부터 의무 완료일까지 1일 100,000원의 비율로 계산한 금원을 각 지급하라.	3. 만일 피고가 이 판결 선고일부터 60일 이내에 제2항 기재 의무를 이행하지 아니할 때에는 원고들에게 위 기간 만료일 다음날부터 의무 완료일까지 1일 100,000원의 비율로 계산한 금원을 각 지급하라.

원고들은 피고에게 이 사건 기재가 장애 유형을 명시함으로써 다른 이용객들에게 정신적 장애를 가진 사람에 대한 편견을 유발할 우려가 있다는 이유로 주위적으로는 이 사건 기재를 삭제할 것을, 예비적으로는 수정할 것을 청구하였다. 이에 대하여 재판부는 탑승 전 근무자에게 사전에 탑승 관련 문의를 하는 것은 보호자 동반 여부 등을 확인하고 이용에 있어 필수적인 사항을 고지하여 지적장애인의 안전을 도모하고, 안전사고 발생시 책임의 면제 또는 경감을 가능하게 하고 있다는 점을 근거로 주위적 청구를 받아들이지 않았다. 피고가 사전 문의를 하는 것이 '필수불가결'하고, 그러한 사전 문의를 할 '기회'를 갖는 것이 필요하다고 판시한 점은 주목할 만하다. 하지만 재판부는 예비적 청구는 일부 인용하였는데, 그 근거로 표현을 수정하지 않을 경우 정신장애에 대한 편견이 조장되는 점, 장애인차별금지법상 장애인에 대한 불리한 대우에 관한 광고 역시 차별행위로 규정되는 점, 다른 이용객들의 혼란이 유발될 가능성 등을 들었다. 위와 같은 기각, 인용 결정을 함에 있어서 구제조치에 대한 일반론적 판단을 한 바는 없다.

Ⅳ. 장애인차별금지법 제48조의 원활한 운용을 위해 짚고 넘어가야 할 문제들

1. '이용해도 되나?'에 대하여: 각종 '이용 자제론'들의 극복

장애인차별금지법의 시행이 벌써 8년차에 접어들었지만, 법원의 구제조치에 대한 해석론 논의는 부족하고 적용 사건 판결례도 매우 적은 실정이다. 구제조치 청구가 인용된 판결례가 적은 것은 청구의 수가 부족하기 때문이라고 볼 수밖에 없을 것인데, 청구의 수가 적

은 것은 결국 유의미한 판결례가 부족함으로 인하여 승소 가능성을
제대로 파악할 수 없는 당사자들이 비용과 시간을 들여 법원에서 분
쟁의 해결을 시도하려 하지 않기 때문에 발생한다. 청구의 부족과
판결례의 부족이 악순환의 고리를 형성하고 있는 것이다. 이러한 악
순환의 고리는, 결국 장애 당사자들보다는 이 제도를 운영하는 데
많은 재량을 가진 법원 및 그 재량을 행사하도록 이끌어낼 수 있는
법률가들이 끊어낼 수밖에 없다. 하지만 법률가들은 여전히 이 제도
에 대하여 '정말 이용해도 되나?'하는 의구심을 갖고 있는 듯하다.

　법관, 변호사를 막론하고 법률가들이 대체적으로 이 제도의 이용
을 꺼리는 이유는 무엇일까. 김재원은 ① 사적자치 혹은 계약자유에
근거한 문제 제기[54], ② 권력분립이론에 근거한 문제 제기, ③ 한국
법제가 대륙법계 전통을 따르고 있으므로 영미법계 전통에 기반한
법원의 구제조치 판결은 난처하다는 문제 제기 등으로 이러한 실정
의 원인을 분석하고 있다.[55] 임성택은 실무가의 입장에서 한 걸음
더 나아가 ④ 청구인이 될 장애인의 입장에서 법원보다는 국가인권
위원회에 장애인의 접근성이 높기 때문(인권위원에 장애인 단체 출
신 또는 장애인 당사자 포함, 장애인 권리구제를 위한 전담부서의
존재, 장애인에 대한 직원들의 높은 이해도, 시설의 물리적 접근성
등)이라고 분석하기도 하였다.[56]

　이 글은 이 중 법의 해석론(내지 입법론적 개선 방안)과 더 밀접

---

54) 서울중앙지방법원 2013. 8. 30. 선고 2011가합38092 판결(현재 서울고등법원
　　에 2013나61901호로 계속중)이 생명보험에 가입하려는 사람에게 정신장애
　　를 이유로 보험가입을 거절당한 사건에서 차별행위를 인정하면서도 계약
　　체결의 자유 내지 사적 자치의 원칙을 고려하여 적극적 구제조치를 명하
　　지 않고 위자료 100만원의 지급만을 명한 것을 그 예로 들고 있다. 김재원,
　　주 1, 274면.
55) 위의 글, 274-276면 참조.
56) 임성택, 주 1, 81-82면 참조.

하게 연결되는 ①~③의 각종 '이용 자제론'들에 대해 논하기로 한다.

가. '사적자치 존중론'의 극복

장애인차별금지법 제48조를 신중하게, 제한적으로 적용해야 한다는 이른바 '이용 자제론' 가운데 첫 번째로, 법원이 적극적으로 사적 권리관계를 창설하는 데 개입하는 것이 사적자치의 원칙, 계약자유의 원칙을 해칠 수 있다는 점을 주된 내용으로 하는 '사적자치 존중론'을 들 수 있다. 여기에는 법원이 계약체결을 강제하는 적극적 구제조치 판결은 받아들이기 어렵다는 주장이나, 손해배상의무 부과 등의 방식으로 해결 가능한 것을 굳이 적극적 조치라는 더 강력한 형태로 해야 하느냐는 주장 등이 있을 수 있다.

사적자치의 원칙이나 계약자유의 원칙이 민법의 최고원리들임을 자명하다. 다만 이러한 사실이 어떠한 상황에서든 이들이 무제한적으로 적용되어야 한다는 것을 의미하지는 않는다. 특히 당사자들이 대등한 교섭력이 전제되지 않는 상황이라면 계약자유의 원칙의 내용은 당연히 수정되어야 한다.[57) 계약자유의 원칙의 수정은 필연적으로 당사자들의 계약의 자유의 제한을 동반하므로, 결국 동 원칙의 수정은 법률에 의하여야 하고 비례의 원칙을 준수하여야 한다고 볼 수 있다(헌법 제37조 제2항). 헌법적인 관점에서 보면, 장애인차별금지법 제48조는 계약자유의 원칙의 수정을 법률로 예정하고 있고, 그 수정 권한을 법원에 부여하고 있다. 앞서 살핀 판결례들에서 법원이 장애인차별금지법 제48조의 추상성은 적극적 구제조치와 관련하여 법원이 재량권을 부여받았음을 의미한다고 판단한 것은 적절한 고찰인 것이다.

---

57) 지원림, 민법강의, 제11판, 2013, 1258-1260면 참조.

또한 장애인차별금지법상 의무규정을 위반한 행위 - 여기에는 차별행위가 포함된다 - 는 민법상 불법행위의 한 종류라고 할 수 있을 것인데, 이에 의한 손해의 전보는 원칙적으로 금전배상에 따라 이루어져야 한다는 민법 제394조는 금과옥조와 같은 대원칙이 아니라는 점을 고려하면, 동조를 근거로 적극적 구제조치의 자제를 요청하는 주장은 받아들이기 어렵다. 우리의 경우와 달리 독일민법 제249조 제1항은 "손해배상의 의무를 부담하는 자는 배상의무를 초래한 사정이 없었더라면 존재하였을 상태를 회복시킬 의무가 있다"고 규정하여 원상회복의 우선(Vorrang der Naturalherstellung)을 천명하고 있는데, 이에 대하여 독일민법 제1초안 이유서는 "복구의무의 원리가 사물의 본성에 합치하고 법적 논리에 부합한다"고 설명하고 있다.[58] 사실 어떤 손해가 발생한 경우 그 손해를 끼친 가해자는 1차적으로 그러한 손해가 없었던 상태로 되돌릴 의무를 가지고, 그러한 의무의 이행이 곤란하거나 충분치 않을 때 비로소 보충적으로 가치의 교환수단인 금전을 통한 배상이 문제된다고 보는 것이 오히려 자연스럽다. 집행상의 용이성 등 운용의 편리성 때문에 금전배상원칙이 자연스럽게 받아들여지고 있지만, 금전배상원칙은 예외로 물러나고 원상회복이 원칙인 것으로 운용되는 것이 오히려 바람직한 것이다. 일반적인 불법행위 규정을 두는 데 있어 원상회복의 원칙을 원칙적인 것으로 선언하는 것이 어렵다면, 최소한 장애인에 대한 차별행위의 문제와 같이 원상회복의 요청이 어느 영역보다도 큰, 특수한 유형의 불법행위의 경우를 별도로 규율하는 것이 타당하다. 즉, 최소한 차별행위들의 유형을 열거하고 이러한 행위들의 제거를 내용으로 하는 적극적 구제조치를 명하도록 하여 원상회복을 꾀하는 것은 충분히 가능한 선택지다. 장애인차별금지법은 이러한 선택지에

---

58) 이러한 독일 민법학계의 태도는 자연법과 교회법의 영향을 크게 받아 형성된 것이라고 설명되고 있다. 윤진수, 주 20, 82-83면 참조.

따른 것인데, 이를 고려함이 없이 적극적 구제조치의 '자제'만을 이야기하는 것은 받아들여질 수 없다.

적극적 구제조치의 '자제' 취지의 2011가합38092 판결을 분석해 보면, 계약자유의 원칙을 지나치게 존중한 나머지 법원이 장애인차별금지법의 요구를 간과하였다는 추론이 가능하다. 동 판결례에서 이와 관련된 부분은 다음과 같다.

이 사건의 경우, ① 구제조치의 명령 여부를 판단함에 있어서는 **피고와 같은 사보험회사에 보장된 계약체결의 자유 내지는 사적 자치의 원칙도 고려되어야 하는 점**, ② 피고는 2009. 9.경 사단법인 D단체의 요청에 답변할 당시 원고가 원할 경우 이 사건 보험 상품과 유사한 저축성 보험에 관하여 주 계약 1,000만 원의 보장 내에서 <u>가입 가능여부를 재검토해 보겠다는 의사</u>를 표시한 바 있고, 이 사건 2012. 4. 27.자 준비서면에서도 원고가 원할 경우 원고의 성별, 나이, 건강상태를 정확히 확인한 뒤 원고에게 적합한 보험 상품을 제시함으로써 <u>보험계약에 응할 의사가 있음</u>을 밝힌 점, ③ 피고로서는 원고가 가입하고자 하는 특정 보험 상품이 인수하는 위험의 종류와 성격, 위험발생의 개연성 등을 고려하여 기존의 보험가입자들로 구성된 위험단체가 받을 영향을 분석·평가할 필요가 있으므로, **피고의 위와 같은 제안이 원고에게 현저히 부당하다거나 불합리하다고 볼 수는 없는** 점, ④ 피고의 위 제안에 응할 경우 원고는 이 사건 소로써 구하는 구제조치의 목적을 달성할 수 있을 것으로 보이는 점 등을 고려하면, 피고
에게 이 사건 인수거절 행위의 위법성을 이유로 손해배상의무를 지우는 것 외에 차별행위의 중지 및 시정을 위한 적극적 조치가 필요하다고 보이지는 않는다.

위 판결례에서 재판부는 피고가 원고의 조울증 약물복용을 이유로 보험인수를 거절한 것이 차별행위임을 확인하면서도 차별구제청구는 기각하였다. 보험을 인수하지 않는 것 자체는 차별행위라고 명확히 판단하면서도, 그 상태를 제거하기 위하여 보험을 인수하도록 강제하는 것은 계약자유의 원칙의 존중을 위하여 부적절하다고 하는 것은 내적 모순이다. 오히려 위 논리는 결국 당사자 사이의 합의

가 가능할 것 같으니 별도로 판단하지 않겠다고 한 것과 다르지 않다. 예컨대 피고로 하여금 가입 가능여부를 재검토하여 차별적인 배제를 제거한 심사의 결과를 원고에게 제공하도록 강제하는 것은 얼마든지 가능했을 것인데 – 이것은 보험회사인 피고의 계약체결의 자유를 보호하면서도 차별행위의 구제라는 목적을 달성할 수 있는 방법이다 –, 법원은 이러한 결론으로 나아가지 않았다.

나. '권력분립원칙에 따른 자제론'의 극복

사법관계(私法關係)에 대한 자제론이 위 가.항의 내용이었다면, 공법관계(公法關係)에 대한 자제론이 이 항의 내용이다. 즉 권력분립원칙상 사법부가 행정부의 행동에 대하여 적극적인 조치를 취하는 것은 부적절하다는 것이다.

전술한 저상버스 등 사건(서울중앙지방법원 2015. 7. 10. 선고 2014가합11791 판결)의 재판부는 이러한 자제론을 비판하였다. 이 판결은 명시적인 문언상 근거가 없음에도 불구하고 장애인차별금지법 제48조 제2항에 의한 소송이 민사법원에 제기되어야 한다고 판시한다. 지방자치단체인 피고의 관할위반 주장이 이러한 권력분립원칙에 따른 자제론에 기반하고 있었던 만큼, 법원이 이러한 항변을 배척하면서 든 근거들은 권력분립원칙에 따른 자제론을 극복할 방향을 제시하고 있다.

재판부의 논거와 관련하여 여전히 해결되지 않는 의문들이 있다. 첫째로, ADA의 강제명령이 공법관계인지 사법관계인지를 구분하지 않는 것은 ADA의 특성이 아니라 아예 미국법이 전반적으로 공사법관계 구분론을 택하지 않는 것이 아닌지 하는 의문이다. 둘째로, 행정소송으로 하여야 함이 명시되지 않았다는 점이 민사소송에 의해 절차가 진행되어야 한다는 점을 정당화할 수 있는지 의문을 제기할 수 있다. 마지막으로, 재판부는 의무이행소송이 도입되지 않고 있음에도 굳이 장애인차별금지법에는 이러한 조문을 도입한 것이 입법자의 의지라고 평하며 은연중에 이 조항이 행정소송상 의무이행소송의 특별법적 조문이라는 인식을 내비치는데, 그렇다면 공사법관계의 구분에 따라 국가 또는 지방자치단체 등에 대하여는 행정소송법상 당사자소송을 제기해야 하는 것 아니냐는 취지의 비판에 대한 대응 방법 역시 의문으로 남는다.

그럼에도 재판부의 결론에 동의할 수밖에 없는 것은, 결국 "제48조 제2항에서 소송의 성질 및 관할에 대하여 규정하지 아니하였는데도 차별행위의 주체나 법률관계의 성질에 따라 행정소송 또는 민사소송으로 다르게 분류한다면 분쟁 해결의 절차가 일관되지 아니하여 혼란을 야기할 수 있다"는 재판부의 판단이 타당하기 때문이다. 행정청의 처분의 효력을 곧바로 제거해버리는 항고소송에 대하여는 위 구분에 따른 사법 자제 또는 전속관할 등이 일정한 의의를 갖는다. 그러나 장애인차별금지법상 차별은 공적 주체, 사적 주체를 불문하고 누구에 의해서나 일어날 수 있다는 점을 고려하면, 차별을 시정하기 위한 조치를 요구하는 것에 굳이 공사법관계 구분의 틀을 적용할 실익이 없기 때문이다. 또한 처분의 효력을 곧바로 상실시키는 항고소송과 달리, 피고에게 조치를 취함에 있어 탄력적일 수 있고 그 강제수단으로는 간접강제만이 인정되고 있다는 점에서도 그러하다. 공사법관계 구분의 틀은 오히려 분쟁 해결 절차의 일원화를 방해하여 당사자들의 혼란을 가중시킬 뿐만 아니라 빠른 구제를 막는 결과를 가져오게 된다.

정리하자면, 장애인차별금지법상 적극적 구제조치의 도입은 입법을 통해 이미 이뤄진 것인 이상, 의무이행소송의 도입 여부는 이러한 제정법의 해석에 전혀 영향을 줄 수 없다. 또한 행정소송의 종류를 제한적으로 열거하고 있는 행정소송법의 규정 체계를 고려하면,

행정소송법에 열거되지 않은 장애인차별금지법상 소송은 민사법원이 관할한다고 봄이 타당하다는 결론을 얻을 수 있다.

다. 「한국 법제와 영미법계 전통의 부조화론」 의 극복

적용을 자제해야 한다는 취지의 또 다른 주장은, 장애인차별금지법상 적극적 구제조치가 한국 법제와 조화를 이루지 못하는 영미법계의 제도이므로 적용을 자제하는 것이 바람직하다는 것이다. 그러나 김재원이 지적하고 있듯이 현재 한국 법제에는 이미 수많은 영미법계, 특히 미국법 제도나 규범이 수용되어 있으므로[59] 단지 미국법제도라는 이유만으로 적용이 어렵다는 주장을 납득하기 어렵다.

위 주장은 법창조 기능을 겸유하는 영미법계의 법관과 달리 대륙법계의 법관은 기본적으로 법해석자의 역할만을 해야 하고, 따라서 이들이 적극적 구제조치와 같은 폭넓은 재량을 갖는 것은 타당하지 않다는 의미를 담고 있다. 그러나 이 역시 받아들이기 어려운 주장이다. 무엇보다 위 주장의 전제인 '영미법계의 법관에게는 법창조의 기능을, 대륙법계의 법관은 법해석의 기능을 주로 담당한다'는 도식은 오늘날 거의 무의미해졌다. 더 본질적으로는, 법창조와 법해석이라는 것이 도식적으로 구분 가능한 것이라고 보기 어렵다. 무엇보다, 장애인차별금지법의 모델이 된 ADA의 해당 제도들 모두는 ADA라는 단행법이 명시적으로 규정하는 바를 법원이 '해석'함으로써 운용되고 있다. 이는 법계(法系)의 차이로 인한 문제가 생길 여지가 없다는 점을 암시한다.

---

59) 김재원, 주 1, 275면.

2. '어떻게 이용하나?'에 대하여: '법원의 구제조치'의 요건화

각종 '이용 자제론'들이 극복되어 이 제도에 대한 거부감이 사라진다고 하더라도, 제도의 법리가 어려워 접근하기 힘들다면 여전히 이의 원활한 이용은 요원할 것이다. 전술하였듯이 장애인차별금지법 제48조의 청구의 관할은 민사 법원이다. 그런데 민사 법원은 민사상 청구에 대하여 요건사실론에 입각한 판단을 하는데 익숙해져 있으므로, 청구를 하는 입장에서나 그 청구를 심리하는 입장에서나 인용 여부를 판단함에 있어 요건사실 또는 그 유사의 무언가를 고려할 수밖에 없다. 하지만 현재 적극적 구제조치에 대한 논의(특히 해석론)의 수준은 이를 제공하지 못하고 있으며, 이는 청구와 심리를 모두 꺼리게 하는 가장 큰 장애물이 되고 있다.

장애인차별금지법 제48조는 차별적 행위의 중지, 그 시정을 위한 적극적 조치 등을 피해자가 법원에 청구할 수 있도록 하고 있다. 조문 문언상은 "① 차별적 행위의 존재"라는 요건을 우선 뽑아낼 수 있다. 그리고 앞서 미국법의 법리들을 고찰하며 살핀 세 가지 요건 가운데 앞의 두 개, 즉 "② 강제명령이 없는 경우 회복불가능한 손해를 입을 것", "③ 원고의 회복불가능한 손해가 강제명령으로 인하여 상대방이 입는 손해보다 클 것(이익형량)"을 차용해볼 수 있다. 이 요건들은 위 규정 문언에서 곧바로 도출될 수는 없으나, 내재된 원리에 의한 것으로 평가될 수 있다.[60]

마지막 네 번째 요건과 관련하여, 미국 판례 법리상의 근본적 변

---

60) 미국법상 마지막 요건, "강제명령의 내용이 공공의 이익에 부합할 것"은 실제 미국 판결례들에서 작동되는 방식을 볼 때 우리 법원의 통상적인 태도와는 조화되지 않는 측면이 있고, 실제 심리 중에는 이익형량 과정에서 고려될 것으로 생각되므로 제외하기로 한다.

경(fundamental alterations) 법리를 들여오고자 한다. 해당 법리의 근거인 ADA Sec. 302는 장애인차별금지법 제4조 제3항과 그 역할이 비슷하다. 차이점이 있다면 위 장애인차별금지법 규정은 모든 차별 영역에 대하여 공통적으로 적용될 수 있는 적용배제 조항이라면, 위 ADA 규정은 편의제공과 관련된 영역에 대한 특유한 규정이라는 것이다. 그러나 ADA의 위 규정이 전제하고 있는 발상은 장애인차별금지법의 모든 차별 영역에 대하여도 적용될 수 있다고 판단된다. 정리하자면, 네 번째 요건은 "④ 강제명령의 내용에 따르는 것이 차별적 행위와 관련된 재화나 서비스 등의 성격을 근본적으로 변경하는 것이 아니어야 할 것"으로 정리된다.

네 번째 요건과 관련하여 주의할 것은, 장애인차별금지법 제4조 제3항에 따른 판단은 차별행위의 유무를 판단하는 단계에서 문제가 되어야 하는 것이고, 위 요건의 '근본적 변경'을 심리하는 데 있어서 '과도한 부담' 내지 '특정 직무나 사업 수행의 성질' 등을 고려함에 있어서는 신중해야 한다는 점이다. 즉, 위 요건을 판단함에 있어, '과도한 부담' 내지 '특정 직무나 사업 수행의 성질' 등은 차별행위의 존재가 명확해진 다음에 비로소 고려될 수 있다는 것이다. 어떤 행위를 피하는 것이 무슨 방법을 써도 '과도한 부담'이 된다면 그 행위는 차별적 행위로 취급되지 않는 것이고, 다른 한편 차별적 행위에 대해서 적극적 조치를 명할 때 그 차별성을 제거하기 위하여 취할 수 있는 방법들 중에서 '과도한 부담'이 되는 방법은 피해야 하는 것이다. 이렇듯 '과도한 부담'이라는 판단 척도는 각 단계에서 이렇게 달리 쓰일 수 있는 것이다.

V. 결론

헌법 제34조 제1항은 "모든 국민은 인간다운 생활을 할 권리를 가

진다"고 규정하고 있고, 동조 제2항은 "국가는 사회보장·사회복지의
증진에 노력할 의무를 진다"고 규정하고 있으며, 동조 제5항은 "신체
장애자 및 질병·노령 기타의 사유로 생활능력이 없는 국민은 법률이
정하는 바에 의하여 국가의 보호를 받는다"고 규정하고 있다. 헌법
을 공부하는 학생들은 이 조문들을 배울 때 '인간답게 생활할 권리
는 추상적 권리로서 프로그램규정적인 성격을 갖는데 그친다'든가,
그렇기 때문에 '국가 예산이 허락하는 범위 내에서 그 권리성이 인
정받을 수밖에 없다'는 식의 말들을 배우곤 한다. 사실 장애인의 권
리가 '차별금지'라는 맥락에서 주로 다뤄지는 것도 평등권의 맥락에
서 다뤄질 때 보다 힘 있게 다뤄지기 때문이라고 생각된다. 하지만
우리는 한번 쯤 의문을 제기해보아야 한다. 왜 권리면 다 같은 권리
지, 어떤 권리는 '구체적 권리'이고 어떤 권리는 '추상적 권리'인가.

　지난한 투쟁의 결과, 장애인차별금지법은 제정법으로 만들어졌
다. 이제 남은 일은 이 법으로 실질적인 성과를 내는 것이다. 법원의
구제조치는 이 법률이 담아내고 있는 수많은 의무 규정을 살아 움직
이게 할 수 있는 가장 효율적인 수단이다. 아직은 시도와 연구가 부
족하여 많은 결과를 내고 있다고 할 수 없지만, 이 글의 연구 결과가
더 많은 성과를 내는 데 디딤돌이 되어, 장애인들의 권리가 '구체적
인 권리'로 인식되는 데 밑거름이 되었으면 하는 바람이다.

참고문헌

〈단행본〉

박정훈, 행정소송의 구조와 기능, 박영사, 2006.

법무부, 각국의 차별금지법 제2권, 법무부, 2008.

보건복지부 한국보건사회연구원, 장애인차별금지 및 권리구제에 관한 법률
　　　의 하위법령연구, 보건복지부, 2007.

사법연수원, 행정구제법, 사법연수원, 2013.

지원림, 민법강의, 제11판, 2013.

Peter Blanck, et al., Disability Civil Rights Law And Policy - Cases and Materials,
　　　Thompson/West, 2005.

〈논문〉

김재원, 장애 차별에 대한 구제조치 - 법원을 통한 구제를 중심으로, 법과 사
　　　회, 제45호, 2013.

남찬섭, 장애인차별금지법의 제정과정과 쟁점 - 장애인차별금지법 민관공동
　　　기획단의 논의를 중심으로, 한국장애인복지학, 제6호, 2007.

윤진수, 손해배상의 방법으로서의 원상회복 - 민법개정안을 계기로 하여 -,
　　　비교사법, 제10권 1호, 2003.

이승기, 장애인차별금지법의 제정과정, 쟁점, 그리고 함의, 사회보장연구, 제
　　　23권 제3호, 2007.

임성택, 장애인차별금지법상 법원의 구제조치, 2013년 장애인분야 공익소송
　　　보고대회 자료집, 2013.

차성안, 소송을 통한 장애인 권리구제의 쟁점 – 장애인 교육차별에 관한 사례 분석을 중심으로, 사회보장법연구, 제1호, 2012.

〈판례〉

대법원 1962. 4. 12.자 4294민상1541 결정.
서울중앙지방법원 2013. 8. 30. 선고 2011가합38092 판결.
서울중앙지방법원 2015. 7. 10. 선고 2014가합11791 판결.
서울중앙지방법원 2015. 9. 4. 선고 2014가합593279 판결.
전주지방법원 군산지원 2014. 7. 3. 선고 2013가합2599 판결.

Alvarez v. Fountainhead, Inc., 55 F.Supp.2d 1048, 1055-56 (N.D. Cal. 1999).

Barden v. CITY OF SACRAMENTO, 292 F.3d 1067 (United States Court of Appeals, 9th circuit).

Coalition of Montanans Concerned with Disability v. Gallatin Airport Authority, 957 F.Supp.1166 (D.Mont. 1997).

Galloway v. Superior Court of District of Columbia, 816 F.Supp. 12 (United States District Court, District of Columbia. 1993).

Indep. Living Res. v. Or. Arena Crop., 1 F.Supp.2d 1159, 1165, 1170-71 (D. Or. 1998).

Jones v. City of Monroe, 341 F. 3d 474, 476 (6th Cir. 2003).

Martin v. Metropolitan Atlanta Rapd Transit Authority, 225 F.Supp.2d 1362, 1372 (N.D. Ga 2002).

Or. Paralyzed Veterans of Am. v. Regal Cinemas, Inc., 339 F.3d 1126 (9th Cir. 2003).

PGA Tour, Inc. v. Martin, 532 U.S. 661 (Supreme Court of the United States. 2001).

Rush v. Nati'l Bd. of Med. Ezam'rs, 268 F.Supp.2d 673, 679 (N.D. Tex. 2003).

United Stated of America v. Edward Rose & Sons, 384 F.3d 258 (United States Court of Appeals, 6th circuit, 2004).

〈기타 자료〉

국가인권위원회, 국가인권위원회, 차별금지법 제정을 국무총리에 권고, 국가
　　　인권위원회 보도자료, 2006.
국회 보건복지위원회 전문위원, 장애인차별금지 및 권리구제 등에 관한 법
　　　률안 (정화원 의원 대표발의) 검토보고, 국회 보건복지위원회, 2007
임인규, 차별금지법안(정부) 검토보고, 국회 법제사법위원회, 2007.

Major Federal Laws Prohibiting Discrimination Against People with Disabilities, 미국 메
　　　사추세츠 장애법연구회(DLC: Disability Law Center, inc. of Massachusetts)
　　　홈페이지, http://www.dlc-ma.org/resources/General/LAWCHART.HTM (최종
　　　접속일: 2016. 3. 31.).

장애인차별금지 및 권리구제 등에 관한 법률상 정당한 편의제공 거부에 의한 차별의 위법성 판단 기준

조원희·박성민·서동후·이대아·박창수·이강민*

I. 서론

「장애인차별금지 및 권리구제 등에 관한 법률」(이하 '장차법')이 2007. 4. 10. 제정되어 2008. 4. 10. 시행된 후 10년 가까이 되어 간다. 그러나 장차법상 금지되는 차별 중 정당한 사유 없이 장애인에 대하여 정당한 편의제공을 거부하는 경우(장차법 제4조 제1항)와 그러한 경우에도 불구하고 금지된 차별행위를 하지 않음에 있어서 과도한 부담이나 현저히 곤란한 사정 등이 있는 경우 등 차별로 보지 아니하는 사정(장차법 제4조 제3항)에 대한 판단 기준은 여전히 불분명한 상태이다. '정당한 사유', '정당한 편의 제공', '과도한 부담', '현저히 곤란'과 같은 주요한 개념들이 불확정 개념이고 구체적인 제반 사정을 고려해야 비로소 판단이 가능하다는 점에서 그 해석의 어려움은 필연적이라고 하겠고 결국 구체적인 법원의 판결이 집적되면서 해소되어갈 문제일 것이다.

---

* 법무법인(유한) 태평양 변호사.

그러나 장차법상 정당한 편의제공 규정의 입법 취지, 헌법적 근거, 문언, 체계, 다른 법령과의 관계, 학설이나 관련된 법원의 판결에 대한 분석 등을 통하여 입법자가 장차법을 통하여 내린 입법적 결단이 무엇인지 규명하고 장차법에 규정된 조항이 실제 현실에서 장애를 이유로 한 차별을 금지하는 규범력을 가질 수 있도록 노력하는 것은 우리 모두의 몫이다. 본고에서는 장차법상 정당한 편의제공 거부에 의한 차별의 위법성 판단 기준에 대하여 고찰하였다. 이를 통하여 정당한 편의제공 규정은 우리 사회의 제도적, 문화적, 물적 구조나 토대에 의한 실질적 차별의 문제를 해소하기 위한 입법자의 결단이며, 그것은 헌법적 요청에 따른 것임을 확인하였다. 그리고 장차법상 정당한 편의제공 거부의 위법성을 판단할 때는 위와 같은 입법 취지를 적극적으로 고려하여 장차법에서 규정한 증명책임의 법리와 판단 기준에 따라야 한다는 입장에서, 그 판단 시 중요하게 고려해야 할 요소들을 제시하였다.

II. 정당한 편의제공 규정의 입법 취지

1. 사회의 제도적, 문화적, 물적 구조나 토대에 의한 실질적 차별의 문제

장차법은 모든 생활영역에서 장애를 이유로 한 차별을 금지하고 장애를 이유로 차별받을 사람의 권익을 효과적으로 구제함으로써 장애인의 완전한 사회참여와 평등권 실현을 통하여 인간으로서의 존엄과 가치를 구현함을 목적으로 한다(장차법 제1조). 장차법 제4조 제1항에서는 장차법상 차별을 직접차별(제1호), 간접차별(제2호), 정당한 편의제공 거부(제3호) 등으로 나누어 정의하고 있는데[1], 그 구체적인 해석론을 펼치기 전에 장차법상 차별의 근본적 의미를 살펴볼 필요가 있다.

차별의 개념이 발전되어 온 역사를 살펴보면, 초기에는 중립적인 기준을 적용하지 않는 직접차별(또는 불평등 대우)[2]만이 문제가 되었다가, 형식적으로 직접차별만을 금지하는 것으로는 오랜 시간 고착된 사회제도나 구조로 인하여 자연스럽게 발생하는 실질적인 차별의 문제를 해결할 수 없음이 밝혀짐으로써 외관상 중립적인 기준을 적용하더라도 그 기준이 불합리하다면 차별로 보는 간접차별(또는 불평등 효과) 개념이 발전하였고, 미국, 영국, 호주 등이 이와 같이 확장된 차별 개념을 법적 개념으로 도입하기에 이르렀으며, 우리나라도 남녀고용평등법 등을 통하여 차별의 개념을 확대하였다고 한다.[3] 미국이나 유럽에서 간접차별은 차별의 개념을 확장시킨 획기

---

1) 장차법 제4조 (차별행위)
  ① 이 법에서 금지하는 차별이라 함은 다음 각 호의 어느 하나에 해당하는 경우를 말한다.
  1. 장애인을 장애를 사유로 정당한 사유 없이 제한·배제·분리·거부 등에 의하여 불리하게 대하는 경우
  2. 장애인에 대하여 형식상으로는 제한·배제·분리·거부 등에 의하여 불리하게 대하지 아니하지만 정당한 사유 없이 장애를 고려하지 아니하는 기준을 적용함으로써 장애인에게 불리한 결과를 초래하는 경우
  3. 정당한 사유 없이 장애인에 대하여 정당한 편의 제공을 거부하는 경우
2) 물론, 여기서의 '직접차별'은 장차법상 직접차별과 동일한 개념이라고 보기는 어렵고 '간접차별'도 마찬가지이다. 다만, 서로 유사한 개념이므로 위의 논의에서 굳이 그 차이를 엄밀하게 구분할 필요는 없을 것으로 보인다.
3) 조순경 등, 간접차별 판단 기준을 위한 연구, 노동부, 2002, 7면 이하. 한편, 이 글의 12면 내지 20면에서는 미국 법원이 1960년대부터 1970년대 사이에 차별의 개념을 직접차별에서 간접차별까지 확대한 것을 여러 판결로서 설명하고 있다. 미국 연방대법원은 1971년 Griggs v. Duke Power 사건에서 외형상으로나 의도에 있어 중립적인 기준이라도 그것이 차별적인 고용 관행을 유지하도록 한다면 허용할 수 없다는 판결을 함으로써 간접차별 금지 법리를 분명히 하였고, 그 후 미국 연방대법원은 Dothard v. Rawlinson 사건(433 U.S. 321)에서 간접차별 금지의 법리를 남녀 차별에도 적용하였다고 한다.

적인 개념으로 평가되었다고 하며,[4] 영국의 경우 1995년 장애차별금지법에서는 직접차별만을 규정하였는데 2010년 영국평등법에서는 장애차별에 관하여 직접차별뿐만 아니라 간접차별 및 복합차별까지 도입되어 있다고 한다.[5]

우리나라는 남녀고용평등법[6]이나 장차법 등에서 간접차별을 명시적으로 금지하고 있으므로, 우리나라 법체계도 간접차별이 위법하거나 부당할 수 있음을 인식하고 있다고 여겨진다. 우리 헌법재판소가 군필자에게 일정 직급의 공무원 채용 등에서 가산점을 주는 규정이 형식적으로 군필자와 군미필자 사이의 평등 문제임에도 불구하고 이것을 남성과 여성의 평등 문제로 다루어 남녀차별에 해당한다고 판시한 것[7] 역시 간접차별의 위헌성을 다룬 것으로 볼 수 있을 것이다.

정당한 편의제공 거부 역시 간접차별과 유사한 맥락에 있다. 실제로 구체적인 사안에서 정당한 편의제공 거부와 간접차별을 구분하기 어렵거나 그것이 위법한 이유에 있어 별 차이가 없는 경우가 있다. 예를 들어 공무원채용시험 과정에서 장애를 고려하지 않고 동일한 시험시간을 적용하거나, 민원신청 시 '자필로 본인이 서류를 작성하여 신청하도록 되어 있는 절차'를 글씨를 읽거나 쓰지 못하는

---

4) Michel Mine, Concepts of direct and indirect discrimination, ERA Forum, 2003, No.3, 2, 7면.
5) 홍성수, 영국의 차별금지법제 연구-'2010년 평등법'을 중심으로, 법무부 용역과제, 2011, 21면.
6) 남녀고용평등법 제2조 제1호에서는, "차별"이란 사업주가 근로자에게 성별, 혼인, 가족 안에서의 지위, 임신 또는 출산 등의 사유로 합리적인 이유 없이 채용 또는 근로의 조건을 다르게 하거나 그 밖의 불리한 조치를 하는 경우(사업주가 채용조건이나 근로조건은 동일하게 적용하더라도 그 조건을 충족할 수 있는 남성 또는 여성이 다른 한 성(性)에 비하여 현저히 적고 그에 따라 특정 성에게 불리한 결과를 초래하며 그 조건이 정당한 것임을 증명할 수 없는 경우를 포함한다)를 말한다고 규정하고 있다.
7) 헌법재판소 1999. 12. 23. 선고 98헌마363 결정.

발달장애인에게 동일하게 적용하는 경우는 간접차별에 해당되고, 직접 서류 작성이 어려운 발달장애인이 '서류를 대신 작성해 줄 것'을 요청했으나 거부된 경우는 정당한 편의제공 거부에 해당된다고 할 것인데,[8] 장애에 대한 고려 없이 시험시간이나 민원신청 절차에 관한 기준을 적용하는 것(간접차별)과 장애를 고려하여 시험시간을 늘려주거나 민원신청을 도와주는 편의제공을 하지 않는 것(정당한 편의제공 거부)은 실질적으로 동일한 것이거나(위 시험시간의 경우), 그것이 위법한 이유에 큰 차이가 없다(위 민원신청 절차 및 그에 대한 편의제공의 경우).

그것은 정당한 편의제공과 간접차별이 실질적 차별을 금지한다는 면에서 동등한 선상에 있기 때문이다.[9] 간접차별은 불특정 다수의 장애인에 대해 불리한 결과를 초래하는 것인 반면, 정당한 편의는 개인 또는 집단으로서의 장애인이 차별을 당하지 않도록 적극적인 환경의 조정을 요구하는 것이다.[10] 그래서 정당한 편의제공 거부

---

8) 김진우 등, 발달장애인에 대한 정당한 편의제공 판단기준 연구, 국가인권위원회 연구용역 보고서, 2013, 140면.

9) 최승철, 정당한 편의 개념에 관한 연구, 장애인복지연구 제1권 제3호, 2010. 12, 86-87면에서는 정당한 편의제공 의무는 그 기본 원리나 효과에 있어 간접차별과 매우 유사하고, 두 법리가 모두 장애인을 불리하게 대우하려는 의도 없이 적용 또는 설치되었으나 결과적으로 장애인에게 불리한 결과를 초래하는 기준, 정책, 관행, 시설, 설비 등을 대상으로 하는 작위 의무 위반으로 발생하는 차별을 다룬다고 한다. 예를 들어, 작업장 입구의 높은 문턱은 휠체어 사용 근로자에게 비장애 근로자와 달리 작업장에 접근할 수 없게 하는데 이는 특별히 장애 근로자를 불리하게 대우하겠다는 의도 없이 설치되었으나 결과적으로 비장애 근로자에 비하여 장애 근로자에게 불이익을 준다는 측면에서 간접차별의 법리로도 접근이 가능하다고 한다. 그러나 정당한 편의제공과 간접차별의 법리가 구체적으로 동일한 것은 아니라고 하면서, 그 차이점(집단적 구제인지 개별적 구제인지, 구제 절차 등)에 대하여도 설명하고 있다.

10) 유동철 등, 장애인차별금지법상 정당한 편의에 대한 연구, 법무부, 2010. 12,

의 위법성 판단은 간접차별보다 구체적이고 개별적인 사정을 종합적으로 고려하여 판단하여야 한다는 점에서 차이가 있다. 그러한 차별행위를 금지하는 입법취지나 법 적용의 원리 및 효과 등은 유사하다.

　사회의 제도적, 문화적, 물적 구조나 토대는 그 사회를 주도적으로 이끌어가는 집단에 의하여 형성된다. 그래서 오랜 기간에 걸쳐 사회 구조나 토대가 안정화되고 고착되기도 하고, 변화된 환경 속에서 새로운 구조나 토대가 형성되면 다시 그것이 사회의 지배적 집단의 특성이나 행동양식 등에 맞추어지는데('fitting'), 사회 구성원들은 그 제도적, 문화적, 물적 토대를 기반으로 살아가게 되므로 사회의 주류적 집단이 아닌 자들(주로 약자들)은 불편함이나 곤란함, 때로는 극복하기 어려운 문제를 경험하게 된다. 이 때 발생하는 차별은 비록 형식적으로나 외관상으로는 차별이 아닌 것처럼 보일 수 있지만 실질적으로는 평등으로 위장된 차별이라고 할 수 있다.

　예를 들어, 영화관에 휠체어를 이용하는 장애인 등을 위한 공간이 제대로 마련되어 있지 않다거나, 엘리베이터의 버튼에 시각장애인을 위한 점자 표시가 없거나, 오랜 시간 사무실에 있기 어려운 뇌병변장애인을 위하여 출퇴근 시간 등 근로시간을 변경 또는 조정하지 않는 것은, (경우에 따라 정도의 차이가 있겠지만) 그것이 불가피하다기 보다는 장애인 등의 특성을 고려하지 않고 형성된 사회적 구조와 토대가 고착되었거나 그러한 구조와 토대가 새로이 형성되기 때문[11]이므로, 이에 의하여 장애인 등이 불리한 결과를 감내하여야

21면.

11) 가령, 시각장애인이 영화 자막을 편안하게 볼 수 있도록 도와줄 수 있는 안경과 같은 장치가 개발되기 전에는 영화관에서 그러한 장치를 제공할 수 없었기 때문에 이를 제공하지 않은 것이 시각장애인의 특성을 고려하지 않고 형성되어 고착된 사회적 구조나 토대라고 할 수 없었을 것이다. 그러나 위와 같은 장치가 개발된 후에도 여전히 시각장애인에게 그러한 장치를 제공하지 않는다면 그것은 시각장애인의 특성을 고려하지 않고 새롭게 형성

한다면 그것은 차별이고, 그 차별은 시정되어야 한다는 것이다.

그러한 실질적 차별의 존재를 인식하면서도 적극적으로 시정하지 않고 묵인하면서 그것을 평등이라고 부른다면 그것은 일종의 (강자들 또는 다수에 의한) 사회적 위선이라고 할 것이다.

장차법은 장애인복지법과 달리, 사회적 모델에 따라 장애를 정의하고 있다. 즉, 의료적 모델에 따라 장애인을 '신체적, 정신적 **장애**로 오랫동안 일상생활이나 사회생활에 **상당한 제약을 받는 자**'라고 규정하는 장애인복지법과 달리 장차법은 사회적 모델 개념을 반영하여 장애를 '신체적, 정신적 손상 또는 기능상실이 장기간에 걸쳐 개인의 일상 또는 사회생활에 **상당한 제약을 초래**하는 상태'라고 정의하고 있다.[12] 장차법상 장애 개념은 신체적, 정신적 손상 또는 기능상실이 그 자체로 생활에 상당한 제약을 받도록 하는 것이 아니라, 그것이 우리 사회의 제도적, 문화적, 물적 구조나 토대 하에 놓임으로써(즉, 신체적, 정신적 손상 또는 기능 상실이 정당하지 않은 사회적 구조나 토대 하에 놓임으로써) 생활에 상당한 제약을 초래하게 된다는 전제에 서 있다. 장애를 신체적, 정신적 손상 또는 기능 상실 자체의 문제로 보는 것이 아니라 사회의 제도적, 문화적, 물적 구조나 토대 하에서 그 손상 또는 기능 상실이 초래하는 생활에의 상당한 제약의 문제로 보는 것이다.

2. 정당한 편의제공의 의미

장차법은 '정당한 사유 없이 장애인에 대하여 정당한 편의 제공을 거부하는 경우'를 차별로 규정한다(제4조 제1항 제3호). 여기서의

된 사회적 구조나 토대라고 할 것이어서 적극적으로 시정하여야 한다.
12) 염형국 등, 장애인차별금지법 영역을 기준으로 한 외국 사례 연구, 국가인권위원회 인권상황실태조사 연구용역보고서, 2011, 7면.

'정당한 편의'라 함은 '장애인이 장애가 없는 사람과 **동등하게** 같은 활동에 참여할 수 있도록 장애인의 성별, 장애의 유형 및 정도, 특성 등을 고려한 편의시설·설비·도구·서비스 등 인적·물적 제반 수단과 조치'를 말한다(제4조 제2항). 다만, 장차법 제4조 제1항 제3호에 해당하는 정당한 편의제공을 거부하더라도, 제4조 제3항 소정의 정당한 사유가 있는 경우, 즉 금지된 차별행위를 하지 않음에 있어서 과도한 부담이나 현저히 곤란한 사정 등이 있는 경우와 금지된 차별행위가 특정 직무나 사업수행의 성질상 불가피한 경우를 차별에서 제외하고 있다.

장차법에서 '정당한' 편의라는 용어를 사용하는 것은 그 편의 제공이 단순한 시혜가 아니라 권리 구제 차원에서 마땅히 이루어져야 하는 사회적 의무임을 강조한 것으로 볼 수 있다.[13] 그리고 정당한 편의는 장애인이 장애가 없는 사람과 동등하게 같은 활동에 참여할 수 있도록 하는 인적, 물적 제반 수단과 조치로서, 장애인과 장애가 없는 사람이 동일한 결과나 성과를 얻도록 보장한다는 의미는 아니지만, 동등하게 같은 기회를 얻도록 적극적으로 제공하여야 하는 것이다.[14] 이때, 장애인의 성별, 장애의 유형 및 정도, 특성 등을 고려

---

13) 최승철, 주 9, 67면에서는 장차법은 미국장애인법(The Americans with Disabilities Act)상의 '합리적' 편의(reasonable accommodation) 또는 영국의 평등법(Equality Act)상의 '합리적' 조정(reasonable adjustment)이라는 용어와는 달리 '정당한' 편의라는 용어를 사용하고 있는데, 그 이유는 장애인에 대한 편의 제공이 복지 차원에서 이루어지는 시혜가 아니라 권리 구제 차원에서 마땅히 이루어져야 하는 의무라는 점을 강조하려는 데 있을 수 있다고 한다.

14) 미국 법무부의 미국장애인법(The Americans with Disabilities Act) 제3편 기술지원 매뉴얼(Americans with Disabilities Act ADA Title III Technical Assistance Manual Covering Public Accommodations and Commercial Facilities)에서도, 미국장애인법은 장애인이 장애가 없는 자와 동일한 결과나 성과를 얻을 수 있도록 보장하는 것은 아니지만, 공공시설에 의하여 제공되는 재화와 서비스에 참여할 기회가 동등할 것을 보장하고 있다고 서술하고 있다.

하여야 하는데 이는 장차법 제5조 제2항에서 장차법을 적용함에 있어 차별 여부를 판단할 때 충분히 고려하여야 한다고 한 요소이며, 사회의 제도적, 문화적, 물적 구조나 토대가 장애인의 성별, 장애의 유형 및 정도, 특성 등에 대한 고려 없이 고착되어 있거나 그러한 구조나 토대가 새로이 형성되는 상태를 적극적으로 시정하기 위해서 고려해야할 핵심적인 내용이라고 할 수 있다. 그리고 정당한 편의는 '편의시설·설비·도구·서비스 등 인적·물적 제반 수단과 조치'이므로 여기에는 모든 종류의 서비스나 재화는 물론 관행, 정책, 절차의 변경 등도 포함될 수 있다.[15]

Ⅲ. 장차법상 정당한 편의제공의 헌법적 근거

1. 정당한 편의제공 거부 금지의 헌법상 근거

장차법상 정당한 편의제공의 헌법적 근거로는 헌법 전문, 평등권 또는 평등의 원리(헌법 제11조 제1항), 인간다운 생활을 할 권리(헌법 제34조 제1항, 제5항), 인간의 존엄과 가치 및 행복추구권(헌법 제10

---

15) 최승철, 주 9, 84면에서는 정당한 편의의 범주에는 새로 또는 변경하여 제공되는 시설, 설비, 도구, 서비스 등 인적, 물적 제반 수단과 조치는 물론이고 장애인이 비장애인과 동등하게 해당 활동에 참여할 기회를 보장하기 위해 새로 또는 변경하여 적용되는 관행, 정책, 절차 등의 비물질적 조치도 포함된다고 한다. 정당한 편의의 정의 조항의 문언상 범위가 인적, 물적인 조치에 국한된다는 해석이 있을 수 있으나, 장차법 제11조 제1항, 제2항에서는 고용 영역에서 제공될 수 있는 편의의 종류를 예시하면서 재활, 기능평가, 치료 등을 위한 근무시간의 변경 또는 조정과 다른 직무에의 배치 등 관행이나 규칙의 변경을 들고 있기 때문에 위와 같은 해석은 타당하지 않다는 것이다. 장차법에서는 정당한 편의를 정의하면서 인적, 물적 제반 수단과 조치라고 규정하였고 관행, 정책, 절차 등은 인적 수단과 조치에 해당한다고 볼 수 있으므로 위 견해가 타당하다고 생각된다.

조 제1문)을 들 수 있다.

헌법 전문에서는 "모든 사회적 폐습과 불의를 타파하며, 자율과 조화를 바탕으로 자유민주적 기본질서를 더욱 확고히 하여 정치·경제·사회·문화의 모든 영역에 있어서 각인의 기회를 균등히 하고, 능력을 최고도로 발휘하게 하며, 자유와 권리에 따르는 책임과 의무를 완수하게 하여, 안으로는 국민생활의 균등한 향상을 기하고"라고 하여, 모든 사회적 폐습과 불의의 타파, 자율과 조화를 바탕으로 한 자유민주적 기본질서 확립, 정치·경제·사회·문화의 모든 영역에 있어서 각인의 기회 균등, 능력을 최고도로 발휘하도록 함, 국민생활의 균등한 향상을 국가의 의무로 정하고 있다.

사회의 제도적, 문화적, 물적 구조나 토대가 장애인의 성별, 장애의 유형 및 정도, 특성 등에 대한 고려 없이 고착되거나 새로이 형성되고 그로 인하여 장애인이 기회를 균등히 누리지 못하고 능력을 최고도로 발휘하지 못하며 자유와 권리에 따르는 책임과 의무를 완수할 수 없고 생활에 있어 어려움을 겪는 등 실질적인 차별을 경험해야 한다면, 그것은 타파해야 할 사회적 폐습과 불의에 해당할 것이다.[16] 장차법은 정당한 편의제공 거부를 위법하다고 규정하고 그로

---

16) 가령, 대법원 2005.07.21. 선고 2002다1178 전원합의체 판결은, 종원의 자격을 성년 남자로만 제한하고 여성에게는 종원의 자격을 부여하지 않는 종래 관습에 대하여 헌법을 최상위 규범으로 하는 우리의 전체 법질서는 개인의 존엄과 양성의 평등을 기초로 한 가족생활을 보장하고, 가족 내의 실질적인 권리와 의무에 있어서 남녀의 차별을 두지 아니하며, 정치·경제·사회·문화 등 모든 영역에서 여성에 대한 차별을 철폐하고 남녀평등을 실현하는 방향으로 변화되어 왔으며, 앞으로도 이러한 남녀평등의 원칙은 더욱 강화될 것인바, 공동선조의 후손 중 성년 남자만을 종중의 구성원으로 하고 여성은 종중의 구성원이 될 수 없다는 종래의 관습은, 변화된 우리의 전체 법질서에 부합하지 아니하여 정당성과 합리성이 있다고 할 수 없으므로, 종중 구성원의 자격을 성년 남자만으로 제한하는 종래의 관습법은 이제 더 이상 법적 효력을 가질 수 없게 되었다고 판단한 바 있다. 위 대법

인한 장애인의 권리를 구제할 수 있는 구체적인 법률로서 입법되었는데, 이는 위와 같은 헌법 전문의 정신을 입법으로 구체화한 것이라고 할 수 있다.

뿐만 아니라 헌법 제11조 제1항은 헌법상 평등권 또는 평등의 원리에 대하여 누구든지 모든 영역[17]에 있어서 차별을 받지 아니한다고 규정하고 있는데, 장차법은 이에 따라 모든 생활영역에서 장애를 이유로 한 차별을 금지한다고 규정하고 있다(장차법 제1조). 후술하겠지만, 이는 장차법상 정당한 편의제공은 모든 생활영역을 대상으로 하는 근거가 되기도 한다.

인간다운 생활을 할 권리를 보장하는 헌법 제34조 제1항은 물론, 신체장애자 및 질병, 노력 기타의 사유로 생활능력이 없는 국민은 법률이 정하는 바에 의하여 국가의 보호를 받도록 규정한 헌법 제34조 제5항[18] 역시 장차법상 정당한 편의제공의 헌법적 근거를 이룬다. 헌법 제34조 제5항에서는 '생활능력이 없는 국민'을 보호 대상으

원 전원합의체 판결은 헌법과 우리의 전체 법질서가 양성 평등을 기초로 하고 있고 여성에 대한 차별을 철폐하는 방향으로 변화하였기 때문에 종래의 관습이 법적 효력을 잃게 되었다고 판단하고 있는데, 비록 장애인에 대한 차별이 위 판결 사안과 같은 관습에 의한 것이라고 보기는 어렵지만, 이러한 이론구성은 장애인에 대한 차별에도 유추적용될 수 있을 것이다.

17) 김철수, 헌법개설(제14판), 박영사, 2015, 144면. 헌법 제11조 제2항에서는 차별금지사유로서 성별·종교·사회적 신분을 명시하고 있고 장애라는 문언은 없다. 여기에서 언급된 차별표지들을 예시적으로 규정된 것으로 이해할 것인지(예시설), 아니면 이를 한정적으로 열거된 것으로 파악할 것인지(열거설)가 문제되는데, 학계에서는 일반적으로 위 규정을 예시설로 이해하고 있다.

18) 김동현, 장애인차별금지법상 '정당한 편의제공'의 헌법적 논의, 2013, 49, 50면. 헌법 제34조 제5항에서는 장애인 중 신체장애자만이 명시되어 있어서 신체장애자가 아닌 장애인은 헌법 제34조 제5항의 보호대상이 아닌 것인지 여부가 문제될 수 있으나 헌법 제34조 제5항의 '기타의 사유'에 신체장애인 외의 장애인도 포함된다고 봄이 타당하다고 한다.

로 하기 때문에 장차법의 헌법적 근거로 보기 어렵다는 입장도 가능하겠으나 헌법 제34조 제5항이 법률이 정하는 바에 따른 보호를 받도록 규정하고 있는 이상 '생활능력이 없는 국민'을 협소하게 해석할 이유가 없고 그러한 한정적 해석이 헌법 제34조의 취지에 부합하지도 않는다고 여겨진다.[19]

인간의 존엄과 가치, 행복추구권을 규정하는 헌법 제10조 제1문[20] 역시 정당한 편의제공의 헌법적 근거가 될 수 있다. 국가는 국민이 행복을 실현하는 것을 방해해서는 안 된다는 소극적인 의무를 부담함에 그치지 않고, 국민이 행복을 추구할 수 있는 여건을 조성함에 있어 그 역량이 허용하는 범위 내에서 적극적으로 노력할 것이 요구된다.[21] 따라서 국가는 장애인이 행복을 추구할 수 있는 여건을 적극적으로 조성하여야 하고, 이는 공적, 사적 영역에 장애인에게 정당

---

19) 대전지방법원 2012. 2. 15. 선고 2011가소122610 판결은, 장애인의 보호와 관련하여 '헌법은 제34조 제5항에서 "신체장애자 및 질병·노령 기타의 사유로 생활능력이 없는 국민은 법률이 정하는 바에 의하여 국가의 보호를 받는다"라고 규정하고 있고, 장애인차별금지법 제8조에서는 "① 국가 및 지방자치단체는 장애인 및 장애인 관련자에 대한 모든 차별을 방지하고 차별받은 장애인 등의 권리를 구제할 책임이 있으며, 장애인 차별을 실질적으로 해소하기 위하여 이 법에서 규정한 차별 시정에 대하여 적극적인 조치를 하여야 한다. ② 국가 및 지방자치단체는 장애인 등에게 정당한 편의가 제공될 수 있도록 필요한 기술적·행정적·재정적 지원을 하여야 한다."라고 규정하고 있어 장애인 보호를 위한 부담이나 비용은 국가나 지방자치단체가 부담하는 것이 마땅하다고 보여진다.'라고 판시한 바 있다. 헌법 제34조 제5항이 장차법 소정의 정당한 편의제공의 근거라고 명시적으로 설시한 것은 아니지만 적어도 헌법 제34조 제5항의 '생활능력이 없는 국민'을 협소하게 해석하지 않았고 그러한 면에서 헌법 제34조 제5항을 장차법 상 정당한 편의제공의 헌법적 근거로 전제한 것으로 해석하는 것이 가능하다고 생각된다.

20) 김철수, 주 17, 136면. 헌법 제10조 제1문은 헌법이 열거하지 아니한 기본권의 근거규정이 되기도 한다.

21) 정종섭, 헌법학원론(제9판), 박영사, 2014, 432면.

한 편의를 제공할 의무를 부과함과 동시에 장애인의 행복추구를 방해하거나 침해하는 현상이 발생하는 경우 이에 대한 책임을 묻게 하는 법률을 제정함으로써 달성할 수 있을 것이다.

2. 국가의 기본권 등 보호 의무와 장차법상 정당한 편의제공

헌법 제10조에서 규정하고 있는 바와 같이, 국가는 국민의 기본권의 침해나 침해의 위험이 발생한 경우에 적극적으로 그 침해를 방지하거나 침해에 따라 발생한 피해를 구제하여야 할 의무를 부담한다.[22] 헌법재판소도 입법자의 입법의무 발생 여부를 판단하면서 헌법 제10조에 따라 국가에게 기본권 보호의무가 인정된다고 판시한 바 있고,[23] 사적인 영역에서의 국가의 기본권 보호의무를 인정하고 있다.[24]

여기에서의 기본권이 생래적인 성격의 기본권이든 법률에 의하

---

22) 정종섭, 위의 책, 394면, 기본권은 기본적으로 대국가적인 기본권으로서 모든 국가권력의 침해로부터 국민의 권리를 보장해 왔는데, 오늘날 기본권은 기업이나 일반 개인과 같은 사인에 의해서도 침해되고 있기 때문에 국가가 사인의 기본권침해에 대하여도 국민을 보호할 의무를 지게 되었다 (김철수, 헌법개설(제14판), 112면). 이러한 기본권 보호의무는 헌법이 정하고 있는 기본권의 보장과 국가의 본질적 기능 및 목적에서 도출된다.

23) 헌법재판소 2003. 1. 30.자 2002헌마358 결정 등. '헌법 제10조 제2문은 "국가는 개인이 가지는 불가침의 기본적 인권을 확인하고 이를 보장할 의무를 진다"고 규정함으로써, 소극적으로 국가권력이 국민의 기본권을 침해하는 것을 금지하는데 그치지 아니하고 나아가 적극적으로 국민의 기본권을 타인의 침해로부터 보호할 의무를 부과하고 있다. 이러한 국가의 기본권 보호 의무로부터 국가 자체가 불법적으로 국민의 생명권, 신체의 자유 등의 기본권을 침해하는 경우 그에 대한 손해배상을 해주어야 할 국가의 행위의무가 도출된다고 볼 수 있다'.

24) 예를 들면 태아의 생명보호의무에 관한 헌법재판소 2008. 7. 31. 선고 2004헌바81 결정.

여 구체적으로 형성되는 성격의 기본권이든, 국가가 부담하는 기본
권 보호 의무가 일반적인 의무이든 구체적인 의무이든, 국가는 장애
인을 포함하여 국민의 기본권 보호 의무를 부담한다. 또한, 장애인
등 국민이 갖는 정당한 권리 또는 이익이 설령 헌법상 기본권이 아
니라고 하더라도 국가가 장애인 등의 정당한 권리 또는 이익을 보호
할 의무를 부담하는 것 역시 국가의 본질적 기능이나 목적에서 도출
되는 내용이다.[25] 물론, 국가의 기본권 등 보호 의무는 국가가 그 의
무를 위반하였을 때 어떠한 구제 조치를 할 수 있는지는 구체적인
의무의 내용에 따라 큰 차이가 있겠지만, 국가가 기본권 등 보호 의
무를 이행하기 위하여 구체적인 법률을 제정하였을 때는 사법부나
행정부가 위와 같은 국가의 의무 이행을 위하여 법률에 따라 사법권
과 행정권을 행사하여야 한다.

입법자는 장차법을 제정하여 장애인에게 정당한 편의제공을 거
부한 경우 그에 대하여 정당한 사유가 없다면 위법한 차별로 규정함
으로써 그와 같은 차별을 적극적으로 시정하도록 하였다. 이는 국가
와 국민이 장애인에게 단순한 시혜를 베풀도록 한 것이 아니라 우리
사회와 문화에 자리 잡고 있는 차별의 구조나 토대를 개선하여 우리
사회가 보다 선진화될 수 있도록 법률로써 국가와 국민에게 구체적

---

25) 헌법재판소 2002. 12. 18. 선고 2002헌마52 결정에서는 (비록 장애인을 위한
저상버스 설치 의무가 헌법으로부터 나오는 것은 아니라고 판단하였지만)
헌법은 제34조 제1항에서 모든 국민의 "인간다운 생활을 할 권리"를 사회
적 기본권으로 규정하면서, 제2항 내지 제6항에서 특정한 사회적 약자와
관련하여 "인간다운 생활을 할 권리"의 내용을 다양한 국가의 의무를 통하
여 구체화하고 있고, 헌법이 제34조에서 여자(제3항), 노인·청소년(제4항),
신체장애자(제5항) 등 특정 사회적 약자의 보호를 명시적으로 규정한 것
은, '장애인과 같은 사회적 약자의 경우에는 개인 스스로가 자유행사의 실
질적 조건을 갖추는 데 어려움이 많으므로, 국가가 특히 이들에 대하여 자
유를 실질적으로 행사할 수 있는 조건을 형성하고 유지해야 한다'는 점을
강조하고자 하는 것이라고 설시한 바 있다.

인 의무를 부여한 것으로, 국가의 보호 의무 이행이라는 측면이 강조될 필요가 있다.

사법부와 행정부는 장차법 소정의 정당한 편의제공이 장식적이고 명목적 규정이라고 오해하거나 장애인이 이 법률에 의하여 원래는 받을 수 없는 시혜를 입는다는 잘못된 관점에서 접근할 것이 아니라, 우리 사회의 제도적, 문화적, 물적 구조나 토대에 장애인에 대한 차별적 요소가 있다면 그것을 시정하여야 한다는 헌법적 요청과 입법자의 결단에 의하여 입법된 장차법의 정당한 편의제공 조항에서 정한 바에 따라 사법권과 행정권을 행사함으로써 국가의 기본권 등 보호 의무를 이행하여야 할 것이다.

살피건대, 장차법상 정당한 편의제공은 모든 사회적 폐습과 불의의 타파, 자율과 조화를 바탕으로 한 자유민주적 기본질서 확립, 정치·경제·사회·문화의 모든 영역에 있어서 각인의 기회 균등, 능력을 최고도로 발휘하도록 함, 국민생활의 균등의 향상, 평등권, 인간다운 생활을 할 권리, 행복추구권 등 헌법의 요청에 따라 입법자가 국가의 기본권 등 보호 의무를 이행하기 위하여 구체적으로 법률로 제정한 것으로, 프로그램적 규정으로 치부되어서는 아니되며, 사법부와 행정부는 그 입법취지에 따라 정당한 편의제공 거부의 위법성 판단 기준에 대하여 치밀하게 고민하여야 한다.

IV. 장차법상 정당한 편의제공 거부의 해석론

1. 장차법상 정당한 편의제공에 관한 입법 구조

가. 정당한 편의제공에 관한 일반 조항

장차법 제4조 제1항 제3호에서는 정당한 사유 없이 장애인에 대하여 정당한 편의 제공을 거부하는 경우 차별에 해당하여 이를 금지한다고 규정하고 있다. 그리고 장차법 제4조 제3항에서는 제1항에도 불구하고 "1. 금지된 차별행위를 하지 않음에 있어서 과도한 부담이나 현저히 곤란한 사정 등이 있는 경우" 또는 "2. 금지된 차별행위가 특정 직무나 사업 수행의 성질상 불가피한 경우(이 경우 특정 직무나 사업 수행의 성질은 교육 등의 서비스에도 적용되는 것으로 본다)"에는 이를 차별로 보지 아니한다고 규정하고 있다.

여기서 금지된 차별행위를 하였는지 여부나 차별행위를 하였더라도 예외적으로 차별로 보지 않는 경우인지 여부를 판단할 때는 장차법에서 규정한 입증책임에 따라야 할 것이다. 장차법 제47조 제1항에서는 장차법과 관련한 분쟁해결에 있어서 차별행위가 있었다는 사실은 차별행위를 당하였다고 주장하는 자가 입증하여야 한다고 규정하고, 동조 제2항에서는 제1항에 따른 차별행위가 장애를 이유로 한 차별이 아니라거나 정당한 사유가 있었다는 점은 차별행위를 당하였다고 주장하는 자의 상대방이 입증하여야 한다고 정하고 있다.

따라서 장차법상 정당한 편의제공 거부가 위법한지 여부를 판단할 때에는, 차별을 당하였다고 주장하는 자가 차별행위가 있었다는 사실을 입증하도록 하고, 그 사실이 입증되면(1단계) 차별행위를 당하였다고 주장하는 자의 상대방이 그 차별행위가 장애를 이유로 한 차별이 아니라거나 정당한 사유가 있었다는 점을 입증하도록 하여(2단계), 그 입증이 이루어지지 않으면 위법하다고 판단하여야 한다.

앞서 살핀 바와 같이 정당한 편의제공 규정은 우리 사회의 제도적, 문화적, 물적 구조나 토대에 의한 실질적 차별의 문제를 해소하기 위한 입법자의 결단인 것을 고려하면, 1단계의 검토를 통해서는 문제된 편의제공 거부 행위가 우리 사회에서 적극적으로 시정해야 할 차별행위인지 여부를 판단하게 된다. 따라서 1단계에서는 문제된 거부 행위를 한 자의 개별적, 구체적 사정을 고려할 필요는 없다. 그러나 우리 사회의 제도적, 문화적, 물적 구조나 토대를 개선할 때 필요한 비용이나 노력을 모든 사람에게 동일하게 부담지울 수는 없는 노릇이다. 그래서 2단계에서 행위자의 개별적, 구체적 사정을 살펴야 하며, 그 때 고려해야할 중요한 요소가 '과도한 부담', '현저히 곤란한 사정', '특정 직무나 사업 수행의 성질상 불가피성'인 것이다.

한편 장차법은 정당한 편의제공과 관련하여 위와 같이 일반적인 조항에 더하여 제2장 이하에서 고용, 교육, 재화와 용역의 제공 및 이용 등에 관하여 정당한 편의제공에 관한 구체적인 내용을 규정하고 있다. 이를 편의상 장차법상 정당한 편의제공의 각칙 조항이라고 부를 수 있을 것이다.

나. 정당한 편의제공의 각칙 조항

장차법은 제2장(차별금지) 및 제3장(장애여성 및 장애아동 등)에서 차별금지와 정당한 편의제공 의무에 관한 규정을 두고 있는데, 특히 제2장(차별금지)에서는 고용(제1절), 교육(제2절), 재화와 용역의 제공 및 이용(제3절), 사법·행정절차 및 서비스와 참정권(제4절) 등의 생활영역별 정당한 편의제공 의무에 관하여 규정하고 있다. 이를 정리하면 아래의 표와 같다.

제2장 (차별 금지)	제1절 (고용)	- 사용자의 정당한 편의제공 의무(제11조 제1항) - 정당한 편의의 구체적 내용 및 적용대상 사업장의 단계적 범위 등에 관하여 대통령령에의 위임(제11조 제3항)
	제2절 (교육)	- 정당한 편의 제공 요청에 대한 교육책임자의 정당한 사유 없는 거절 금지(제13조 제3항) - 교육책임자의 정당한 편의제공 의무(제14조 제1항) - 정당한 편의제공 의무의 적용대상 교육기관의 단계적 범위에 관하여 대통령령에의위임(제14조 제3항)

제2장 (차별 금지)	제3절 (재화와 용역의 제공 및 이용)	- 정당한 편의제공에 대한 시설물의 소유·관리자의 정당한 사유 없는 거부금지(제18조 제3항) - 정당한 편의제공 의무의 적용을 받는 시설물의 단계적 범위 및 정당한편의의 내용 등에 관하여 대통령령에의 위임(제18 조 제4항)
		- 교통사업자 및 교통행정기관의 정당한 편의제공 의무(제19 조 제4항) - 장애인의 운전면허시험에 관한 국가 및 지방자치단체의 정 당한 편의제공의무(제19조 제7항) - 정당한 편의제공 의무의 적용대상의 단계적 범위 및 정당한 편의의 내용 등에 관하여 대통령령에의 위임(제19조 제8항)
		- 정보통신·의사소통 등에서의 정당한 편의제공 의무(제21조)
		- 장애인의 문화·예술활동에의 참여에 대한 국가, 지방자치단 체 및 문화·예술사업자의 정당한 편의제공 의무(제24조 제2 항) - 정당한 편의제공 의무의 적용대상이 되는 문화·예술사업자 의 단계적 범위 및 정당한 편의의 구체적인 내용에 관하여 대통령령에의 위임(제24조제4항)
	제4절 (사법·행 정절차 및 서비스와 참정권)	- 사법·행정절차 및 서비스에 관한 공공기관 및 그 소속원의 정당한 편의제공 의무(제26조 제4항) - 사법·행정절차 및 서비스에 참여하기 위하여 장애인 스스 로 인식하고 작성할 수 있는 서식의 제작 및 제공 등에 관 한 정당한 편의제공 요구에 대한 공공기관 및 그 소속원의 거부 금지(제26조 제5항) - 장애인의 인신구금·구속 상태에 있어서 사법기관의 정당한 편의제공 의무(제26조 제7항)
		- 장애인의 참정권 보장을 위한 국가 및 지방자치단체의 정당 한 편의제공의무(제27조 제2항)
제3장 (장애여성 및 장애아동등)		- 장애여성의 직장보육서비스 이용 등에 있어서 사용자의 정 당한 편의제공 거부 금지(제33조 제3항)

2. 장차법에서 규정한 입증책임에 따른 판단 기준 검토

가. 정당한 편의제공 일반조항과 각칙 조항 등의 관계

장차법에서 정당한 편의제공에 대하여 일반조항을 두고 구체적인 영역별로 각칙 조항을 두고 있는 것에 대하여, 각칙 조항이 구체적인 특칙이기 때문에 해당 영역에서는 해당 각칙 조항을 위반하지만 않으면 그 외의 다른 편의제공을 거부하여도 그것은 장차법에서 정한 정당한 편의제공 거부가 아니라는 견해가 있고, 실무적으로는 암묵적으로 위와 같은 견해에 동조하는 입장도 상당한 것으로 보인다. 견해에 따라서는 장차법의 각칙 조항이나 이와 관련된 타법령에서의 장애인에 대한 편의제공 의무를 이행하기만 하면 정당한 편의제공은 완료된 것으로 보아야 한다는 입장도 있는 것 같다.

그러나 위와 같은 견해에 의하면 정당한 편의제공에 관한 일반조항은 추상적이고 선언적인 기능만을 하고 아무런 의미가 없는 것이 된다.[26] 그리고 구체적인 특칙은 일반조항이 구체화된 조항인 것이

---

26) 장차법 제3절, 제5절 및 제3장에서 규정하는 모·부성권, 성, 가족, 가정, 복지시설 등에 관한 각 규정들의 서술형식을 살펴보면, "장애를 이유로 제한, 배제, 분리, 거부하여서는 아니된다", "부모가 장애인이라는 이유로 그 자녀를 구분하거나 불이익을 주어서는 아니된다", "장애인이 성생활을 향유할 기회를 제한하거나 박탈하여서는 아니된다"고 규정하여, 장차법 제4조 제1항 제1호의 직접차별을 금지하는 취지의 조항만을 두고 있는 것으로 보인다. 이와 같은 점은 교육, 재화와 용역 및 서비스 시설물 등의 영역에서 "특정 주체로 하여금 장애인에게 어떤 수단을 제공하라"며 정당한 편의제공 의무를 부여하는 규정을 두고 있는 것과 차이가 있다. 각칙 조항에 있는 정당한 편의제공 규정을 이행하면 정당한 편의제공 의무가 완료된다는 견해에 서면 정당한 편의제공 각칙 규정이 존재하지 않는 위 영역의 각 주체들은 장애인에게 '정당한 편의를 제공할 의무'가 존재하지 않고 보아

지(즉, 일반조항에 해당하는 경우를 예시하는 것이지) 구체적인 특칙이 일반조항을 배제하는 것은 아니므로 위 견해는 일반적인 법해석 원칙과도 부합하지 않는다고 생각한다. 헌법 제11조 제1항은 누구든지 모든 영역[27]에 있어서 차별을 받지 아니한다고 규정하고 있고, 장차법 제1조 역시 모든 생활영역에서 장애를 이유로 한 차별을 금지한다고 규정하고 있으며, 정당한 편의제공에 대한 일반조항에서 금지되는 차별행위의 구성요건을 명시하면서 차별행위가 이루어지는 영역을 전혀 제한하고 있지 않은데도, 장차법상 각칙 조항이나 타 법령에서 정하고 있는 편의제공 관련 의무를 이행하면 정당한 편의제공이 완료된다는 것은 받아들이기 어렵다. 외국의 사례를 살펴보아도 다른 국가의 장애차별금지법은 편의의 목록을 나열할 때 그것이 예시적 규정임을 밝히고 있다고 한다.[28]

대법원은 '업무상 질병'의 구체적인 내용에 관하여 상세히 규정한 구 산업재해보상보험법 시행령(2013. 6. 28. 대통령령 제24651호로 개정되기 전의 것) 제34조 제3항[29] [별표 3]의 법적 성격에 관하여 "위 규정들의 내용, 형식과 입법 취지를 종합하면 시행령 제34조 제3항 및 [별표 3]이 규정하고 있는 "업무상 질병에 대한 구체적인 인정 기준"은 법 제37조 제1항 제2호 (가)목[30]이 규정하고 있는 "업무수행 과

야 할 것인데 그것은 받아들이기 어렵다.

27) 김철수, 주 17, 144면. 헌법 제11조 제2항에서는 차별금지사유로서 성별·종교·사회적 신분을 명시하고 있고 장애라는 문언은 없다. 여기에서 언급된 차별표지들을 예시적으로 규정된 것으로 이해할 것인지(예시설), 아니면 이를 한정적으로 열거된 것으로 파악할 것인지(열거설)가 문제되는데, 학계에서는 일반적으로 위 규정을 예시설로 이해하고 있다.

28) 한국장애인개발원, 장애차별금지법 개정 연구, 2012. 11. 10면.

29) 제34조 (업무상 질병의 인정기준)
   ③ 제1항 및 제2항에 따른 업무상 질병(진폐증은 제외한다)에 대한 구체적인 인정 기준은 별표 3과 같다.

30) 제37조 (업무상의 재해의 인정 기준)

정에서 유해·위험 요인을 취급하거나 그에 노출되어 발생한 질병"에 해당하는 경우를 예시적으로 규정한 것으로 보이고, 그 기준에서 정한 것 외에 업무와 관련하여 발생한 질병을 모두 업무상 질병에서 배제하는 규정으로 볼 수는 없다."라고 판시한 바 있는데,[31] 이와 같은 해석론이 장차법상 정당한 편의제공 규정에도 준용될 수 있을 것이다.

무엇보다도 장차법상 정당한 편의제공 각칙 조항이나 타법령의 규정이 장차법 제4조의 적용을 배제한다는 견해는 우리 사회의 제도적, 문화적, 물적 구조나 토대가 장애인이 실질적인 차별을 당하도록 고착되어 있거나 새롭게 형성되는 현실을 적극적으로 시정하고자 하는 장차법의 입법취지에 반한다.

가령, 장차법 제19조에서 정하는 이동 및 통신수단 등에서의 정당한 편의제공을 거부한 것이 위법한 차별이라면 그 차별행위는 장차법 제19조 위반임과 동시에 장차법 제4조 제1항 제3호 위반인 것이지 장차법 제19조 위반에만 해당하고 장차법 제4조 제1항 제3호 위반이 아닌 것이 아니다. 그리고 만약 장차법의 각칙 조항에서 규정하고 있지 않는 영역에서 장차법 제4조 제1항 제3호 등 일반 조항에 따른 위법한 정당한 편의제공 거부 행위가 있는 경우에 위 행위는 장차법 각칙 조항 위반에는 해당하지 않지만 장차법 제4조 제1항 제3호 위반에 해당하게 될 것이다.

장차법의 정당한 편의제공 각칙 조항에서 구체적으로 정하고 있

---

① 근로자가 다음 각 호의 어느 하나에 해당하는 사유로 부상·질병 또는 장해가 발생하거나 사망하면 업무상의 재해로 본다. 다만, 업무와 재해 사이에 상당인과관계(相當因果關係)가 없는 경우에는 그러하지 아니하다.

2. 업무상 질병

가. 업무수행 과정에서 유해·위험 요인을 취급하거나 그에 노출되어 발생한 질병.

31) 대법원 2014. 6. 12. 선고 2012두24214 판결.

는 내용을 거부하였을 때만 위법한 차별이 된다는 견해는, 마치 사회적 기본권은 법률에 의하여 구체적으로 형성되므로 법령에서 구체적으로 정해야 비로소 권리가 형성된다는 법리[32]와 유사해 보인다. 아마도 위 견해는 위 법리를 염두에 두고 있을지도 모른다. 그러나 장차법상 정당한 편의제공 거부의 위법성을 인정하는 것은 헌법상 사회적 기본권 자체를 주장하는 것이 아니라 구체적인 법률인 장차법 제4조에 따라 정당하지 않은 차별을 금지하는 것이어서 위 법리와 무관하고, 장차법의 일반조항은 일반적으로 모든 영역에 적용된다는 의미에서 일반조항일 뿐 그것이 단순히 추상적인 프로그램적 규정에 불과하다는 의미의 일반조항이 아니다. 따라서 위 견해에는 법리를 오해한 것이어서 동의할 수 없다.

장차법상 정당한 편의제공 거부의 위법성을 판단할 때는 앞서 살핀 바와 같이 장차법 제47조에서 정한 입증책임에 따라 두 단계에 따라 판단하여야 할 것이다. 우선 장애인에게 정당한 편의제공을 거부한 차별행위가 있었다는 사실을 차별행위를 당하였다고 주장하는 자가 입증하도록 하여 이를 인정할 수 있는지 여부를 판단하여야 한다(1단계). 1단계에서 입증에 실패하면 그것으로 그 주장을 기각하여야 할 것이다. 그리고 1단계에서 입증에 성공하면 그 다음에는 차별

---

32) 예를 들어, 헌법재판소 2002. 12. 18.자 2002헌마52 결정에서는 장애인을 위한 저상버스를 도입해야 할 국가의 구체적 의무가 헌법에서는 도출되지 않는다고 판단하였다. 장애인의 복지를 향상해야 할 국가의 의무가 다른 다양한 국가과제에 대하여 최우선적인 배려를 요청할 수 없을 뿐 아니라, 나아가 헌법의 규범으로부터는 '장애인을 위한 저상버스의 도입'과 같은 구체적인 국가의 행위의무를 도출할 수 없다는 것이다. 헌법재판소는, 국가에게 헌법 제34조에 의하여 장애인의 복지를 위하여 노력을 해야 할 의무가 있다는 것은, 장애인도 인간다운 생활을 누릴 수 있는 정의로운 사회질서를 형성해야 할 국가의 일반적인 의무를 뜻하는 것이지, 장애인을 위하여 저상버스를 도입해야 한다는 구체적 내용의 의무가 헌법으로부터 나오는 것은 아니라고 판시하였다.

행위를 당하였다고 주장하는 자의 상대방이 그 차별행위가 장애를 이유로 한 차별이 아니라거나 정당한 사유가 있었다는 점을 입증하도록 하고 그에 대하여 판단하여야 한다(2단계).

나. 장차법상 형사처벌 조항과의 관련성

장애인차별금지법 제49조 제1항은 "이 법에서 금지한 차별행위를 행하고 그 행위가 악의적인 것으로 인정되는 경우 법원은 차별을 한 자에 대하여 3년 이하의 징역 또는 3천만원 이하의 벌금에 처할 수 있다."라고 규정하고 있는 바, 장애인차별금지법에서 금지한 차별행위인 정당한 편의제공을 거부하는 행위는 형사처벌 대상이 될 수 있다(법 제4조 제1항 제3호). 따라서 정당한 편의제공의무에 관한 각칙 조항을 예시적 규정으로 해석할 경우에는 차별행위를 한 자는 구체적인 상황에서 장애인에게 제공하여야 할 정당한 편의제공을 예측할 수 없게 되어 결과적으로 죄형법정주의나 명확성원칙에 반하게 된다는 비판이 있을 수 있다.

그러나 형사처벌 조항의 경우에도 예시적 입법형식의 필요성이 인정될 수 있을뿐더러,[33] 무엇보다 장차법 제49조 제1항은 그 구성요건으로 사용자 등의 "악의"를 요구하고 있어서 위 비판은 타당하지 않다. 장차법 제49조 제2항은 "악의성"은 차별의 고의성, 차별의 지속성 및 반복성, 차별 피해자에 대한 보복성, 차별 피해의 내용 및 규모를 고려하여 판단하여야 한다고 규정하고 있다. 장차법상 정당한 편의제공 거부가 위법하다고 인정된다고 하여도 형사처벌되기 위해

---

33) 헌법재판소 2010. 3. 25. 선고 2009헌가2 결정. 다만 그 경우에도 예시한 개별적인 구성요건이 그 자체로 일반조항의 해석을 위한 판단지침을 내포하고 있고, 일반조항 자체가 그러한 구체적인 예시를 포괄할 수 있는 의미를 담고 있는 개념인 경우에 해당하여야 한다는 취지로 설시하였다.

서는 악의성까지 증명되어야 하므로 장차법상 정당한 편의제공 규정이 죄형법정주의나 명확성의 원칙에 반한다고 할 수 없다.

다. 정당한 편의제공 각칙 조항이나 타법령을 위반한 경우

그런데 만약 문제되는 편의제공 거부 행위가 장차법 각칙 조항이나 타법령을 위반한다면 그러한 사정은 위 1단계 판단 시 중요하게 고려되어 그 거부가 차별행위임을 인정할 수 있을 것이다. 왜냐하면 장차법 각칙 조항이나 타법령의 규정을 위반하였다면 그 자체로 최소한 해당 규정의 규범보호목적 범위에서는 위법함이 명백하고, 그와 같은 위법한 행위는 장애인 차별과 관련한 우리 사회의 제도적, 문화적, 물적 구조나 토대를 장차법 각칙 조항이나 타법령에서 정하고 있는 것보다 오히려 더 악화시키는 행위이기 때문이다.

그렇다면 차별행위를 당하였다고 주장하는 자는 상대방이 장차법 각칙 조항이나 타법령을 위반하였다는 행위 사실을 입증하면 되고 추가적인 입증을 하지 않아도 되므로 입증의 부담을 덜게 된다(1단계). 그렇게 차별행위임이 인정되면 그 다음에는 차별행위를 당하였다고 주장하는 자의 상대방이 그 차별행위가 장애를 이유로 한 차별이 아니라거나 정당한 사유가 있었다는 점을 입증하도록 하고 그에 대하여 판단하면 된다(2단계).

다만 장차법에서 차별행위에 해당하여도 위법하지 않다고 판단할 수 있는 2단계를 거쳐야 한다. 우리 사회의 제도적, 문화적, 물적 구조나 토대를 개선할 때 필요한 비용이나 노력을 모든 사람에게 동일하게 부담지울 수는 없기 때문임을 고려하면, 설령 장차법 각칙 조항이나 타법령을 위반하였고 그것이 차별행위라고 인정되더라도 그 차별행위가 장애를 이유로 한 차별이 아니라거나 정당한 사유가 있는 경우가 있을 수 있으므로 2단계 판단도 소홀히 할 수는 없을 것이다.

라. 정당한 편의제공 각칙 조항이나 타법령을 적극적으로 이행하는 경우

그렇다면 만약 문제되는 편의제공 거부가 장차법 각칙 조항이나 타법령의 규정을 적극적으로 이행하고 있는 경우라면 어떨까.[34] 현재 실무에서는 이러한 경우에는 그 편의제공 거부가 위법하지 않다고 보는 견해가 많고, 특히 타법령은 별개로 하더라도 장차법 각칙 조항을 이행한다면 그 영역에 있어서는 정당한 편의제공을 완료한 것으로 이해하는 견해가 지배적인 것으로 보인다. 그러나 그러한 입장은 타당하지 않다고 생각한다.

장차법 각칙 조항이나 타법령의 규정을 적극적으로 이행하고 있다고 하더라도 그 자체로 정당한 편의제공이 완료된 것이라고 할 수 없고, 법령상 그렇게 볼 근거를 찾기 어렵다. 오히려 장차법 제5조 제2항에서는 "이 법을 적용함에 있어서 차별 여부를 판단할 때에는 장애인 당사자의 성별, 장애의 유형 및 정도, 특성 등을 충분히 고려하여야 한다."라고 규정하고 있다. 장차법에서는, 장차법을 적용함에

---

34) 예를 들어, 교통사업자 및 교통행정기관이 장차법 제19조 제4항, 제8항 및 시행령에 따라 장애인이 이동 및 교통수단 등을 장애인 아닌 사람과 동등하게 이용하여 안전하고 편리하게 보행 및 이동을 할 수 있도록 하는데 필요한 정당한 편의를 제공하고 있는 경우를 생각해볼 수 있다. 장차법 시행령 제13조 제1항에서는 장차법 제19조 제8조에 따라 교통사업자, 교통행정기관이 장애인의 이동 및 교통수단 등의 이용에 필요한 정당한 편의를 제공하여야 하는 적용대상은 교통약자의 이동편의 증진법 시행령 별표 1에 따른다고 하고, 동 시행령 제13조 제2항에서는 장차법 제19조 제8항에 따른 정당한 편의의 내용은 교통약자의 이동편의 증진법 시행령 별표 2에 따른다고 한다. 만약 교통사업자나 교통행정기관이 위 별표 1, 2에 따라 교통약자의 이동편의 증진법상 의무를 이행하고 있지만, 어떤 장애인이 그와 관련하여 더 높은 수준의 편의제공을 요구하였다가 거부당한 경우 그것이 장차법상 위법한 차별행위에 해당할 수 있는지 여부가 문제될 수 있을 것이다.

있어서 정당한 편의제공 거부에 의한 차별 여부를 판단하여야 할 때는 장애인 당사자의 성별, 장애의 유형 및 정도, 특성 등을 충분히 고려하여 판단하여야 한다고 구체적으로 정하고 있다. 단순히 장차법 각칙 조항이나 타 법령에서 정한 의무를 이행하고 있다고 하여 편의제공을 거부당한 장애인 당사자의 성별, 장애의 유형 및 정도, 특성 등을 고려하지 않은 채 정당한 편의제공을 다 하였다고 판단하여서는 안 된다. 또한 하나의 행위와 관련하여 복수의 유형의 차별이 문제될 수도 있는 것이므로,35) 하나의 유형의 차별과 관련한 장차법 각칙 조항이나 타법령의 규정을 이행하였다고 하더라도 나머지 차별에 관한 문제까지도 해결되었다고 볼 수는 없다.

장차법 각칙 조항이나 타법령의 규정을 적극적으로 이행하는 경우에도 정당한 편의제공 거부가 위법한지 여부를 판단하는 방법은 달라질 것이 없다. 먼저, 차별행위를 당하였다고 주장하는 자가 장애인에게 정당한 편의제공을 거부한 차별행위가 있었다는 사실을 입증하도록 하여 그 주장을 인정할 수 있는지 여부를 판단하여야 한다(1단계). 그래서 차별행위가 있었다고 판단되면 그 다음에는 차별행위를 당하였다고 주장하는 자의 상대방이 그 차별행위가 장애를 이유로 한 차별이 아니라거나 정당한 사유가 있었다는 점을 입증하도록 하고 그에 대하여 판단하여야 한다(2단계).

이때, 장차법 각칙 조항이나 타법령의 규정을 적극적으로 이행함으로써 어느 정도의 편의제공을 하고 있는 사정은 1단계 판단 시 중요하게 고려되는 경우가 많을 것이다. 그러나 앞서 살핀 바와 같이 적극적으로 이행하고 있는 법령 조항은 장애인 차별 금지라는 목적

---

35) 예컨대, 시각장애인의 전자금융 서비스 이용과 관련하여, 장차법상의 정보통신에서의 정당한 편의제공을 하였다 하더라도(제21조), 사실상 해당 서비스의 이용에 장애가 있다면 금융 서비스 이용에 있어서는 차별이 발생하였다고 판단될 가능성은 충분히 있다(제17조).

을 위한 조항이 아닐 수 있다.

그리고 장차법이 정당한 편의제공 거부를 차별로 규정한 것은 우리 사회의 제도적, 문화적, 물적 구조나 토대가 차별적으로 형성되어 고착되었거나 새로이 형성된다면 그것을 시정하도록 한 것인데, 위와 같은 차별적 구조나 토대는 장애인의 성별, 장애의 유형 및 정도, 특성 등과 함께 살펴보아야 하고, 해당 차별행위를 한 자가 그 차별적 구조나 토대를 시정할 의무를 부담하는지 여부에 대하여도 구체적인 상황에 따라 판단할 필요가 있다. 장차법 각칙 조항이나 타법령의 규정에는 정도의 차이가 있지만 위와 같은 구체적인 규범 목적에 의한 것이 아니기 때문에 단순히 그 법령을 적극적으로 이행하였다고 하여 그것만으로 장차법상 정당한 편의제공 의무가 이행되었다고 보는 것은 타당하지 않다.

V. 정당한 편의제공 거부의 위법성 판단 시 고려요소

이하에서는 장차법에서 정한 입증책임에 따라 장차법 소정의 정당한 편의제공 거부의 위법성 판단 시 고려할 요소를 살펴보려 한다. 구체적인 사안에 따라 고려할 수 있는 사항이나 그 경중은 다를 수 있을 것이다. 현재로서는 장차법 법문에서 세세한 내용까지는 규정하지 않고 있기 때문에 불분명한 부분이 남아 있는 것이 사실이나 그것은 사법부와 행정부가 장차법의 입법취지에 따라 적극적으로 법을 해석하고 집행해가면서 해결되어야 할 것이다.

1. 정당한 사유 없이 장애인에 대하여 정당한 편의 제공을 거부한 차별행위를 하였다는 입증 여부를 판단(1단계)할 때 고려할 요소

가. 장애인이 장애가 없는 사람과 동등하게 같은 활동에 참여할 수 있도록 하는 데에 효과적이고 실현 가능한 수단인지 여부

장차법 제4조 제2항에서는 정당한 편의라 함은 장애인이 장애가 없는 사람과 동등하게 같은 활동에 참여할 수 있도록 장애인의 성별, 장애의 유형 및 정도, 특성 등을 고려한 편의시설, 설비, 도구, 서비스 등 인적, 물적 제반 수단과 조치라고 규정하고 있으므로, 정당한 편의제공 거부가 위법하려면 해당 편의제공이 장애인에게 위와 같이 효과적이고 실현가능한 수단이어야 한다.

예를 들어, 시각장애인이 아닌 지체장애인이 서류의 음성낭독을 요구하거나 보조견을 이미 대동하고 보행에 장애가 없는 시각장애인이 휠체어를 요구하는 등 장애 특성과 무관한 편의제공을 요구할 경우 그것은 효과적인 수단이 아니어서 그것을 거부하여도 위법하다고 보기 어려울 것이다.[36]

한편, 장애인이 요청한 편의제공이 거부되어도 장애인이 해당 편의제공 외의 다른 방법으로 용이하게 장애가 없는 사람과 동등하게 같은 활동에 참여할 수 있다면 그 편의제공 거부는 위법하지 않다고 볼 수 있다. 그러나 장차법상 정당한 편의제공 규정이 장애인에 대한 차별을 야기하는 우리 사회의 제도적, 문화적, 물적 구조나 토대를 적극적으로 시정하기 위한 규정이라는 점을 고려할 때 단순히 해

---

36) 서울특별시·서울특별시 장애인인권센터, 장애인 민원 응대 시 정당한 편의제공 매뉴얼, 2015, 21면.

당 편의제공을 대체할 수 있는 다른 방법이 존재한다는 이유만으로 그 편의제공을 거부할 수 있다고 볼 수는 없고 그 편의제공이 장애인의 입장에서 용이하고 동등하다고 인정될 수 있는 경우에 한하여 그렇게 인정할 수 있을 것이다. 가령, 휠체어를 이용하는 장애인이 스스로 건물에 들어갈 수 없도록 현관문에 턱이 있는 경우 장애인은 먼 거리를 돌아 인접 건물을 통해서 출입을 할 수 있다 하더라도 이는 비장애인과 비교하여 동등한 방식의 이용이라고 볼 수 없으므로 그 현관문 턱을 없애는 등으로 휠체어로도 쉽게 출입할 수 있는 편의를 제공할 의무를 면하게 되는 것은 아니다.[37] 위와 같이 먼 거리를 돌아 출입하게 하는 방식은 장애인 입장에서는 용이하다고 볼 수 없을뿐더러, 현관문 턱을 없애는 등의 편의제공과 동등하다고 할 수 없기 때문이다.

나. 편의제공 거부가 장차법 소정의 정당한 편의제공 각칙 조항이나 타법령 위반 행위인지 여부

전술한 바와 같이 편의제공 거부 행위가 장차법 소정의 정당한

---

37) JAN(Job Accommodation Network), 미국의 Technical Assistance Manual on the employment provisions(title I) of the Americans with disabilities act에서도 건물 입구에 경사로를 설치하는 것과 돌출된 문턱을 제거하는 것을 정당한 편의제공의 사례로 제시하고 있다.

Accessibility to Perform the Essential Functions of the Job
The obligation to provide accessibility for a qualified individual with a disability includes accessibility of the job site itself and all work-related facilities.
Examples of accommodations that may be needed to make facilities accessible and usable include:
• installing a ramp at the entrance to a building;
• removing raised thresholds;
(https://askjan.org/links/ADAtam1.html)(최종접속일 2016. 4. 7.).

편의제공 각칙 조항이나 타법령 위반 행위인 경우 그것은 정당한 편의제공 거부행위로서 차별행위라고 볼 수 있을 것이다.

장차법에서는 고용(법 제11조, 시행령 제5조), 교육(법 제14조, 시행령 제8조), 재화와 용역의 제공 및 이용 중 정보통신·의사소통(법 제21조, 시행령 제14조), 문화·예술활동(법 제24조, 시행령 제15조), 체육활동(법 제25조, 시행령 제16조), 장애여성 및 장애아동(법 제33조, 시행령 제19조) 영역에 대하여 동법 시행령에 위임하여 정당한 편의의 구체적 내용을 정하고 있다.

그리고 장차법은 용역의 제공 및 이용 영역에 관하여, ① 시설물의 접근·이용에 관하여 제공하여야 할 정당한 편의의 구체적인 내용은「장애인·노인·임산부 등의 편의증진 보장에 관한 법률 시행령」(이하 "장애인등편의법 시행령") [별표 2]를 준용하고(법 제18조 제4항, 시행령 제12조), ② 이동 및 교통수단에 관하여 제공하여야 할 정당한 편의의 구체적인 내용은「교통약자의 이동편의 증진법 시행령」(이하 "교통약자법 시행령") [별표 2]를 준용하도록 하고 있다(법 제19조 제4항, 제7항, 제8항, 시행령 제13조). 장애인등편의법 시행령 [별표 2] 및 교통약자법 시행령 [별표 2]는 각 대상 시설의 종류 및 규모에 따라 갖추어야 할 편의시설의 종류를 상세하게 열거하고 있다.[38]

이렇듯 장차법상 각칙 조항에서 규정한 사항을 위반한 경우 장애

---

38) 장애인등편의법 시행령 [별표 2]는 각 대상 시설의 종류 및 규모에 따라 갖추어야 할 편의시설의 종류와 설치기준을 상세하게 열거하고 있으며, 그 중 일부 편의시설의 경우에는 다음 표(〈나. 대상시설〉)와 같이 각 편의시설의 설치가 의무사항인지 권장사항인지에 관하여 구체적으로 밝히고 있다.

교통약자법 시행령 [별표 2]에서 표를 통하여 각 대상시설이 갖추어야 할 이동편의시설을 표시하고 있다. 구체적으로 살펴보면 다음 표(〈2. 여객시설〉)와 같이 표의 각 행에는 교통시설을, 각 열에는 이동편의시설을 표시한 후 각 교통시설이 갖추어야 할 이동편의시설에는 'O' 표시를 하여 해당 교통시설이 특정 이동편의시설을 의무적으로 갖추어야 함을 표시하고 있다.

인은 그 위반 사실만 입증하여도 그 정당한 편의제공 거부가 차별행

나. 대상시설

편의시설 / 대상시설	매개시설			내부시설			위생시설					안내시설			그 밖의 시설				
	주출입구접근로	장애인전용주차구역	주출입구높이차이제거	출입구(문)	복도	계단또는승강기	대변기	소변기	세면대	욕실	샤워실탈의실	점자블록	유도및안내설비	경보및피난설비	객실침실	관람석열람석	접수대작업대	매표소판매기음료대	임산부등을 위한 휴게시설
제1종근린생활시설 — 수퍼마켓·일용품 등의 소매점, 이용원·미용원·목욕장	의무	권장	의무	의무		권장	권장	권장	권장	권장									
제1종근린생활시설 — 지역자치센터, 파출소, 지구대, 우체국, 보건소, 공공도서관, 국민건강보험공단·국민연금공단·한국장애인고용공단·근로복지공단의 지사, 그 밖에 이와 유사한 용도의 시설	의무	의무	의무	의무		의무	의무	권장	권장			의무	권장	의무				의무	

2. 여객시설

이동편의시설 / 대상시설	매개시설			내부시설					위생시설		
	보행접근로	주출입로	장애인전용주차구역	통로	경사로	승강기	에스컬레이터	계단	장애인전용화장실		
									대변기	소변기	세면대
여객자동차터미널	○	○		○	○	○	○	○	○	○	
버스정류장											
철도역사	○	○	○	○	○	○	○	○	○	○	○
도시철도 역사	○	○	○	○	○	○	○	○	○	○	○
환승시설	○	○	○	○	○	○	○	○	○	○	○
공항시설	○	○	○	○	○	○	○	○	○	○	○
항만시설	○	○	○	○	○	○	○	○	○	○	○
광역전철 역사	○	○	○	○	○	○	○	○	○	○	○

위임이 인정된다고 할 것이다.

한편, 장차법이 아닌 다른 법령에서 정한 의무를 위반한 경우에도 그 위반행위가 정당한 편의제공 거부에도 해당한다면 차별행위임이 인정될 수 있다. 비록 그 규범의 보호목적이 장애인 차별 금지가 아닐 수도 있지만, 기존의 법령에서 국민 일반에게 의무를 부여한 수준을 위반함으로써 장애인에게 정당한 편의제공을 하지 않는다면 그것은 우리 사회의 차별적 구조나 토대를 더욱 악화시키는 행위일 것이기 때문이다.

예를 들어, 「발달장애인 권리보장 및 지원에 관한 법률」 제8조 제2항에서는 누구든지 발달장애인에게 의사결정이 필요한 사항과 관련하여 충분한 정보와 의사결정에 필요한 도움을 제공하지 아니하고 그의 의사결정능력을 판단하여서는 아니된다고 규정하고, 제10조 제1항에서는 국가와 지방자치단체는 발달장애인의 권리와 의무에 중대한 영향을 미치는 법령과 각종 복지지원 등 중요한 정책정보를 발달장애인이 이해하기 쉬운 형태로 작성하여 배포하여야 한다고 규정하며, 제10조 제2항에서는 교육부장관은 발달장애인이 자신의 의사를 원활하게 표현할 수 있도록 학습에 필요한 의사소통도구를 개발하고 의사소통지원 전문인력을 양성하여 발달장애인에게 도움이 될 수 있도록 일정한 교육기관 등을 통하여 필요한 교육을 실시하여야 한다고 규정하고 있는데, 이러한 규정을 위반하여 발달장애인에게 정당한 편의제공을 거부한 경우 그것은 위법한 차별행위로 인정된다.

다. 장차법 소정의 정당한 편의제공 각칙 조항이나 타법령에서 정한 의무를 이행하였으나 그 외에 필요한 편의제공을 거부함으로써 어느 정도의 편의제공은 하였는지 여부

장애인에 대한 편의제공 거부가 장차법 소정의 정당한 편의제공 각칙 조항이나 타법령 위반 행위인 경우에는 위법한 차별행위로 인정되지만, 그와 달리 장차법 소정의 정당한 편의제공 각칙 조항이나 타법령에서 정한 의무를 이행함으로써 어느 정도의 편의제공을 하였으나 그 외의 필요한 편의제공은 거부한 경우는 어떨까. 그러나 정당한 편의제공 각칙 조항이나 다른 법령의 의무를 이행하였다고 하여 정당한 편의제공을 완료하였다고 추정할 수는 없다. 전술한 바와 같이 정당한 편의제공 각칙 조항은 예시적 규정에 불과하고 다른 법령의 의무 이행은 장애인 차별 금지와는 규범의 보호목적이 다를 것이기 때문이다.[39)]

이와 관련하여 미국법상 고용주가 Americans with Disabilities Act(ADA)상의 정당한 편의제공의 일환으로서 장애인인 피고용인에게 휴가를 주어야 할 의무를 부담한다고 가정하더라도 이러한 ADA상의 의무 이외에 Family and Medical Leave Act(FMLA)에 따라 일정한 피고용인에 대하여 1년에 최장 12주의 휴가를 줄 의무가 있다. 이 경우 ADA 이외의 다른 법령(FMLA)에 따른 의무를 이행함으로써 ADA상의 정당한 편의제공을 하였다고 볼 수 있는지 문제된다.

이에 대하여 EEOC(Equal Employment Opportunity Commission)에서 발간한 "Enforcement Guidance: Reasonable Accommodation and Undue Hardship Under the Americans with Disabilities Act"에 따르면, 고용주는 먼저 ADA에 따른 피고용인의 권리와 FMLA에 따른 피고용인의 권리를 개별적으로 분리하여 결정한 이후에 양 권리가 중복되는지 여부를

---

39) 장차법 제4조 제4항은 "장애인의 실질적 평등권을 실현하고 장애인에 대한 차별을 시정하기 위하여 이 법 또는 다른 법령 등에서 취하는 적극적 조치는 이 법에 따른 차별로 보지 아니한다."라고 규정하고 있다. 이 규정을 반대해석하면 다른 법령이 장애인의 실질적 평등권을 실현하고 장애인에 대한 차별을 시정하기 위한 목적의 법령이 아닌 경우에는 그 다른 법령상의 의무를 이행한 경우라고 하더라도 장차법에 따른 차별로 볼 가능성이 배제되는 것은 아니다.

고려하여야 한다.[40]

가령 장애인인 피고용인이 FMLA에 따라 보장된 12주(1년 기준)의 휴가를 모두 소진한 상황에서 그 장애로 인하여 추가적으로 1주의 휴가가 더 필요한 상황이라면 고용주는 그 장애인인 피고용인에 대하여 ADA에 따른 정당한 편의제공으로 1주의 휴가를 보장하여야 하고, 만일 FMLA상의 의무를 이행하였다는 이유로 1주의 휴가를 더 달라는 피고용인의 요청을 거부한다면 이는 ADA상의 정당한 편의제공을 거부한 것이다. 즉 FMLA상의 의무를 이행하였다고 하여 반드시 ADA상의 정당한 편의제공을 한 것으로 보아야 하는 것은 아니다.

이처럼 정당한 편의제공 거부가 위법한 차별행위인지 여부는 구체적인 사안에서 장애인의 성별, 장애의 유형 및 정도, 특성 등을 충분히 고려하여 판단하여야 하며(장차법 제5조 제2항), 장애인마다 특성 등이 다른데 단순히 어떤 법령에서 정한 의무를 이행함으로써 어느 정도의 편의 제공을 하였다고 하여 장차법 제4조에서 규정한 정당한 편의제공 규정의 적용이 배제된다고 보는 것은 타당하지 않다.

장애인들이 시외버스 및 장거리 운행을 위한 시내버스 등에 휠체어 승강장비를 설치하고 저상버스를 도입하도록 하는 내용의 장차법상 구제조치를 청구한 사건에서 서울중앙지방법원[41]은 ① 교통약자법은 저상버스의 도입을 운송사업의 전제조건, 또는 인·허가 조건으로 정하지 아니한 점, ② 시외버스 및 장거리 운행을 위한 시내버

---

40) EEOC(Equal Employment Opportunity Commission), "Enforcement Guidance: Reasona ble Accommodation and Undue Hardship Under the Americans with Disabilities Act" 중 "TYPES OF REASONABLE ACCOMMODATIONS RELATED TO JOB PERFORMANCE" 의 "Leave" 제21항, http://www.eeoc.gov/policy/docs/accommodation.html#leave, (최종접속일 2016. 4. 7.).
법무부, 장애인차별금지법상 정당한 편의에 대한 연구-미국 EEOC의 사례를 중심으로-, 2010, 100면.
41) 서울중앙지방법원 2015. 7. 10. 선고 2014가합11791 판결.

스 등에 관하여 저상버스의 개발이 이루어지지 못하였다는 점, ③ 휠체어 승강설비 등과 같이 해당 버스에 장애인이 접근가능하고 이용가능한 대체 수단이 존재한다는 점 등을 근거로 교통사업자에게 저상버스를 도입할 의무가 있다고 보기 어렵다고 판단하였는데, 그 결론의 타당성 여부를 별론으로 하더라도 장차법상 정당한 편의제공거부의 위법성 판단 기준에 대한 보다 정치한 이론구성과 논증이 있었다면 다른 정당한 편의제공 사건에 대해서도 시사하는 바가 컸을 것이라는 아쉬움이 있다.

라. 편의제공을 거부당한 장애인이 겪는 어려움이 우리 사회의 제도적, 문화적, 물적 구조나 토대가 장애인에 대한 고려 없이 형성되어 고착되거나 새로이 형성되어서 발생하는 실질적인 차별인지 여부

장애인이 편의제공을 요청하였는데 거부당한 경우 그 편의를 제공받은 경우와 비교할 때 불리하거나 어려운 지위에 처하게 된다. 이 때 장애인이 겪는 어려움이 우리 사회의 제도적, 문화적, 물적 구조나 토대가 장애인의 성별, 장애의 유형 및 정도, 특성 등을 고려하지 않고 형성되어 고착되었거나 새로이 형성되었기 때문에 발생하는 차별인지, 즉 사회의 구조나 토대에 의한 불평등에 해당하는지 검토할 필요가 있다. 왜냐하면 장차법은 기회평등의 원칙을 확보하여 장애를 사유로 한 차별을 금지함으로써 장애인이 주류사회로 편입되도록 촉진시키려는 정책수단이고, 이러한 기회평등의 원칙은 사회의 구조나 토대에 의한 불평등과 연결된 개인의 장애라는 속성으로 인하여 부당한 대우를 받거나 덜 우호적인 대우를 받지 않아야 한다는 관념을 반영하고 있기 때문이다.[42]

가령, 전맹 시각장애인이 법무사시험에 응시하면서 별도의 시험

공간 제공, 시험시간 연장, 점자 문제지 및 점자 답안지 사용, 답안 작성시 도우미 협조 등의 편의제공을 요청하였음에도 불구하고 법원행정처가 전맹 시각장애인에 대하여 편의제공을 한 전례가 없음을 이유로 위 요청을 거부한다면,[43] 이는 전맹 시각장애인에 대하여 차별적 결과를 가져오는 제도가 고착화되어 실질적 차별을 초래하는 것이므로 사회의 구조나 토대에 의한 차별에 해당한다고 볼 수 있다.[44]

이와 달리, 시각장애인이 국보 미술품을 만져서 관람하게 해달라고 요구할 경우 그것은 문화재 훼손의 우려가 있는 경우이므로 거부할 수 있을 것이고, 박사학위 소지자만 응시 가능한 연구원 면접시험에 해당 학위가 없는 청각장애인이 보청기 제공을 요구하면서 면접시험 자격을 부여해달라고 요구하는 경우에도 그것을 거부하는 것이 위법하다고 볼 수 없을 것인데,[45] 이러한 예에서 장애인이 겪는 어려움은 우리 사회의 구조나 토대가 야기하는 실질적 차별이라고 할 수 없기 때문이다.

이때 유념하여야 하는 것은, 그 판단 기준을 해당 장애를 갖고 있는 장애인의 관점에서 보아야 한다는 것이다. 우리 사회의 제도적, 문화적, 물적 구조나 토대가 장애인에 대한 고려 없이 형성되어 고착되었거나 새로이 형성되었는지 여부나, 그로 인하여 발생하는 실질적 차별이 존재하는지 여부는 그 개념 내재적으로 장애인의 관점

---

42) 박민영, 주요국 장애인차별금지법의 비교법적 연구(장애의 정의를 중심으로), 공법학연구 제8권 제1호, 2007, 199면.

43) 국가인권위원회, 국가인권위원회 결정례집, 제6집, 2013년, 711면 내지 715면, 2013. 6. 18.자 13-진정-0073700 결정 참조.

44) 한국행정연구원(한종희, 안병철, 김용훈), 한국사회의 불평등 구조분석 및 시정방안, 2004, 65면, 실제로 장애인에 대한 사회의 구조적 차별로 인하여 장애인은 경제활동 참가율이 매우 낮고 실업률 또한 매우 높은 실정이다.

45) 서울특별시·서울특별시 장애인인권센터, 주 36, 21면.

에서 검토할 때라야 비로소 제대로 검토할 수 있는 문제이기 때문이다. 그럴 경우 정당한 편의제공 의무의 범위가 너무 넓어질 수 있다는 우려가 있을 수 있으나 그것이 문제가 된다고 하더라도 차별행위자의 항변(2단계)에 대한 판단을 통하여 해결할 문제라고 할 것이다.

마. 장애인에 대한 편의제공으로 인하여 불가피하게 제3자에 대한 또 다른 차별이 발생할 경우 그 사이의 형량

장애인에 대한 편의제공으로 인하여 불가피하게 제3자에 대한 또 다른 차별이 발생하는 경우가 생길 수 있다. 가령, 장애인이 업무를 효율적으로 진행할 수 있도록 업무 공간을 충분히 마련해주면 그로 인하여 옆 자리의 다른 근로자가 불편함을 겪게 될 수 있을 것이다. 이런 경우 장애인과 제3자의 차별 사이에 형량이 필요하다. 미국 연방대법원은 U.S. Airway v. Barnett 판결에서 근로자들 사이의 연공서열체계(seniority system)에서 다른 근로자에게 주어져야 할 보직에 대하여 장애인인 근로자가 합리적인 편의제공으로서 그 보직에서 일할 수 있도록 요청할 경우 사용자가 이를 거절하는 것만으로는 미국 장애인법(ADA)상 합리적인 편의제공 의무 위반이 아니라고 판단하였는데,[46] 미국과 우리나라의 법제가 달라서 이를 직접 적용할 수는 없지만 참고할 수 있다고 여겨진다.

다만, 여기서도 주의하여야 하는 것은 장애인에 대한 편의제공이 불가피하게 제3자에 대한 또 다른 차별이 발생하는 경우여야 비로소 그와 같은 형량을 할 필요가 생긴다는 것이다. 장애인에 대하여 편의를 제공하여도 제3자에 대하여 차별이 발생하지 않도록 할 수 있는데도 불구하고 제3자에 대하여 차별이 발생하도록 묵인한 상황에

---

46) U.S. Airway v. Robert Barnett 535 U.S. 391 (2002).

서는 위와 같은 형량을 할 필요가 없다. 위에서 든 예에서 장애인을 위하여 업무 공간을 충분히 마련해주면서도 옆 자리의 다른 근로자가 불편함을 겪지 않도록 할 수 있는데도 불구하고 비용이 더 든다는 이유로 옆자리의 다른 근로자가 불편함을 감수하도록 한다면 그 경우에는 장애인과 위 다른 근로자의 차별을 형량할 필요가 없는 것이다. 그러한 측면에서 미국 연방대법원의 U.S. Airway v. Barnett 판결도 비판적으로 고찰해 볼 수 있다고 여겨진다.

2. 차별행위를 하지 않음에 있어서 과도한 부담이나 현저히 곤란한 사정 등이 있거나 차별행위가 특정 직무나 사업수행의 성질상 불가피한 경우와 같이 정당한 사유가 있는지 입증 여부를 판단(2단계)할 때 고려할 요소

가. 차별행위를 한 자가 국가나 지방자치단체인지 또는 공적인 지위에 있는지 여부

정당한 편의제공을 통해 우리 사회의 잘못된 구조나 토대를 적극적으로 시정하려는 장차법의 입법의도나 장애인의 기본권 등 권리나 이익을 보호해야할 헌법적 의무는 기본적으로 국가가 부담함을 고려하면 일반적인 사인에 비하여 국가나 지방자치단체가 정당한 편의제공 의무를 보다 많이 부담한다고 봄이 자연스럽다. 장차법 제8조에서도 국가 및 지방자치단체는 장애인 및 장애인 관련자에 대한 모든 차별을 방지하고 차별받은 장애인 등의 권리를 구제할 책임이 있으며, 장애인 차별을 실질적으로 해소하기 위하여 이 법에서 규정한 차별 시정에 대하여 적극적인 조치를 하여야 한다고 규정하고(제

1항), 국가 및 지방자치단체는 장애인 등에게 정당한 편의가 제공될 수 있도록 필요한 기술적·행정적·재정적 지원을 하여야 한다고 규정하여(제2항) 이를 분명히 하고 있다.

그러므로 정당한 편의제공을 거부함으로써 차별행위를 한 자가 국가나 지방자치단체이거나 공적인 지위에 있을수록 그러한 차별행위에 정당한 사유가 있다고 인정되기 어려울 것이다.

나. 차별행위를 한 자가 장애인에 대하여 정당한 편의제공을 거부하기 전에 편의제공을 하기 위하여 어떠한 노력을 하였는지

장차법은 모든 국민에게 장애인에게 정당한 편의제공을 하도록 하는 의무를 부과하되 과도한 부담이나 현저히 곤란한 사정 등이 있거나 차별행위가 특정 직무나 사업수행의 성질상 불가피한 경우와 같이 정당한 사유가 있다면 그것을 차별로 보지 않는다(장차법 제4조 제3항). 그런데 차별행위를 한 자가 장애인에 대하여 정당한 편의제공을 거부하기 전에 편의제공을 하기 위하여 아무런 노력도 하지 않았다면 그 위법성 판단시 고려하여야 한다.

가령 한국장애인고용공단에서는 장애인 고용을 위하여 지원을 하고 있고 더 편한 일터 만들기 컨설팅, 장애인 근로자를 위한 편의시설 진단 및 지원 등 사업을 하고 있는데,[47] 사용자가 이러한 지원 사업에 대하여 알아보거나 그 지원을 받아서 장애인 근로자에게 정당한 편의를 제공하려는 시도를 해보지도 않고 자신은 정당한 편의제공을 위한 비용을 부담할 수 없다는 이유로 거부한다면 그러한 정당한 편의제공 거부는 위법하다고 판단될 수 있을 것이다.[48]

---

47) 한국장애인고용공단, 사업주지원, https://www.kead.or.kr/view/service/service04
 _15_04.jsp?sub1=4&sub2=11 (최종접속일 : 2016. 4. 2.).

48) 장차법에 관하여 직접 판단한 것은 아니지만 대법원 2016. 4. 12. 선고 2015

그 반대로 사용자가 위와 같은 지원을 받아서 장애인 근로자에게 정당한 편의를 제공하려고 시도하였으나 지원을 받을 수 없는 사정 등이 있었고, 그로 인하여 사용자 입장에서 정당한 편의를 제공하는 것이 과도한 부담이 되었다면, 그러한 편의제공 거부는 위법하다고 판단될 가능성이 낮을 것이다.

그리고 사용자 등의 입장에서는 동일한 시기에, 동일한 비율로 모든 장애인을 위하여 정당한 편의를 제공하는 것이 현실적으로 어려울 수 있으므로, 사용자 등이 장애인들로 하여금 비장애인과 동등하게 대우를 받을 수 있도록 당시의 기술적·재정적인 조건을 고려하여 점진적으로 정당한 편의를 제공하기 위한 노력을 해왔다면, 정당한 편의제공과 관련하여 일부 미진한 부분이 있다고 하더라도 이를 곧바로 위법하다고 판단하기는 어려울 것이다.

두45113 판결에서는 재직 중 장애를 입은 지방공무원이 그 장애로 인하여 지방공무원법 제62조 제1항 제2호가 정한 직권면직사유인 '직무를 감당할 수 없을 때'에 해당하는지 여부는, 장애의 유형과 정도에 비추어, 장애를 입을 당시 담당하고 있던 기존 업무를 감당할 수 있는지 여부만을 기준으로 판단할 것이 아니라, 그 공무원이 수행할 수 있는 다른 업무가 존재하는지 여부 및 소속 공무원의 수와 업무분장에 비추어 다른 업무로의 조정이 용이한지 여부 등을 포함한 제반 사정을 종합적으로 고려하여 합리적으로 판단하여야 한다고 하면서, 개인적인 교통사고로 하반신 마비의 장애를 입은 지방소방공무원인 원고가 휠체어 등 보조기구를 이용할 경우 소방공무원의 업무 중 내근 업무를 수행하는 데 지장이 없고 인력현황상 내근 업무만을 담당하도록 하는 것이 가능해 보인다는 이유로 원고에 대한 직권면직처분이 위법하다고 판단하였다. 위 사안은 위 사건 원고가 정당한 편의제공 요청을 하기도 전에 직권면직을 하여 정당한 편의제공 거부에 의한 차별 문제는 쟁점이 되지 않았다. 그러나 장애인이 된 자에게 업무 조정 등이 가능한지 여부 등을 제대로 검토하지도 않고 직권면직 처분을 한 것이 위법하다는 대법원의 위 판단은 정당한 편의를 제공하려는 시도를 해보지도 않고 자신이 정당한 편의 제공을 위한 비용을 부담할 수 없다는 이유로 거부한 차별 행위의 위법성에 대하여도 시사하는 바가 크다고 여겨진다.

다. 차별행위를 한 자의 재산상태나 사회적 역량

장애인에게 정당한 편의를 제공하도록 하는 의무를 부과하는 것이 누군가에게 '과도한 부담'이 된다면, 장차법에서는 이를 정당한 사유가 있다고 보아 장차법상의 '차별'로 보지 않는데, 이와 같이 정당한 편의를 제공하는 것이 '과도한 부담'이 되는지 여부를 판단함에 있어서 차별행위를 한 자의 재산상태나 사회적 역량 등이 고려되어야 한다.

예를 들면 장애인이 해당 직무를 수행하기 위해서는 특정 시설이 필요한데, 그 시설을 구입하기 위하여 많은 비용이 필요한 경우, 그 회사가 위 시설을 설치하지 않은 것이 차별에 해당하는지 여부를 판단함에 있어서는 그 회사의 규모, 매출 내지 영업 이익 등이 당연히 고려될 수밖에 없다.

「장애인고용촉진 및 직업재활법」(이하 '장애인고용촉진법') 상의 장애인 고용부담금과 관련된 규정도 이러한 취지가 반영되어 있는 것으로 보인다. 즉 의무고용률에 못 미치는 장애인을 고용하는 사업주는 매년 고용노동부장관에게 장애인 고용부담금을 납부하여야 하는데, 재산상태 내지 사회적 역량 등을 고려하여 '상시 100명 미만의 근로자를 고용하는 사업주'는 납부의무를 부담하지 않는다(장애인고용촉진법 제33조).

다만, 차별행위를 한 자의 재산상태나 사회적 역량은 '정당한 사유'가 있는지를 판단하는 하나의 요소로만 고려되어야 한다. 회사 규모가 영세하다고 하더라도 가령 앞서 본 바와 같이 정부 등의 지원을 받아 편의를 제공하는 것이 가능한 상황이라면, 그러한 지원을 받기 위한 노력이 당연히 선행되어야 할 것이며, 만약 그러한 시도조차 하지 않았다면, 정당한 편의를 제공하지 않은 것에 '정당한 사유'가 있었다고 판단함에 있어서 신중을 기하여야 할 것이다.

Ⅵ. 결론

이와 같이 장차법상 정당한 편의제공의 거부가 위법한지 여부에 대한 판단은 일률적으로 할 수는 없고, 앞서 살펴 본 여러 사정들을 종합적으로 고려하여 구체적인 사안별로 판단하여야 한다. 다만 장차법상의 정당한 편의제공 규정이 사회의 제도적, 문화적, 물적 구조나 토대의 모순에 의하여 평등으로 위장된 차별의 문제를 적극적으로 해소하기 위하여 도입된 규정이라는 점과 장애인이 정당한 편의제공을 요청할 권리는 헌법상 요청에 따라 구체적인 법률에 의하여 형성된 권리라는 점에 특히 유념하여 정당한 편의제공 거부의 위법성 여부를 검토하여야 할 것이다.

참고문헌

〈단행본〉

국가인권위원회, 국가인권위원회 결정례집, 제6집, 2013.

김철수, 헌법개설, 제14판, 박영사, 2015.

서울특별시·서울특별시 장애인인권센터, 장애인 민원 응대 시 정당한 편의
　　　제공 매뉴얼, 2016.

정종섭, 헌법학원론, 제9판, 박영사, 2014.

〈논문〉

김동현, 장애인차별금지법상 '정당한 편의제공'의 헌법적 논의, 고려대학교
　　　대학원, 2013.

한국장애인개발원, 장애차별금지법 개정 연구, 2012.

김진우 등, 발달장애인에 대한 정당한 편의제공 판단기준 연구, 국가인권위
　　　원회 연구용역 보고서, 2013.

박민영, 주요국 장애인차별금지법의 비교법적 연구(장애의 정의를 중심으
　　　로), 공법학연구 제8권 제1호, 2007.

법무부, 장애인차별금지법상 정당한 편의에 대한 연구－미국 EEOC의 사례를
　　　중심으로－, 2010.

염형국 등, 장애인차별금지법 영역을 기준으로 한 외국 사례 연구, 국가인권
　　　위원회 인권상황실태조사 연구용역보고서, 2011.

유동철 등, 장애인차별금지법상 정당한 편의에 대한 연구, 법무부, 2010.

조순경 등, 간접차별 판단 기준을 위한 연구, 노동부, 2002.

최승철, 정당한 편의 개념에 관한 연구, 장애인복지연구 제1권 제3호, 2010.

한국행정연구원(한종희, 안병철, 김용훈), 한국사회의 불평등 구조분석 및 시

정방안, 2004.

홍성수, 영국의 차별금지법제 연구-'2010년 평등법'을 중심으로, 법무부 용
    역과제, 2011.

Michel Mine, Concepts of direct and indirect discrimination, ERA, Forum, 2003.

〈판례〉

헌법재판소 1999. 12. 23. 선고 98헌마363 결정.

헌법재판소 2002. 12. 18. 선고 2002헌마52 결정.

헌법재판소 2003. 1. 30. 선고 2002헌마358 결정.

헌법재판소 2008. 7. 31. 선고 2004헌바81 결정.

헌법재판소 2010. 3. 25. 선고 2009헌가2 결정.

대법원 2005.07.21. 선고 2002다1178 전원합의체 판결.

대법원 2014. 6. 12. 선고 2012두24214 판결.

대전지방법원 2012. 2. 15. 선고 2011가소122610 판결.

서울중앙지방법원 2015. 7. 10. 선고 2014가합11791 판결.

U.S. Airway v. Robert Barnett 535 U.S. 391 (2002).

성년후견제도와 신탁*

배인구**

Ⅰ. 들어가는 말

흔히 발달장애인을 자녀로 둔 부모의 소원은 자녀보다 하루 더 사는 것이라는 말을 듣는다. 대부분의 부모는 부모 사후에도 장애가 있는 자녀가 부모가 마련한 재산으로 인간다운 삶을 영위하길 기대하면서 자녀에게 자산을 물려주고자 한다. 그런데 그 재산이 비록 자녀가 평생 넉넉하게 쓸 수 있을 만하더라도, 그 재산이 자녀를 위해 사용된다고 단정할 수 없다. 만약 장애 자녀에게 재산이 전혀 없으면 그 자녀는 기초생활수급자로서 국가에 의한 보호를 받을 수 있지만, 일정 기준 이상의 재산을 소유하면 수급 자격이 되지 않기 때문이다. 따라서 부모는 장애 자녀가 기초생활수급자로서 생존의 기초는 국가로부터 제공받도록 재산을 친족이나 고매한 인격을 가졌다고 생각되는 사회복지 사업가에게 맡기고(소유권 이전), 이들이 자

---

* 이 글이 작성되는 동안 필자의 어설픈 질문에도 자세하고 진지한 설명과 함께 토론을 해주신 한국성년후견학회 회원 선생님들, 장애자녀를 가진 부모님, 차가운 금융에 따뜻한 공익을 접목하려는 금융기관 관계자 분들께 진심으로 감사드린다.
** 서울중앙지방법원 판사 / 고려대학교 일반대학원 법학과 박사과정 재학.

녀에게 추가적인 수익이나 보살핌을 제공할 것을 기대한다. 하지만 실제로는 장애 자녀가 그저 기초생활수급자로서 근근이 생활할 가능성이 더 많다. 심지어 수급비를 기초로 하여 약간의 재산을 모아 두면 친족 등 제 3자가 나타나 그 재산을 가져가는 경우도 많다고 한다. 후견인으로 선임되지 않은 친족이 장애인의 재산을 횡령하는 경우 형사처벌을 받지 않을 가능성이 있어(친족상도례) 불합리한 데, 심지어 이런 행위를 하는 사람들이 이것이 범죄행위가 아니라 기초생활수급자의 지위를 유지해 주기 위한 불가피한 조치라고 합리화한다니 장애인이 인간다운 삶을 유지할 방법이 강구되어야 할 것이다.

본인이 재산관리능력이 없거나 또는 본인에게 지속적으로 부양과 배려를 하여야 할 요부양자(고령의 생존 배우자, 미성년자나 질병 또는 장애가 있는 자녀)가 있는 경우 본인 또는 그의 사후 요부양자를 위한 적절한 재산 관리나 승계는 중요한 문제다.[1] 이와 같은 필요에 부응하기 위해 현행 민법은 성년후견제도와 유언제도 등을 규정하고 있다. 그러나 위 제도는 나름의 중요한 기능을 가지고 있지만 위 2가지 필요에 완벽하게 대응하기는 어려워 이에 대한 대안으로 신탁이 거론된다.[2]

신탁은 신탁을 설정하는 자(위탁자)가 신탁을 인수하는 자(수탁자)를 정하여 그에게 자신의 재산을 이전하고 재산을 이전받은 수탁자는 위탁자가 원하는 대로 재산을 관리하여 그 수익을 위탁자가 지정한 자(수익자)에게 귀속시키도록 하는 것이다.[3] 즉, 형식적인 재산

---

1) 심인숙, 고령화 시대 재산관리수단으로서의 신탁의 활용방안- 개정신탁법을 중심으로-, 선진상사법률연구 통권 제59호, 2012, 76면.
2) 우리보다 고령화 사회를 먼저 경험하고 있는 일본에서도 신탁의 활용가능성에 주목하여 2006년에 신탁법을 전면 개정하였고, 이른바 "복지형 신탁"에 대한 적극적 검토를 요구하는 등 고령자 등의 재산관리수단으로 신탁을 활용하는 방안에 대해 논의 중이라고 한다(심인숙, 주 1, 77면 각주 2) 참조.

의 귀속자인 관리자(수탁자)와 실질적인 이익향유자(수익자)를 분리하면서 이익향유자를 위한 재산의 안전지대를 구축하는 제도이다.

2011. 7. 25. 법률 제10924호로 전면 개정되기 전의 구 신탁법은 사법(私法)임에도 당사자의 사적자치가 대폭 제한되어 감독법규의 색채가 강한 일본의 구 신탁법을 그대로 계수하여 수탁자의 의무를 엄격하게 정하고 이것을 강행법규로 강제하는 규제적 성격이 강해서 다양한 신탁의 법률관계를 제대로 규율할 수 없었고, 수익자가 복수인 신탁이나 자산유동화목적의 신탁, 또는 고령자나 장애우의 생활지원을 목적으로 하는 복지형신탁 등 다양한 유형의 신탁에 적절하게 대응하기에는 매우 미흡한 것으로 평가되었다.[4][5]

이에 변화된 경제현실을 반영하고 신탁제도를 글로벌스탠더드에 부합하도록 개선하기 위하여 현행법 체계를 전면적으로 수정하여 신탁의 활성화를 위한 법적 기반을 마련하고자[6] 2011. 7. 25. 법률 제

---

3) 신탁법 제2조(신탁의 정의) 참조.
4) 안성포, 신탁법의 개정방향-법무부 2009년 신탁법 전면개정안을 중심으로 -, 법학연구 51권 1호(63호), 부산대학교 법학연구소, 2010, 194-198면.
5) 반면 미국에서는 신탁이 활발하게 이용되고 있는데 그 이유를 Yale대의 John H. Langbein 교수가 지적하고 있는 신탁의 네 가지 장점에서 찾는다면, 첫째 수탁자가 파산하는 경우에도 수익자의 이익을 보호할 수 있는 도산격리기능(Insolvency protection)을 가지고 있는 점, 둘째 세법상 수익자가 취하는 이익에 대하여만 과세를 하고 수탁자는 명목상 신탁재산을 소유하고 있다는 이유로 수탁자에 대하여 과세를 하지 않는 조세편의기능(Conduit taxation)을 가지고 있는 점, 셋째 신탁이 성립하는 경우에 수탁자로 하여금 신탁자의 이익을 위해서 자신의 권한을 행사하여야 하는 제한이 가하여져 수탁자의 권한을 제한할 수 있는 신임관계가 형성되고 신탁법이 이를 강제하고 있다는 점(Creation of fiduciary regime), 넷째, 신탁당사자의 의사를 최대한 존중하려고 하는 신탁법 체계의 유연성(Flexibility in Design)이다[이계정, 미국 신탁법에 관한 연구 - 우리 신탁법에 주는 시사점을 중심으로-, 재판자료 : 외국사법연구논집 (31) 제124집, 법원도서관, 2012, 270면].
6) 법제처 제공, 신탁법 전부 개정 이유.
   http://www.law.go.kr/lsRvsRsnListP.do?lsiSeqs=154007%2c151990%2c149554%2c115235

10924호로 전면 개정된 신탁법이 2012. 7. 26.부터 시행되고 있다.

이 글에서는 먼저 성년후견제도와 신탁제도의 활용가능성에 대해 살펴보고, 장애인의 재산관리에 유용하다고 평가받는 신탁(이를 '후견 기능을 가진 신탁'이라고 이름 붙여본다)이 본래의 취지에 부합하는 것인지 살펴본 후 신탁을 통해 장애인이나 피후견인이 전문가의 도움을 받아 재산을 관리하면서 인간다운 삶을 영위할 수 있는 방법을 검토한다.

II. 성년후견제도에 신탁이 보완수단으로 제시되는 이유

민법은 종래 금치산, 한정치산 제도가 피후견인을 단지 보호의 대상으로 전락시킴으로써 본인의 자율성을 훼손하고 인권을 침해한다는 반성적 고려에서 성년후견제도(성년후견, 한정후견, 특정후견과 같은 법정후견과 후견계약에 의한 임의후견)를 도입하였다(시행일 2013. 7. 1.). 성년후견제도의 기본 이념은 자기결정 존중, 잔존능력의 활용, 피후견인의 재활과 사회복귀를 촉진하는 정상화(normalization)인바, 피후견인의 상태나 필요에 따라 적절히 재산관리와 재산승계를 규율하는 제도로서 활용될 수 있다. 그런데 왜 신탁제도가 피후견인의 재산관리를 위한 대안으로 제시되는 것일까? 만약 성년후견제도가 피후견인을 위한 이상적인 제도라면 성년후견제도의 이용건수는 지금보다 비약적으로 증가되어야 한다.[7] 성년후견제도의 수

%2c67648%2c58815%2c58814%2c58922&chrClsCd=010102(최종접속일 2016. 3. 24.).

7) 우리나라의 장애인은 2014년 2,726.9천명으로 추정되어 2011년의 2,683.4천명에 비해 43.4천명이 증가하였다. 전체 장애등록율은 91.7%로 평가되는데, 2013년 4/4분기 현재 지적장애를 갖고 있는 등록장애인 수는 178,866명, 자폐성장애를 갖고 있는 등록장애인 수는 18,133명, 정신장애를 갖고 있는 등

요자들이 이 제도를 적극적으로 이용하지 못하고 신탁이 보완 수단으로 제시되는 이유를 정리하면 다음과 같다.

1. 성년후견제도 활성화를 위한 입법의 미비

성년후견제도의 활용이 저조한 이유로 흔히 제도에 대한 인식부족을 말한다. 하지만 성년후견제도가 시행된 지 이미 2년이 지났으므로, 피후견인이 될 사람이나 가족에게 제도 이용이 필요하고 유익했다면 그 동안 성년후견제도 수요자들이 그 점을 충분히 인식할 수 있었을 것이다. 본인 및 가족이나 친지들은 성년후견제도를 이용하지 않더라도 금융거래나 시설입소에 불편하지 않고, 복지서비스를 선택하고 활용할 수 있다. 그리고 본인의 행위능력에 아무런 제한을 받지 않는다. 부모가 후견인으로서 자녀를 전적으로 보살필 수 있더라도 자녀가 피성년후견인이나 피한정후견인으로서 선거권, 피선거권뿐만 아니라 사회 생활, 신분행위를 하는데 많은 제약을 받는다면 그 제도의 이용을 쉽게 결정할 수 없다. 성년후견제도가 활성화되기 위해서는 자기결정권의 존중과 잔존능력의 활용 등 성년후견제도의 이념이 다른 법률에도 명확하게 구현될 수 있도록 피성년후견인, 피한정후견인의 자격을 제한하는 제반 법률이 개정되어야 한다.

한편 성년후견이 개시되면 후견인은 포괄적인 대리권을 가지고 피성년후견인을 대신하여 의사결정을 할 수 있다. 물론 획일적인 행위무능력과 후견인에 의한 포괄적인 의사결정대행 구조인 기존 금

록장애인 수는 95,675명이다(김성희 외, 2014년 장애인실태조사 정책보고서, 한국보건사회연구원, 2014, 6면). 그런데 2013. 7. 1.부터 2015. 11. 30.까지 전국 가정법원에 접수된 성년후견, 한정후견, 특정후견, 임의후견 신청 건수는 모두 6,608건이다(배인구, 성년후견제도의 운영현황과 과제, 한국성년후견학회 동아시아국제학술대회, 2015, 토론문 참조).

치산제도에 비해, 성년후견제도는 보다 유연하고 탄력적인 보호유형을 마련하였다. 하지만 유엔장애인권리협약 제12조 제2항은 당사국은 장애인들이 삶의 모든 영역에서 다른 사람들과 동등한 조건으로 법적능력을 누려야 함을 인정하여야 한다고 규정하고 있고, 제3항은 당사국은 장애인들이 그들의 법적능력을 행사하는데 필요한 지원을 받을 기회를 제공받을 수 있도록 적절한 입법 및 기타 조치를 취하여야 한다고 규정하고 있다. 발달장애인의 권리 보장과 지원에 관한 법률에 의하면 발달장애인은 원칙적으로 자신의 신체와 재산에 관한 사항에 대해 스스로 판단하고 결정할 권리를 가지고, 자신에게 법률적 또는 사실적인 영향을 미치는 사안에 대해서 스스로 이해하여 자신의 자유로운 의사를 표현할 수 있도록 필요한 도움을 받을 권리가 있다(제3조 제1항, 제2항). 또 발달장애인은 자신의 주거지의 결정, 의료행위에 대한 동의나 거부, 타인과의 교류, 복지서비스의 이용 여부와 서비스 종류의 선택 등을 스스로 결정하며, 누구든지 발달장애인에게 의사결정이 필요한 사항과 관련하여 충분한 정보와 의사결정에 필요한 도움을 제공하지 아니하고 그의 의사결정능력을 판단해서는 아니 된다(제8조 제1항, 제2항).

　이런 점에서 보면 의사결정능력을 대행하는 성년후견보다 의사결정에 필요한 지원을 할 수 있는 후견계약을 통한 임의후견이 활성화되어야 하고 이를 위한 제도적 뒷받침이 마련되어야 한다.[8] 다만 후견계약을 체결하였다고 하여 모든 문제가 해결되지는 않는다. 임의후견이 개시되려면 본인이 사무를 처리할 능력이 부족한 상태에 이르러 임의후견인 등 청구권자가 법원에 임의후견감독인의 선임을 청구해야 하는데, 우선 법원이 임의후견감독인을 선임할 때까지는 재산 보호 및 관리에 공백이 발생할 수 있고,[9] 임의후견인 등 청구권자가

---

8) 이에 관한 자세한 내용은 박인환, 고령인지장애인의 인권보호와 성년후견, 저스티스 통권 제146-1호, 한국법학원, 2015, 15면 이하 참조.

임의후견감독인의 선임을 신청하지 않을 수도 있기 때문이다.

또 의사결정을 대행하는 성년후견심판이 필요한 영역도 우리 사회에 존재함을 부인할 수 없다. 다만 그 필요에 따라 성년후견이 개시되어도 성년후견제도의 이념에 따라 실행될 수 있도록 법원뿐만 아니라 공익법인 등이 전방위적으로 관리 감독하는 시스템이 구현되어야 할 것이다. 성년후견인은 본인의 주관과 판단에 따라 피성년후견인을 보호한다는 명목으로 피성년후견인의 자유를 제한하려고 할 것이 아니라 피성년후견인을 진정으로 배려하기 위해 본인의 의사를 확인하고 본인의 복리를 위해 세심하게 살펴야 할 것이다. 이를 위해 후견인의 자질이 무엇보다 중요하다. 이것은 후견인의 경제적, 사회적 능력에 따라 재산유지관리의 결과가 확연히 달라지는 불안정성이 있다[10]는 것이다.

2. 후견인과 후견감독인 문제

가. 개관

새로운 성년후견제도에서 후견인의 역할은 무척 중요하다. 민법은 기존 금치산제도에서와 달리 후견인이 될 순위를 정하고 있지 않고, 법원이 가장 적합하다고 판단한 후견인을 선임하도록 규정하고 있다. 법원은 피후견인의 의사를 존중하고 피후견인의 건강, 생활관계, 재산상황, 후견인이 될 사람의 직업과 경험, 피후견인과의 이해관계 유무 등 제반 사정을 고려하여 후견인을 선임하여야 한다(민법

---

9) 최수정, 고령사회에서 성년후견제도와 신탁−신탁의 기능과 활용을 중심으로−, 법조 통권 702호, 2015, 52면.

10) 양재모, 재산승계제도로서 민사신탁제도 활용상의 문제점, 한양법학 제24권 제2집 (통권 제42집), 2013, 437면.

제936조 제4항). 기존 제도처럼 친족이 우선적으로 후견인으로 고려
되지 않는다. 피후견인의 복리를 최우선으로 고려하여 피후견인의
재산과 신상을 보살펴주는 이상적인 후견인을 상정하고 있는 것이다.

따라서 후견감독인이 필수적으로 요구되지 않고[11] 필요하다고 인
정되는 경우 선임된다(민법 제940조의4).

후견감독인의 선임이 필요한 경우로 가장 먼저 상정할 수 있는
것은 피후견인의 재산규모가 비교적 큰 경우이다.[12] 대부분 법무사,
회계사, 변호사 등 전문가가 후견감독인으로 취임할 것이다. 또 친
족후견인의 재산관리가 미덥지 못한 경우이다. 이때 후견감독인을

---

11) 물론 임의후견에서는 임의후견감독인이 필수적인 기관이다(민법 제959조
   의15).

12) 일본은 피후견인의 재산이 일정액을 넘는 경우에는 일률적으로 전문직 후
   견감독인을 선임한다. 즉 1,200만 엔 이상의 재산이 있는 경우에는 후견감
   독인을 선임하여 후견감독인이 후견인의 업무를 정기적으로 감독하고, 부
   정이 발견되면 즉시 후견인의 해임을 청구하도록 하고 있다(熊田均, 일본
   성년후견제도에 있어서 후견감독의 현상과 과제, 한국성년후견학회 동아
   시아국제학술대회, 2015, 71면). 熊田均변호사는 이 제도가 이용된 것은 부
   정행위 후 변경된 후견인이 법원이 후견인 감독을 불성실하게 하였다며
   국가배상을 청구하게 된 몇 사건이 계기가 되었다고 설명한다. 그 중 담당
   재판부가 후견인 부정의 징후를 인식하면서도 그것을 방지할 적절한 처분
   을 하지 않았다는 이유로 국가배상청구를 인용한 사례가 있었는데 청구가
   기각된 사례에서는 성년후견감독인이 선임된 경우에는 법원은 후견감독
   인에게 부정이 의심된다는 보고를 받았을 때 필요한 감독권한을 행사하면
   충분하다고 판시하였고 그 결과 후견법원이 국가배상 등을 방지하기 위해
   일정 규모 이상의 재산이 있는 사건에서는 후견감독인 선임을 고려한다는
   것이다. 그런데 熊田均변호사는 친족후견인이더라도 모두 피후견인의 재
   산을 부정 사용한다고 단정할 수 없으므로 일정 재산 규모 이상이면 무조
   건 후견감독인을 선임하는 것은 비용의 손실이 발생하는 문제가 있다고
   설명한다. 다만 이런 경우 감독 업무를 법원이 다 부담하는 것은 무리이므
   로 법원은 재산관리는 전문적인 다른 파트너(예를 들어 신탁 금융 회사)에
   게 맡기거나 함께 후견인의 업무를 감독하는 것이 피후견인을 위해 더 나
   은 방법이라는 것이다.

선임하여 후견인의 업무를 감독하도록 하고, 전문직 후견인으로 변경할 수도 있다. 그런데 이때 피후견인의 재산규모가 후견인에게 보수를 지급하면서 관리할 정도로 많지 않으면 문제다. 이것은 우선 무보수 친족 후견인을 대체할 공공 후견인이나 친족후견인을 관리 감독할 수 있는 공공 후견감독인제도로 해결해 나가야 할 것이다.[13]

성년후견제도는 원칙적으로 피성년후견인의 재산을 보호하는 것을 목적으로 한다. 적극적인 재산처분행위를 전제로 하는 것이 아니다. 현재 법원은 성년후견이나 한정후견심판을 할 때 피후견인의 한 달 생활비 등을 추산하여 후견인이 피후견인의 예금 중 한 달 인출할 수 있는 권한 범위를 정하고 있다. 이것을 초과하여 많은 돈을 인출하기 위해서는 필요한 사유를 소명하여 법원의 허가를 받아야 한다. 후견인은 일정한 시기에 보고서를 제출하여야 하고, 법원은 모

---

13) 여기서 잠시 상당한 보수를 지급받는 1명의 전문가 후견인 또는 전문가 후견감독인이 1명의 피후견인 또는 후견인의 업무를 관리 감독하는 것이 아니라 다수의 피후견인(상당한 규모의 재산가 1인에 자력이 부족한 다수) 또는 후견인(대부분 무보수 친족 후견인)의 업무를 감독하도록 하면 이른바 규모의 경제가 발생하여 더 효율적일 것이라는 생각이 든다. 즉 재산이 많은 피후견인의 재산을 관리하며 상당한 보수를 받는 후견인/후견감독인에게 소액이나 무보수로 재산이 많지 않은 피후견인의 재산관리를 같이 하도록 하는 것이다. 이렇게 되면 다수의 후견 사건을 관리하는 전문가 후견인/전문가 후견감독인에게 지급하는 보수는 거의 상당한 규모의 재산을 가진 피후견인 1인이 부담하게 될 수 있다. 다만 이것이 뒤에서 보는 집합 신탁상품처럼 관리되거나 제도화되지 않는 한, 대부분 보수를 지급하는 피후견인이 이 점을 용인해 줄 것인지는 단정할 수 없다. 또 피후견인이 (어차피 본인의 재산 규모에 비추어 지급되어야 할 보수를 지급하는 것뿐이므로 전문직 후견인이나 전문직 후견감독인이 무보수로 다수의 후견 업무를 함께 처리하는 것을) 용인한다고 하더라도 이런 모습은 이른바 "업"으로 후견인, 또는 후견감독인의 임무를 하는 사람들이 많아져야 가능할 것이다. 또 후견인과 후견감독인을 선임하는 법원은 살펴할 것이 더 많아져 업무가 가중될 수 있다. 나아가 이런 후견인/후견감독인이 무보수로 하는 피후견인의 재산관리 업무를 회피하거나 사임을 신청한다면 문제다.

든 후견사건을 관리 감독한다.

　성년후견심판을 받으면 그 기간은 대부분 피후견인의 사망시까지 계속되므로 사건이 증가된다면 후견인이 그 권한 범위 내에서 업무를 수행하고 있는지 법원이 상시적으로 관리 감독하는 것은 불가능하다. 그리고 후견감독인이 선임된다고 하여 모든 문제가 해결되지는 않는다. 후견감독인이 후견인의 재산관리나 처분행위를 엄격히 제한하고 통제하는 것은 사실상 어렵다.[14] 사람의 인품과 인격에 기대는 것보다 근원적으로 부정행위를 할 수 없도록 다수가 권한을 나누거나 다수가 관리 감독할 수 있는 시스템이 있다면 더 합리적일 것이다.

3. 성년후견제도에서 신탁제도의 의미

　앞서 본 바와 같이 성년후견제도는 원칙적으로 피성년후견인의 재산을 보호하는 것을 목적으로 하고, 적극적인 재산처분행위를 전제하지 않는다. 그런데 성년후견제도의 수요자들은 성년후견제도를 통해 피후견인이 인간의 존엄성을 유지하고, 후견인의 보호 아래 재산을 보전하며, 본인의 행복한 삶을 위해 적절히 재산을 사용하며 사는 것을 원한다. 따라서 후견인이 위와 같은 점을 고려하지 않고 피성년후견인의 재산을 보호하는 데만 주력할 것을 염려한다. 성년후견인이 피성년후견인의 의사를 대체하여 결정할 수 있는 성년후견개시심판에 더욱 소극적이게 된다. 그런데 성년후견인이 적극적으로 피후견인의 재산을 사용하도록 권장만 할 수도 없다. 앞서 본 바와 같이 후견인이 적절하게 피후견인의 재산관리를 하는지 그 관리 감독은 항상 문제된다.

---

14) 양재모, 주 10, 428면.

후견계약을 체결해도 후견계약을 체결한 위임인이 요보호상태가 되었을 때 수임인이 부적절하게 사무를 처리하거나 임의후견감독인의 선임청구를 지체할 수도 있어 임의후견을 보완하는 제도 마련이 요구된다.

이와 같이 성년후견제도의 모든 재산관리 국면에서 신탁제도가 보완적인 수단으로 제시되고 있다.[15]

Ⅲ. 후견기능을 가진 신탁

1. 신탁의 구조

가. 신탁의 설정

본인(위탁자)의 의사에 따라서 신탁을 설정할 것인지 여부가 결정되고, 또 신탁을 설정하기로 결심한 경우 그 시기와 내용도 전적으로 본인이 원하는 대로 정할 수 있다. 방식도 계약, 유언 또는 신탁선언에 의하여 자유로운 설정이 가능하다.

본인 생전에 신탁이 설정되도록 할 것인지(계약신탁) 아니면 사후에 신탁이 설정되도록 할 것인지(유언신탁) 본인이 결정할 수 있다. 수탁자를 누구로 할 것인지, 수익자를 누구로 할 것인지도 본인의 의사에 따라 정할 수 있다. 즉 수탁자를 친척으로 할 수도 있고, 변호사 등 전문가나 수탁인수를 영업으로 하는 신탁기관으로 정할 수 있다. 수익자도 본인이 될 수도 있고(자익신탁), 본인이 아닌 제3자를 정할 수도 있다(타익신탁).[16]

수탁자의 신탁재산 관리방법이나 수익의 지급방식도 위탁자 본

---

15) 이 점과 관련하여 좀 더 자세한 내용은 최수정, 주 9, 53면 이하 참조.
16) 심인숙, 주 1, 79면.

인이 신탁행위로 정할 수 있다. 수익의 향수에 기한이나 조건을 붙이는 방식, 여러 가지 변수를 조합한 혼합 방식도 가능하다.[17]

나. 신탁재산의 독립성

신탁법상 신탁은 단순히 소유권의 명의만 이전된 것이 아니라 수탁자에게 신탁재산에 대한 관리처분의 권한과 의무가 적극적, 배타적으로 부여되어 있다는 점에서 명의신탁과 구별된다.[18] 신탁법상 신탁계약이 이루어져 수탁자 앞으로 부동산의 소유권이전등기가 마쳐지면 대내외적으로 그 소유권이 수탁자에게 이전되어 수탁자는 신탁의 목적에 따라 신탁재산인 부동산을 관리, 처분할 수 있는 권능을 갖게 되고 수탁자는 신탁의 목적 범위 내에서 신탁재산을 관리, 처분하여야 하는 신탁계약상의 의무만을 부담하며 위탁자와의 내부관계에 있어서 부동산의 소유권이 위탁자에게 유보되어 있는 것이 아니다.[19]

위탁자의 재산이 신탁의 설정으로 신탁재산이 되면 위탁자 및 수익자로부터 독립되어 수탁자에게 완전한 재산권이 이전된다. 이로써 ① 수탁자가 신탁재산에 대한 관리, 처분 권한을 가지므로 본인(또는 요부양자인 수익자)의 재산관리능력이 부족한 경우 수탁자로부터 재산관리에 대한 조력을 받을 수 있다. ② 위탁자나 수익자가 재산을 빼앗길 위험도 예방할 수 있다. ③ 위탁자나 수익자가 도산하는 경우에도 채권자의 강제집행 대상이 되지 아니한다(신탁법 제22조). 신탁재산은 수탁자의 고유재산으로부터 독립성이 인정됨은 물론(신탁법 제22조 내지 24조), 위탁자의 책임재산이 되지도 않는다고

---

17) 심인숙, 주 1, 79면.
18) 헌법재판소 2016. 2. 25. 선고 2015헌바185 결정 등.
19) 대법원 2014. 11. 27. 선고 2012두26852 판결 등 참조.

해석된다.[20)]

한편 신탁재산의 관리 처분권한을 갖고 있는 수탁자가 재산관리 능력이 부족한 위탁자(또는 수익자)를 배제하고 권한을 남용할 것에 대비하여 신탁법은 위와 같은 신탁재산의 독립성 외에 수탁자의 선관의무 및 충실의무(신탁법 제32조, 33조) 뿐만 아니라 신탁법 제34조 이하에서 수탁자의 의무와 특정행위를 금지하는 규정을 두고 있다.

따라서 자신의 생전 또는 사후에 요부양자의 복리를 염려하는 자는 자신이 원하는 모습으로 생전, 사후 재산관리기능을 수행하는데 신탁을 이용할 수 있다. 이하 후견기능을 갖고 있다고 평가되는 여러 신탁의 종류를 살펴본다.

2. 유언대용신탁

가. 법률의 규정

신탁법 제59조(유언대용신탁) ① 다음 각 호의 어느 하나에 해당하는 신탁의 경우에는 위탁자가 수익자를 변경할 권리를 갖는다. 다만, 신탁행위로 달리 정한 경우에는 그에 따른다.

1. 수익자가 될 자로 지정된 자가 위탁자의 사망 시에 수익권을 취득하는 신탁
2. 수익자가 위탁자의 사망 이후에 신탁재산에 기한 급부를 받는 신탁

② 제1항 제2호의 수익자는 위탁자가 사망할 때까지 수익자로서의 권리를 행사하지 못한다. 다만, 신탁행위로 달리 정한 경우에는 그에 따른다.

---

20) 법무부, 신탁법 해설, 법무부, 2012, 184면 이하.

나. 유언대용신탁의 의의

위탁자가 자신이 사망한 때에 수익자에게 수익권을 귀속시키거나 위탁자가 사망한 때로부터 수익자가 신탁이익을 취득할 수 있는 수익권을 부여하는 형태의 신탁이다. 위탁자가 자신의 생전 의사표시로 사망 후 상속재산의 귀속을 정한다는 점에서 민법상 유증과 법률효과가 같다.[21] 유언대용신탁은 유언이 아니기 때문에 유언의 방식을 갖출 필요가 없다. 유언대용신탁은 유언(또는 유언신탁)에 비해 간편하고 융통성 있는 제도로서 위탁자의 의사를 보다 적극적으로 반영하여 위탁자의 재산승계를 설계할 수 있다.

다. 유언대용신탁의 종류

(1) 유언대용의 생전신탁

본인(위탁자)의 생전에는 수익자가 따로 있고(위탁자가 될 수도 있다), 수익자로 미리 지정된 자("사후수익자")가 본인의 사망 시점에 비로소 수익자가 된다(신탁법 제59조 제1항 제1호). 위와 같은 신탁은 생전 수익자를 본인으로 하고, 사후수익자를 요부양자로 함으로써 생전 및 사후 재산관리기능을 수행할 수 있다.

유언신탁(신탁법 제3조 제1항 제2호)의 경우에도 수익자로 지정된 자가 위탁자의 사망시에 수익권을 취득하는데 이 경우에는 신탁 자체가 위탁자의 사망시에 효력을 발생하는 것인데 반하여, 유언대용

---

21) 광장신탁법연구회, 주석신탁법, 박영사, 2013, 266면; 안성포, 주 4, 221면은 유언대용신탁이 신탁법에 신설된 이유를 위탁자 사망시에 수익권을 취득하는 수익자를 미리 지정하거나, 수익자로 지정하되 위탁자 사망시에 비로소 수익권을 취득하는 것으로 정할 수 있도록 하는 유언대용신탁을 신설하여 신탁이 상속의 기능을 수행할 수 있도록 함이라고 설명하고 있다.

신탁의 경우에는 신탁은 위탁자의 생전에 이미 효력이 발생하여 존
재하는 생전신탁이라는 점에 차이가 있다.[22]

(2) 위탁자 사망 후 수익채권이 발생하는 생전신탁

본인(위탁자)의 생전에는 수익자가 따로 없고 사후수익자가 유일
한 수익자이지만, 본인이 사망한 이후에 비로소 수익채권이 발생하
는 신탁이다(신탁법 제59조 제1항 제2호). 이러한 유형의 신탁으로
사후수익자를 요부양자로 하고 사후 재산관리기능을 수행하도록 하
면서 본인(위탁자)이 사후수익자를 변경할 수 있다.[23]

라. 수익자의 변경

위탁자는 사망하기 전까지 언제든지 수익자로 지정된 '사후수익
자'를 변경할 권리를 가진다. 일반적으로 신탁행위로 특별히 정한 경
우에만 위탁자에게 수익자변경권이 인정되는 것에 비추어 보면 특
별한 규정이다. 그러나 유언대용신탁에서 인정되는 수익자변경권자
는 본인(위탁자)에게 한정되므로 본인이 생존하는 동안에만 행사가
능하고 본인이 사망한 이후에는 수익자 변경이 불가능하다. 본인(위
탁자) 이외의 제3자에 의한 수익자 변경도 불가능하다. 따라서 본인
이 심신상의 제약 등으로 적절한 수익자변경권 행사·불행사를 기대

---

22) 법무부, 주 20, 487-488면; 광장신탁법연구회, 주 21, 266면.
23) 또 신탁에서 수익채권의 발생을 위탁자의 사망 시점 이후의 일정시점으로
    정할 수 있다. 예를 들어, 위탁자(유언자)가 자신의 배우자를 수익자로 지
    정하면서 자신이 사망한 후 3년 내에 재혼을 하지 않은 경우에 비로소 신
    탁수익을 받을 수 있도록 신탁을 규정하는 것이다. 이 경우 배우자는 위탁
    자가 사망한 때부터 수익자로서의 감독권(공익권)은 행사할 수 있지만, 사
    망 후 3년 동안은 신탁재산에 기한 급부를 청구할 수 없다[김상훈, 유언대
    용신탁제도의 문제점과 제언, 법률신문(2013. 6. 3.) 제4132호에서 인용].

하기 어려운 상황에 대비하고자 한다면, 또 본인 사후에도 수익자변경권을 유보하고자 한다면, 신탁행위로 본인 이외의 자를 추가적 또는 예비적인 수익자변경권자로 지정하여 두는 것이 필요하다.[24]

마. 유류분반환청구권과의 관계[25]

(1) 유류분제도

민법은 피상속인에게 유언의 의한 처분자유를 인정함과 동시에 상속인들에게는 상속재산의 일정 부분에 대한 이익을 보장함으로써 양자의 이해를 조정하고 있다. 즉 피상속인은 얼마든지 자신의 재산을 처분할 수 있지만, 상속인인 유류분권리자는 상속분 중 일정 비율에 상응하는 유류분에 미치지 못하는 부분에 대하여 그 반환을 청구할 수 있는 것이다(민법 제1115조).

유류분권리자의 이러한 권리는 신탁이 설정된 경우에도 마찬가지로 보장된다. 위탁자가 생전신탁이나 유언신탁을 설정함으로써 위탁자의 재산 내지 유산의 전부나 일부가 신탁재산으로 수탁자에게 이전되고 그로부터 발생하는 이익이 수익자에게 귀속되는 과정에서 유류분권리자의 상속분이 유류분에 미치지 못하는 결과가 발생할 수 있어[26] 그 반환이 문제될 여지가 있다. 그러나 이에 관하여 신탁법은 유언대용신탁 규정을 신설하면서도 유류분과의 관계에 대하여는 별도의 규정을 두지 않았다.[27]

---

24) 심인숙, 주 1, 103면.
25) 이 점과 관련하여 보다 자세한 내용은 최준규, 유류분과 신탁, 사법 제34호 (2015년 12월), 사법발전재단, 237면 이하 참조.
26) 법무부, 주 20, 498면 각 주(449) 참조.
27) 신탁법 개정 특별분과위원회 제16차 회의록(2009. 7. 22.)을 보면 심인숙 위원이 유언대용신탁과 유류분제도의 관계에 대해 언급하면서 이에 관한 명시적인 규정을 둘 것인지, 해석론에 맡겨둘 것인지 논의하였는데 다른 위

(2) 유류분산정 재산에 신탁재산이 포함되는지 여부

민법은 피상속인이 상속개시시 가진 재산의 가액에 증여재산의 가액을 가산하고 채무의 전액을 공제하여 유류분을 산정한다고 규정하고 있다(제1113조 제1항). 피상속인이 생전에 신탁계약으로 수탁자에게 그 소유권이 이전되었으니 상속개시 시 가진 재산이 아닐 수 있다. 그러나 현재 우리나라의 대부분 학자들은 이런 경우 수탁자에게 무상으로 처분한 것으로 평가하고, 이에 따르면 신탁재산은 유류분 산정에 포함되는 재산에 해당된다.[28]

(3) 유류분 반환 청구의 상대방

유류분반환청구의 상대방을 누구로 해야 할 것인지에 대해서도 견해가 나뉜다. 즉 상대방이 수익자라는 견해와 수탁자라는 견해다. 전자는 신탁재산으로부터 이익을 향수하는 자는 수익자이므로

원들이 해석론에 맡기자는 의견을 개진하고 있다(법무부, 신탁법 재정 특별분과위원회 회의록 II, 2010, 1208면; 정소민, 신탁을 통한 재산승계와 유류분반환청구권, 민사실무연구회 발표문, 2015, 미공간, 주 50)에서 재인용].

[28] 이와 관련한 학설의 내용이 너무 방대하여 결론만 기재하였지만 유언대용신탁의 신탁재산이 유류분의 기초재산에 포함되는지 여부에 대해 유언대용신탁의 특징이 고려되어야 한다는 견해가 있어 소개한다. 미국의 유언대용신탁은 유증자가 그에게 유리한 처분 및 관리에 관한 규정을 임의로 유언장에 삽입할 수 있는 철회가능신탁(revocable trust)에서 비롯되었다[이계정, 주 5, 288-289면]. 그런데 미국은 과반수 이상의 주에서 철회가능신탁의 위탁자가 철회권을 가지고 있어서 언제라도 신탁재산을 위탁자의 재산으로 복귀시킬 수 있다는 점에 근거하여 철회가능신탁의 신탁재산을 위탁자의 검인대상재산에 포함시키고 있다. 이 점을 참고하여 유언대용신탁의 설정으로 신탁재산은 이미 수탁자에게 이전되었지만 수익자는 위탁자가 사망한때부터 비로소 수익자가 되고, 위탁자는 사망시까지 신탁을 종료시킬 권리를 통하여 신탁재산을 실질적으로 지배하고 있다고 볼 수 있어 유언대용신탁의 신탁재산은 유류분 산정의 기초재산인 피상속인 상속개시 시 가진 재산에 포함된다는 것이다[정소민, 주 27, 20-21면].

유류분권리자는 원칙적으로 수익자를 상대로 반환청구를 해야 한다는 것이다.[29]

후자는 유류분은 원물반환이 원칙이므로 신탁재산의 법률상 소유자인 수탁자가 반환청구의 상대방이 되어야 하고, 수탁자가 이미 신탁재산을 수익자를 위해 사용하는 등으로 인해 원물반환이 불가능한 경우에는 수익자를 상대로 가액반환을 해야 한다는 것이다.[30]

이 외에 신탁재산의 이익은 실질적으로 수익자에게 돌아가므로 원칙적으로 수익자가 상대방이 되어야지만 수익자와 수익권의 내용이 매우 다양하여 수익자를 확정할 수 없는 경우 등에는 신탁재산의 명의자인 수탁자를 상대로 반환청구권을 행사하여야 한다는 견해가 있다.[31]

(4) 유류분의 반환 방법

이 문제는 유류분반환청구권의 성질을 어떻게 파악할 것인가와 관계가 있다. 대법원 판례는 반환의무자는 통상적으로 증여 또는 유증대상 재산 그 자체를 반환하면 될 것이나 위 원물반환이 불가능한 경우에는 그 가액 상당액을 반환할 수밖에 없다고 판시하여[32] 원물반환을 원칙으로 삼고 있다.

유류분 반환의 상대방이 수익자라는 입장에서 보면, 수익자는 원본수익자가 아닌 한 원물인 신탁재산의 반환을 할 수 없고, 위 판례의 취지에 따라 수익권을 반환하여야 할 것이다. 또 반환의 상대방

---

29) 대표적으로 임채웅, 유언신탁 및 유언대용신탁의 연구, 인권과 정의 제397권, 2009. 9., 141면.
30) 김상훈, 주 23.
31) 최수정, 개정신탁법의 재산승계제도, 법학논총(제31집 제2호), 2011, 81면; 정소민, 주 27, 22면.
32) 대법원 2005. 6. 23. 선고 2004다51887 판결; 대법원 2013. 3. 14. 선고 2010다42624, 42631 판결 등.

이 수탁자라면 신탁재산의 반환이 가능하다. 그러나 이 경우 신탁계약은 효력을 발생할 수 없으므로,[33] 이때에도 원물반환이 불가능한 것으로 보아 가액반환만을 허용해야 한다.[34][35]

바. 소결

영미법은 상속인에게 유류분을 인정하지 않으므로 과세 및 절차상의 복잡함을 회피할 수 있는 재산승계제도로 신탁이 많이 활용되었다.[36] 우리나라에서도 신탁의 유연성을 활용하여 제한능력자가 상속인인 경우에 신탁을 설정하여 수탁자가 상속재산의 관리, 처분을 하는 것이 상속인에게 더 바람직하다는 견해가 많다.[37] 그런데 재산 승계제도로서 신탁을 활용하는 것은 근본적으로 사회가 기존의 가치관에 대해 달리 생각할 수 있다는 점을 승인하여야 한다.[38]

필자가 경험한 사건을 소개한다. 피상속인은 슬하에 4남매를 두었는데 그 중 장녀가 심한 정신질환을 앓고 있어 재판 당시 시설에서 거주하고 있었다. 피상속인은 제법 많은 재산을 모아 장녀 앞으로 오피스텔을 사서 거기에서 나오는 차임 상당 수익으로 시설 입주

---

33) 양재모, 주 10, 435면.
34) 최수정, 주 31, 82면.
35) 일본의 경우에는 유류분반환청구에 가액변상권을 인정하고 있어 신탁계약에 의해 유류분이 침해된 경우 신탁계약의 파괴 없이 당사자의 이해관계를 조정할 수 있다고 한다[양재모, 주 10, 437면].
36) 양재모, 주 10, 438면.
37) 대표적으로 정소민, 주 27, 22면.
38) 양재모, 주 10, 443면; 하나은행 신탁 관계자는 2010. 4.에 유언대용신탁상품을 판매하기 시작하였는데, 인식과 홍보 부족으로 1년에 4-5건 정도 계약이 체결되었지만 사회적으로 분위기가 변하면서 2015년 12월 기준으로 76건의 계약을 체결하고 2,430억 원을 상회하는 자산을 신탁으로 관리하고 있다고 한다.

비 및 생활비를 충당할 수 있도록 하였다. 피상속인은 죽음을 앞두고 작은딸에게 남은 재산을 잘 관리하여 언니를 보살펴 달라고 하였다. 그런데 피상속인의 유지는 유언의 요건을 충족하지 못하였고,[39] 장남과 작은 딸 사이에 생긴 상속재산 분쟁으로 장남이 상속재산분할심판을 청구하였다. 심판으로 상속재산분할을 하기 위해서는 유증재산을 포함한 피상속인이 상속개시 당시 보유하고 있던 재산에 생전에 상속인들에게 증여한 재산(특별수익 재산)을 구하고(간주상속재산), 여기에 법정상속분율을 계산하여 법정상속분을 구한 후 특별수익으로 수정하여 구체적 상속분을 찾는다. 위 사례에서 장녀에게는 오피스텔이라는 특별수익 재산이 있기 때문에 상속재산분할을 통해 더 받는 재산이 없다. 나머지 재산은 다른 형제자매에게 분할되었다. 그런데 작은 딸이 피상속인의 기대처럼 언니를 보살필까? 그나마 이 사안은 다른 형제자매에게 돌아갈 여분의 재산이 있었다.

만약 피상속인이 유일한 재산을 장녀에게 증여하거나 유언대용신탁을 설정하고 사망하여 장남이 누나를 상대로 유류분 청구를 한다면, 이것이 과연 공평한 것인가?

신탁법상 유언대용신탁이나 수익자연속신탁의 도입은 신탁재산의 법적 성질 등에 대한 근본적 문제를 다시 제기한다. 외관과 실질의 분리가 익숙하지 않은 우리 법제에 새로운 제도가 신탁법 개정으로 도입되었다. 새로 도입한 제도가 기존 법제도와 충돌한다면 기존 법제도에 대한 수정법리를 제기하는 것이 타당할 것이다.[40] 유류분 반환청구의 상대방을 확정하는 문제가 어려운 것은 신탁을 통한 재산권이전행위의 법적 의미, 즉 신탁재산의 법적 성질에 대한 결정이 어렵기 때문이다.[41] 그런데 대법원은 신탁법상 신탁계약이 이루어져

---

39) 만약 유언의 요건을 충족하였다면 장남은 동생을 상대로 유류분 반환 소송을 제기하였을 것이다.
40) 양재모, 주 10, 444면.

수탁자 앞으로 부동산의 소유권이전등기가 마쳐지면 대내외적으로 그 소유권이 수탁자에게 이전된다고 판시(대법원 2014. 11. 27. 선고 2012두26852 판결 등 참조)하였고, 헌법재판소는 신탁재산에 대한 재산세의 납세의무자를 수탁자로 규정한 지방세법 제107조 제1항 제3호가 헌법에 위반되지 않는다고 판시하였다(헌법재판소 2016. 2. 25. 선고 2015헌바185 등 결정). 그렇다면 유언대용신탁이 설정되면 그 소유권은 수탁자에게 이전된다고 볼 수 없을까? 또 어떠한 생전 증여가 특별수익에 해당하는지는 피상속인의 생전의 자산, 수입, 생활수준, 가정상황 등을 참작하고 공동상속인들 사이의 형평을 고려하여 당해 생전 증여가 장차 상속인으로 될 자에게 돌아갈 상속재산 중 그의 몫의 일부를 미리 주는 것이라고 볼 수 있는지에 의하여 결정하여야 하는데,[42] 장애를 갖고 생활능력이 없는 자녀를 부양하기 위해 상당한 범위(예를 들어 뒤에서 볼 장애인특별신탁에서 정한 5억 원 이하)의 재산을 유언대용신탁으로 설정하는 것은 특별수익에서 제외하도록 하는 법정책적인 고려가 필요하다고 생각한다.

3. 일본의 후견제도지원신탁

가. 의의

후견제도지원신탁은 후견인이 수행하는 피후견인의 재산관리업무를 신탁제도를 통해 지원하기 위한 제도이다.[43] 법률상의 제도가 아니고 성년후견사건이 급증하면서 법원의 후견인 감독업무가 증가하고 후견인에 의한 부정사건이 사회적으로 문제가 되면서[44] 후견인에 의

---

41) 양재모, 주 10, 434-435면.
42) 대법원 2011. 12. 8. 선고 2010다66644 판결 등.
43) 권중호/이중기, 장애인신탁의 활성화 및 발전방안에 관한 연구, 보건복지부 연구용역보고서, 2013. 8., 14면.

한 부정행위를 미연에 방지하기 위하여 그 대책으로 2011년 2월 최고 재판소 사무총국 가정국이 후견제도지원신탁의 도입을 발표하였다.[45] 성년후견제도의 4가지 유형 중 우리나라의 성년후견에 해당하는 법정 후견과 미성년후견사건만 후견제도지원신탁을 이용할 수 있다.

나. 신탁의 성립

후견제도지원신탁은 본인(피후견인)의 금전재산 중 일상생활에 필요한 재산은 성년후견인이 관리하고, 나머지 재산을 신탁은행[46]에 신탁하여 수탁자가 관리하는 구조다. 피후견인의 재산 중 금전(현금 이나 예금)에 한정되고, 금전이 아닌 부동산이나 채권으로 이용할 수는 없다. 후견제도지원신탁의 이용 여부는 법원이 판단을 하고, 이를 이용하는 경우 신탁계약을 체결하기 전에 변호사, 회계사, 법무 사 등 전문직을 단독 후견인으로 선임하거나 친족후견인과 복수로 선임한다.[47] 가장 보편적인 방법은 우선 전문직 후견인을 선임하여

---

44) 일본에서는 친족후견인의 부정행위 등 사건이 2010년에 123건 발생하여 약 12억 9천만 엔의 피해가 발생하였고, 2014년에는 831건이 발생하여 약 56억 7천만 엔의 피해가 발생하였다고 한다(熊田均, 주 12, 70면).

45) 최수정, 주 9, 61면; 이 제도는 재산보전 및 가정법원의 감독업무의 부담 경 감을 목적으로 하고 있다. 처음 운영된 2012년에는 가족후견인이 선임되는 신규 사건에만 적용되었다가 2015년에는 1,200만 엔 이상의 금융재산이 있 는 전체 사건으로 확대되었다(사토 쇼이치, 일본의 성년후견과 권리옹호, 한국성년후견학회 동아시아국제학술대회, 2015, 12면).

46) 2012년 2월부터 신탁은행 등에서 후견제도지원신탁제도를 활용한 신탁상 품을 판매하였다고 한다(권중호/이중기, 주 43, 14면).

47) 전문직 후견인 선임방법은 ① 신탁계약 체결시까지 전문직 후견인과 친족 후견인을 같이 선임하고, 계약체결이후에는 전문직 후견인만 남는 방식, ② 신탁계약 체결시까지는 전문직 후견인만 선임하고, 신탁계약 체결 이후 는 친족후견인만 선임하는 방식, ③ 친족후견인을 선임하고 전문직 종사자 를 후견감독인으로 선임하는 방식, ④ 신탁계약 체결 전후에 전문직 후견

본인의 생활이나 재산상황을 파악하고 후견제도지원신탁을 이용하기에 적합한지 검토하도록 한다. 만약 적합하다고 판단되면 전문직 후견인은 장래 생활설계에 필요한 내역을 토대로 수입 지출 예상액을 작성하고, 이에 필요한 재산이 신탁계약 체결 후에 후견사무를 수행할 친족후견인에게 전달될 수 있도록 하는 내용으로 수탁자와 신탁계약을 체결한 후 사임하면, 그 후에는 친족후견인이 후견사무를 인계받아 후견사무를 수행하는 것이다.[48][49]

즉 전문직 후견인은 이용할 신탁은행, 신탁재산액, 정기교부액을 설정하고 가정법원에 신탁계약체결에 관한 보고서 등을 제출하는데, 예상 외 지출이 있을 경우도 고려하여 재산, 수입, 지출의 규모에 비추어 일정 정도 여유액이 친족후견인에게 전달될 수 있도록 설정한다. 가정법원은 전문직 후견인의 보고서 내용을 기초로 후견제도지원신탁을 이용하기에 적합하다고 판단하면 전문직 후견인에게 신탁계약 체결의 지시서를 발급하고, 이에 전문직 후견인은 신탁은행과 신탁계약을 체결한다. 신탁계약이 체결되면 본인의 재산 중 일상적으로 사용되지 않는 금전은 신탁은행이 신탁으로 관리하고, 일상 예금계좌는 친족후견인이 관리한다.

일상적인 후견사무를 처리하는 과정에서 발생하는 비용을 후견인이 관리하는 재산으로 충당하지 못하거나 입원비 등 예상하지 못했던 비용을 지출할 필요가 있는 때에는 수탁자가 관리하는 신탁재산으로부터 지원을 받아 지출할 수 있다. 이때 친족후견인은 필요한

인만 선임하는 방식이 있는데[권중호/이중기, 주 43, 45-46면], 전문직 후견인이 계속 필요한 경우에는 후견지원신탁제도를 이용할 필요가 많지 않을 것이다.

48) 권중호/이중기, 주 43, 16면; 전문직 후견인은 비용 면에서 피후견인에게 부담이 될 수 있으므로 전문직 후견인의 전문성을 활용하면서 비용을 최소화하는 방식이다.

49) 최수정, 주 9, 61면.

액수와 이유를 기재한 보고서와 근거자료를 가정법원에 제출하고, 가정법원이 발급한 지시서를 신탁은행에 제출하여 해당액을 출금할 수 있다.[50]

다. 평가(문제점을 중심으로) 및 제언

우선 후견제도지원신탁은 통상 지출을 넘는 부분의 재산을 신탁은행이 관리하면 나머지 후견업무를 친족후견인이 할 수 있는 후견사건에 적합하다. 따라서 친족 사이에 분쟁이 있거나 친족후견인 후보자의 자질에 문제가 있다면 전문가 후견인이 계속 선임될 필요가 있으므로 이 제도를 활용할 실익이 없다. 또 피후견인의 증상이 어느 정도 안정되었다고 평가되어 통상적인 지출이 예상 가능한 경우에 활용된다. 만약 피후견인의 증상이 수시로 변화되는 것이 예상되고, 이와 함께 금전재산 사용의 변화가 예상된다고 평가되면 후견제도 지원신탁은 이용될 수 없다.[51] 또 금전이 아닌 부동산이나 채권으로는 이용할 수 없어 재산의 대부분이 부동산인 경우에는 후견제도지원신탁을 이용하기 어렵다.

무엇보다 후견제도지원신탁은 피후견인의 재산을 잘 관리하는 것이 목적이지만 피후견인이 재산을 사용하지 않고 상속하는 것으로 변질 될 수 있다. 앞서 성년후견제도의 문제점에서 본 바와 같이 후견인이 피후견인의 복리를 위해 필요한 것임에도 재판부에 설명을 하고 서류를 준비하여 신청하는 업무를 태만히 한다면 어떤 결과가 발생하는가? 예를 들어 주거를 개조하면 피후견인의 생활이 개선될 여지가 충분한데도 정기교부액을 변경하거나 신탁계약 해지를 위해 가정법원에 보고서나 근거자료를 제출하는 것이 어렵다면서

---

50) 최수정, 주 9, 62면; 熊田均, 주 12, 71면.
51) 熊田均, 주 12, 71면.

하지 않거나, 또는 후견인이 피후견인의 상속인이라서 주거를 개조하는데 많은 돈을 투입하는 것을 꺼린다면 후견제도지원신탁이 피후견인의 복리를 오히려 저해할 수 있다.[52]

후견제도지원신탁은 피후견인의 재산을 보전하는 데 효과적이다. 그러나 재산을 보전하기 위해서 성년후견제도와 후견제도지원신탁을 이용한다면 그것은 성년후견제도의 본질과 기본 이념에 맞지 않는 것이다. 본인의 복리를 위해 사용되어야 한다.

그럼에도 불구하고 이 제도는 현재 성년후견제도를 보완할 수 있는 제도로 평가되고 있다.[53] 만약 우리나라에서도 이 제도가 도입된다면, 재산이 예금뿐만 아니라 부동산[54]이나 채권인 재산도 포함되고, 수탁자가 금융기관으로서 규모의 경제를 누릴 수 있는 지위에 있다는 것을 고려하여 일정 규모 이상의 재산이 있는 경우만이 아니라 후견인의 재산관리가 미덥지 않은 경우에도 이러한 제도를 이용할 수 있도록 해야 할 것이다.

4. 미국의 특별수요신탁(Special Needs Trust)

가. 의의

미국에서는 장애인에 대해 직접적 조세혜택을 부여하는 장애인

---

52) 熊田均, 주 12, 71면.
53) 최수정, 주 9, 63면.
54) 금전만 대상으로 하면 미리 부동산을 처분하여 현금화하는 경우도 발생할 것이다. 그런데 피후견인에게 가장 중요한 것 중 하나가 주거의 안정이므로 부동산을 처분하고 주택을 임차해서 사는 것은 바람직하지 않다. 부동산으로 후견제도지원신탁을 설정하면 그 부동산을 현행 주택연금처럼 역모기지로 이용할 수 있도록 하고 그 금액을 피후견인을 위한 신탁재산으로 활용할 수 있도록 하는 방법을 제안한다.

신탁은 존재하지 않는다. 다만 장애인이 의료급여 기타 정부급여의 수령자격이 있는 경우, 장애인을 위한 특별신탁의 설정을 허용하여 당해 신탁으로부터의 수익에도 불구하고 정부급여의 수령자격을 계속 유지할 수 있게 해 주는 신탁제도가 존재한다.[55] 이러한 신탁제도를 특별수요신탁(Special Needs Trust, SNT)이라고 한다.

나. 효용

장애인은 사회보장법(the Social Security Act)상의 공공부조인 보충사회보장급여(Supplemental Security Income Benefit), 장애연금(Social Security Disability Income), 의료보험급여(Medicare), 의료보호(medicaid)의 수급권자가 될 수 있다. 이러한 기본적 지원 외에 장애인에게 이 이상 특별한 수요를 충족해 주기 위한 제도가 있는데 그 중 가장 주목받고 있는 것이 특별수요신탁(SNT)이다.

정부급여의 수령자격이 있는 장애인이 재산을 신탁의 형태로 보유하면 정부급여의 수령자격이 인정되지 않거나 그럼에도 급여를 수령했다면 일정 금액 이상의 자산취득으로 인해 이미 받은 급여를 반환하여야 하는데, 미국의 특별수요신탁은 장애인이 정부급여의 수령자격을 계속 유지하게 하면서 기초 수요 외에 "생활의 질을 향상시키기 위한 수요"를 충족하는데 사용할 수 있는 별도의 기금을 설정할 수 있도록 하는 것이다.[56] 이는 법리적으로 특별수요신탁에 포함된 장애인의 재산을 장애인이 가용할 수 있는 자산에 포함하지 않기 때문이다.[57]

---

55) 권중호/이중기, 주 43, 23면.
56) 권중호/이중기, 주 43, 68면.
57) 제철웅/최윤영, 중증발달장애인의 보호를 위한 특별수요신탁제도의 도입 필요성, 비교사법 제21권 제32호 (통권 제66호), 2014. 8., 1166면 이하 참조.

다. 종류 및 요건

(1) 종류

3가지 유형이 있다. 자기출연 특별수요신탁(self-settled SNT/ Self-Funded SNT, First Party SNT), 집합 특별수요신탁(pooled SNT), 제3자 출연 특별수요신탁(third party SNT)이다. 그중 미국 연방 사회보장법에서 직접 규율하는 것은 앞의 두 가지이다.

㈎ 자기출연 특별수요신탁

장애인 소유의 자산을 출연함으로서 설정되는데, 전형적인 예는 장애인이 소송에서 손해배상금을 수령하거나 또는 유산을 상속받은 경우이다. 만약 장애인이 자기출연 특별수요신탁을 설정하지 않으면, 생긴 자산 때문에 받을 수 있는 여러 정부보조급여를 상실할 수 있기 때문에 위와 같은 경우에 설정된다. 이 신탁은 65세 이하의 장애인의 부모, 조부모, 장애인의 후견인, 법원에 의해 장애인을 위해 창설되어야 하고, 65세 미만인 장애인의 유일한 수익을 위한 것이어야 하며, 수탁자는 신탁 분배에 대해 완전한 재량을 가져야 하고, 분배는 장애인이 현재 수령하고 있거나 혹은 장래에 수령할 급여를 대체하는 것이 아니라 보충하기 위해 행해진다는 조항을 규정해야 한다. 장애인인 수익자가 사망한 후 신탁 잔여액이 있을 경우 그 장애인을 위해 지출한 의료보호(Medical Assistance benefits) 액수만큼 국가에 반환한다는 내용(pay-back clause)이 신탁서에 포함되어야 한다. 흔히 (d)(4)(A) 신탁이라고 명명하는데, 보통 가족구성원이 수탁자가 되기도 한다.[58]

---

58) 권중호/이중기, 주 43, 25-26면.

(나) 집합 특별수요신탁

각 장애인을 위한 자산이 집합되어 관리되는 신탁이다. 비영리신탁회사가 수탁자로서 개별 장애인이 맡긴 신탁 원본을 집합시켜 자산을 운영하는 특별수요신탁으로 각 장애인을 위한 자산이 집합되어 관리된다. 제3자 소유의 출연자금으로 제3자가 설정할 수 있고, 장애인이 자신의 자산으로 설정할 수도 있다. 신탁은 부모, 조부모, 후견인, 법원 또는 장애인 본인에 의해 설정된다. 집합신탁은 많은 장애인의 자산을 투자목적으로만 집합해 관리하지만 각 장애인은 집합신탁 내에 각자의 개별계좌를 가진다. 집합신탁은 신탁에 출연될 자산이 다른 특별수요신탁을 설정하기에는 부족한 경우 이상적이다.[59] 수익자인 장애인이 사망한 후 개별 수익자의 계좌에 잔여액이 있을 때 장애인을 위해 지출한 의료보호 급여액만큼 국가에 반환하고 집합 신탁의 다른 장애인 수익자를 위해 계속 존속하여야 한다.[60][61]

---

59) 신탁관리비용이 신탁재산으로부터 나온 수익을 초과할 수 있기 때문에 미국 금융권은 자산이 250,000 달러나 500,000달러가 되지 않으면 신탁을 받아주지 않는다고 한다. 따라서 장애인의 요양 및 돌봄을 위해 신탁을 설정하려는 특별수요목적 신탁은 신탁재산을 집합시킨 신탁인 경우가 많다[제철웅/최윤영, 주 57, 1170면].

60) 권중호/이중기, 주 43, 26-27면.

61) 집합 특별수요신탁의 한 예로 제철웅 교수는 미주리 가족신탁(Missouri Family Trust)을 소개하고 있다. 미주리 가족신탁은 장애분야 전문 집단으로 투자전문가는 아닌 비영리기관이다. 미주리 가족 신탁은 창설비용과 관리비용이 상대적으로 저렴하고 집합 신탁자산을 투자 목적으로 관리하기 위해 가장 실적이 좋은 신탁 은행을 활용한다. 한편 미주리 가족 신탁은 장애인 가족을 공동수탁자로 지정할 수 있도록 함으로써 신탁재산 관리에 가족의 참여를 보장하기도 한다. 미주리 가족신탁은 수익자의 사망 등으로 신탁이 해소될 경우, 잔여 신탁재산의 일부는 장애인을 위해 봉사하는 공익신탁에 이전하도록 한다. 장애인을 위해 사용하고 남은 자산의 25%가 공익신탁에 이전된다고 한다[제철웅/최윤영, 주 57, 1170-1171면].

(다) 제3자 출연 특별수요신탁(Third Party SNT)

장애인의 부모나 조부모 등 제3자가 자신의 금전 기타 자산으로 장애인의 수익을 위해 설정하는 것이다. 신탁 출연재산이 장애인 이 외의 제3자로부터 형성되는 것이므로 장애인의 자산으로는 설정될 수 없다. 제3자가 자신의 생존 중에 직접 설정할 수 있고 유언으로 자신의 사망시 신탁에 대한 유증을 통해 출연할 수도 있다. 제3자 출 연 특별수요신탁의 설정을 위해서는 모든 신탁수입의 분배는 수탁 자의 재량에 의해 행해진다는 조항을 신탁계약에 규정해야 하고(재 량신탁), 모든 신탁수입의 분배는 장애인이 현재 수령하고 있거나 혹은 장래에 수령할 급여를 대체하는 것이 아니라 보충하기 위해 행 해진다는 조항을 규정해야 한다.[62] 이 신탁은 연방법에 직접 규율되 지는 않지만, 연방 사회보장관청의 업무지침인 POMS에 따라 일정 요 건이 충족되면 수익자인 장애인의 자산에 포함시키지 않기 때문에 특별수요신탁으로 분류된다. 이 신탁은 장애인이 사망한 후 잔여재 산이 있더라도 국가에 그 금액을 반환할 필요가 없다.[63]

(라) 이 밖에 연금, 사회보장급여, 기타 개인 소득으로 신탁재산을 구성하고 수익자인 장애인이 사망한 후 신탁재산에 잔여액이 있을 때 장애인을 위해 지출한 의료보호 급여액만큼 국가에 반환할 것을 조건으로 한 신탁도 있다. 이른바 (d)(4)(B) 신탁인데, 이는 장기요양 급여에 소득제한을 두고 있는 일부 주에서 활용되기도 하는데, 이 신탁을 특별수요신탁으로 이용하는 경우는 드물다고 한다.[64]

---

62) 권중호/이중기, 주 43, 24-25면.
63) 제철웅/최윤영, 주 57, 1169면.
64) 제철웅/최윤영, 주 57, 1168면.

(2) 특별수요신탁에 대한 세제상 취급

특별수요신탁에서 얻는 신탁의 수입은 설정자가 소유한 것으로 간주된다. 자기출연 특별수요신탁의 경우 장애인 수익자가 소득세법상 설정자가 되어 신탁에서 발생한 수입이 자신의 수익을 위해 실제 분배되었는지 상관없이 신탁의 수입 전부를 소득세 신고 대상으로 신고해야 한다.[65]

(3) 특별수요신탁이 장애인의 자산에 포함되지 않기 위한 요건[66]

(가) 특별수요신탁은 철회 불가능한 신탁이어야 하며 동시에 모두 절대적 재량신탁이어야 한다. 즉 수탁자가 신탁의 목적인 수익자의 특별수요의 충족이라는 이익에 가장 부합한다고 판단될 경우 수익자에게 필요한 물품을 구입할 수 있게끔 신탁 원본 또는 수익을 활용할 재량을 가지고 있다. 동시에 이 신탁의 수익권은 수익자가 양도할 수도 없고, 수탁자의 채권자가 공취할 수도 없다. 그 점에서 이 신탁에는 낭비자 조항(Spendthriftclause)[67]이 포함되어 있어야 한다.

(나) 신탁 원본 또는 수익이 수익자에게 재산적 가치 그 자체로 인

---

[65] 권중호/이중기, 주 43, 73면.

[66] 제철웅/최윤영, 주 57, 1169면 이하 참조. 신탁설정에 있어서 그 요건이 모두 충족될 수 있도록 신탁서를 작성해야 하고, 수탁자가 위 요건을 모두 준수해야 하기 때문에 문외한이 수탁자로서 활동하기는 쉽지 않다고 한다.

[67] 위탁자가, 수익자가 신탁으로부터 얻게 될 이익을 마음대로 양도하지 못하게 하거나 수익자의 채권자가 신탁재산에 접근하는 것을 막고 싶을 때 낭비자신탁을 설정할 수 있다. 수익자가 신탁재산을 낭비하는 것을 막기 위한 신탁이라는 의미에서 붙여진 이름으로, 자신의 자녀가 경제적으로 무책임하다고 느끼는 부모에 의해 설정되는 것이 일반적이라고 한다. 낭비자 신탁이 설정된 경우 수익자는 자발적 또는 비자발적으로 수익을 이전시킬 수 없다. 또 수익자의 채권자는 신탁재산을 강제집행할 수 없다. '양도금지'와 '집행면제'가 핵심이다[김상훈, 미국상속법, 세창출판사, 2012, 242면; 임채웅, 미국신탁법, 박영사, 2011, 267면 이하 참조].

정되지 않아야 하고, 수익자의 특별수익에 충당되도록 해야 한다.
따라서 신탁 원본 또는 수익이 수익자에게 현금으로 지급되어서는
안 되며, 현물 또는 서비스를 지급하는 자에게 수탁자가 직접 비용
을 지급해야 한다. 또한 수익자에게 지급되는 물품 또는 서비스가
공공부조인 보충사회보장급여의 지급대상일 경우에는 그 범위만큼
보충사회보장급여가 축소될 수 있다.

㈐ 다른 소득자들과의 형평을 고려해 신탁 원본 또는 수익에서
물품 또는 서비스가 수익자에게 지급되면 그 범위의 가액만큼 소득
이 있는 것으로 취급하여 소득세가 부과될 수 있게 한다.

라. 특별수요신탁 신탁재산의 사용처[68]

특별수요신탁에 포함된 원본 및 수익은 공공부조나 의료보호에
의해 충당될 수 있는 급여 목적을 위해서는 지출되지 않는다(지출할
필요가 없다). 대신 그것을 초과한 다른 특별한 목적을 위해서 사용
되는데 수익자에게 현금으로 지급되면 안 되고, 물품 및 서비스제공
자에게 직접 대가가 지급된다. 특별수요신탁으로 지출이 허용되는
것으로는 의료보호에 포함되지 않는 진단과 치료, 치과치료, 수탁자
의 권유에 의해 받는 의료적 처치, 보완적 요양서비스, 재활 및 직업
관련 치료 목적의 요양서비스, 공공부조에 의해 제공되는 거주시설
비용과 사설 주택 또는 그룹홈 비용 간의 차액, 수탁자가 주택을 취
득하고 그 임대료를 수익자가 지불할 경우 그 비용, 사회보장서비스
로는 제공받지 못하나 수익자에게 적합한 프로그램,[69] 의료보험, 생

---

68) 제철웅/최윤영, 주 57, 1171면 이하 참조.
69) 레크레이션 활동 또는 직업 관련 활동, 취미활동과 휴가, 수익자를 위한
   전문가의 서비스(상담, 변호사비용 등), 애완동물 또는 인도견 등의 취득과
   유지 비용[제철웅/최윤영, 주 57, 1171면].

명보험, 수익자의 육체적, 정신적, 심리적 안정 및 개선을 목적으로 한 여행 비용, 자동차 구입 및 유지 비용 등이다. 정리하면 수탁자(등)가 적합하다고 판단하여 지출된 여타의 비용과 수익자가 지출한 비용의 상환에 특별수요신탁의 원본과 수익이 충당될 수 있다.

5. 우리나라의 장애인특별부양신탁

가. 현황

현행 장애인 소득제도[70]는 절대빈곤층이나 저소득층만을 대상으로 하지만 생활비, 의료비, 교육비 등 경제적인 면에서 안정적인 삶을 유지할 수 있도록 지원한다고 보기에는 지원 금액이 충분하지 않고 장애인의 다양한 개별적인 수요를 충족하는 데에도 한계가 있다. 이에 장애인을 수익자로 한 신탁을 살펴본다. 신탁계약을 통해 유연한 제도설계가 가능하고, 부모(위탁자)의 사망 등에도 불구하고 수탁자를 통해 안정적으로 신탁재산을 관리할 수 있으며, 장애인의 개별적인 수요를 고려한 이른바 맞춤형 서비스 제공이 가능하다는 점에서 장애인신탁제도[71]는 현행 장애인 소득보장제도의 한계를 보완할 수 있을 것이라고 기대된다.

현재 우리나라에서 법제화된 장애인신탁은 상속세법 및 증여세법 제52조의2에서 정한 장애인에 대한 증여세 비과세 제도를 활용한

---

70) 국민연금의 장애연금, 장애인연금법상의 장애인연금과 장애수당제도를 말함.
71) 법령상의 용어가 아니고 신탁 개념에 기하여 장애인을 수익자로 하는 신탁을 지칭한다. 즉 장애인의 안정적인 삶을 유지하기 위해 장애인의 부모 등이 위탁자가 되어 특별한 신임관계에 있는 수탁자에게 재산을 이전하거나 기타 처분을 하고 수탁자로 하여금 장애인을 위하여 그 신탁재산을 관리, 처분하도록 한 법률관계를 상정한다.

장애인 특별부양신탁이 유일하나 그 실적은 미비하다.[72]

나. 법률규정

상속세 및 증여세법 제52조의2(장애인이 증여받은 재산의 과세가액 불산입) ① 대통령령으로 정하는 장애인이 그의 직계존비속과 대통령령으로 정하는 친족으로부터 재산(「자본시장과 금융투자업에 관한 법률」에 따른 신탁업자에게 신탁할 수 있는 재산으로서 대통령령으로 정하는 것을 말한다. 이하 이 조에서 같다)을 증여받고 제68조에 따른 신고기한까지 다음 각 호의 요건을 모두 갖춘 경우에는 그 증여받은 재산가액(그 장애인이 살아 있는 동안 증여받은 재산가액을 합친 금액을 말하며, 5억 원을 한도로 한다)을 증여세 과세가액에 산입하지 아니한다.

1. 증여받은 재산 전부를 「자본시장과 금융투자업에 관한 법률」에 따른 신탁업자에게 신탁하였을 것
2. 그 장애인이 신탁의 이익 전부를 받는 수익자일 것
3. 신탁기간이 그 장애인이 사망할 때까지로 되어 있을 것. 다만, 장애인이 사망하기 전에 신탁기간이 끝나는 경우에는 신탁기간을 장애인이 사망할 때까지 계속 연장하여야 한다.

② 세무서장등은 제1항에 따라 재산을 증여받은 장애인이 다음 각 호의 어느 하나에 해당하면 대통령령으로 정하는 날에 해당 재산가액을 증여받은 것으로 보아 즉시 증여세를 부과한다. 다만, 대통령령으로 정하는 부득이한 사유가 있을 때에는 그러하지 아니하다.

---

72) 2012년 5월 기준으로 14건이고, 수탁액은 62억 5천만 원 정도라고 한다(권중호/이중기, 주 43, 6면). 삼성생명주식회사는 장애인을 위한 특별부양신탁을 판매하고 있는데 필자가 2016. 3. 담당자에게 문의하니 현재까지 5-6건 판매되었다고 한다.

1. 신탁을 해지하거나, 신탁기간이 끝난 경우에 그 기간을 연장하지 아니한 경우
2. 신탁기간 중 수익자를 변경하거나, 제1항 제1호에 따른 증여재산가액이 감소한 경우
3. 신탁의 이익 전부 또는 일부가 해당 장애인이 아닌 자에게 귀속되는 것으로 확인된 경우

③ 제1항을 적용받으려는 사람은 제68조에 따른 신고기한까지 대통령령으로 정하는 바에 따라 납세지 관할세무서장에게 신청하여야 한다.

④ 제2항에 따른 증여세액의 계산방법과 그 밖에 필요한 사항은 대통령령으로 정한다.

상속세 및 증여세법 시행령 제45조의2(장애인이 증여받은 재산의 과세가액불산입)

① 법 제52조의2 제1항 각 호 외의 부분에서 "대통령령으로 정하는 장애인"이란 「소득세법 시행령」 제107조제1항 각 호의 어느 하나에 해당하는 자를 말한다.

② 법 제52조의2제1항 각 호 외의 부분에서 "대통령령으로 정하는 친족"이란 「국세기본법 시행령」 제1조의2 제1항 제1호, 제2호 및 제4호에 해당하는 자를 말한다.[73]

③ 법 제52조의2 제1항 각 호 외의 부분에서 "대통령령으로 정하는 것"이란 다음 각 호의 어느 하나에 해당하는 것을 말한다.

1. 금전
2. 유가증권

---

73) 국세기본법 시행령 제1조의2 제1항 제1호는 6촌 이내의 혈족 제2호는 4촌 이내의 인척, 제4호는 친생자로서 다른 사람에게 친양자 입양된 자 및 그 배우자·직계비속으로 규정하고 있다.

3. 부동산

④ 법 제52조의2 제2항 각 호 외의 부분 본문에서 "대통령령으로 정하는 날"이란 다음 각 호의 날을 말한다.

1. 법 제52조의2 제2항 제1호의 경우에는 그 신탁해지일 또는 신탁기간의 만료일
2. 신탁의 수익자를 변경한 경우에는 수익자를 변경한 날
3. 증여재산가액이 감소한 경우에는 신탁재산을 인출하거나 처분한 날
4. 신탁의 이익의 전부 또는 일부가 장애인외의 자에게 귀속되는 것으로 확인된 경우에는 그 확인된 날

다. 문제점

장애인특별부양신탁은 장애인에 대한 증여세 비과세제도를 활용하여 직계존비속과 친족으로부터 증여받은 재산을 신탁 설정하고, 이를 신탁업자가 관리하여 심신장애로 인하여 스스로 재산을 관리할 수 없는 장애인의 안정적인 사회생활을 지원하기 위한 상품이다. 그런데 현재의 저금리기조를 고려하면 증여세 면제액 한도액이 장애인의 안정적인 생활을 보장할 만큼 많지 않고, 증여세면제요건으로 신탁재산으로부터 원금인출이 제한되어 신탁의 효용을 저해할 수 있으며, 신탁소득인 신탁재산의 운용수익에 대해 과세를 하고 있고, 자익신탁방식만 인정하여 발달장애 등 정신장애가 있는 장애인의 경우 신탁계약체결능력에 문제가 있으며, 증여자의 범위와 수탁가능재산을 제한하여 장애인특별부양신탁을 활용하는데 어려움이 많다.[74]

---

74) 권중호/이중기, 주 43, 7-8면.

특히 고소득층 입장에서는 현재의 저금리 기조에 비추어보면 (원금 인출이 제한됨에도) 비과세한도액이 많지 않고, 1억 원 내지 2억 원의 재산으로 신탁설정을 하려는 부모 입장에서는 신탁설정으로 장애 자녀에게 눈에 보이는 도움이 전혀 없는데(저금리로 이자 수익은 생활에 도움이 되지 않고, 원금 인출은 제한되며, 오히려 자산으로 평가되어 사회복지급여는 받을 수 없게 될 수 있다) 신탁재산의 관리에 수반되는 신탁수수료 등 제반 비용만 부담해야 할 수도 있다. 무엇보다 특별부양신탁은 장애인에게 일정액의 수익금을 지급할 뿐이고, 그 금전이 장애인에게 필요한 물품과 서비스 구입에 적절히 사용되었는지에 관해서는 고려하지 않는다.[75]

앞서 본 바와 같이 일반적으로 신탁이 가지는 최대 장점은 탄력성으로 당사자가 원하는 바에 따라 맞춤형으로 설계하는 것이 가능하고, 당사자의 의사가 온전히 실현될 수 있도록 신탁법에서 두터운 보호장치를 제공하고 있는데[76] 이러한 장점을 활용한 적절한 장애인신탁이 모색되어야 할 것이다.

Ⅳ. 장애인신탁제도의 활성화 방안

1. 장애인특별부양신탁의 활성화

가. 고소득층의 활성화 방안

먼저 증여세 면제한도를 확대할 필요가 있다.[77] 신탁이 설정되면

---

75) 전창훈, 의사결정능력에 장애가 있는 사람을 위한 신탁-한국의 사례-, 한국성년후견학회 동아시아국제학술대회, 2015, 201면.
76) 심인숙, 주 1, 77면.
77) 권중호/이중기, 주 43, 80면에 의하면 10억 원으로 상향조정할 필요가 있고, 일본은 1975년 장애인에 대한 증여세비과세제도를 도입하였는데 1988년 비

기초생활수급자격이 되지 않을 가능성이 높은데, 비과세 한도인 5억 원으로 얻을 수 있는 월 금융수익을 감안하면 부모나 친족이 장애인에게 금전을 증여하여 기초생활수급자격에서 벗어나게 하는 것이 경제적으로 과연 이익인지 고민스러울 것이다. 더구나 장애인이 받는 수익에 대해서는 소득세를 과세하고 있는데, 적어도 비과세되는 한도에서 발생하는 수익은 장애인의 안정적인 생활을 지원하려는 공익적 목적을 고려하여 소득세를 면제하는 방안을 제안한다.

나. 저소득층, 중산층의 활성화 방안

직계존비속과 친족으로 규정된 증여자 범위에 독지가도 포함시켜 사회적 약자에 대한 사회적 배려를 확충할 수 있도록 하고, 장애인의 부양, 의료, 교육 등을 위한 비용에 신탁재산의 수익만으로 충당할 수 없는 경우에는 원금의 사용을 허용해야 할 것이다. 특히 성년후견제도를 이용하는 피후견인의 경우에는 후견인이 법원의 허가를 받아 원금을 인출할 수 있도록 해야 한다.

2. 민사신탁의 활용

가. 한국자폐인사랑협회의 발달장애인 신탁사업

위 신탁은 부모의 지원을 받을 수 없거나 지원이 약해지는 경우에도 지속적으로 발달장애인에게 지원할 수 있는 것을 목적으로 한다. 구체적인 예를 보면 위탁자인 부모는 수탁자 한국자폐인사랑협회와 수익자를 발달장애인인 자녀로 하는 신탁계약을 체결하고 자녀의 시설이용료, 활동보조인 비용 지출, 매월 소액의 용돈에 신탁을

과세한도액을 3천만 엔에서 6천만 엔으로 인상하였다고 한다.

사용하도록 하는 것이다.[78]

나. 활성화 방안

(1) 비영리법인이 수탁자로서 활동할 수 있는 여건 조성

신탁을 영업으로 할 때에는 금융감독위원회의 인가를 받거나 등록을 해야 한다.[79] 영업으로 한다는 것은 수탁자가 보수를 받는다는 것이므로 보수를 받지 않고 비용상환에 그친다면 비영리법인도 수탁자가 되어 다수와 신탁계약을 체결할 수 있을 것이다.[80] 한국자폐인사랑협회와 같은 장애 전문 비영리법인이 수탁자가 되면 수익자인 장애인에게 필요한 물건과 서비스를 안정적으로 조달해 주는 역할도 수행할 수 있을 것이다.

그런데 위와 같은 후견신탁 또는 장애인을 위한 신탁은 금융투자상품과 달리 고위험을 부담하는 신탁이 아니고, 피후견인의 복리를 위한 고유의 목적을 달성하기 위한 것이다. 이처럼 특정 목적을 위한 관리형신탁의 경우에는 신탁의 활성화를 위해 신탁업법의 예외로 규정하는[81] 것이 필요하다.[82]

---

78) 자세한 내용은 전창훈, 주 75, 202면 이하 참조.
79) 자본시장과 금융투자업에 관한 법률 제8조 제1항, 제6조 제1항.
80) 한국자폐인사랑협회 외에 장애인지원을 위한 공익법인 역시 현재 장애인의 재산관리를 지원하기 위해 수탁자를 가족으로 하는 신탁계약 체결을 지원하고 있는데, 신탁계약내용에 수탁자의 보수가 없음을 명시하고 있다.
81) 양재모, 주 10, 443면; 자본시장과 금융투자업법에 관한 법률 제7조는 금융투자업의 적용을 받지 않는 신탁으로 "담보부사채신탁법"에 따른 담보부사채에 관한 신탁업, "저작권법"에 따른 저작권신탁관리업의 경우에는 신탁업으로 보지 아니한다고 규정하고 있다.
82) 그렇게 되면 장애 전문 비영리법인 뿐만 아니라 비영리기구인 법무사, 변호사 등의 전문가 단체도 민사신탁을 활용할 수 있을 것이다. 지금까지 우리나라는 상사신탁, 은행을 중심으로 하는 금융업의 한 부분으로서 금전신탁이 주로 이용되어 왔다. 따라서 신탁업무는 은행업무와 경합하게 되

(2) 집합신탁으로 관리

소액의 신탁재산을 개인별 계정으로 관리하되 투자목적을 위해서는 집합신탁으로 운용할 수 있는 것이 필요하다. 특히 비영리법인이 수탁자가 되어 신탁이 설정되는 경우 설정된 각 신탁재산을 개인별 계정으로 관리하되 집합한 신탁자산을 신탁은행을 활용하여 관리할 수 있도록 하면[83] 재산관리 경험이 부족한 비영리법인이 수탁자가 되어 관리하는 것보다 훨씬 안정적으로 신탁을 운영하고 권한남용의 문제도 상대적으로 적을 것이다.[84]

3. 특별수요신탁의 도입 필요

장애인신탁이 재량신탁으로 설정되면 수익자에게 신탁 수익을 지급할 것인지 여부, 얼마를 지급할 것인지를 결정하는 것은 전적으

었고, 양 업무를 균형 있게 발전시키기 위해 정부는 신탁업에 대해 엄격한 감독을 행하게 되었다. 이것이 신탁제도를 이용하는 데에 현실적으로 많은 제약을 따르게 하고 있다[안성포, 주 4, 195면]. 따라서 신탁법을 전면 개정하면서 의도한 바대로 신탁을 활성화시키기 위해서는 다양한 수탁자가 등장하는 민사신탁이 많이 활용되어야 한다. 필자는 이 글의 목적인 장애인의 복리뿐만 아니라 미성년자녀에 대한 양육비채권 또는 후견이 개시된 미성년자의 재산관리를 위해서도 전문가들을 활용한 민사신탁의 활성화를 희망한다.

83) 앞서 소개한 바와 같이 미국의 특별수요신탁 중 미주리 가족신탁(Missouri Family Trust)도 이러한 방식으로 운영되고 있다.

84) 물론 금융기관을 활용하면 관리비용이 지출되어야 하지만 매우 저렴한 비용이 든다고 평가받는 미주리 가족 신탁은 창설비용이 500달러, 매년 관리비가 350달러, 10,000달러까지는 자산운용관리비용이 관리 자산의 1.5%, 10,000달러 초과 시마다 0.9%를 부과한다고 하는데[제철웅/최윤영, 주 57, 1170-1171면], 필자가 면담한 하나은행 금융팀 관계자는 장애인신탁의 공익적 특성을 고려하면 이 정도 보수나 비용으로 충분히 관리할 수 있다고 하니 활용가능성은 높다고 생각한다.

로 수탁자의 재량에 속한다. 극단적으로는 수탁자가 재량으로 신탁수익금의 지급을 제한할 수 있다. 따라서 수익자에게 신탁수익이 지급되기 전까지는 신탁재산이나 기대되는 신탁수익이 수익자의 재산이라고 볼 수 없다. 더구나 신탁원본이나 수익이 수익자에게 직접 지급되는 것이 아니라 현물 또는 서비스를 지급하는 자[85]에게 수탁자가 직접 비용을 지급한다면 이러한 신탁이 설정되었다고 하여 장애인이 기존에 국가나 지방자치단체로부터 제공받았던 사회복지급여 또는 기초생활수급자격에 변동을 가하는 것이 정당한가?[86][87]

따라서 ① 비영리법인이 수탁자로서 재량을 가지는 신탁으로 설계되고 ② 사회의 구성원이 장애인의 삶의 질 개선을 위한 특별한 사용처라고 합의하는 특별한 수요목적을 위해서만 지출하며, ③ 수익자가 사망시까지 사용하고 남은 재산은 우선 국가나 지방자치단체에 신탁설정기간 수익자가 받은 공적 부조에 해당하는 금액을 지급하는데 사용하도록 한다. 그렇게 하고도 남는 부분은 장애인을 위한 공익신탁에 출연하거나 상속할 수 있도록[88] 하는 신탁이 설정되면, 그로 인해 장애인인 수익자가 기존에 받았던 공적 부조를 신탁이 설정된 후에도 계속 혜택을 받을 수 있도록 해야 한다. 우리 사회

---

85) 장애인의 삶의 질 개선을 위한 특별한 사용에 해당하는 여행, 레크레이션, 자기옹호프로그램 참가 등을 위한 것이다.

86) 앞서 본 미국의 특별수요신탁은 이런 점에 착안하여 재량신탁으로 설정되어야 하고, 수익자에게 현금이 지급되는 방식이 아니라 법이 허용하는 특별한 지출처에 지출하여야 하며, 나아가 잔액이 있으면 신탁설정기간 동안 국가 등으로부터 받은 혜택에 상응하는 부분을 반환하도록 하여 기존에 받았던 복지급여를 지속적으로 받을 수 있도록 하고 있는 것이다.

87) 고령자 또는 장애인을 위한 부양신탁을 설정하는 경우에 신탁의 설정 후에도 공적 부조를 받을 적격을 유지하도록 신탁의 구조를 설계하는 것이 실무상 중요한 점의 하나대정소민, 신탁제도를 통한 미성년자 보호에 관한 연구, 외법논집 제36권 제2호, 2012. 5., 각주 64)에서 재인용].

88) 물론 이 경우에는 상속세가 과세될 수 있다.

구성원의 합의로 이러한 내용의 법률이 제정되거나 관련 법률이 개정되어 장애인의 삶의 질이 개선되길 희망한다.

4. 후견제도지원신탁의 가능성

앞서 본 일본의 후견제도지원신탁은 특별한 입법이 없어도 이러한 신탁상품을 운용하겠다는 금융기관의 협조(특히 관리비용 등 보수)가 있다면 법원의 정책결정으로 우리나라에도 도입될 수 있다. 제기한 몇 가지 문제점을 보완하면 후견지원신탁은 피후견인 재산관리 측면에서 후견인을 보완하여 피후견인을 한층 더 보호해 줄 수 있는 제도라고 생각한다.

V. 마치는 말

신탁은 재산관리능력이 부족한 사람들의 재산관리 측면에서 이미 후견적 기능을 수행한다. 신탁을 성년후견제도와 연결할 수 있다면 더욱 피후견인을 보호할 수 있을 것이다.[89] 필자는 2012년 호주의 성년후견제도를 돌아볼 기회가 있었다. 호주는 (물론 주마다 차이가 있지만) 피후견인의 재산을 친족 아닌 제3자가 관리하는 경우 피후견인들의 재산을 모두 공법인에게 신탁하도록 하여 재산을 관리하고, 여기서 발생한 이익으로 모든 후견인들의 보수를 충당하여 재산이 그리 많지 않은 피후견인도 전문가의 도움을 받고 있는 것이 인

---

[89] 물론 수탁자가 신탁에서 정한 내용에 반하여 신탁재산을 매각하거나 신탁수익을 지급하지 않는 등 앞서 본 후견인의 권한 남용과 유사한 문제가 개인 수탁자에게서도 나타날 수 있다. 한편 한국자폐인사랑협회는 신탁관리위원회를 구성하여 신탁의 운영에 대한 자문과 감독이 이루어지게 하고 있다고 한다[전창훈, 주 75, 203면]. 금융기관과 개인을 공동수탁자로 하는 것도 바람직하다.

상적이었다. 성년후견제도와 결합하지 않더라도 신탁을 세심하게 설계하면 요보호자가 안전하게 재산을 승계하고 삶의 질 개선이 가능할 것이다. 그럼에도 불구하고 신탁이 활성화 되지 못한 이유는 민사신탁의 이용에 대한 관심 부족으로 이에 관한 연구가 매우 부족했기 때문이라고 생각한다. 신탁법은 자산의 보전과 활용을 자유롭게 하기 위해 여러 제도를 도입하였다. 수요자의 희망을 실현시킬 수 있는 신탁상품이 본격적으로 개발되고 이에 관한 논의가 활성화되길 바란다. 그리고 특히 장애인의 특별한 수요를 목적으로 하는 신탁이 입법적으로 강구되어 기본적 수요는 공적 부조를 통해 충족하고 신탁설정을 통해 장애인의 삶의 질이 향상되길 희망한다.

참고문헌

〈단행본〉

광장신탁법연구회, 주석신탁법, 박영사, 2013.

김상훈, 미국상속법, 세창출판사, 2012.

법무부, 신탁법 해설, 법무부, 2012.

임채웅, 미국신탁법, 박영사, 2011.

〈논문〉

김상훈, 유언대용신탁제도의 문제점과 제언, 법률신문(2013. 6. 3.).

박인환, 고령인지장애인의 인권보호와 성년후견, 저스티스 통권 제146-1호
(2015. 2.), 한국법학원.

심인숙, 고령화 시대 재산관리수단으로서의 신탁의 활용방안-개정신탁법을
중심으로-, 선진상사법률연구 59호(2012. 7.).

안성포, 신탁법의 개정방향-법무부 2009년 신탁법 전면개정안을 중심으로-,
법학연구 제51권 제1호, 부산대학교 법학연구소, 2010.

양재모, 재산승계제도로서 민사신탁제도 활용상의 문제점, 한양법학 제24권
제2집 (통권 제42집), 2013.

이계정, 미국 신탁법에 관한 연구-우리 신탁법에 주는 시사점을 중심으로-,
재판자료 : 외국사법연구논집 (31) 제124집, 법원도서관, 2012.

임채웅, 유언신탁 및 유언대용신탁의 연구, 인권과 정의 제397권(2009. 9.).

정소민, 신탁을 통한 재산승계와 유류분반환청구권, 민사실무연구회 발표문,
2015, 미공간.

정소민, 신탁제도를 통한 미성년자 보호에 관한 연구, 외법논집 제36권 제2
호(2012. 5.).

제철웅/최윤영, 중증발달장애인의 보호를 위한 특별수요신탁제도의 도입 필
　　요성, 비교사법 제21권 제32호(통권 제66호)(2014. 8.).

최수정, 개정신탁법의 재산승계제도, 법학논총(제31집 제2호), 2011.

최수정, 고령사회에서 성년후견제도와 신탁-신탁의 기능과 활용을 중심으
　　로-, 법조(2015. 3.).

최준규, 유류분과 신탁, 사법 제34호, 2015.12., 사법발전재단.

　〈기타 자료〉

권중호/이중기, 장애인신탁의 활성화 및 발전방안에 관한 연구, 보건복지부
　　연구용역보고서(2013. 8.).

김성희 외, 2014년 장애인실태조사, 보건복지부 정책보고서, 한국보건사회 연
　　구원, 2014.

한국성년후견학회, 동아시아국제학술대회(2015. 12.) 자료집.

한국 장애인 공익소송의 역사와 과제

홍석표*

I. 서론

공익소송은 소송에 관해 전문 지식을 제공하는 전문가와 법률가 그리고 사회운동을 전개하는 단체가 연합하여 공익소송의 테마를 기획 결정하고, 집회와 시위를 열며, 입법작업과 입법운동 및 입법로 비까지 포괄하는 자기완결적 사업의 수행과 같은 모습으로 전개된 다고 할 수 있다.[1]

공익소송이 무엇인지에 관하여 명확하게 정의내리기는 어려울 것이나, 다음과 같은 정의를 들 수 있다고 한다.[2]

① 다중의 확산이익이 있는 소송으로서 소송을 통해서 약자 및 소수자의 권익보호, 시민권의 신장, 국가권력으로부터 침해된 시민 의 권리구제 등을 통해 불합리한 사회제도를 개선하고 잘못된 법을 개정하며, 국가권력의 남용을 방지하여, 민주사회 발전과 정의로운 사회를 만드는데 도움이 되는 사건

---

* 법무법인 광장 변호사.
1) 이상돈, 공익소송과 인권실현-공익소송의 법이론적 분석과 법정책적 전 망, 기업소송연구, 2005, 265면.
2) 위의 글, 265면.

② 목적의식을 가진 공익법운동단체 또는 공익변호사가 이제까지 적절한 법적 구제를 받지 못했던 확산이익에 대하여 새로운 법원의 판례를 이끌어내기 위하여 법원에 소를 제기하는 것

위와 같은 정의에서 공통적인 것은 ① 주체(공익법운동단체, 공익변호사), ② 확산이익, ③ 제도의 개선이나 법의 개정 및 판례의 변화를 추구하는 것이라 하겠다. 최근에는 대형 로펌을 중심으로 공익활동위원회가 구성되어 로펌의 공익활동을 활성화하는 차원에서 공익소송을 적극적으로 지원하고 있으며, 로펌 소속 변호사들이 직접 소송을 수행하는 사례도 증가하고 있으므로, 예전의 정의 부분에서 공익소송의 주체를 반드시 공익법운동단체, 공익변호사로 한정지을 필요는 없을 것이다.

그렇다면 장애인 공익소송은 소송을 통하여 장애인의 권익을 보호하고, 장애인 권리 신장을 위한 제도개선을 도모하는 것이라고 정의할 수 있을 것이다.

장애인 공익소송의 역사는 2008년 장애인차별금지및권리구제에관한법률(이하 "장애인차별금지법") 제정 이전과 이후로 구분된다고도 볼 수 있고, 장애인차별금지법 제정 이후의 공익소송의 결과 유의미한 판결이 선고되기도 하였는바, 현재의 시점에서 한국 장애인 공익소송의 역사를 정리하고 향후의 과제에 관해서 논의하는 것이 유의미할 것이다.

장애인차별금지법에서는 장애인의 권리구제 절차[3]에 관하여 국가인권위원회를 통한 진정, 직권조사, 시정권고(장애인차별금지법 제38조~제42조), 법무부장관의 시정명령(장애인차별금지법 제43조~제45조), 법원의 구제조치(장애인차별금지법 제48조) 제도를 두고 있다. 그러나 법무부장관의 시정명령 제도는 그 요건이 까다로워서 실

---

3) 장애인차별금지법상의 권리구제 절차에 관하여는 임성택, 장애인차별금지법상 법원의 구제조치 논문을 참고.

제로는 거의 활용되지 못하고 있고,[4] 국가인권위원회의 진정사건을 통해서 많은 사건들이 해결되고 있으며, 차츰 법원을 통한 권리구제를 위한 공익소송이 증가하고 있는 추세이다.

장애인 공익소송은 크게 장애인차별금지법에서 정한 차별행위의 시정을 구하는 차별구제소송, 민사상 손해배상소송, 장애인에 대한 학대 등 인권침해행위에 대한 형사고소, 행정청의 처분에 대한 행정소송, 헌법상 기본권 침해를 주장하면서 위헌확인을 구하는 헌법소원 사건 등으로 구분해 볼 수 있을 것이다.[5] 이 글에서는 장애인운동의 한 방법으로서 활용되기도 하였던 공익소송의 험난했던 과정을 살펴보고, 그 의미를 되돌아보기로 한다.

II. 한국 장애인 공익소송의 역사와 장애운동[6]

장애인공익소송의 역사는 장애운동의 역사와 밀접한 관련을 가진다. 장애인차별은 노동, 교육, 시설, 이동, 선거, 방송 등 거의 모든 영역에서 존재하고 있었고, 이를 해결하기 위해 장애운동이 시작되었으며, 사법적 구제 수단으로서 소송이 활용되기 시작하였다. 1960년대~1970년대 장애운동이 시작되는 시점부터 장애운동 및 장애인 공익소송의 역사를 살펴보도록 한다.

---

4) 법무부, 장애이유 직권면직에 첫 시정명령(법률신문 2010. 5. 4.자).
  https://www.lawtimes.co.kr/Legal-Opinion/Legal-Opinion-View?Serial=52313&kind=AD 01&key=
  법무부, 수원역 지하도에 승강기 설치 시정명령(경기in, 2012. 9. 29.자).
  http://www.gipress.com/sub_read.html?uid=965
5) 다만 이 글에서는 지면의 한계로 인해 장애인에 대한 학대 등 인권침해행위 관련 형사사건에 관한 내용은 다루지 않기로 한다.
6) 유동철, 장애운동의 성과와 과제, 한국의 사회복지운동 ; 성과와 과제, 2004, 157면 이하.

1. 장애를 이유로 대학입학을 거부당하거나 공직임용을 거절당한 것에 대한 운동 및 소송

장애인의 집단적인 움직임이 시작된 것은 1967년 부산중학교에 지원한 학생이 학과시험에서는 만점을 받았으나 장애를 가졌다는 이유로 입학을 거절당하여 한국특수보육협회에서 서명운동을 벌인 사안부터였다고 한다. 당시 경기중학교나 서울중학교 등 서울 소재 명문 중학교에서는 합격선이 100점 만점에 97점에 육박할 정도였기 때문에 장애로 인해 체력장에서의 손해보는 점수 5점을 고려하면 장애인이 필기시험에서 만점을 받더라도 아예 합격이 불가능하였다고 한다. 이와 달리 부산중학교 사례의 경우 필기시험에서 만점을 받은 경우 합격이 가능한데도 장애를 이유로 입학을 거절하였으므로 문제가 되었던 것이다. 장애인들의 집단적인 항의의 결과로 당시 문교부는 소아마비 학생에게는 체능특전을 주는 안을 마련하였으나 문교부장관이 교체되어 위 안이 백지화되었다가 결국 여론에 밀려 1972년부터 중학교 및 고등학교 입학시험에서 장애학생에 대한 체능검사를 면제하기에 이르렀다.

그러나 여전히 대학입시에서의 장애를 이유로 한 차별은 시정되지 아니하였다. 1974년에는 예비고사에는 합격하였으나 시각장애를 가졌다는 이유로 대학입시원서 접수를 거절당한 5명에 대해서 시각장애관련 단체가 문교부장관과 각 대학 총장 앞으로 탄원서를 보내 시각장애학생들이 대학에 진학할 수 있도록 보장해 줄 것을 요청한 사례가 있고, 1976년에는 30여명의 장애인이 서울대에 대거 낙방하는 사건이 발생하고, 이후 1977년에는 서울대학교 응용미술학과에 지원한 청각장애인 학생, 영남대학교 약대에 지원한 학생 등이 각각 장애인이라는 이유로 입학을 거부당하였으며, 1978년에는 장애인들이 부산대학교로부터 무더기로 입학을 거부당하는 사례 등이 계속 발생하였다. 1980년 영남대학교 약학대학 입시에서 필기시험에서는 상위를 차지한 장애인지원자를 지체장애인이라는 이유로 낙방시킨 사건이 발생하였고, 이에 대하여 소송이 제기되어 1981년 2월 원고 승소 판결에 따라 입학이 허가되었다고 한다.[7] 이는 비록 개별적인 권리구제의 차원이었겠지만 장애인 공익소송의 효시라고도 평가할만한 사건이다.

1982년 법관 임용에 있어서 박은수, 박찬, 조병훈, 김신 등 4명의 장애인이 아무런 이유 없이 탈락한 사건이 발생하였다. 이 사건을 계기로 장애계에서 처음으로 "공동대책위원회"를 구성하여 100만인 서명운동·집단탄원서 제출 등을 통해 조직적으로 운동에 나섰으며, 결국 대법원으로부터 위 4명의 장애인이 법관으로 임용되도록 하는 결정을 받았다.

이 시기의 장애운동은 장애인당사자가 중심이 되지 못하고 장애인부모를 중심으로 움직일 수밖에 없었고, 소송을 통한 권리구제도 생각하기 어려웠다고 할 수 있으며, 탄원서 제출 등 정부에게 청원하는 방식이 대부분이지만, 교육권, 노동권(임용권)에 대한 문제제기로부터 장애운동이 시작되었고, 공익소송의 효시라고 볼 사건도 있었던 시기라고 평가할 수 있다.

2. 장애인 이동권 관련 저상버스도입의무불이행 위헌확인 헌법소원(헌법재판소 2002. 12. 18. 선고 2002헌마52결정[8])

장애인 이동권 운동은 1984년 휠체어 장애인이던 故 김순덕씨가

---

7) 사건번호 등 구체적인 정보를 알 수 없어 판시사항을 확인할 수 없었다.
8) 헌법재판소 판례집 14권 2집, 904-911면.

"서울거리의 턱을 없애달라"는 요구를 하며 자살한 사건으로부터 시작되었다. 김순덕씨 사건과 관련해서 장례식 투쟁이 이어진 결과 당시 서울시장이 도로의 턱을 없애겠다는 약속을 하고 한국방송공사가 그 다음해에 도심적응훈련 "이제는 파란불이다"를 방영하기도 하였다.

그러다가 1999년 혜화역에서 장애인리프트가 추락하는 사고가 발생하여, '혜화역 리프트 추락사 대책위'를 구성하여 "대중교통에서의 장애인 편의시설투쟁"이 시작되었다. 당시 대책위원회는 안전성이 검증된 승강기로 교체해줄 것을 요청하였지만 예산상의 이유로 거부당하자 손해배상소송을 제기하였고, 500만 원의 위자료 지급판결[9]이 내려지기도 하였다.

이어서 2001년 1월 22일 오이도역에서 장애인을 위한 수직형 리프트가 추락한 사건[10]을 계기로 "장애인이동권쟁취를위한연대회의"가 출범하게 되었다. 장애인이동권쟁취를위한연대회의는 "장애인도 버스를 탑시다"행사 진행, 지하철 선로점거, 100만인 서명운동, 서울역 천막농성 등을 진행하는 활동을 하였고, 2002년 당시 이명박 서울시장으로부터 서울 지하철 전역사 승강기 설치 약속을 받아냈다. 결국 장애인이동권쟁취를위한연대회의는 장애인의 이동권 문제를 중심으로 한 장애인권 관련 이슈를 사회적으로 확산시키는데 기여하였다.[11]

위와 같은 장애인이동권 관련 투쟁의 일환으로 "행정청(보건복지부장관)이 장애인들이 자유롭게 탑승할 수 있는 대중교통 수단 중 하나인 저상버스를 적극적으로 도입하지 않는 것은 헌법에 위반한

---

9) 유동철, 주 6, 170면.
10) 70대 장애인이었던 부인은 죽고 남편은 중상을 입은 사건.
11) 김원영, 장애인운동이 발명한 권리와 그에 대한 사법체계의 수용에 관한 연구, 공익과인권 제8호, 2012, 213면.

부작위"라는 헌법소원을 제기하였으나, 헌법재판소는 2002. 12. 18. 다음과 같은 이유를 들어 헌법소원심판청구를 각하하였다.

[헌법재판소 결정의 요지]

장애인의 복지를 향상해야 할 국가의 의무가 다른 다양한 국가과제에 대하여 최우선적인 배려를 요청할 수 없을 뿐 아니라, 나아가 헌법의 규범으로부터는 '장애인을 위한 저상버스의 도입'과 같은 구체적인 국가의 행위의무를 도출할 수 없는 것이다. 물론 모든 국가기관은 헌법규범을 실현하고 존중해야 할 의무가 있으므로, 행정청은 그의 행정작용에 있어서 헌법규범의 구속을 받는다. 그러나 국가에게 헌법 제34조에 의하여 장애인의 복지를 위하여 노력을 해야 할 의무가 있다는 것은, 장애인도 인간다운 생활을 누릴 수 있는 정의로운 사회질서를 형성해야 할 국가의 일반적인 의무를 뜻하는 것이지, 장애인을 위하여 저상버스를 도입해야 한다는 구체적 내용의 의무가 헌법으로부터 나오는 것은 아니다. 이 사건 저상버스의 도입에 관하여 보건대, 버스운송사업자가 국가나 지방자치단체가 운영하는 공기업이 아니라 순수한 사기업인 이상, 이들에 대한 국가의 지원대책이 마련되지 않고서는 저상버스의 도입은 불가능하다. 즉 청구인이 요구하는 저상버스를 대중버스노선에 도입하기 위해서는 버스운송사업자에 대한 재정지원이 필수적인 전제조건인 것이다. 따라서 국가가 저상버스의 도입을 추진하는 문제는 재원확보의 문제이고, 결국 제한된 국가재정의 배분과 우선순위결정의 문제이다. '장애인의 복지를 위하여 노력해야 할 국가의 과제를 언제 어떠한 방법으로 이행할 것인가' 하는 이행의 구체적 방법(예컨대 장애인 생활안정지원, 재활시설운영, 직업생활시설운영, 편의시설설치, 재활서비스운영 등)과 이행시기에 관하여는, 행정청이 다른 여러 과제들과의 우선순

위, 재정적 여건 등 다양한 요인들을 감안하여 결정할 사안으로서, 그에 관하여 광범위한 재량권을 가진다고 할 것이다. 국가가 장애인의 복지를 위하여 저상버스를 도입하는 등 국가재정이 허용하는 범위 내에서 사회적 약자를 위하여 최선을 다하는 것은 바람직하지만, 이는 사회국가를 실현하는 일차적 주체인 입법자와 행정청의 과제로서 이를 헌법재판소가 원칙적으로 강제할 수는 없는 것이며, 국가기관간의 권력분립원칙에 비추어 볼 때 다만 헌법이 스스로 국가기관에게 특정한 의무를 부과하는 경우에 한하여, 헌법재판소는 헌법재판의 형태로써 국가기관이 특정한 행위를 하지 않은 부작위의 위헌성을 확인할 수 있을 뿐이다. 이 사건의 경우 저상버스를 도입해야 한다는 구체적인 내용의 국가 의무가 헌법으로부터 도출될 수 없으므로, 이 사건 심판청구는 부적법하다.

[헌법재판소 판결의 의미]

위 헌법재판소의 결정은 행정청의 부작위로 인한 청구인의 권리 침해가 헌법소원의 대상이 되려면 청구인의 권리가 헌법으로부터 도출된 권리여야 할 것인데, 우리 헌법 규정상으로는 '저상버스를 도입해야 할 국가의 의무'가 헌법으로부터 직접 도출되기 어렵다는 의미로 해석된다. 헌법 제34조 제5항에서 "신체장애자 및 질병·노령 기타의 사유로 생활능력이 없는 국민은 법률이 정하는 바에 의하여 국가의 보호를 받는다"라고 하여, 소위 사회적 기본권에 대해서는 법률에서 정한 바에 따라서만 국민의 권리가 인정될 수 있을 뿐이고, 특히 행정권력의 불행사에 대한 헌법소원은 공권력의 주체에게 헌법에서 유래하는 작위의무가 특별히 구체적으로 규정되어 있어 이에 따라 기본권의 주체가 행정행위를 청구할 수 있음에도 공권력의 주체가 그 의무를 해태하는 경우에만 허용될 수 있다는 기존의 법리를 재확인한 것으로 볼 수 있다. 장애인이동권쟁취를위한연대회의가 제기하였던 위 헌법소원은 비록 헌법재판소에서 각하판결을 받았지만 오이도역 사건 이후 장애인 이동권 투쟁을 공익소송의 영역으로까지 확장시킨 의미가 있다고 할 수 있겠다.

한편 장애인이동권쟁취를위한연대회의는 지하철을 이용하는 장애인을 중심으로 자신들의 이동권이 침해되었다는 이유로 서울시, 지하철공사, 도시철도공사를 상대로 손해배상청구소송을 제기하기도 하였으나 패소판결이 선고되기도 하였다.

3. 장애인 교육시설 접근권(서울중앙지법 2002. 7. 26. 선고 2001가단76197 판결)

[사안의 개요]

이 판결의 사안은 "숭실대학교에 입학한 장애인 대학생이 장애인으로서 비장애인 학생과 동등한 교육을 받을 수 있는 교육시설 환경이 조성되어 있지 않아 신체적·정신적 피해를 입었다는 것을 이유로 대학교를 상대로 손해배상소송"을 제기한 사안이다. 이 소송에서 원고는 "피고가 운영하는 숭실대학교는 원고를 장애인 특례입학자로 선정, 입학을 허가하였으므로, 그에 따라 피고는, 장애인인 원고가 다른 일반 학생들과 동등하게 정상적으로 대학교육을 받을 수 있도록 최대한 배려할 의무를 부담한다 할 것임에도 불구하고, 배려의무를 제대로 이행하지 아니하였고, 그로 인하여 원고는 정상적인 교육을 받을 수 있는 권리를 침해당하였음은 물론, 학교생활을 함에 있어 견딜 수 없는 신체적인 불편과 함께 정신적인 고통까지 겪었으므로, 피고는 원고에게 그에 대한 위자료(5천만 원 및 지연손해금)를 지급하여야 한다"고 주장하였다. 서울중앙지방법원에서 2002. 7. 26. 피고의 손해배상책임에 관하여 청구금액의 5%(금 250만 원)만을 인용하였다. 이에 양당사자 모두 불복하여 항소를 하였으나, 항소심 법원은 2003. 6. 26. 쌍방 항소를 모두 기각하였으며(서울중앙지법 2002나41472), 이에 원고가 불복하여 상고를 하였으나 대법원은 2003. 10. 9. 이를 기각하였다(대법원 2003다38337).

[판결 요지]

1심 판결의 요지를 살펴보면, 계약관계에 의한 피고의 배려의무 부담을 인정하면서도, 배려의무의 인정 범위에 관해서 "장애인 편의시설설치"의 배려의무는 불인정하고, "장애인용 책상설치" 등의 배려의무는 인정하였다.

피고는 장애인을 대상으로 하는 특별전형을 실시하기로 결정하고, 이에 지원한 원고에 대해 숭실대학교 입학허가 결정을 하였는바, 이로써 원고와 피고 사이에는, 원고는 피고에게 등록금 등을 납부할 의무를 부담하고, 피고는 원고에게 양질의 교육 기회를 제공할 의무를 부담하는, 일종의 계약관계가 성립되었다 할 것이고, 이에 기초하여 피고는, 원고가 학교생활을 하면서 장애인으로서 겪을 수 있는 불편을 최소화해주어, 원고가 일반 학생들과 동등하게 충분하고도 내실 있는 대학교육을 받을 수 있도록 배려해 주어야 할 의무를 부담하게 된다 할 것이다. 원고가 주장하는 장애인용 리프트나 승강기, 장애인용 화장실, 경사로 등 장애인 편의시설과 관련된 피고의 배려의무의 범위에 관하여 보면, 물론 원고가 입학할 때부터 교내에 모든 장애인 편의시설이 완벽하게 갖추어져 원고가 조금의 불편도 없이 학교생활을 할 수 있었다면 가장 이상적이겠지만, 위와 같은 장애인 편의시설을 완벽하게 갖추기 위해서는 많은 비용과 시간이 소요되는 문제가 있으므로, 이와 관련된 피고의 배려의무의 범위는 다른 정상적인 학생들과 동등하게 교육을 받을 수 있는 원고의 권리와 피고의 재정적인 능력, 편의시설 설치에 소요되는 비용 및 시간 등을 종합적으로 비교·형량하여 판단하여야 할 것이다1997. 4. 10. 제정된 장애인·노인·임산부등의편의증진보장에관한법률(이하 '장애인편의법')도 장애인이 다른 사람의 도움 없이 안전하고 편리하게 편의시설을 이용할 수 있는 권리를 보장하기 위하여 위 법 시행 전에 설치된 대상시설 중 대통령령이 정하는 것(이 사건과 같은 사립학교 내의 건물은 포함되지 않았다)에는 일정한 장애인 편의시설을 설치하여야 한다고 규정하면서도, 장애인 편의시설을 설치해야 하는 대상시설의 시설주의 재정적·시간적인 부담을 고려하여 위와 같은 장애인 편의시설은 위 법 시행일부터 2년 이상 7년 내의 범위 안에서 설치하면 되도록 유예 조항을 둠과 동시에 대상시설의 시설주에게 지나친 부담이 되지 않도록 배려하여야 한다는 단서조항도 두고 있다.

원고가 입학할 당시 앞서 본 바와 같이 학교 내에 장애인용 리프트나 승강기, 화장실, 경사로 등 장애인 편의시설이 충분히 설치되지 아니하여 원고가 학교생활을 함에 있어 많은 신체적인 불편과 함께 정신적인 고통을 겪었을 것임은 충분히 짐작할 수 있으나, 다른 한편 기초사실에서 본 바와 같이 피고가 학교 내 장애인 편의시설 확충 정비 계획을 수립하고, 그에 따라 장애인용 화장실과 승강기 등 편의시설을 지속적으로 설치하여 왔고, 또한 향후 학교 내 주요 건물에 장애인 편의시설을 추가로 설치하기 위한 구체적인 예산 계획을 수립하고 그 설치공사를 준비 중인 점까지 종합적으로 고려해 본다면, 원고가 주장하는 장애인 편의시설이 원고가 바라는 기간 내에 설치되지 않았다는 점만으로는 피고가 장애인 편의시설과 관련된 원고에 대한 배려의무를 소홀히 하였다고 단정하기는 어렵다 할 것이고, 결국 위와 같은 장애인 편의시설 미설치를 이유로 한 원고의 주장은 이유 없다 할 것이다. (중략) 원고가 다음으로 주장하는 바와 같은, 장애인용 책상의 설치, 원고가 수강하는 강의실의 저층 배정 노력(피고는, 2000년 5월 경 수립한 장애인등 편의시설 5개년 계획에서 교내 건물에 승강기 시설이 부족한 점 등을 고려하여 장애인 학생의 수강과목 강의실은 가능한 저층에 배정한다는 대책을 수립하였지만, 실제로 원고가 수강하는 강의실을 되도록 저층에 배정하려고 노력한 흔적을 발견할 수 없다), 장애인 도우미 등 장애인 학생 돕기를 장려하는 프로그램의 개발 및 도입, 위 급수대 앞의 턱 제거 등 피고가 많은 비용과 시간을 들이지 않고도 비교적 쉽게 장애인인 원고가 좀 더 편리하게 학교생활을 할 수 있도록 배려할 수 있었던 사항을 이행하지 아니한 것은, 곧 피고가 부담하는 원고에 대한 배려의무를 소홀히 한 것이라 할 것이고, 이와 같은 피고의 배려의무 불이행으로 인하여 원고가 신체적인 불편과 함께 정신적인 고통을 겪었을 것임은 경험칙상 인정되므로, 피고는 원고가 입은 정신적 손해에 대해 위자료를 지급하여야 할 의무가 있다 할 것이고, 원고의 장애 정도, 피고의 위와 같은 배려의무 위반으로 원고가 겪은 불편과 고통의 정도, 기타 이 사건 변론에 나타난 제반 사정을 모두 참작하면, 피고가 원고에게 배상하여야 할 위자료의 액수는 2,500,000원으로 정함이 상당하다 할 것이다.

[판결의 의미]

위 판결에서는 학교법인의 배려의무를 인정하면서도, 그 판단기준으로는 '다른 정상적인 학생들과 동등하게 교육을 받을 수 있는 원고의 권리와 피고의 재정적인 능력, 편의시설 설치에 소요되는 비용 및 시간 등을 종합적으로 비교·형량'할 것을 제시하고 있다. 위 판결의 기준에 따르면, 결국 예산이 많이 들어가는 조치에 대해서는 피고의 책임이 없고, 예산을 별로 들이지 않고서도 해줄 수 있는 조치들에 대해서는 피고의 책임을 인정하고 있는데, 이렇게 재정적인 문제를 기준으로 배려의무 위반 여부를 판단하는 것이 타당하지 않다는 비판적 견해가 있다.[12] 예산이 많이 들어가더라도 장애인이 교육을 받기 위해 필수적인 조치들이 있으므로, 단지 예산이 많이 들어간다는 재정적인 이유만으로 장애인이 겪는 고통을 구제하지 않는 것은 부당하다는 것이다. 또한 장애인편의법의 입법취지를 고려하지 않고 부칙 조항을 들어 장애인 학생에 대한 학교의 배려의무를 부정하였는데, 이 부분 역시 바람직하지 않다고 할 것이다. 부칙 조항은 여전히도 편의시설 이용에 장애가 되고 있다.

[위 판결 이후 유사 사례]

한편 2008년에 창원지방법원[13]에 유사한 사건(경남대학교 재학 중이던 지체장애 1급 장애인인 원고가 편의시설 미설치를 이유로 손해배상청구를 함)이 제기되었는데, 이 소송에서는 장애인편의법을 근거로 들면서 계약상 배려의무 위반을 더 적극적으로 인정하였다.

원·피고 사이는 일방이 주된 목적을 가지고 편의시설을 제공하거나 제공받는 편면적인 관계가 아니라 앞서 본 바와 같이 쌍방이 그들의 목적을 달성하기 위하여 쌍방이 의무를 이행하여야 할 계약관계에 있다고 할 것이므로 원고가 그의 의무를 다한 이상 일응 피고는 장애인인 원고에게 편의이설 이용에 관한 최소한의 범위를 정한 장애인편의법에 따른 편의시설을 제공하여 평등한 교육 기회를 제

---

12) 이홍재, 장애인의 교육시설 접근권, 서울대학교 법학 제48권 제1호, 2007, 461면.
13) 창원지방법원 2008. 4. 23. 선고 2007가단27413 판결.

공할 법적인 의무를 부담한다고 보일 뿐 아니라 더욱이 ① 장애인편의법이 시설보충을 위해 많은 예산이 요구되는 경우에는 부칙 제2조 제2항에 따라 1997. 4. 10. 시행일로부터 2년 이상 7년 이내의 범위 안에서 편의시설을 설치하여야 한다고 명시함으로써 편의시설을 제공하는 시설주에게 일정한 기한 내에 의무를 이행하라는 부담을 부여하고 있는 점, ② 장애인편의법은 장애인의 우월적 지위를 인정하여 시설주에게 모든 시설을 구비하라는 것이 아니라 장애인에게 최소한의 이동권 및 접근권을 보장하기 위한 최소한의 시설기준을 정한 것으로 보이는 점, ③ 모든 생활영역에서 장애를 이유로 한 차별을 금지하고 장애를 이유로 차별을 받은 사람의 권익을 효과적으로 구제함을 목적으로 제정된 장애인차별금지 및 권리구제 등에 관한 법률(2008. 4. 11.부터 효력 발생) 제14조는 교육책임자는 당해 교육기관에 재학중인 장애인의 교육활동에 불이익이 없도록 장애인의 통학 및 교육기관 내에서의 이동 및 접근에 불이익이 없도록 각종 이동용 보장구의 대여 및 수리를 할 의무를 부과하고, 그러한 의무의 불이행시에는 제46조에 기하여 직접 손해배상을 청구할 수 있도록 규정하고 있는 점, ④ 사회적 약자에 대한 배려가 더는 가진 자들의 은혜적 배려가 아닌 전 국민이 함께 고민하며 풀어가야 할 사회적 책무로서 막연히 예산상의 이유만을 들어 그러한 의무를 계속적으로 회피할 수는 없다고 보이는 점(모든 인간은 자신이 인간다운 생활을 할 수 있는 권리를 끊임없이 요구하는 방법으로 일상생활을 보다 나은 방향으로 발전시켜 왔다. 그런데 일상생활에 있어 아무런 제약이 없어 비장애인에게는 그 존재의 가치조차 논의하지 아니하는 이동권이 단순히 예산상의 이유만으로 제약을 받는 것은 이 시대의 모순일 수밖에 없는 바, 이러한 모순은 이 시대를 살아가는 모든 사람들이 함께 해결할 문제로서 사람들의 조그마한 노력과 비용의 부담으로 충분히 극복할 수 있는 것이므로 더는 비장애인을 기준으로 판단하여 그 시기를 늦출 수는 없다고 할 것이고, 인간에게 있어 가장 기초적인 이동권마저 비장애인과의 형평성 및 예산상의 문제 등을 거론하며 그 시기를 늦추려고 하는 것은 비장애인들의 편의적인 발상에 불과하다고 할 것이다) 등을 더하여 보면, 피고는 원고에게 양질의 교육 기회를 제공하기 위하여 장애인편의법에 따른 편의시설을 제공할 법적인 배려의무를 부담하고, 원고는 적극적으로 이러한 시설의 설치를 요구할 수 있다고 봄이 상당하다고 하겠다.

피고가 원고에게 부담할 의무가 법적인 의무로 인정되는 이상, 원고 스스로 피고 대학을 선택하여 편의시설이 미흡하다는 것을 알고 입학하였다는 점이나 예산상의 문제를 고려하여야 한다는 피고의 주장은 손해배상에 관한 액수를 정함에 있어 참작할 사유가 될 수 있을지언정 그로써 피고의 책임을 면할 수는 없다고 할 것이다.

4. 보험회사의 장애인차별 사건(서울중앙지법 2004. 2. 12. 선고 2003가단150990 판결)

[사안의 개요]

뇌병변장애 1급 장애인인 A는 B보험사의 보험모집인의 적극적 권유에 의해 무배당 종신보험 가입을 위해 청약서를 작성해 1회 보험료를 냈으나 보험회사는 A의 장애를 이유로 보험가입을 거절했다. 이 사건은 상법 제732조 '15세 미만자, 심신상실자 또는 심신박약자의 사망을 보험사고로 한 보험계약은 무효로 한다'에 대한 문제제기를 촉발시켰다. 이 소송에서 원고는 5천만 원을 청구하였으나, 200만 원만 인용되었다.

[판결의 요지]

계약 자유나 사적자치의 원리에 의하여 사보험회사가 갖는 광범위한 자유권은 제한될 수밖에 없는 점이 있다 하더라도, 이는 국가적·사회적 공동생활의 테두리 안에서 타인의 권리·사회질서·공공복리의 존중에 의한 권리의 내재적 한계에 따른 것으로 보아야 할 것이므로, 이를 두고 보험회사가 갖는 기본적 자유권에 대한 본질적 침해로 볼 수는 없다 할 것이어서, 결국 보험회사가 보험승낙 여부를 결정함에 있어 장애를 이유로 부당한 차별을 한 것이라면 이는 장애인복지법 제8조에 위반한 것으로 위법한 행위에 해당한다 할 것이고, 위에서 본 관계 법령의 취지와 손해배상책임의 성립 구조에 비추어 그 위법성의 판단에 있어, 원고로서는 위 보호영역 내에서 장애를 이유로 차별을 받은 사실에 관한 입증책임을 부담한다 할 것이고, 그 차별이 합리적인 이유가 있어 자의적인 차별에 해당하지 않는다는 점에 관한 입증책임은 피고에게 있다고 봄이 상당하다. (중략) 이 사건 승낙거절이 합리적 차별이라 볼 수 없다는 것은, 생명보험업을 영위하는 보험회사가 보험청약자(피보험자)의 구체적·개별적 장애 상태 및 정도와 그가 가진 장애등급(중복장애로 인한 등급조정)에 대한 충분한 이해도 없이 단지 그가 장애인복지법령에 따른 장애 1등급(이는 피고가 가진 장해등급분류표상의 장해등급과는 그 분류의 목적·방식·내용이 상이한 것이다)에 해당하고 합리성을 결여한 것으로 보이는 공통심사기준상의 거절사유에 해당한다는 사정만으로 보험인수를 거절한 것은 그 절차적 과정에 있어서 합리성·적정성을 담보한 것으로 볼 수 없기 때문이고, 합리적인 통계적 원칙 또는 전문가의 과학적 진단 결과에 입각하여 장애인에 대한 보험제공을 거부하거나 측정 및 계량화 등을 통하여 보험혜택을 제한하는 등의 행위까지도 부당하다고 보는 것은 아닌 것이다.

[판결의 의미]

이와 같이 2004년도 판결이후 아래 국가인권위원회의 권고, 상법 제732조의 일부 개정, UN장애인권리협약위원회의 권고가 이루어질 수 있었다.

국가인권위원회는 2005. 8. 22. 법무부장관에게 다음과 같이 권고하였다.[14]

민간보험에서 정신적 장애인에 대한 차별 개선을 위하여 상법 제732조를 삭제할 것을 권고한다. 상법 제732조는 정신적 장애인을 보호하고자 하는 취지였으나 장애인 개개인의 구체적인 상황에 대한 고려 없이 획일적으로 보험에의 접근기회 자체를 박탈함으로써 헌법과 국제인권규약에서 보장하는 보편적인 권리를 침해하는 차별을 야기하고 있으며, 나아가 국가의 장애인 보호 책무에도 반하는 것이다. 따라서 입법의도와 달리 이러한 차별을 초래하고 있는 상법 제732조는 삭제해야 할 것이다.

이후 2014. 3. 11. 상법 개정을 통하여 제732조는 "15세 미만자, 심신상실자 또는 심신박약자의 사망을 보험사고로 한 보험계약은 무효로 한다. 다만 심신박약자가 보험계약을 체결하거나 제735조의3에 따른 단체보험의 피보험자가 될 때에 의사능력이 있는 경우에는 그러하지 아니하다"라고 정하여, 단서 조항이 추가되었다.

2014. 10. UN장애인권리협약위원회[15]에서도 상법 제732조에 대하

---

14) 국가인권위원회 2005. 8. 22.자 전원위원회 의결문.
15) UN장애인권리협약위원회의 한국에 대한 권고는 아래 홈페이지에서 확인할 수 있다.
　　http://docstore.ohchr.org/SelfServices/FilesHandler.ashx?enc=6QkG1d%2fPPRiCAqhKb7

여 아래와 같이 권고하였다.

제25조 건강[16]

47. 위원회는 최근 개정된 상법 제732조가 장애인이 "의사능력이 있는 경우"에 한하여 보험가입을 인정하는 것에 대해 우려를 표한다. 위원회는 "의사능력에 기반한 보험가입의 거부가 장애인에 대한 차별임을 인지한다.

48. 위원회는 당사국이 "의사능력이 있는 경우"에 한하여 보험가입을 인정하는 상법 제732조를 삭제할 것과 생명보험에 관한 협약 제25조 마항에 대한 유보를 철회할 것을 권고한다.

5. 청계천 이동권 사건(서울중앙지법 2007. 11. 22. 선고 2006가단159530 판결)

[사안의 개요]

서울시의 청계천공사 후에 장애인들이 이동권의 제약을 받는다[17]

---

yhsoxt94eoN8sNkD3vNzr%2bPXZtiTUZC2xkNs96PtQyIfVry6P%2b8CiWN9mJ%2fPvpi4ky
bwosx%2fNqU54wUxrhhxCOpHFVwrOhGdEHkhCupIi%2bMaE8

16) Health (art. 25)

The Committee is concerned that the recently amended article 732 of the Commercial Act recognizes life insurance contracts for persons with disabilities only if the person "possesses mental capacity". The Committee notes that the denial of insurance contracts on the basis of "mental capacity" constitutes a discrimination against persons with disabilities.

The Committee encourages the State party to re peal article 732 of the Commercial Act, which recognizes life insurance contracts for a person with disability only if the person "possesses mental capacity", and to with draw its reservation to the provision of article 25 (e) of the Convention regarding life insurance.

17) 보다 구체적으로 원고들의 주장을 보면, "원고들은 헌법, 장애인복지법, 교

면서 서울특별시와 서울특별시 시설관리공단을 상대로 손해배상청구를 한 사안이다.

[판결의 요지]

인간은 누구나 자유롭게 이동할 권리가 있고 우리 헌법에서도 제10조, 제14조에 의하여 인간의 자유로운 행동권이 포함된 행복추구권, 거주이전의 자유권 등을 인정하고 있으며, 헌법 제34조 제1항에서는 '모든 국민은 인간다운 생활을 할 권리를 가진다', 제5항에서는 '신체장애자 및 질병, 노령 기타의 사유로 생활능력이 없는 국민은 법률이 정하는 바에 의하여 국가의 보호를 받는다'라고 규정하고 있고, 장애인복지법 제21조는 '국가 또는 지방자치단체는 장애인이 공공시설 및 교통수단 등을 안전하고 편리하게 이용할 수 있도록 편의시설의 설치와 운영에 관하여 필요한 시책을 강구하여야 한다'고 규정하고 있다. 그러나 위와 같은 헌법, 장애인복지법의 규정으로부터 장애인들이 국가 또는 지방자치단체에 공공시설에의 접근을 위한 편의시설의 설치 및 운영을 요구할 수 있는 구체적인 권리가 직접적, 필연적으로 발생한다고 보기는 어렵고, 장애인들이 편의시설의 설치, 관리를 요구할 수 있는 권리는 장애인들이 사회활동참여와 복

통약자의 이동편의증진법, 장애인노인임산부 등의 편의증진보장에 관한 법률 등에 따라 누군가의 도움 없이도 원하는 곳에 자유롭게 이동할 수 있는 자유로운 이동권 혹은 접근권을 가지고 있고, 국가인권위원회에서 청계천 복원 공사의 완성 전에 시정권고를 하였음에도, 피고들은 장애인들이 청계천에 자유롭게 접근할 수 있도록 법률에서 정한 기준에 따라 적절한 조치를 취하지 않아 원고들이 청계천에 접근하기 어렵거나, 그곳에 가더라도 안전하게 이동할 수 없다. 청계천에의 접근의 어려움과 위험성으로 인해 심한 정신적인 손해를 입었으므로, 피고들은 금전을 배상할 의무가 있다'.

지증진을 위하여 국가가 구현해 주어야 할 사회적 기본권의 한 부분에 불과하다고 판단된다. 따라서 헌법, 장애인복지법에 의한 원고들의 이 사건 손해배상청구권은 인정되지 않는다.

청계천의 복원 공사는 2005. 9. 30.경 완성되었고, 교통약자편의증진법은 2006. 1. 27.부터 효력을 가지게 되었는바(부칙 제1조), 소급효를 인정하는 규정이 없는 교통약자편의증진법의 발효 당시 이미 완성된 시설에 관하여 그 법률에 위반된다는 이유로 손해배상책임을 물을 수는 없다.

장애인편의법과 같은 법 시행령 및 시행규칙은 공원에 장애인이 출입이 가능한 출입구와 보도를 하나 이상 설치하도록 하고, 시각장애인들을 위하여 주출입구에 점자 안내문을 설치할 수 있다고 규정하고 있을 뿐이어서, 원고의 주장에 의하더라도 현재 청계천은 그 기준을 위반하고 있다고 보기 어렵다(위 규정에는 장애인들을 화장실, 기타 편의시설에 대한 기준도 있으나 청계천에는 비장애인들을 위한 화장실, 기타 편의시설도 없는 것으로 보이므로 문제되지 않는다).

[판결의 의미]

위 판결에 대하여 원고들이 항소하였으나, 항소기각으로 판결이 확정되었다(서울중앙지방법원 2009. 3. 17. 선고 2008나145판결). 항소심에서는 장애인차별금지법에 의한 손해배상 주장도 하였으나, 장애인차별금지법 시행 이전의 시설에 관한 소급효를 인정하는 규정이 없어, 장애인차별금지법 시행 당시 이미 완성된 청계천 및 주변시설에 관하여 법위반이라는 이유로 손해배상책임을 물을 수 없다고 보았다.

서울시가 청계천복원공사에 대해 대대적으로 광고한 것과는 달리 장애인들이 접근하기 곤란한 구조로 공사가 이루어져서 그 이후로 현재까지도 청계천으로의 장애인 접근성이 대폭 개선되지 못하였다는 점에서 위 소송 이후의 적극적인 문제제기가 어려웠다는 한계를 확인하였다.

6. 장애인의 참정권 관련(서울남부지법 1997. 12. 5. 선고 97카합6437 결정 수화 및 자막방영가처분 사건 등)

[사안의 개요]

신청인 A는 수화능력은 없고, 글자로 타인의 의사를 전달받고 언어로 의사표현을 하는 청각장애인이고, 신청인B는 수화구사능력을 가진 청각장애인인데, 1997년 대통령 선거 관련해서 중앙선거관리위원회와 공보처에게 대통령선거 후보자 초청 TV 토론회 및 대통령선거 관련 TV 방송에서 수화 및 자막을 방영할 수 있도록 필요한 조치를 해 줄 것을 요구하였다. 이에 중앙선거관리위원회와 공보처는 선거관련 TV방송이 국가적 중요사항임을 인정하고 한국방송공사, 문화방송, 서울방송 등에게 TV대담, 토론회 등 선거관련 방송시 수화 및 자막방영을 실시할 것을 요청하였고, 신청인 A와 B는 위 방송사들에게 직접 자막 및 수화의 방영을 요구하기도 하였다. 그런데 방송사들은 자막 및 수화방영을 하지 않았고, 앞으로도 할 수 없다는 입장을 표명하였고, 이에 신청인들은 제15대 대통령선거가 30일도 남지 않은 시점에서 "장애인복지권에 기한 수화 및 자막방영 이행청구권, 손해배상청구권"을 피보전권리로 하여 방송사들을 피신청으로 한 가처분신청을 하였다.

[결정의 요지]

피신청인들은 제15대 대통령선거와 관련하여 피신청인들의 각 텔레비젼 방송시설을 이용한 대통령후보자 초청 대담, 토론회, 대통령후보자등의 방송연설, 대통령후보자의 경력방송을 함에 있어서 수화 또는 자막을 방영하여야 한다.

[결정의 의미[18]]

위 가처분결정은 이유를 남기지 않고 판단하였다는 점에서 선거 정보접근권 등 장애인 권리에 관한 법리의 발전을 위한 내용을 전혀 담고 있지 않다는 아쉬움이 있다. 다만 결정의 취지에 비추어 보면, 청각장애인 등의 수화 및 자막 방영청구권의 경우 장애인복지법의 규정을 통하여 권리의 주체, 대상, 내용, 행사방법 등을 어느 정도 구체화할 수 있다는 점에서 헌법상 장애인 등의 선거정보접근권과 장애인복지법[19] 관련 규정의 해석상 사법상 권리로서 수화 및 자막 방영청구권을 장애인 개인에게 인정한 것으로 볼 것이다. 방송국의 경우 장애인에 대한 선거 정보의 제공에 있어서 사실상 국가기관에 준하는 상당한 중요성을 지니게 되므로 위 가처분결정은 장애인의 참정권 관련하여 유의미하다고 할 것이다.

---

18) 차성안, 장애인 참정권 – 대통령선거 방송 수화 및 자막 방영.
19) 당시 장애인복지법은 다음과 같이 규정하고 있었다.
  제35조(수화 및 자막) ① 국가 또는 지방자치단체는 방송국의 장으로 하여금 뉴스, 국가적 주요사항의 중계등 방송프로에 청각장애인을 위한 수화 또는 자막을 방영하도록 요청할 수 있다.
  ② 제1항의 요청을 받은 방송국의 장은 특별한 이유가 없는 한 이에 응하여야 한다.

Ⅲ. 장애인 차별금지법 제정 이후의 공익 소송

2007년 4월 장애인차별금지법 제정 이후에는 장애인 관련 공익소송이 장애인차별금지법 위반을 청구원인으로 구성한 사례들이 등장하기 시작하였고, 공익소송의 사례 또한 많아지고 있고, 법원에서 승소하거나 조정을 통하여 소송의 목적을 달성하는 사례들이 늘어나고 있다. 특히 장애인차별금지법에서 정한 차별구제조치가 이루어진 판결도 3건이 선고된 바 있다.

1. 서해대학교 장애인 차별소송(전주지방법원 군산지원 2014. 7. 3. 선고 2013가합2599 판결)

[사안의 개요]

원고는 서해대학의 교직원이었는데 재직 중 교통사고로 인하여 지체장애 1급의 장애인이 되었고, 피고 학교법인 군산기독학원은 원고가 '교통사고 후유증으로 인하여 직무수행능력이 부족하고 향후 능력의 향상을 기대하기 어렵다'라는 이유로 직권면직 처분을 하였다. 이에 원고는 노동위원회에 부당해고 구제신청을 하였고, 노동위원회의 결정을 통해 서해대학에 복직하게 되었다. 그러나 서해대학은 원고가 학사지원처장이 될 수 있는 자격을 갖춘 유일한 사람이었는데도 '교통사고로 인하여 지제장애 1급 판정을 받아 학사지원처장 업무를 원활히 수행할 수 없다'면서 원고를 학사지원처장 임면 대상자에서 제외하였고 원고 보다 직급이 낮은 사람 아래에서 민원업무를 담당하게 하였다.

[판결의 요지]

　법원은 ① 피고가 원고의 장애를 이유로 원고에게 직권면직 처분을 한 것, ② 장애가 있음을 이유로 학사지원처장 대상자에서 제외한 행위, ③ 원고를 하위 직급자 아래에서 민원업무를 담당하도록 한 행위에 대하여 장애인차별금지법 제4조 제1항 제1호의 '장애를 사유로 정당한 사유 없이 배제하여 불리하게 대하는 차별행위'라고 하면서 같은 법 제46조 제1항의 손해배상책임이 있다고 보았는데, 보직에서 제외되어 승진하지 못하여 발생한 급여의 차이와 차별로 인한 정신적 고통을 손해라고 인정하였다.

　적극적 조치에 대한 판단

　법원은 피해자의 청구에 따라 차별적 행위의 시정을 위한 적극적 조치를 할 수 있다(장애인차별금지법 제48조 제2항), 원고는 피고의 4급 이상의 자격을 요하는 직책의 후임자 심사시 그 대상자에 원고를 포함해 달라고 청구하므로 살피건태, 원고가 현재 4급 자격을 유지하고 있어 새로이 자격을 부여하거나 높여달라는 요구가 아니고, 후임자가 발생할 경우 심사 대상에 포함하는 것이어서 선의의 피해자가 발생할 가능성도 없으므로, 적정한 조치로 보여 이를 받아들인다.

[판결의 의미]

　위 소송에 대하여 피고가 항소를 제기하지 아니하여 1심 판결이 그대로 확정되었고, 장애인차별금지법 시행 이후 적극적 구제조치가 명해진 첫 번째 사례로서의 의미를 가진다. 장애인차별금지법 제48조 제2항은 "법원은 피해자의 청구에 따라 차별적 행위의 중지, 임금 등 근로조건의 개선, 그 시정을 위한 적극적 조치 등의 판결을 할 수

있다"라고 규정하고 있는데, 본 사안은 법원이 장애인차별금지법 제
48조 제2항에 따른 적극적 구제조치를 취하기 매우 적절한 사안이었
다고 할 수 있다.

2. 의족파손에 대한 요양불승인처분취소소송
(대법원 2014. 7. 10. 선고 2012두20991 판결)

[사안의 개요]

아파트 경비원으로 근무하던 원고는 의족을 사용하는 지체장애
인으로, 눈을 쓸다가 넘어져 의족이 파손되었다. 원고는 근로복지공
단에 요양급여를 신청하였으나 공단은 의족이 신체가 아니라는 이
유로 요양불승인 처분을 내렸고, 원고는 불복하여 소송을 제기하였
다. 그러나 1심, 2심 모두 근로복지공단의 주장을 받아들여 원고 패
소판결을 하였다. 항소심[20] 판시사항을 보면, "산업재해보상보험제
도는 헌법상의 사회국가원리로부터 요구되는 국가의 의무를 이행하
기 위한 사회보장제도에 관한 법률로서 국가의 재정부담 능력, 전체
적인 사회보장 수준과 국민감정 등 사회정책적인 측면 및 보험 기술
적 측면과 같은 제도 자체의 특성 등 여러 가지 요소를 고려할 필요
에서 산업재해보상보험제도를 언제 어떠한 범위에서 어떠한 방법으
로 시행할 것인지에 대해서는 입법자에게 광범위한 입법형성의 자
유가 주어져 있다고 할 수 있다(헌법재판소 2005. 7. 21. 선고 2004헌
바2 결정, 헌법재판소 2003. 7. 24. 선고 2002헌바51 결정 참조). 따라서
업무상 재해에 대한 신속하고 공정한 보상, 재해근로자의 재활 및
사회복귀 촉진 등 위 법의 목적을 고려하더라도 법 문언의 가능한

---

20) 서울고등법원 2012. 8. 17. 선고 2012누6836 판결.

범위를 넘어서는 해석은 신중하여야 한다. 그런데 산업재해보상보험법 제40조 제1항은 요양급여에 관해 근로자가 업무상의 사유로 부상을 당하거나 질병에 걸린 경우에 그 근로자에게 지급하는 것으로 규정하고 있는 등 위 법 전반적인 규정을 종합해 보면, 요양급여는 근로자가 부상을 당하거나 질병에 걸리는 것을 전제로 하고 있음을 알 수 있고 부상의 사전적 의미는 신체에 상처를 입는 것을 의미하는 것이므로, 부상을 수반하지 않는 의족만의 파손을 위에서 말하는 부상의 범위에 포함시킬 수는 없다(원고는 위와 같은 사고로 좌측 슬부좌상을 입었으나 이는 오른쪽 다리와는 관련이 없는 곳으로 원고가 오른쪽 의족과 관련 있는 부위에 상처를 입었음을 인정할 별다른 자료가 없다. 원고가 우측 슬부좌상의 진단을 받기는 했으나, 갑 제3호증의 2, 을 제1호증의 각 기재 및 영상에 의하면, 우측 슬부좌상의 정도가 경미하여 요양급여가 인정되는 정도의 부상이라고 보기 어렵다)."라고 하였다.

대법원에서는 원심 판결을 뒤집고 "의족은 단순히 신체를 보조하는 기구가 아니라 신체의 일부인 다리를 기능적·물리적·실질적으로 대체하는 장치로서 업무상 사유로 근로자가 장착한 의족이 파손된 경우는 산업재해보상보험법상 요양급여의 대상인 근로자의 부상에 포함된다"고 판단하였다. 아래에서 판결의 요지를 살펴본다.

[판결의 요지]

① 산업재해보상보험법과 장애인차별금지법의 입법 취지와 목적, 요양급여 및 장애인보조기구에 관한 규정의 체계, 형식과 내용, 장애인에 대한 차별행위의 개념 등에 의하면, 산업재해보상보험법의 해석에서 업무상 재해로 인한 부상의 대상인 신체를 반드시 생래적 신체에 한정할 필요는 없는 점, ② 의족 파손을 업무상 재해로 보지 않

을 경우 장애인 근로자에 대한 보상과 재활에 상당한 공백을 초래하는 점, ③ 앞서 본 의족의 신체 대체성에 비추어 볼 때, 신체 탈부착 여부를 기준으로 요양급여 대상을 가르는 것이 합리적이라고 할 수 없는 점, ④ 의족 파손을 업무상 재해에서 제외한다면, 사업자들로 하여금 의족 착용 장애인들의 고용을 더욱 소극적으로 만들 우려가 있는 점, ⑤ 피고는 재해근로자의 재활 및 사회 복귀라는 설립 목적의 달성을 위해 장애인 근로자를 포함한 모든 근로자의 재활을 적극적으로 지원할 의무가 있는 점 등을 종합적으로 고려하면, 의족은 단순히 신체를 보조하는 기구가 아니라 신체의 일부인 다리를 기능적·물리적·실질적으로 대체하는 장치로서, 업무상의 사유로 근로자가 장착한 의족이 파손된 경우는 산업재해보상보험법상 요양급여의 대상인 근로자의 부상에 포함된다고 보아야 한다.

[판결의 의미]

위 판결을 보면, 근로복지공단에서 "근로자가 업무수행 중 물건에 부딪쳐서 치아의 파손 없이 치과보철이 파손되는 재해를 입은 경우, 비록 물건이더라도 신체의 일부에 부착되면 신체의 일부로서 신체의 필수기능을 수행하고 있다고 할 것이어서, 해당 보철치료를 위하여 의료기관에서 4일 이상 요양이 필요하다고 인정되면 산재보험의 요양급여의 범위 내에서 지급이 가능하다"는 유권해석을 한 사실도 있었는바, 치과보철과 유사한 의족이 파손된 경우에도 요양급여가 당연히 지급되었어야 할 것인데도, 근로복지공단의 자의적인 해석과 관행에 의하여 의족의 경우에는 요양급여를 받을 수 없었던 과거가 있었다. 이 소송과정에서 법무법인 태평양 장애인팀의 적극적인 노력으로 새로운 법리를 만들어 대법원을 설득하는데 성공하였고, 이 판결은 인권적인 판결로서 많은 장애인들에게 실질적인 도움을 준

의미가 있었다고 할 수 있다.

3. 시외저상버스 도입 및 휠체어승강장설비설치 청구(서울중앙지법 2015. 7. 10. 선고 2014가합11791 판결)

[사안의 개요]

원고 A는 지체장애 2급 장애인, 원고 B는 뇌병변장애 1급 장애인으로 휠체어를 이용해야만 이동할 수 있고, 원고 C는 지체장애 1급 장애인으로서, 계단의 이용이 불편한 자, 원고 D는 2012년 9월 출산한 어린 자녀를 양육하는 자로서 유모차 이용자, 원고 E는 64세의 고령자이다. 원고들은 국토교통부장관을 상대로는 교통약자 이동 편의 증진계획에 저상버스 등 교통약자가 이용할 수 있는 버스를 도입하는 사항을 포함하라는 청구를, 서울시장, 경기도지사를 상대로는 지방교통약자 이동편의 증진계획에 저상버스 등을 도입하라는 청구를, 국토교통부장관, 서울시장, 경기도지사를 상대로 휠체어 승강장비가 설치될 수 있도록 시책을 추진하고, 휠체어 승강설비를 도입하는 해당 운송사업자에게 예산의 범위에서 재정지원을 하며, 교통약자의 이동편의 증진법에 따른 기준 적합성 심사, 우선적 면허부여시 휠체어 승강설비 설치 여부를 고려하라는 청구를, 금호고속, 명성운수를 상대로 시외버스, 광역급행형, 직행좌석형, 좌석형 버스에 저상버스를 도입하라는 내용의 차별구제청구 및 위자료 각 500만 원을 청구하였다.

[판결의 요지 및 주요 판시사항]

판결에서는 장애인당사자들이 청구한 금호고속, 명성운수 상대 저상버스 도입청구 관련하여 "휠체어 승강설비 등 승하차 편의를 제공하라"는 내용만 인용하고, 나머지 청구를 기각하였다. 주요 판시사항은 다음과 같다.

(1) 장애인의 차별 없이 동할 권리와 정당한 편의를 제공받을 권리

관련 규정을 종합해보면, 장애인은 장애가 없는 사람과 동등하게 모든 교통수단, 여객시설 및 도로를 차별없이 안전하고 편리하게 이용하여 이동할 수 있는 권리를 가지고, 장애인의 제반 특성을 고려하여 시설, 설비, 도구, 서비스 등을 제공하거나, 정책, 절차, 관행 등을 적용받는 등 인적, 물적 제반 수단으로서 '정당한 편의'를 제공 받을 권리가 있으며, 정당한 사유 없이 장애인이 차별없이 이동하는데 필요한 정당한 편의의 제공을 거부하면 이는 장애인차별금지법에서 정한 차별행위에 해당한다.

(2) 교통약자법에서 규정하고 있는 구체적인 의무 및 그 성질

교통약자법의 각 조항은 교통행정기관 및 교통사업자의 의무로서 규정되어 있으나, ① 위 각 의무가 특정 상대방을 전제로 하거나 그 의무 이행의 상대방을 명시한 것은 아닌 점, ② 위 각 의무를 불이행하는 경우에 관하여 위 법은 제29조에서 교통행정기관이 제11조의 규정을 위반하여 대상시설에 이동편의시설을 설치하지 아니하거나 설치한 이동편의시설을 제10조의 규정에 의한 설치기준에 적합하지 아니하게 유지·관리한 교통사업자에 대하여 대통령령이 정하는 바에 의하여 1년 이내의 기간을 정하여 이동편의시설을 설치하도록 명하거나 제10조의 규정에 의한 설치기준에 적합하도록 이동편의시

설을 개선할 것을 명할 수 있다고 하여 교통행정기관의 재량에 따라 교통사업자가 제10조, 제11조를 위반한 경우에 한하여 시정명령을 할 수 있음을 규정하고 있는 것 이외에 달리 위 법에서 위 각 의무의 이행을 구하는 절차 또는 불이행시의 구제절차를 마련하지 아니한 점 등에 비추어 보면, 교통약자법에 규정된 의무규정만으로 장애인 등 교통약자에게 곧바로 위 각 의무의 이행을 구할 수 있는 구체적인 실체법상 청구권이 부여된다고 볼 수는 없다.

(3) 장애인차별금지법상 법원의 구제조치

장애인차별금지법 제48조 제2항은 차별적 행위에 대하여 법원으로 하여금 피해자의 청구가 있으면 법원의 판단 하에 차별적 행위의 중지, 임금 등 근로조건의 개선, 적극적 조치 등의 판결을 할 수 있다고 정하였고, 달리 적극적 조치의 예시적인 내용, 형식, 판단의 기준 등을 구체적으로 정하고 있지 아니하는바, 이러한 문언의 해석상 장애인차별금지법은 차별행위가 존재하는 경우 법원으로 하여금 당해 사건의 개별적·구체적 타당성을 고려하여 구제조치의 명령 여부 및 그 내용과 범위 등을 결정할 수 있도록 재량권을 부여하였다고 해석함이 상당하다. 원고 A, B, C는 장애인차별금지법 규정에 근거하여 법원에게 적극적인 조치를 구하고자 이 사건 청구를 하였는데, 위 원고들이 주장하는 교통약자법의 위반행위가 위 법의 위반 그 자체로 곧바로 장애인차별금지법상 차별행위에 해당하여 법원이 적극적 조치를 명할 수 있는 것은 아니고, 위 원고들이 주장하는 교통약자법 위반행위가 장애인차별금지법에서 규정하는 차별행위에 해당하고 그에 대하여 적극적 조치를 명할 필요성이 인정되는 경우에 한하여 법원은 이를 명할 수 있다고 할 것이다.

(4) 국토교통부장관, 서울시장, 경기도지사에 대한 청구 중 저상버스 관련

피고 국토교통부장관이 수립한 위 증진계획에 시내버스를 제외한 다른 유형의 버스에 대하여 저상버스의 도입에 관한 사항이 전혀 포함되어있지 않다고 하여 교통약자법상 규정을 위반하였다고 보기 어렵고, 피고 국토교통부장관이 위 증진계획에 시외버스와 시내버스 중 광역급행형, 직행좌석형, 좌석형을 포함한 모든 버스에 관하여 저상버스의 도입에 관한 내용을 포함시키지 않은 것이 장애인차별금지법상 차별행위에 해당한다고 보기도 어려워 이를 전제로 하는 위 원고들의 이 부분 주장은 이유 없다. (중략) 피고 서울시장이 수립한 위 증진계획에 시내버스를 제외한 다른 유형의 버스에 대하여 저상버스의 도입에 관한 사항이 포함되어있지 않다고 하여 교통약자법상 규정을 위반하였다고 보기 어렵고, 피고 서울시장이 위 증진계획에 시내버스 중 광역급행형, 직행좌석형, 좌석형을 포함한 모든 버스에 관하여 저상버스의 도입에 관한 내용을 포함시키지 않은 것이 장애인차별금지법상 차별행위에 해당한다고 보기도 어려워 이를 전제로 하는 위 원고들의 이 부분 주장은 이유 없다. (중략) 교통약자법상 피고 경기도지사에게 교통약자 이동편의증진계획을 수립하고 그 계획에 저상버스의 도입에 관한 내용을 반영하여야 하는 의무가 부여되어있지 아니하므로 위 피고가 교통약자법을 위반하였다고 볼 수 없고, 위 피고가 의무의 주체에 해당하지 아니하는 이상 그 의무를 부작위한 것이 차별행위에 해당한다고 볼 수도 없다고 할 것이어서 위 원고들의 이 부분 주장은 이유 없다.

(5) 국토교통부장관, 서울시장, 경기도지사에 대한 청구 중
   휠체어승강설비 관련

교통행정기관으로서는 교통약자법 시행령 별표 2에서 정하고 있는 '휠체어 승강설비'가 시내버스 및 시외버스에 설치될 수 있도록 하는 토대를 마련하여야 하고, 이러한 의무를 부당하게 해태하는 경

우에 이는 장애인에 대하여 정당한 편의를 제공하지 아니한 것으로
서 장애인차별금지법상 차별적 행위에 해당하는데, 위 기초사실에서
인정한 바에 의하면, 피고 국토교통부장관, 서울시장, 경기도지사는
시내버스 및 시외버스에 '휠체어 승강설비'를 설치하는 것에 관하여
어떠한 일체의 계획 내지 방안도 마련하고 있지 아니하는 바, 이는
법에서 정하고 있는 정당한 편의를 제공하지 않은 것으로서 위 원고
들에 대한 차별행위에 해당한다. (중략) 법원이 시가와 기한을 정하
지 아니한 채 포괄적이고 막연하게 '시책을 추진하고 재정지원을 하
라'라는 방식의 조치를 하는 것은 그 이행을 보장받기 어렵고, 위 원
고들이 즉각적으로 정당한 편의를 제공받기 어려워서, 차별적 행위
를 시정하기 위한 적극적 조치로서 실효적이라고 보이지 아니하는
점 등에 비추어 보면, 법원이 교통행정기관에게 시외버스 및 시내버
스 중 광역급행형, 직행좌석형, 좌석형 버스에 휠체어 승강설비의 도
입을 위한 시책의 추진, 재정지원 등을 적극적 조치로서 명하는 것
은 법원이 명할 수 있는 구제조치의 영역을 넘어서고, 차별행위의
시정을 위한 적합한 방법에 해당하지 아니한다. 따라서 위 원고들의
이 부분 주장은 이유 없다.

(6) 금호고속, 명성운수에 대한 청구

현재 국내 제조사에서는 일반형 시내버스에 관한 저상버스만 개
발하여 판매하고 있을 뿐 시외버스 및 장거리 운행을 위한 광역급행
형, 직행좌석형, 좌석형 버스 차량에 관하여는 저상버스의 개발이 이
루어지지 못하고 있고, 정부의 정책이 부재한 상태에서 교통사업자
가 장거리 이동을 위한 저상버스의 개발 및 도입을 시도하는 것에
한계가 있는 점, 장애인이 장거리 이동을 위하여 시외버스, 광역버스
등을 이용하는 경우에 저상버스만이 유일하게 접근가능한 수단인
것은 아니고, 휠체어 승강설비 등과 같이 해당 버스에 장애인이 접

근가능하고 이용가능한 대체 수단이 존재하며, 위 원고들이 주장하는 해외 사례에서도 저상버스가 아닌 휠체어 승강장비 등을 도입하는 사례가 있는 점 등에 비추어 보면, 교통약자법상 교통사업자에게 저상버스를 도입할 의무가 있다고 보기 어렵고, 위 피고들이 저상버스를 도입하지 아니한 것이 장애인에게 정당한 편의를 제공하지 아니하여 차별에 해당한다고 보기도 어렵다. (중략) 장애인차별금지법 제48조 제2항에서 정하고 있는 적극적 조치의 일환으로서, 피고 금호고속은 시외버스에 관하여, 피고 명성운수는 시내버스 중 광역급행형, 직행좌석형, 좌석형 버스에 관하여 원고 A, B, C가 위 각 유형의 버스를 승하차하는 경우에 장애가 없는 사람들과 동등하게 이용할 수 있도록 위 원고들에게 정당한 승하차 편의를 제공할 의무가 있다.

장애인에게 승하차 편의를 제공하지 못하는 것에 정당한 사유가 있다는 주장에 대한 판단

장애인차별금지법 제4조 제3항에 의하면 차별행위를 하지 않음에 있어서 과도한 부담이나 현저히 곤란한 사정 등이 있는 경우 등 정당한 사유가 있으면 장애인에게 정당한 편의를 제공하지 아니하더라도 이를 차별로 보지 않는다, 일반적으로 과도한 부담으로는 편의 제공자가 해당 편의를 제공하는데 있어 적절하지 않게 막대한 비용을 요하고 더 나아가 경제적으로 심각한 타격을 입어 더 이상 사업을 유지하기 어렵게 되는 경우, 편의 제공자의 사업이나 다른 참여자들의 관련 활동을 상당히 훼손하거나, 편의 제공자의 사업 성격이나 운영을 근본적으로 변화시키는 경우 등을 들 수 있고, 정당한 사유로서 해당 편의가 장애유형, 정도, 성별, 특성에 맞지 않거나 불필요한 경우, 대상 시설 등의 구조변경 또는 시설 설치가 불가능하거나 위험을 초래하는 경우, 해당 시점에 정당한 편의가 존재하지 아니하거나, 우리나라에는 없고 해외에만 있는 시설이나 설비로서 그러한 시설이나 설비를 구입하거나 설치하는 것이 현실적으로 어렵거나 불가능한 경우 등을 들 수 있다. 그러나 편의제공으로 야기되는 다른 고객들의 편견이나 두려움, 특히 장애에 대한 편견이나 두려움은 장애인을 분리·배제하지 아니하고 장애가 없는 사람과 동등한 활동을 보장하는 장애인차별금지법의 취지 상 과도한 부담에 해당된다고 볼 수 없다. (중략) 피고들이 원고들에게 휠체어 승강설비 등 승하자 편의를 제공하는 것이 위 피고들에게 고도한 부담이 되거나 현저히 곤란하다고 보기 어렵고 달리 이를 인정할 증거가 없다. 따라서 위 피고들의 위 주장은 이유 없다.

[판결의 의미]

위 판결에 대해서는 여러 가지로 아쉬운 의견들이 많이 표출되었다. 장애인차별금지법 제정으로 인해 장애인차별의 문제가 소송을 통해서도 쉽게 해결될 수 있을 것이라 기대한 장애인들이 많았는데, 현실에서는 법원이 장애인차별행위에 해당한다고 판단하고서도 구체적으로 행정청에 명령할 수는 없다고 하거나, 교통약자법에 정한 행정청의 의무를 이행하지 않더라도 곧바로 장애인들이 소송으로 청구할 수 있는 권리가 도출될 수는 없다는 판단을 하고 있다. 예전 행정법 강의 시간에 공부하였던 "반사적 이익" 이론을 되돌리는 것 같아 보인다. 이와 같은 한계에도 불구하고 위 판결은 장애인차별금지법에서 쟁점이 되는 다수의 논점에 대해서 판단하였다는 점에서도 큰 의미가 있다고 할 것이다. 차별행위에 해당하지 아니하는 "정당한 사유"에 관해서 해석의 여지가 많았는데, 위 판결에서는 비교적 상세한 기준을 판시하였는바, 여타의 소송에서도 참고가 될 수 있을 것으로 보인다.

이 소송은 법무법인 태평양과 법무법인 지성의 장애인팀 변호사 등 다수의 변호사들이 함께 소송수행을 하였으며, 소송 진행 과정에서 미국, 유럽의 저상버스 도입 현황을 해외 네트워크를 활용하여 자료를 확보하여 제출하기도 하였다.

위 판결에 대하여 쌍방이 항소를 하였고, 현재 서울고등법원에서 사건이 계속 중이다(2015나2041792).

4. 놀이공원 지적장애인 이용거부 소송(서울중앙지법 2015. 9. 7. 선고 2014가합593279 판결)

[사안의 개요]

A(당시 14세, 지적장애 2급), B(당시 11세, 지적장애 1급)는 부모와 함께 에버랜드에서 우주전투기 탑승을 하려다 지적장애라는 이유로 탑승을 거부당하였다. 이에 A, B와 그 부모는 에버랜드를 운영하는 제일모직 주식회사를 상대로 한 에버랜드 놀이기구 이용에서의 거부로 인한 손해배상 청구소송을 제기하였고, 재판부는 장애인 당사자에게는 각 300만 원, 부모들에게는 부와 모에게 각 100만 원씩, 합계 1천만 원의 손해배상을 하라는 판결을 내렸다. 또한 에버랜드에 '어트랙션 안전 가이드 북' 12면에 "우주전투기 항목의 우주전투기는 탑승 중 보호자의 통제가 어렵고, 안전 확보가 필요한 시설로, 정신적 장애가 있으신 분은 탑승 전 근무자에게 먼저 문의하시기 바랍니다"라는 내용 중 "정신적 장애가 있으신 분은"을 "신체적 또는 정신적으로 불안정하여 탑승 시 자신의 안전을 저해할 우려가 있는 분은"으로 수정하도록 명하였다. 이 판결에 대하여 쌍방이 항소하지

아니하여 판결이 확정되었다.

[판결의 요지]

피고는 지적장애인은 외부의 자극에 대하여 돌발적 행동을 할 우려가 있고, 탑승거부는 안전에 대한 조치이므로 이유가 타당하다고 주장하였다. 특히 안전벨트는 수동이어서 안전조치로서 탑승을 거부한 것이라고 주장하였으나, 재판부는 안전사고의 위험성은 누구에게나 상존하는 것으로 장애인에게 더 많은 위험성이 있다는 객관적 증거가 없으며, 과거 이용 시에 특별한 위험성이 노출되지 않았다는 점, 키 110cm 이하의 어린이도 보호자와 동반하여 탑승하는 것에 비해 장애인이 보호자와 동반하여도 탑승할 수 없다는 것이 부당하다는 점, 수동벨트라 하더라도 보호자가 통제가 가능하다는 점 등을 들어 동등한 이용을 거부한 차별로 판단하였다.

또한 피고는 지적장애 정도를 일일이 즉시 판정할 수 없고, 사고가 발생하면 책임을 져야 하므로 과도한 부담에 해당한다면서 부득이한 조치였다고 주장하였으나, 재판부는 보호자와 동반하면 그 문제는 해결될 수 있다는 점, 인적, 물적 지원으로도 보완이 가능하다는 점, 사고의 책임이 제공자에게 있어 사고예방을 위한 불가피한 조치라고 피고가 주장하지만, 사고의 손해는 쌍방의 과실여부를 따지는 것이므로 과도한 부담이나 곤란한 사정으로 볼 수 없다는 점 등을 들어 차별이라 판단하였다.

피고는 '노소약자, 신체상 부적격자' 등에 대하여 이용을 거절 또는 제한하여야 한다는 취지의 사단법인 한국종합유원시설협회의 안정성검사 결과 및 관광진흥법 제34조와 동법 시행규칙 42조 별표 13의 5항을 들어 거부한 정당한 사유라고 주장하였으나, 재판부는 장애인차별금지법의 목적이나 규정의 형식을 감안하면 차별은 원칙적으로 허용할 수 없는 것이며, 차별을 하지 않았다는 입증책임은 장애인차별금지법 제47조에 의거 피고에게 있으며, 정당한 사유가 입증된 경우와 최소화한 경우에만 허용된다며 본인 또는 타인의 안전을 위해한다고 입증되는 경우 개시나 안내를 통하여 제한하여야 한다고 하였다.

그러나 손해배상에 있어 의도적 차별은 아니라는 점, 가이드북 일부를 개정하는 등 노력이 있었다는 점, 보호자 동석의 경우 탑승을 허용하는 등의 차후 개선이 있었다는 점 등을 참작하여 청구액(3,000만원) 중 일부만을 지급하도록 하였다. 재판부는 장애인차별금지법 제48조에서 법원은 구제조치를 명할 수 있고 내용과 범위를 정할 수 있는 재량권이 있다며 광범위하게 장애유형으로 거부하는 것은 지적장애인이 위험한 존재라는 사회적 분위기를 조장할 수 있으므로 시급히 가이드북의 수정이 필요한 바, 수정이 지연될 경우 별도로 배상액을 정한다고 하였다.

[판결의 의미]

이 소송은 재화와 용역에서 장애인을 거부한 경우, 법원이 바로 민사적 책임을 물어 손해를 배상하도록 할 수 있다는 한 판례로서, 앞으로 장애인차별에 대하여 민사소송을 통한 구제가 가능할 수 있다는 점을 알렸다는 점에서 의미가 크다고 할 수 있고, 가이드북 수정이 지연될 경우 1일 지연시마다 10만 원씩의 지급을 명하는 간접강제를 명하였다는 점에서도 의미가 있다.

5. 시각장애인 전철선로 추락 관련 손해배상청구 사건(서울중앙지법 2014. 4. 29. 선고 2013나 39826 판결)

[사안의 개요]

원고는 전맹인 시각장애인으로 양주 덕정역에서 인천행 열차 진입안내 방송을 듣고서 앞으로 진행하였으나, 사실은 맞은 편 선로의 열차가 먼저 도착하여 문이 열리는 소리를 듣고 인천행 열차로 착각하였던 것이었다. 그리하여 원고는 선로에 추락하게 되었고, 진입하던 열차는 급정거를 하여 다행히도 큰 사고는 피하였으나 전치 6주의 부상을 입게 되었다. 원고는 소송과정에서 전철역에 스크린도어가 설치되어 있지 않았고 안전요원이 배치되어 있지 않았으며 거의 동시에 양 방향 전철이 도착함에도 음성안내가 충분하지 않아 어떤 열차인지 구분하기 어려웠다는 점을 주장하였다. 청구금액이 1,500만 원이어서 1심은 소액사건으로 진행되어 판결에서는 아무런 이유 없이 기각하였다. 항소심에서는 다음의 이유를 들어 원고의 청구 중 30%인 600만 원을 인용하였다.

[판결의 요지]

교통약자의 이동편의 증진법 시행규칙 제2조 제1항, [별표 1] 2의 너(6)항이 "철도역사·도시철도역사·광역전철역사의 승강장에는 스크린도어, 난간식 스크린도어 또는 안전펜스 등을 설치하여야 한다"고 규정하고, 도시철도건설규칙 제30조의2 제1항이 "승강장에는 승객의 안전사고를 방지하기 위하여 안전펜스와 스크린도어 중 어느 하나에 해당하는 안전시설을 설치하여야 한다"고 규정하고 있는 등 관계

법령이 전철 역사의 승강장에 안전펜스와 스크린도어 중 어느 하나를 선택적으로 설치하면 족한 것으로 규정하고 있는 이상, 이 사건 승장장에 안전펜스가 설치되고 스크린도어는 설치되지 않은 것만으로 피고가 원고에 대한 보호의무를 위반한 것으로는 볼 수 없다.

시각장애인이 덕정역을 이용하는 빈도가 비교적 높고, 이 사고가 일어나기 전에도 시각장애인이 같은 추락사고를 겪었던 점 등에 비춰보면, 덕정역은 승강장에 안전요원을 상시 배치해 추락사고에 대비하도록 할 의무가 있었다고 인정된다. 사고 발생 당시 안전요원도 없고 안내방송도 전혀 없어 덕정역이 여객에 대한 보호의무를 다한 것으로 보기 어렵다. 전철은 국민이 압도적으로 많이 이용하는 대중교통수단인데 그 승강장에서 여객이 선로로 떨어지는 사고로 상해를 입을 개연성이 크고, 그 사고가 사망 또는 중상 등 치명적인 결과로 이어지기 쉬운 만큼 철도공사는 스크린도어 등을 설치해 신체장애인의 추락사고를 방지하기 위해 노력을 기울여야 할 의무가 있다. 다만, 열차의 도착 여부를 지팡이로 확인하지 않은 채 선로 쪽으로 발을 내디뎠고 원고가 장애인 보조견이 있음에도 이를 동반하지 않은 점, 원고가 이 사건 사고 발생 전에 피고의 역무원 등에게 도움을 요청한 적이 없는 점 등을 고려하여 원고의 책임이 70%로 인정된다.

[판결의 의미]

시각장애인의 선로 추락 사고가 끊이지 않고 있는 상황을 보면, 1심을 뒤집고 일부 승소를 한 것에도 큰 의미가 있다고 할 수 있다. 이 소송은 시각장애인인 김재왕 변호사가 대리하였는데, 김재왕 변호사는 장애우권익문제연구소와 함께 원고가 탑승한 시간과 동일한 시간대의 안내방송을 확인하여 오인가능성이 있다는 점을 입증하여 판결문에 반영되도록 하였고, 직접 개찰구를 통과하여 열차를 탑승하는 전 과정을 녹화하여 걸리는 시간을 측정하는 등 당사자의 입장에서 소송을 진행하고 입증방법을 고민하였다는 점에서도 본 소송은 의미가 크다고 할 수 있다.

6. 정신장애인 보험가입거부에 대한 손해배상청구 및 차별구제 소송(서울중앙지법 2013. 8. 30. 선고 2011가합38092 판결)

[사안의 개요]

정신장애인 A는 2009년 8월 생명보험사와 보험가입 상담 중 '정신장애로 인한 약물복용 사실'을 밝혔고, 보험사로부터 가입을 거절당하였다. 이에 A는 장애인차별금지법 제17조[21](금융상품 및 서비스 제공에 있어서의 차별금지)에 해당하는 사안으로 보아 소송을 제기하였다.

[판결의 요지]

차별행위의 존부에 관하여

피고는 원고가 정신장애 3급으로서 약물을 복용하고 있다는 이유로 보험인수를 거절하였다. 그런데 앞서 나온 증거들과 이 사건 기록에 의하여 인정되는 다음과 같은 사정들, 즉 조울증과 같은 정신장애의 경우 관해 상태가 장기간 지속되어 일상생활을 영위하는 데 지장이 없더라도 재발 방지를 위해 지속적인 약물 복용이 요구되는

---

21) "금융상품 및 서비스의 제공자는 금전대출, 신용카드 발급, 보험가입 등 각종 금융상품과 서비스의 제공에 있어서 정당한 사유 없이 장애인을 제한, 배제, 분리, 거부하여서는 아니 된다".

점, 피고의 보험 인수 기준에 의하면 지속적인 약물 복용이 요구되는 정신장애 보유자의 경우 약물 복용기간, 재발 이력 등의 개별적·구체적인 고려 요소와 관계없이 이 사건 보험 상품과 같은 납입면제 상품의 인수가 일률적으로 거절되는 점 등을 고려하면, 이 사건 인수거절 행위는 그 주된 원인이 장애라고 인정되어 장애인차별금지법이 금지하는 차별행위에 해당한다.

손해배상청구에 관한 판단

피고가 장애인차별금지법을 위반한 차별행위를 함으로써 원고가 상당한 정신적 고통을 입었을 것임은 경험칙에 비추어 인정되므로, 피고는 장애인차별금지법 제46조에 따라 원고에게 이를 금전으로 위자할 의무가 있다. 이 사건 인수거절 행위가 위법한 것이기는 하나, 원고를 비롯한 정신장애인들을 의도적으로 차별할 목적으로 보험인수를 거절한 것으로 보이지는 않는 점, 그밖에 장애인차별금지법의 입법 목적과 취지, 원고의 이 사건 보험 상품에 대한 가입 문의 과정, 피고가 위 인수거절 행위에 이르게 된 경위 및 결과, 기타 이 사건 변론에 나타난 여러 사정을 참작하면, 손해배상 액수는 100만 원으로 정함이 상당하다.

구제조치 청구에 관한 판단

장애인차별금지법 제48조 제2·3항은 법원이 피해자의 청구에 따라 차별적 행위의 중지, 임금 등 근로조건의 개선, 그 시정을 위한 적극적 조치 등의 판결을 할 수 있고, 차별행위의 중지 및 차별시정을 위한 적극적 조치가 필요하다고 판단하는 경우에 그 이행 기간을 밝히고 이를 이행하지 아니하는 때에는 늦어진 기간에 따라 일정한 배상을 하도록 명할 수 있다고 규정하고 있다. 그런데 위 조문의 문언 상 장애인차별금지법은 차별행위가 존재하는 경우 법원으로 하여금 당해 사건의 개별적·구체적 타당성을 고려하여 구제조치의 명령 여부 및 그 내용과 범위 등을 결정할 수 있도록 재량권을 부여하였다고 해석함이 상당하다.

이 사건의 경우, 구제조치의 명령 여부를 판단함에 있어서는 피고와 같은 사 보험회사에 보장된 계약체결의 자유 내지는 사적 자치의 원칙도 고려되어야 하는 점, 피고는 2009. 9.경 사단법인 장애물없는생활환경시민연대의 요청에 답변할 당시 원고가 원할 경우 이 사건 보험 상품과 유사한 저축성 보험에 관하여 주 계약 1,000만 원의 보장 내에서 가입 가능 여부를 재검토해 보겠다는 의사를 표시한 바 있고, 이 사건 2012. 4. 27.자 준비서면에서도 원고가 원할 경우 원고의 성별, 나이, 건강상태를 정확히 확인한 뒤 원고에게 적합한 보험 상품을 제시함으로써 보험계약에 응할 의사가 있음을 밝힌 점, 피고로서는 원고가 가입하고자 하는 특정 보험 상품이 인수하는 위험의 종류와 성격, 위험발생의 개연성 등을 고려하여 기존의 보험가입자들로 구성된 위험단체가 받을 영향을 분석·평가할 필요가 있으므로, 피고의 위와 같은 제안이 원고에게 현저히 부당하다거나 불합리하다고 볼 수는 없는 점, 피고의 위 제안에 응할 경우 원고는 이 사건 소로써 구하는 구제조치의 목적을 달성할 수 있을 것으로 보이는 점 등을 고려하면, 피고에게 이 사건 인수거절 행위의 위법성을 이유로 손해배상의무를 지우는 것 외에 차별행위의 중지 및 시정을 위한 적극적 조치가 필요하다고 보이지는 않는다. 따라서 원고의 이 부분 청구는 이유 없다.

[판결의 의미]

이 사건은 장애인차별금지법이 시행된 이후 장애인 보험인수 거절에 대하여 장애를 이유로 한 차별을 인정한 첫 사례로서 의미가 있다. 기존 소송에서 재판부의 입장은 '보험가입 거절의 주된 원인을 장애라고 인정할 수 없으며, 보험가입거절이 장애인차별금지법에서 금지하고 있는 차별행위로 볼 수 없다'는 것이었는데, 이번 소송에서 '장애를 주된 원인으로 발생한 장애인 차별행위'라는 점을 분명히 하였다는 점에 의미가 있다.

위 판결에 대하여 쌍방이 항소하여 사건이 계속 중이며(서울고등법원 2013나61901) 현재 변론이 종결되고, 2016. 4. 26. 판결선고를 앞두고 있다.

7. 종로3가역 장애인용 승강기 설치청구(서울중앙 지법 2014. 7. 25. 강제조정 2012가합106831 사건)

[사안의 개요]

원고는 휠체어를 이용하는 지체장애인으로, 종로3가역을 빈번히 이용하고 있었는데, 종로3가역은 1, 3, 5호선이 통과하는 구간으로서 구조가 복잡하고 매우 혼잡하였다. 그러나 1호선과 3호선을 연결하는 환승구간 및 각 출구에 승강기가 설치되어 있지 않고 휠체어 리프트만 설치되어 있었다.

그런데 휠체어리프트는 교통약자의 이동편의 증진법상의 교통약자를 위한 시설에 해당하지 않고, 사고와 고장이 잦아서 매우 위험하며, 탑승과 운행에 긴 시간이 소요되는 설비로써 종로3가역을 이용하는 장애인들은 매우 큰 불편을 겪고 있었다. 이에 원고는 서울메트로를 상대로 "장애인용 승강기를 설치하라"는 내용의 차별구제청구 소송을 제기하였다.

[조정의 내용]

피고는 2014. 7. 31.까지 지하철 종로3가역 12번 출입구에 장애인용 승강기를 설치한다.

피고는 2016. 12. 31.까지 지하철 종로3가역 8번 출입구에 장애인용 승강기를 설치하도록 노력하고, 그 추진계획을 이 결정 확정일로부터 위 공사 완료시까지 2달에 1회 원고에게 정식 문서로 제공한다.

피고는 지하철역 종로3가역 1, 3호선의 환승통로에 설치할 특수형 승강기를 연구개발하여 그 개발이 완료되면 위 환승통로에 최우선적으로 위 특수형 승강기를 설치하고 이 결정 확정일부터 위 특수형 승강기의 설치완료시까지 2달에 1회 원고에게 위 특수형 승강기의 연구 개발 및 경과를 정식 문서로 제공한다.

피고와 조정참가인(서울시장)은 피고의 인터넷 홈페이지에 위 제 1 내지 3항 기재 승강기와 관련된 게시판을 신설하고, 위 게시판에 수시로 그와 관련된 설치계획 및 추진형황, 연구진행 상황, 검토 중인 계획 등 자료와 정보를 게시하며, 위 게시판에서 원고를 비롯한 일반인들의 의견을 수렴할 수 있도록 한다.

[조정결정의 의미]

피고인 서울메트로 측은 기술적으로 어렵다고 항변하였고, 이에 재판부 역시 설치를 강제하는 내용으로 판결을 할 수는 없어서, 결국 쌍방이 조정을 받아들이기로 하고 소송을 종결한 사안이다. 원고가 소송에서 의도한 12번 출입구에 승강기가 설치되고, 8번 출입구에 장애인용 승강기 설치 계약이 완료되었으며, 1, 3호선 환승통로에 특수형 엘리베이터 개발이 진행되어 시운전까지 완료되었다고 한다. 서울메트로는 조정사항을 잘 이행하고 있으며, 진행상황의 경과도

공문을 통해 계속 제공되고 있다고 한다.

이 소송은 지하철역의 휠체어접근권을 소송을 통해서 실현한 중요한 의미를 가진다. 그리고 판결을 통해서가 아닌 조정을 통해서 차별구제조치를 받았다는 것에서도 의미가 크다고 할 것이다.

종로3가역 장애인용 승강기 설치 소송 외에도 신도림역 내 장애인용 승강기 설치 소송도 서울남부지방법원에서 조정결정을 통해 해결된 바 있다(서울남부지법 2012가합13003, 2013머5482). 이 소송에서는 양천구청역 내에 장애인화장실을 남성용과 여성용으로 구분 분리하여 설치하도록 하였다.

8. 항공사 홈페이지 웹접근성 소송(서울남부지법 2013가합102207 사건)

국내 최대 항공사의 홈페이지가 시각장애인들이 접근할 수 없게 구성되어 있어서, 원고들은 장애인차별금지법에 의하여 차별구제조치를 구하는 한편 손해배상청구를 하였다. 소송 도중에서 원고들과 피고는 임의조정을 통해서 다음과 같이 합의하게 되었다.

피고는 2014년 5월 31일까지 피고의 홈페이지를 KWCAG 2.0(한국형 웹콘텐츠 접근성지침 2.0)에 따라 수정·보완한다. 피고는 피고의 홈페이지가 위 지침에 미치지 못하는 점이 있는 경우 피고의 홈페이지를 위 지침에 따라 2014년 11월 30일까지 수정·보완한다.

위 소송 이후 항공사는 홈페이지를 웹접근성 기준에 맞추어 개편하였고, 장애인당사자들이 소송을 통해 소정의 목적을 달성할 수 있게 되었다.

9. 시각·청각장애인들에 대한 선거방송 소송
(서울행정법원 2012구합42427 사건)

18대 대통령선거를 앞두고 제작된 선거광고 방송에서 청각장애인 들을 배려하지 아니한 것에 대하여 장애인차별금지법 제48조에 의하 여 적극적 구제조치를 구한 사안이다.

18대 대통령선거 직전에 시각장애인·청각장애인들을 대리하여 공익소송을 제기하기로 하고, 시각장애인 당사자들이 신청인이 되고 대통령선거 전에 시각장애인들에게 정보제공을 하라는 임시조치 청 구를 하기로 하였다. 임시조치청구는 대한민국을 피신청인으로 하여 "전자문서형 선거공보 또는 큰글씨 책자형 선거공고 또는 전자정보 형 투표안내문을 제공하라"는 임시조치 청구를 서울중앙지방법원에 제기하였으나(2012카합2941), 서울중앙지방법원에서는 사건관할이 아 니라면서 서울행정법원으로 사건을 이송하였고(2012아4209), 서울행 정법원에서는 "이 사건 신청은 모두 이유 없다"는 1줄의 이유만 제시 하면서 임시조치청구를 기각하였다.[22]

청각장애인을 대리하여 진행한 구제조치 역시 대한민국을 피고 로 하여 서울중앙지방법원에 제기하였으나, 서울중앙지방법원에서 는 사건관할이 아니라며 서울행정법원으로 이송하였고, 수차례 변론 기일을 거쳐서 재판부에서 적극적으로 조정을 유도하였고, 소송수행

---

22) 임시조치 청구를 하기 전에 피신청인을 누구로 할 것인지, 관할 법원을 어 디로 할 것인지에 관하여 고민을 하였는데, 처음에 중앙선거관리위원회를 피신청인으로 할 것을 정하여, 중앙선거관리위원회가 소재한 과천을 관할 하는 수원지방법원 안양지원에 임시조치 청구를 제기하였는데, 수원지방 법원 안양지원에서는 행정사건을 할 수 없다며 신청취하를 요청하였다. 그리하여 중앙선거관리위원회가 법인격이 없는 행정관청에 불과하기 때 문에 대한민국을 피신청인으로 하여 서울중앙지방법원에 임시조치청구를 하기로 하였던 것이다.

청인 중앙선거관리위원회에서도 장애인관련 선거방송을 개선할 계획이 있다고 하여 조정을 통해 사건이 마무리되었다. 조정의 내용은 아래와 같고, 2014년 지방선거에서부터 중앙선거관리위원회가 제도를 개선하기에 이르렀다.

1. 피고는 '장애인을 위한 공명선거 CF제작 개선방향'의 내용을 보도자료로 배포한다.
2. 피고는 향후 공직선거법에 따른 선거와 관련하여 투표방법과 유의사항을 수화로 안내하는 동영상을 제작하여 중앙선거관리위원회 홈페이지 등 인터넷으로 배포하기로 한다.

10. 점자형 선거공보물 헌법소원(헌법재판소 2014. 5. 29. 선고 2012헌마913 결정[23])

[사안의 개요]

공직선거법 제65조 제4항은 『후보자는 제1항의 규정에 따른 선거공보 외에 시각장애선거인(선거인으로서 「장애인복지법」 제32조에 따라 등록된 시각장애인을 말한다. 이하 이 조에서 같다)을 위한 선거공보(이하 "점자형 선거공보"라 한다) 1종을 작성할 수 있다. 이 경우 제2항에 따른 책자형 선거공보의 면수 이내에서 작성하여야 한다』라고 규정하고 있는데, 점자형 선고공보물의 작성을 의무가 아닌 선택사항으로 규정하고, 책자형 공보의 면수 이내로 제작하도록 하여 점자의 특수성이 전혀 고려되지 않아 사실상 시각장애인들에게는 충분한 정보가 제공될 수 없는 문제가 있었다.

---

23) 헌법재판소 판례집 26권 1집, 448-463면.

[결정의 요지]

다수의견 요지 : 시각장애인은 의무적으로 시행되는 여러 선거방송을 통하여 선거에 관한 정보를 충분히 얻을 수 있다. 인터넷을 이용한 음성정보전송 방식의 선거운동이 특별한 제한 없이 허용되고 있고, 음성을 이용한 인터넷 정보 검색이 가능하며, 인터넷상의 문자정보를 음성으로 전환하는 기술이 빠르게 발전하고 있는 현실에 비추어 보면, 선거공보는 다양한 선거정보제공 수단 중 하나에 불과하다. 시각장애인 중 상당수는 점자를 해독하지 못한다는 사정까지 감안하면 책자형 선거공보와 달리 점자형 선거공보의 작성을 의무사항으로 하는 것은 후보자의 선거운동의 자유에 대한 지나친 간섭이 될 수 있다. 따라서 심판대상조항이 점자형 선거공보의 작성 여부를 후보자의 임의사항으로 규정하고 그 면수를 책자형 선거공보의 면수 이내로 한정하고 있더라도, 시각장애인의 선거권과 평등권을 침해한다고 볼 수 없다. 선거권의 제한이 생활능력 없는 국민에 대한 국가의 경제적·물질적 보호를 규정한 제34조 제5항의 보장영역에 해당한다고 보기는 어려우므로, 심판대상조항이 헌법 제34조 제5항에 위반된다고 할 수 없다.

반대의견 : 비시각적 방법에 의한 선거운동 중 전화통화, 연설·대담·토론회 등은 특정한 매체 또는 특정 시간과 장소를 확보해야 하고, 방송광고와 경력방송은 1분 내지 2분으로 제한되어 후보자 등에 대한 충분한 정치적 정보를 전달하기에 부족하며, 인터넷이용 음성정보전송 등 비시각적 선거운동방법은 후보자의 병역사항·체납실적·전과기록 등 중요한 인적사항이 임의로 제공되지 아니할 수 있다. 이러한 점을 고려한다면, 점자형 선거공보는 다른 선거홍보물에 접근하기 어려운 시각장애선거인이 시간과 장소에 구애받지 않고

후보자 등에 대한 정치적 정보를 종합적이고 체계적으로 접근할 수 있도록 도와주는 유일한 매체 내지 핵심적 수단이다. 심판대상조항은 점자형 선거공보의 작성 여부를 후보자의 임의적 선택사항으로 규정하고, 더욱이 점자의 특성을 고려하지 아니한 채 점자형 선거공보를 책자형 선거공보의 면수 이내로 작성하도록 하여 그 내용의 동일성을 유지할 수 없도록 하고 있다. 그런데 국가가 점자형 선거공보의 작성·발송 비용을 전액부담하고 있으므로, 점자형 선거공보의 작성을 의무화하더라도 후보자의 선거운동의 자유를 제한한다고 단정할 수 없다. 따라서 심판대상조항은 청구인과 같은 시각장애선거인의 선거권과 평등권을 침해한다.

[결정의 의미]

헌법재판소는 5:4의 의견으로 헌법소원심판청구를 기각하였으나, 법률이 개정[24]되어 단서규정에서 주요 선거에서는 점자형 선거공보 제출이 의무화되었다. 개정 법률에서는 책자형 선거공보와 동일한 면수 이내의 점자공보를 제작하는 것과 책자형 선거공보에 보이스아이를 삽입하는 것을 선택할 수 있는데, 보이스아이를 사용하지 못하거나 사용하지 않는 시각장애인들도 적지 않아서 실효성에 문제가 있다는 비판이 있다.

---

24) ④ 후보자는 제1항의 규정에 따른 선거공보 외에 시각장애선거인(선거인으로서 「장애인복지법」 제32조에 따라 등록된 시각장애인을 말한다. 이하 이 조에서 같다)을 위한 선거공보(이하 "점자형 선거공보"라 한다) 1종을 제2항에 따른 책자형 선거공보의 면수 이내에서 작성할 수 있다. 다만, 대통령선거·지역구국회의원선거 및 지방자치단체의 장선거의 후보자는 점자형 선거공보를 작성·제출하여야 하되, 책자형 선거공보에 그 내용이 음성으로 출력되는 전자적 표시를 하는 것으로 갈음할 수 있다.

IV. 장애인 공익소송의 과제

1. 장애인의 변호사 접근권 확대

장애인 공익소송을 제기하게 되는 과정을 보면, 아직도 장애인들에게는 변호사의 충분한 조력을 받을 권리조차 잘 실현되지 않고 있음을 느낄 수 있다. 많은 공익소송을 기획하였던 장애우권익문제연구소 또는 각 지방자치단체별로 설립되고 있는 장애인인권센터, 수많은 장애인 활동가들의 이야기를 들어보면, 사회에서 벌어지는 장애인에 대한 차별행위, 인권침해행위마다 변호사들이 개입해서 문제를 해결할 수 있었으면 하는 사례가 매우 많았음을 확인할 수 있다.

비장애인들에게도 변호사 등 법률전문가의 조력을 받기가 쉽지 아니한데, 장애의 영역에서도 마찬가지의 문제가 있다고 할 것이다. 그러나 계속해서 장애인 인권 문제에 관심을 가지는 법률가들이 늘어나고 있고, 장애인 인권을 전문적으로 다루는 공익변호사들이 증가하고 있으며, 대형 로펌도 적극적으로 공익활동을 전개하고 있으므로 장애인들의 변호사 접근권은 지속적으로 확대되어 갈 것으로 생각된다. 사회적 약자들의 변호사 접근권 확대를 위해서라도 공익변호사들을 위한 공익기금이 마련, 공익변호사들을 지원하는 변호사협회 차원의 시스템이 확보되면 더욱 좋을 것이다.

2. 소송 제기 전의 철저한 준비와 승소할 수 있는 소송의 제기

장애인 공익소송은 충분한 명분을 가지고 있으나, 아무리 명분이 좋다고 하더라도 현행 법률상 허용되지 않는 청구를 하거나 법리상 패소가 명백한 소송을 지속적으로 제기하여 오히려 좋지 못한 선례를 남기게 된다면 향후 제기될 공익소송에도 악영향을 미치게 될 것이다.

소송을 제기하기 전에 먼저 청구취지를 어떻게 구성할 것인지 많은 고민이 필요하다. 청구취지는 판결 주문과 같으므로, 피고가 불이행할 경우에 강제집행이 가능한 내용으로서 최대한 구체적으로 작성이 되어야 할 것이다. 향후 공익소송을 제기하는 변호사들은 소송에서 재판부의 판결 주문, 조정문구 등을 잘 참고하여 청구취지 작성에 특히 유의하여야 할 것이다.

공익소송을 담당하는 변호사들이 소송수행능력을 키워야 할 것이고, 장애에 관한 전문성도 강화하여야 할 것이다. 저상버스 도입 소송에서는, '저상버스 도입에 많은 비용이 들지 않는다'는 주장을 뒷받침하기 위해 해외사례를 많이 소개하였는데, 이와 같이 해외의 네트워크를 활용하거나 해외 판례를 제시하면 큰 도움을 받을 수 있을 것이다.

3. 법원의 사법소극주의 극복과 장애인식 개선

법원이 장애에 대한 편견을 가지고 재판을 하는 사례도 있고, 다수의 경우에 장애 또는 장애인에 대한 이해가 부족하고 장애의 특성에 대해 알지 못함도 함께 작용하여 장애인 당사자가 재판 과정에서 불이익을 받기도 하는 상황이 발생하고 있다. 여기에 법원의 사법소극주의가 더해져서 장애인 입장에서는 법원을 자신을 보호하는 기관이라고 인식하지 못하는 경우도 발견된다. 필자는 일부 재판부가 장애인차별금지법은 우리 사법체계와는 맞지 않는 법률이고 국회의원들이 잘못된 입법을 한 것이라고 평가를 하는 것을 본 바도 있다.

2014년 UN장애인권리협약위원회에서는 법원에 대하여 권고한 바는 우리에게 시사하는 바가 크다.

제13조 사법에 대한 접근[25]

23. 위원회는 사법절차에서 장애인을 위한 합리적인 편의제공의 보장을 요구하는 장애인차별금지법 제26조의 이행이 실효적이지 않음에 우려를 표한다. 또한 위원회는 장애인의 권리에 대해 법관 인사들의 인식이 부족하다는 것에 우려를 표한다. 위원회는 2013년 대한민국 대법원에서 발간한 "장애인 사법지원을 위한 가이드라인"의 존재를 인지한다.

24. 위원회는 당사국이 장애인차별금지법 제26조의 실효적 이행을 보장하기 위한 노력들을 강화할 것을 권고한다. 또한 위원회는 장애인과 함께 일을 하는 모든 표준 모듈과 절차상에서의, 연령에 적합한, 그리고 성인지적(gender-sensitive = 남녀특성을 고려한, 성적

---

25) Access to justice (art. 13).

The Committee is concerned about the lack of effective implementation of article 26 of the Anti-Discrimination against and Remedies for Persons with Disabilities Act, which requires that the Government ensure reasonable accommodation during judicial procedures for persons with disabilities. It is also concerned that judicial personnel lack sufficient awareness of the rights of persons with disabilities. The Committee notes the existence of the Guidelines for Judicial Assistance for Persons with Disabilities published by the Korean Supreme Court in 2013.

The Committee recommends that the State party increase its efforts to ensure the effective implementation of article 26 of the Anti-Discrimination against and Remedies for Persons with Disabilities Act. It further recommends that standard modules on working with persons with disabilities, on the provision of reasonable accommodation, in particular procedural and age-appropriate, as well as gender-sensitive, accommodations, and on the guarantee of access to justice be incorporated into training programmes for police officers, prison staff, lawyers, the judiciary and court personnel. It is recommended that the Guidelines for Judicial Assistance for Persons with Disabilities, published by the Korean Supreme Court, be legally binding and implemented effectively .

차이를 고려한)인 합리적인 편의제공, 사법에 대한 접근보장이 경찰과 교도관, 변호사, 법관 및 법원 인사를 위한 훈련 프로그램에 반영될 것을 권고한다. 아울러 대한민국 대법원이 발간한 "장애인 사법지원을 위한 가이드라인"이 법적 구속력을 가지고 효과적으로 이행될 것을 권고한다.

법원이 UN장애인권리협약위원회의 권고를 적극 수용하고, 먼저 판사들의 장애인에 대한 인식 개선이 이루어지도록 노력하여야 할 것이다. 장애인에 대한 편견을 가지고 재판이 시작된다면 그 결론이 어떻게 나오는지와 관계없이 재판의 공정성마저 의심이 될 수 있다. 최후의 인권수호 기관이 법원이라는 사명을 가졌으면 한다.

4. 법률가들의 보다 적극적인 입법과정에의 개입

최근 몇 개의 판결을 보면, 장애인 당사자가 느끼기에는 명백한 차별임에도 불구하고, 법률 및 시행령에서 행정청의 의무가 인정되지 않도록 규정하거나(입법자의 의도가 처음부터 그랬는지는 알 수 없으나), 상당한 유예기간을 두는 등으로 법원이 판단할 때 행정청의 차별행위를 인정할 수 없는 경우들을 종종 발견할 수 있었다.

장애인관련 법률 및 시행령의 개정 과정에서 장애인차별문제에 관심이 있는 많은 법률가들이 의견을 적극적으로 제출하여 그 의견이 반영될 수 있다면, 적어도 입법목적에 부합하지 않는 법률문구, 행정청의 광범위한 재량을 부여하는 규정 등은 미연에 방지할 수 있을 것이다.

장애인 단체에 도움을 주는 여러 변호사들이 조금씩 시간을 내어 입법과정에도 적극적으로 참여하거나 법령안/시행령안에 대하여 의견을 제출하면 위와 같은 문제가 재발하지는 않을 것으로 기대해본다.

5. 소결

변호사들이 장애 관련 전문성을 확보하고, 승소할 수 있는 소송을 제기하여 장애 관련 판결이 축적되는 것이 중요할 것이다. 장애인 관련한 풍부한 판례를 보유한 미국에서도 처음부터 승소판결이 많았던 것은 아닐 것이다. 수많은 실패의 경험들이 축적되어 법리가 개발되었고 승소할 수 있는 공익소송을 제기할 수 있게 된 것이다. 이제 우리에게도 장애인차별금지법이라는 무기가 주어졌으므로, 변호사들의 적극적인 참여를 통해 제도개선이 될 수 있을 것이다. 소송에서 패소하더라도 그 소송이 계기가 되어 입법적으로 해결이 될 수도 있다. 공익소송을 담당하는 변호사들을 도울 수 있는 공익기금이나 공익변호사를 지원하는 시스템을 확보하는 것도 장기적인 과제이다.

V. 결론

장애인공익소송은 장애인 운동의 치열한 고민에 법률전문가의 조력이 더해진 결과이다. 이 글은 몇몇 장애인공익소송 판결의 내용과 의미에 대해서만 살펴보았을 뿐 그 소송을 만들기 위한 장애인 운동의 고민과 노력에 대해서는 자세히 보지 못한 한계가 있다. 다양한 장애인 차별 사례에서 소송에 적합한 사례를 발굴하고 여론을 환기시키기 위해 기자회견이나 집회를 기획하는 장애인 운동이 없었다면 이 글에서 소개한 소송이 성과를 거두지 못하였을 것이다. 그래서 필자는 열악한 상황에서도 장애인공익소송을 기획하고 그 소송이 성과를 낼 수 있도록 노력한 수많은 장애인 운동가들에게 깊은 존경을 표한다.

뒤돌아보면, 한국의 냉혹한 사법현실에도 불구하고 다수의 공익소송들이 제기되었는데 이러한 시도들은 계란으로 바위치기라는 비판을 듣기도 하였을 것이다. 기존의 장애인 운동이 장애관련 법률들을 제정하는 성과를 내었고, 다수의 장애인 관련 법률들이 제정되어 있다. 그럼에도 불구하고 장애인들은 실생활에서 많은 불편을 겪고 있고, 권리침해를 받고 있는 상황이 되풀이 되고 있는바, 장애인 관련 입법의 영역은 물론, 권리구제를 위한 소송의 제기가 아직도 필요한 상황인 것이다.

장애인차별금지법 제정 이후에는 공익소송이 보다 활발해지고 있으며, 다수의 대형 로펌에서도 장애인 법률지원팀을 두고서 공익소송을 지원하고 있는 등 변화의 움직임들이 보이고 있다. 특히 여러 로펌의 변호사들이 공동으로 소송을 수행하면서 법리를 개발하는 모습은 세계적으로도 유래를 찾기 어려울 것이다. 지금 당장 장애인 관련 공익소송에서의 인용률이 높지 못하다거나 패소시 소송비용을 부담하여야 하는 문제로 인하여 당사자들이 적극적으로 소송을 제기하지 못하는 문제가 단기간 내에 해결될 수는 없겠지만, 소송을 통해서 문제를 해결하려는 시도는 중단할 수 없을 것이다. 현재 법원이 가지는 사법소극주의를 극복하기 위해서도 공익소송의 시도는 계속될 것이며, 미국의 어느 공익로펌의 老변호사의 회고와 같이 승소율 97%의 기적을 한국에서도 기대해보고자 한다.

참고문헌

〈단행본〉

국가인권위원회, 장애인차별금지 및 권리구제 등에 관한 법률 시행7주년 기
　　　념 토론회 자료집, 2015.
장애우권익문제연구소, 공익소송보고회 자료집, 2015.

〈논문〉

김원영, 장애인운동이 발명한 권리와 그에 대한 사법체계의 수용에 대한 연
　　　구, 공익과 인권 제8호, 2010.
김정열, 장애인의 현실과 장애인운동, 경제와 사회, 2005.
박종운, 장애인차별금지법 제정의 과제와 전망, 국제인권법 제7호, 2004.
이상돈, 공익소송과 인권실현-공익소송의 법이론적 분석과 법정책적 전망,
　　　기업소송연구, 2005.
이흥재, 장애인의 교육시설 접근권, 서울대학교 법학 제48권 제1호, 2007.
유동철, 장애운동의 성과와 과제, 한국의 사회복지운동; 성과와 과제, 2004.
임성택, 장애인차별금지법상 법원의 구제조치, 장애우권익문제연구소 공익
　　　소송보고회 자료집, 2013.
차성안, 소송을 통한 장애인 권리구제의 쟁점-장애인 교육차별에 관한 사례
　　　분석을 중심으로, 사회보장법연구 제1호, 2012.

〈판례〉

헌법재판소 2002. 12. 18. 선고 2002헌마52결정.
헌법재판소 2014. 5. 29. 선고 2012헌마913 결정.

대법원 2014. 7. 10. 선고 2012두20991 판결.

서울고등법원 2012. 8. 17. 선고 2012누6836 판결.

서울중앙지법 2002. 7. 26. 선고 2001가단76197 판결.

서울중앙지법 2004. 2. 12. 선고 2003가단150990 판결.

서울중앙지법 2007. 11. 22. 선고 2006가단159530 판결.

서울중앙지법 2013. 8. 30. 선고 2011가합38092 판결.

서울중앙지법 2014. 4. 29. 선고 2013나39826 판결.

서울중앙지법 2014. 7. 25. 강제조정 2012가합106831 사건.

서울중앙지법 2015. 7. 10. 선고 2014가합11791 판결.

서울중앙지법 2015. 9. 7. 선고 2014가합593279 판결.

서울남부지법 1997. 12. 5. 선고 97카합6437 결정 수화 및 자막방영가처분 사
        건 등.

서울행정법원 2012구합42427 사건.

전주지방법원 군산지원 2014. 7. 3. 선고 2013가합2599 판결.

창원지방법원 2008. 4. 23. 선고 2007가단27413 판결.

집필자 약력

■ 임성택
　서울대학교 법과대학 졸업(1988)
　명지대 법과대학원 석사(1991)
　사법연수원 27기 수료
　현 법무법인 지평 변호사, 장애인법연구회 회장
　저서: 한국의 공익인권소송(공저, 경인문화사, 2010)
　　　　장애인 생활시설에서의 인권 침해, 그 현황과 대책(저스티스 통권
　　　　제128호, 2012. 2.)
　　　　상법 제732조와 장애인 차별(법학평론, 2014.11.)
　　　　장애인 인권과 권리옹호체계(대구재활연구 제35집, 2015.10.)

■ 김예원
　강원대학교 법과대학 졸업(2006)
　사법연수원 41기 수료
　현 서울시 장애인 인권센터 상임변호사
　저서: 체육에서의 장애차별 예방 매뉴얼(한국장애인개발원, 2015)
　　　　경북장애인인권센터 설치 및 운영방안(경북행복재단, 2015)
　　　　공익입법매뉴얼(법조공익모임 나우, 2015)

■ 김재원
　American University Washington College of Law 졸업
　Cornell Law School 법학박사
　현 성균관대 법학전문대학원 교수
　저서: 미국의 법학교육과 변호사 윤리
　논문: 미국 장애인법의 성과와 한계

■ 현지원
　연세대학교 불문학과 및 법학과 졸업(1997)
　연세대학교 법학석사(2004)
　연세대학교 법학박사(2009)
　사법연수원 33기 수료
　현 변호사 현지원 법률사무소 변호사

- **류민희**

  서울대학교 경제학부 졸업 (2004)

  사법연수원 41기 수료

  현 공익인권변호사모임 희망을만드는법 변호사, ILGA-Asia 이사

  저서: 성폭력 피해 장애인 지원자 매뉴얼 (장애와 성폭력, 이것부터 시작
  해요)(공저, 장애여성공감, 2012)

- **염형국**

  경희대학교 법과대학 졸업 (1996)

  경희대학교 NGO대학원 석사(2009)

  사법연수원 33기 수료

  현 공익인권법재단 공감 변호사, 서울지방변호사회 프로보노지원센터장

  저서: 방송대 인권법 (공저, 방송통신대학교, 2013)

- **박숙경**

  이화여대 법과대학 졸업(1992)

  성공회대 일반대학원 사회복지학박사(2010)

  현 경희대학교 후마니타스칼리지 객원교수, 장애와인권발바닥행동 상임활
  동가

  저서: 지적장애인의 거주시설 유형별 지적장애인의 자기결정경험연구(공
  저, 한국사회복지학 제60권 제4호, 2008.11.)

  발달장애인의 정당한 편의제공 판단기준연구(공저, 덕성여대 산학협
  력단, 2013)

  한국의 장애인 탈시설 현황과 과제(지적장애연구, 제18권제1호, 2016)

- **이주언**

  성균관대학교 법과대학 졸업(2008)

  성균관대 대학원 형사법 석사 수료(2011)

  사법연수원 41기 수료

  현 사단법인 두루 변호사

- **이승요**

  서울대학교 법과대학 졸업(2000)

  서울대학교 법과대학원 수료(2003)

  사법연수원 33기 수료

  현 법무법인(유한) 태평양 변호사

▣ 윤여형
서울대학교 법과대학 졸업(2009)
사법연수원 41기 수료
현 법무법인(유한) 태평양 변호사

▣ 강미로
고려대학교 영어영문학과 졸업(2010)
서울대학교 법학전문대학원 법학전문석사(2013)
현 법무법인(유한) 태평양 변호사

▣ 유재규
연세대학교 전기전자공학과 졸업(2005)
연세대학교 법학전문대학원 법학전문석사(2014)
현 법무법인(유한) 태평양 변호사

▣ 최진원
서울대학교 법과대학 졸업(2013)
사법연수원 44기 수료
현 법무법인(유한) 태평양 변호사

▣ 김재원
서울대학교 법과대학 졸업(2012)
서울대학교 법학전문대학원 법학전문석사(2015)
현 공군 법무관

▣ 최초록
고려대학교 법과대학 졸업(2012)
서울대학교 법학전문대학원 법학전문석사(2016)
현 사단법인 두루 변호사

▣ 김구열
서울대학교 법과대학 졸업 (2013)
연세대학교 법학전문대학원 법학전문석사(2016)
현 군법무관

■ 조원희

　서울대학교 인문대학 졸업(1994)

　University of Texas School of Law (LL.M) 졸업(2007)

　사법연수원 30기 수료

　현 법무법인(유한) 태평양 변호사, 재단법인 동천 이사

■ 박성민

　서울대학교 약학대학 졸업(2006)

　서울대학교 법학전문대학원 법학전문석사(2012)

　현 법무법인(유한) 태평양 변호사, 한국보건사회약료경영학회 이사

■ 서동후

　연세대학교 법과대학 졸업(2011)

　사법연수원 42기 수료

　현 법무법인(유한) 태평양 변호사

■ 이대아

　연세대학교 사회학과 졸업(2011)

　연세대학교 법학전문대학원 법학전문석사(2014)

　현 법무법인(유한) 태평양 변호사

■ 박창수

　서울대학교 철학과 졸업(2012)

　연세대학교 법학전문대학원 법학전문석사(2015)

　현 법무법인(유한) 태평양 변호사

■ 이강민

　카이스트 전기 및 전자공학과 졸업(2002)

　인하대학교 법학전문대학원 법학전문석사(2015)

　현 법무법인(유한) 태평양 변호사

■ 배인구

　고려대학교 법과대학 졸업(1990)

　고려대학교 대학원 석사(2013)

　사법연수원 25기 수료

현 서울중앙지방법원 부장판사
저서: 성년후견제도에 관한 실무상 쟁점 : 피성년후견인 등의 행위능력과
　　　소송능력을 중심으로 (민사재판의 제문제 22권, 2013)
　　　　성년후견제도 해설 (공저, 법원행정처, 2013)
　　　　법정후견제도 (제3회 신아시아가족법3국회의, 일본가제출판사, 2015)

■ 홍석표
　서울대학교 법과대학 졸업(2002)
　사법연수원 36기 수료
　현 법무법인 광장 변호사
　저서: 주석 신탁법(공저, 광장 신탁법연구회, 2013)

법무법인(유한) 태평양은 1980년에 인재경영, 가치경영 및 선진경영이라는 3대 경영철학을 바탕으로 설립되었으며, 설립 이후 현재까지 지속적으로 로펌의 사회적 책임을 다하기 위해 다양한 공익활동을 수행해 오고 있습니다. 2002년에는 보다 체계적인 공익활동을 위해 자원하는 변호사들로 공익활동위원회를 구성하였고, 변호사들의 공익활동 수행시간을 업무수행시간으로 인정하였으며, 2009년에는 공익활동 전담기구인 재단법인 동천을 설립하였습니다. 2013년에는 공익활동의 선도적인 역할을 한 공로를 인정받아 대한변호사협회가 시상하는 제1회 변호사공익대상 단체부문에서 대상 수상, 아시아 법률전문매체 ALB(Asian Legal Business)가 발표하는 CSR List에 2015, 2016년 국내 로펌으로는 유일하게 2년 연속 이름을 올렸습니다. 2015년 한 해 동안 법무법인(유한) 태평양 소속 국내 변호사 369명(대한변호사협회 등록 기준) 중 74.53%인 275명이 공익활동에 참여하였고, 공익활동에 참여한 변호사들의 1인당 연평균 공익활동 시간은 53.32시간으로 서울지방변호사회 공익활동 기준 시간인 20시간을 2.5배 이상 초과하는 많은 공익활동을 수행하였습니다. 태평양 공익활동위원회는 분야별로 난민, 이주외국인, 장애인, 북한/탈북민, 사회적 경제, 여성/청소년, 복지 등 7개 분과위원회로 구성되어 2016년 6월 현재 166여 명의 전문가들이 자원하여 활동하고 있습니다.

재단법인 동천은 2009년 법무법인(유한) 태평양이 설립한 국내 로펌 최초 공익법재단으로서 '모든 사람의 기본적 인권을 옹호하고 우리 사회의 법률복지 증진과 법률문화 발전을 통해 모두가 더불어 함께 사는 세상을 만들어 나가는 것'을 목표로 전문적인 공익활동을 전개하고 있습니다. 장애인, 난민, 이주외국인, 사회적경제, 탈북민, 여성, 청소년, 복지 분야에서 법률구조, 제도개선, 입법지원 등 법률지원활동을 수행하는 것과 함께 태평양공익인권상, 장학사업, 공익·인권 단체 지원사업, 공익·인권활동프로그램 공모전 등 다양한 사회공헌 활동을 수행하고 있습니다. 동천은 이러한 성과를 인정받아 2014년 국가인권위원회 대한민국인권상 단체표창, 2015년 한국인터넷기자협회 사회공헌상을 수상하였습니다.

편집위원회

■ 편집위원장 강용현 변호사 (법무법인(유한) 태평양)

■ 편집위원
이준일 교수 (고려대학교 법학전문대학원)
황필규 변호사 (공익인권법재단 공감)
유철형 변호사 (법무법인(유한) 태평양)
조원희 변호사 (법무법인(유한) 태평양)

■ 기획팀
조아라 변호사 (법무법인(유한) 태평양)
윤여형 변호사 (법무법인(유한) 태평양)
이희숙 변호사 (재단법인 동천)
이탁건 변호사 (재단법인 동천)

장애인법연구

초판 인쇄   2016년 06월 01일
초판 발행   2016년 06월 10일

편   자   법무법인(유한) 태평양·재단법인 동천
펴낸이   한정희
펴낸곳   경인문화사

등   록   제406-1973-000003호
주   소   경기도 파주시 회동길 445-1 경인빌딩 B동 4층
전   화   (031) 955-9300   팩스   (031) 955-9310
홈페이지   http://kyunginp.co.kr
이메일   kyunginp@chol.com

ISBN   978-89-499-4205-6   93360
값 30,000원

ⓒ2016, Kyung-in Publishing Co, Printed in Korea
* 잘못 만들어진 책은 구입하신 서점에서 교환해 드립니다.